KB098501

CAPE COD

케이프코드

일러두기

- 『케이프코드』 초판은 1865년 티크너앤드필즈Tickner And Fields 출판사(보스턴)에서 발간되었으며, 이 책은 1908년 토머스 Y. 크로웰Thomas Y. Crowell & Co. 출판사(뉴욕)에서 발간된 판본을 번역 대본으로 삼았다.
- 본문의 사진은 클리프턴 존슨Clifton Johnson이 찍은 것이다.
- 구텐베르크 프로젝트로 구글에 제공된 전자책에 원서 전문과 사진이 게재되어 있다.
- 각주는 모두 옮긴이의 주석이다.

케이프코드

CAPE COD
HENRY
DAVID
THOREAU

헨리 데이비드 소로
김병순 옮김

싱긋

조개 잡는 사람

"우리는 대서양을 보러 갔다."

이 책은 소로가 바다에 대해 쓴 유일한 책으로, 케이프코드를 세 차례 찾아가 그곳에서 만난 자연 풍경과 바다, 사람들과 나눈 이야기를 기록한 여행기다. 케이프코드는 잉글랜드의 청교도들이 메이플라워호를 타고 북아메리카 대륙에 맨 처음 도착한 곳으로 나중에 그들은 내륙 쪽으로 이동하여 미국 북동부 매사추세츠주 플리머스에 최종 정착하게 되는데, 케이프코드는 작은 만을 사이에 두고 그 건너편에 있다. 소로는 1849년 가을에 처음 그곳에 갔다온 뒤, 이듬해와 1855년 여름에 두 번 더 찾아간다. 그로부터 7년이 지난 1862년, 마흔넷의 비교적 젊은 나이에 기관지염으로 세상을 뜰 때까지, 대학을 다닐 때 말고는 거의 자신의 고향인 콩코드를 떠나지 않았다. 말년에 자연사에 매료되어 이곳저곳 여행을 다녔지만, 주로 콩코드 인근 지역이었고 가장 멀리 벗어난 곳이라고 해야 캐나다 동부 토론토와 퀘벡이 다였다. 야생의 자연을 좋아했던 그에게 케이프코드는 장거리 여행을 무릅쓰고 가야 할 장소였던 것이다. 그곳에는 생명 탄생의 근원이자 신화의 공간인 대서양이 있기 때문이다.

소로에게 있어서 케이프코드는 곧 대서양이다. 1004년 그린란드의 붉은 에릭이 다녀갔고, 1602년 영국의 항해가 바솔로뮤 고스널드가 탐사했으며, 1605년 프랑스의 탐험가 샹플랭이 지도로 남기고, 1614년 존 스미스 선장이 저서에 기록했던 곳. 그리하여 1620년 마침내 메이플라워호를 탄 청교도들이 건너온 그 바다를 말한다.

이 책의 줄기는 1849년 10월에 소로가 자신의 절친한 친구이자 시인이었던 엘러리 채닝과 함께 케이프코드를 처음 찾았을 때, 대서양 해변 일대를 함께 걸으며 기록한 내용이다. 두번째와 세번째 갔을 때의 이야기는 그 중간중간에 슬그머니 끼어들어 있어서 책을 읽다보면 가끔 시간의 흐름을 놓칠 때가 있다. 그래서 독자들의 이해를 돕기 위해, 소로가 처음 케이프코드를 찾았을 때의 여행 경로를 정리해보았다. 처음에 그들은 보스턴에서 증기선을 타고 케이프코드만을 건너 곶의 머리 부분에 해당하는 프로빈스타운으로 갈 계획이었다. 그런데 며칠 전 몰아친 강한 폭풍우로 코하셋 인근 바다에서 아일랜드에서 출발한 선박이 난파되는 바람에 구조 작업을 하느라 입항이 지연되자, 행로를 바꿔 난파의 현장을 보러 코하셋까지 기차를 타고 간다. 난파선이야말로 케이프코드의 역사와 현재를 고스란히 드러내기 때문에 눈앞의 현장을 놓치고 싶지 않았을지도 모른다. 인근 브리지워터역에서 케이프코드의 길목으로 들어서는 샌드위치까지 다시 기차를 타고 간 다음, 역마차를 타고 케이프코드만 쪽 해변길을 따라 올리언스까지 간다. 그리고 케이프코드의 동쪽 끄트머리 해변에서부터 북쪽으로 이동하면서 해안선을 따라 걷기 시작한다. 비바람이 몰아치는 가운데 케이프코드의 팔뚝 부분이 시작되는 이스텀의 동쪽 해안을 따라 이어진 너셋 평원을 가로지르며 광활한 대서양이 눈앞에 펼쳐지기 시작한다. 너셋 등대를 지나 웰플릿의 모래고원지대를 통과해서 인적 없는 대피소까지 25킬로미터를 걸은 뒤, 다시 해안을 따라 13킬로미터를 더 걸어 웰플릿과 트루로의 분계 지점에서 굴을 양식하는 노인의 집에서 하룻밤을 묵는다. 이튿날 다시 웰플릿 대서양쪽 해변을 따라 하이랜드 등대에 도착해서 그곳에 숙소를 정하고 그 반대편 케이프코드만 쪽으로 걸어갔다 되돌아온다. 그리고 마침내 케이프코드의 끝자락 프로빈스타운에 도착한 뒤 보스턴으로 기선을 타고 귀환한다.

소로는 비바람이 몰아치고 거대한 파도가 출렁이는 야생의 대서양을 바라보며, 북아메리카 대륙 동쪽 끝자락의 자그마한 곳에 정착한 인간의 왜소함에 대해 말한다. 그는 길을 걸으며 만난 모든 식생과 환경이 바다에 대한 이야기라고 말한다. 끝없이 펼쳐진 모래사장과 언덕, 해풍, 군데군데 서 있는 등대들, 파도에 떠다니는 유목과 난파선 잔해, 발걸음을 멈추게 하는 불모지풀과 개풀, 베이베리 덤불과 참나무 관목, 미역취 같은 키 작은 해안가 초목, 커다란 대합과 거대한 켈프 해초, 파도치는 해변의 제비갈매기와 피리물떼새, 해안 절벽 위의 쏙독새, 쌍띠물떼새 같은 바닷새, 또 빼놓을 수 없는 참거두고래와 대구…… 그리고 그 길에서 만난 케이프코드의 사람들…… 파도 소리에 남아 있는 지난날 너셋 평원의 광신도들의 설교와 기도 소리, 굴 양식장 노인의 살아온 이야기, 등대지기, 대구 덕장의 어부, 난파선 잔해와 유목을 찾아다니는 주민들, 숨가쁜 호흡을 몰아쉬며 참거두고래떼의 뒤를 쫓는 어부들의 흥분된 고함 소리…… 소로는 참 꼼꼼히도 이 모든 것을 관찰하고 기록했다. 세 차례의 여행을 다 더해도 케이프코드에 머문 날이 3주밖에 안 되는데 어떻게 이토록 많은 것을 살피고 기록할 수 있었을까? 소로는 엄청나게 많은 책과 기록을 통해 직접 목도하지 않고도 자연을 탐색하는 것으로도 널리 알려져 있다. 그의 박물학과 자연사에 대한 지식은 실로 방대해서 이 책에서도 케이프코드의 동식물을 기록할 때 학명을 일일이 붙인다. 소로는 바닷가 동식물이든 사람이든, 작은 조개껍데기나 모래에 파묻힌 옛날 동전 한 닢조차도 그냥 지나치는 법이 없다. 자기가 아는 모든 지식을 동원해서 이야기를 부여함으로써 그것들은 의미가 되고 역사가 된다.

소로는 어느 면에서 보면 당시 사회의 비주류를 대표하는 지식인이었다. 초월주의 시인이자, 납세 거부와 시민불복종과 노예해방을 주장하는 개혁가이자, 소박한 삶을 추구하는 자연주의 철학자였다. 이 책에서도 그의 거침없는 면모가 드러난다. 청교도들이 등장하기 훨씬 이전에 케이프코드를 이미 탐험했던 프랑스의 탐험가 샹플랭에 대한 상세한 언급이 그것이다. 당시 미국인들은 위대한 북아메리카 대륙 개척사에 프랑스인이 거론되는 것을 마뜩잖아 했지만 소로는 이 책에서 그의 존재를 뚜렷이 드러내고 상세하게 언급한다. 소로다운 모습이다.

사실 이 책을 번역하게 된 계기는 '소로의 책'이기 때문이었다.

나 또한 자연 속에서의 소박한 삶을 동경해왔기에 그의 책을 한 권쯤 번역해보고 싶던 터였다. 그렇지만 혹시나 하고 교유당의 신정민 대표에게 제안을 했을 때 그가 선뜻 수락한 것은 뜻밖이었다. 170년 전의 미국 땅 여행기를 어떻게 소개하려나 도리어 걱정이 되었지만 이미 뱉은 말을 주워담을 수는 없었다. 알다시피 『월든』을 비롯한 그의 저서는 어렵기로 소문이 나 있다. 소로라는 이름의 유명세와 달리 그의 책을 완독한 사람은 그리 많지 않을 것이다. 이 책 또한 쉽지 않았다. 우선 문장이 만연체로 긴데다 인용 구절도 많은데, 인용문의 출처조차 밝히지 않아 망연자실해질 때가 한두 번이 아니었다. 그는 결코 친절한 필자가 아니다.

독서에 도움이 될까 하여 번역 과정에 대해 잠깐 이야기하겠다. 우선 이 책의 원서에는 라틴어와 고대 그리스어로 된 인용문들이 영어로 병기되거나 해석되지 않은 채 그대로 인용된 경우가 많다. 그래서 원전을 일일이 찾아 영역된 부분과 대조한 뒤에 우리말로 바꾸는 작업을 반복해야 했다. 또한 이 책에 등장하는 수많은 인물도 성이나 이름만 표기되어 명확히 알 수 없었기에 구글 검색을 통해 한 사람 한 사람 찾아내야 했다. 나름 최선을 다했다고 자부하지만, 혹시라도 잘못된 부분이 있다면 알려주시기 바란다. 또 뉴잉글랜드 지역의 지리적 특성과 지명도 그동안 많이 바뀐 탓에 변화된 내용을 일일이 찾아내야 했기에 번역에 걸린 시간은 예상보다 훨씬 길어졌다. 옮긴이 주를 이렇게 많이 달아본 것도 처음인 것 같다. 한 가지 바람이 없었다면 이 책에 끝까지 매달리지 못했을지도 모른다. '최대한 정확하고, 최대한 쉽게! 그리하여 완독할 수 있는 소로의 책 한 권'이 그것이다. 모쪼록 이 책이 독자들을 소로에게 좀더 가까이 데려가기를 바란다. 팁 한 가지는 케이프코드 지도를 옆에 두고 읽으면 훨씬 쉽다는 점이다.

끝으로 혹시라도 케이프코드를 여행할 일이 있으면 트루로의 하이랜드 등대 박물관에 들러보기 바란다. 그곳에는 1849년 소로가 케이프코드를 처음 방문했을 당시 네 살이었던 등대지기의 아들이 소로에 대해 기록한 것이 있다고 한다. 그는 이렇게 말했다. "소로는 '아주 멋진 사람'이었는데 거의 잠이 없었다. 늦게까지 자지 않았고 동이 트기 전에 깨었다. 그는 몇 시간이고 절벽 위에 앉아서 '지나가는 배와 갈매기들'을 하염없이 바라보았다."

2021년 8월
김병순

차례

서문

　지난 세기 중반 매사추세츠의 작은 마을 콩코드에 집을 짓고 세 인들의 입에 오래도록 오르내릴 특별한 명성을 그곳에 안겨주었던 미국의 유명한 사상가들 가운데 콩코드가 고향인 사람은 소로가 유일하다. 그의 이웃 에머슨이 그곳을 찾아온 것은 성년이 된 이후 였고 은퇴 후 노년생활을 누리기 위해서였다. 에머슨,* 호손**과 올콧 *** 같은 소설가들이 콩코드의 소로 집 근처로 이주해온 것 도 소로가 이미 그곳을 오랜 안식처로 삼은 뒤였다. 소로는 그 땅 의 토박이였고, 그들 가운데 가장 독특한 정신의 소유자였다.

　1837년 스무 살에 그는 하버드대학교를 졸업하고 3년 동안 고향 의 학교에서 아이들을 가르쳤다. 그뒤 아버지가 하시던 연필 제조 업에 전념했다. 그는 지금까지 써본 것 중에 가장 좋은 연필을 만

---

　* 미국의 위대한 시인이자 철학자 랠프 월도 에머슨Ralph Waldo Emerson은 1834년 서른 한 살 때 콩코드에 정착했고, 소로와 친분을 갖고 교류하기 시작한 것은 1837년부터였다.
　** 『주홍글씨』, 『큰 바위 얼굴』의 저자 너대니얼 호손Nathaniel Hawthorne(1804~1864). 아내 소피아와 결혼하면서 1842년 콩코드로 이주했다.
　*** 『작은 아씨들』의 저자 루이자 메이 올콧Louisa May Alcott(1832~1888). 1840년에 콩 코드로 이사왔다.

들 수 있을 거라 믿었다. 하지만 그가 사업에 성공하고 친구들이 그의 앞날에 탄탄대로가 열렸다고 축하했을 때, 그는 앞으로 다시는 연필을 만들지 않겠다고 선언했다. 그는 이렇게 말했다. "내가 왜 그래야 하지? 난 한번 한 일은 다시 안 할 거야."

그리하여 그는 다양한 분야의 학문과 자연에 눈을 돌렸다. 돈이 필요하면 보트 제작이나 울타리 치기, 나무 심기나 측량 같은 자신이 할 수 있는 육체노동을 통해 돈을 벌었다. 그는 결혼하지 않았고 교회에 거의 가지 않았으며, 투표도 하지 않고 국가에 세금을 내는 것도 거부했다. 고기를 먹지 않고 술도 마시지 않았으며 담배도 피우지 않았다. 그래서 오랫동안 마을 사람들의 입에 매우 특이한 사람이라고 오르내리곤 했다. 하지만 마침내 그에 대해 제대로 알게 되자, 마을 사람들은 그의 순수함과 진정성, 독창성을 알아보고는 그를 존경하고 칭송했다. 그는 인습적인 것과는 완전히 담을 쌓은 사람이었다. 자기가 바람직하다고 생각하는 대로 살았으며, 옳다고 믿는 것을 지키고 옹호할 줄 아는 용기를 갖고 있었다. 자신의 원칙과 이상에 매우 충실했던 까닭에 실제로 단 한 번도 무관심하거나 경솔한 행동을 한 적이 없었다.

그는 자기가 사는 지역을 지극히도 사랑해서, 고향 마을을 벗어나 돌아다니는 일이 거의 없었다. 해외여행을 하고 싶은 마음도 전혀 없었던 듯하다. 자기 마을을 돌아보고 즐기기에도 시간이 부족하다고 생각했다. 그는 말했다. "파리는 기껏해야 여기서 사는 법을 배우기 위한 학교, 다시 말해 콩코드에서 살기 위한 하나의 디딤돌에 불과하다고 할 수 있을 겁니다."

그는 부유한 평균적인 도시인들에 대한 반감이 매우 컸다. 그래서 그런 계층의 사람들에 대해 "그들은 대개 먹고살기 위해 날마다 자그마한 돈벌이를 하죠. 일이 끝나면 시시하기 그지없는 사교 모임이 열리는 거실에 모여 앉아 고리타분하고 터무니없는 옛날이야기를 떠들어대다가 부끄러운 줄도 모르고 침대로 가서 게으른 나무늘보처럼 늘어져 잡니다"라고 말했다.

그가 사랑한 사람들은 좀더 원초적이고 인위적으로 꾸미지 않으며, 유행이나 오래된 관습의 영향을 끊어낼 줄 아는 담대함을 가진 이들이었다. 특히 그는 자연과 밀접한 관계를 맺고 있는 사람들과 사귀는 것을 좋아했다. 반半야생의 생활을 하는 아일랜드인, 무뚝뚝한 농부나 어부, 사냥꾼은 그에게 진정한 즐거움을 주었다. 이런 까닭에, 케이프코드는 그에게 강력한 매력의 대상이었다. 당시 그곳은 미국에서 매우 외딴 지역이었고, 거기 사는 사람들은 독립적이고 자립적으로 살아가는, 그의 마음을 끌 만한 사람들이었다. 그가 그곳을 걸으며 여행한 이야기들을 읽다보면, 그곳 사람들과 만나 대화를 나누며 느낀 이야기들이 대부분을 차지한다. 그는 거기서 우연히 마주친 사람들의 특징들을 자세히 설명하기를 좋아하고, 그들과 나눈 이야기들에서 중요한 대목을 놓치지 않으려고 애썼다. 그들 역시 그가 매우 흥미로운 사람임을 알았을 것이다. 그 나그네가 무엇을 하려는 건지는 그들에게 큰 수수께끼였겠지만, 아마도 그들은 그를 그냥 시간 많은 여행자 정도로 여긴 것 같다.

이 책은 여러 차례의 여행을 다녀온 결과물이지만, 그가 특별히 자세하게 언급하는 여행은 10월에 다녀온 여행이다. 그래서 나도

이 책에 삽화로 들어갈 사진들을 얻기 위해 10월에 케이프코드를 방문했다. 될 수 있으면 소로가 묘사한 것과 흡사한 지역 풍경을 담고 싶었기 때문이다. 나는 그의 여행의 시발점이자 케이프코드만*에서 내륙의 해안선이 처음으로 동쪽으로 방향을 확 트는 지점인 샌드위치에서 출발해, 1849년 그가 여행했던 것과 거의 같은 경로를 따라 갈고리 모양의 케이프코드 끄트머리 프로빈스타운까지 죽 갔다.

소로는 모랫길 그리고 그 길을 힘들게 걸은 것에 대해 많은 이야기를 한다. 하지만 내가 갔을 때는 길이 많이 좋아졌다. 최근 주요 도로의 상당 부분에 쇄석을 깔아 포장을 했다. 그럼에도 아직까지는 혼자 또는 여럿이 함께 도보여행을 할 때 몸을 지치게 만드는, 오래전부터 있던 모랫길들을 자주 맞닥뜨린다. 자연 애호가인 소로가 거듭 되풀이해 언급하는 이 지역의 특색 가운데 하나는 풍차다. 하지만 마지막으로 돌던 풍차가 약 20년 전에 멈췄다. 몇몇 풍차들은 여전히 상태가 완벽하게 좋은데도 말이다. 케이프코드에도 변화는 있었지만, 주요 풍경들은 소로 시대와 마찬가지의 모습을 보여준다. 그곳 사람들에 대해 말하자면, 소로가 했던 것처럼 그냥 걸어가다 그들과 마주쳐 격식에 얽매이지 않고 대화를 나누다보면 소로가 발견했던 것처럼 그들이 저마다 흥미로운 개성을 지닌 사람들임을 금방 알게 될 것이다.

소로의 여행기는 사람의 마음을 사로잡는 톡 쏘는 맛이 있다. 그가 쓴 책들이 모두 그렇다고 할 수 있는데, 무엇에 대해 쓰든 그가 생각하는 것들은 사람들이 흔히 느끼고 말하는 것들과 다르기 때문이다. 그가 쓴 글을 읽을 때, 우리는 그가 다루는 소재만큼이나 많은, 아니, 그보다 더 다양한 글맛과 생각, 색다른 관점들을 만난다. 1862년 마흔네 살의 나이로 세상을 등질 때까지 그가 세상에 내놓은 책은 두 권밖에 없었다. 이 책『케이프코드』는 1865년에야 발간되었다. 일반 대중도 처음에는 그가 쓴 책들에 크게 관심을 보이지 않았다. 따라서 생전에 그를 존경하고 따른 사람은 매우 적었다. 하지만 이후 그의 이름은 점점 널리 알려졌다. 그의 책들이 사람들에게 끊임없는 공감을 불러일으키게 된 것은 아마도 그의 글에 드러나는 생생한 묘사와 관찰력 덕분일 것이다.

매사추세츠 해들리에서

클리프턴 존슨Clifton Johnson

1.
난파선

콩코드

보스턴

코하셋

시추에이트

내가 케이프코드를 찾아간 것은 지금까지 모두 세 차례였다. 지
구 표면적의 3분의 2 이상을 덮고 있다고는 하지만, 거기서 몇 마
일 떨어지지 않은 곳에 살면서도 생전에 한 번도 그 자취를 보지
못하고 죽는 사람이 있을지도 모를, 우리의 상상을 뛰어넘는 세상,
그 바다의 풍경에 젖어보려고 말이다. 1849년 10월에 처음으로, 이
듬해 6월에 두번째로, 그리고 마지막으로 1855년 7월에 트루로*를
찾았다. 첫번째와 마지막 방문은 한 친구**와 동행했고, 두번째 방
문은 홀로였다. 그곳에 머문 기간은 모두 합해서 3주가량이었다. 이
스텀에서 프로빈스타운*** 까지 대서양 쪽에서 두 번 걷고, 케이
프코드만灣 쪽에서 한 번 걸었다. 마차를 타고 6~8킬로미터 간 것
은 제외하고 걸어서 케이프코드를 가로지른 것이 총 여섯 차례다.
하지만 그렇게 바다에 가까이 다가갔음에도, 해풍에 실려오기 마

　●　미국 매사추세츠주州 반스터블 카운티에 있는 타운.
　●●　미국의 초월주의 시인 윌리엄 엘러리 채닝William Ellery Channing.
　●●●　두 곳 모두 매사추세츠주 반스터블 카운티에 있는 타운.

런인 소금기를 거의 느끼지 못했다. 이 글을 읽는 사람들은 틀림없이 케이프코드만 어귀에서 불어오는 해풍과 어우러진 산들바람이나 9월의 강풍 이후 바닷가에서 30킬로미터쯤 떨어진 내륙의 어느 집 창가나 숲속 나무껍질에 하얗게 내려앉아 말라붙은 소금 가루를 기대했을 것이다. 그동안 나는 콩코드에서 15킬로미터 안쪽에 있는 연못들을 천천히 돌아보곤 했지만, 이번에는 바닷가로 범위를 넓혔다.

'인류 문화'에 대해 생각하는 사람이 케이프코드에 관한 책을 쓰지 않는 것은 말이 안 된다고 생각했다. 이 둘은 같은 것의 다른 표현이고 서로 쉽게 대체될 수 있다. 이 책의 제목에 대해 말하자면, 케이프*의 어원은 프랑스어의 카프cap인데, 카프는 라틴어로 '머리'를 뜻하는 카푸트caput라는 말에서 유래했다. 이 단어는 '~을 잡다'라는 뜻의 카페레capere라는 동사에서 온 것으로 보이며, 머리는 우리가 어떤 것을 잡을 때 낚아채는 부분을 뜻한다. 즉 '시간의 앞머리를 잡다Take Time by the forelock'라는 말처럼 좋은 기회를 놓치지 않고 낚아챈다는 의미로 쓰인다. 뱀을 잡을 때 가장 안전하게 잡을 수 있는 부분 또한 머리다. 코드Cod는 1602년 바솔로뮤 고스널드**가 그곳에서 발견한 '거대한 대구 어장great store of codfish'이라는 말에서 파생되었다. 거기서 잡은 물고기가 색슨족 말로 '씨앗이 가득 담긴 통'을 뜻하는 '코드codde'처럼 생겼다고 해서 그런 이

• Cape, 우리말로 '곶'을 뜻함.
•• Bartholomew Gosnold, 17세기 초 영국의 항해가. 1602년 지금의 미국 메인주 지역을 탐험하던 중 케이프코드를 발견하고 명명했다.

름이 붙었다. 알을 가득 밴 물고기라는 의미다. 또한 그 단어는 완두콩 같은 푸른 채소를 약한 불로 뭉근하게 끓인다는 뜻인 코들링 codling(라틴어로 포뭄 콕틸레pomum coctile?)과 코들coddle에서 왔을 수도 있다.

케이프코드는 매사추세츠의 팔에 해당한다. 맨살을 드러낸 구부린 팔뚝 모양을 하고 있다. 어깨에 해당하는 곳이 버저즈만이고, 팔꿈치 또는 척골단에 해당하는 곳이 케이프말레바레•, 팔목은 트루로, 주먹은 모래로 뒤덮인 프로빈스타운이다. 매사추세츠는 이렇게 앞으로는 케이프코드가 경계를 서고, 뒤로는 그린산맥에 등을 기대고, 다리는 대서양의 바닥을 질끈 밟고 서 있는 모양새다. 마치 케이프코드만을 지키는 건장한 운동선수 같다. 대서양에서 불어오는 강한 북동풍을 향해 주먹을 날리고 때로는 바닥에서 솟구쳐 대서양에서 해안으로 밀려온 큰 파도를 무릎으로 날려버릴 태세다. 다른 주먹은 매사추세츠의 가슴에 해당하는 케이프앤 안쪽에 숨기고 기회를 엿보면서 언제라도 상대방을 가격할 준비가 되어 있는 모습이다.

지도를 보고 나는 케이프코드의 동쪽, 즉 팔뚝에 해당하는 부분의 바깥쪽으로 해변이 끝없이 이어진다는 것을 알았다. 전체 해안선 가운데 50킬로미터 정도가 탁 트인 해변으로 이어져 멋진 바다 조망을 제공한다. 그러나 해변이 시작되는 부분이 올리언스의 너셋 항구로 들어가는 입구이기 때문에, 육로로 그곳에 가려면

• 오늘날의 너셋 해변.

이스텀에서 출발해야 한다. 그렇게 하면 거기서 레이스갑까지 약 45킬로미터를 가는 동안 어떤 장애물도 만나지 않고 막힘없이 해변을 따라 걸을 수 있다.

1849년 10월 9일 화요일, 우리는 매사추세츠 콩코드를 떠났다. 그리고 보스턴에 닿았을 때, 전날 프로빈스타운에서 출발해 이미 도착했어야 할 증기선이 심한 폭풍 때문에 아직 도착하지 못했다는 사실을 알았다. 거리에 뿌려진 '코하셋에서 145명 사망!'이라는 제목의 호외를 보고 우리는 코하셋을 거쳐서 가기로 했다. 객실 기차에는 코하셋으로 가는 아일랜드인들이 많았다. 그들은 시신을 확인하고 생존자들을 위로하고 그날 오후에 열릴 장례식에 참석하기 위해 그곳에 가는 중이었다. 우리가 코하셋에 도착했을 때는 기차에서 내린 거의 모든 승객이 1.5킬로미터 정도 떨어진 해변을 향해 가는 것처럼 보였다. 인근 지역에서 많은 사람들이 몰려오고 있었다. 수백 명이 똑같이 코하셋을 거쳐서 그곳으로 가고 있었다. 걸어가는 사람도 있고 역마차를 타고 가는 사람도 있었다. 그들 중에는 사냥 재킷을 입고 총과 사냥 주머니를 차고 사냥개를 대동한 수렵꾼들도 있었다. 어느 교회 인근의 묘지를 지나면서 우리는 갓 뚫은 지하실처럼 생긴 큰 굴을 보았다. 해안가를 조금 앞둔, 구불구불하고 돌이 많지만 상쾌한 느낌을 주는 도로 옆에서는 예배당을 향해 가는 여러 대의 짐수레와 농장 마차들을 만났다. 저마다 서둘러 마련한 듯한 커다란 궤짝을 세 개씩 싣고 있었다. 그 속에 무엇이 들었는지는 물어볼 필요가 없었다. 그 마차들의 주인은 보나마나 장의사일 터였다. 해안가 근처 울타리에는 마차를 끌고 갈 많은 말들이 묶여 있었다. 1.5킬로미터 조금 넘게 구불구불 이어진 해변은 시신을 확인하고 난파선의 부서진 파편들 사이를 샅샅이 살피는 사람들로 가득했다. 해안가에서 얼마 떨어지지 않은 곳에 조그만 오두막이 한 채 있는 브러시 아일랜드라는 작은 섬이 있는데, 그곳은 매사추세츠에서 바위가 가장 많은 해안으로 알려져 있다. 낸태스컷*에서 시추에이트에 이르는 해안가는 세차게 부딪치는 파도에 맨살을 드러내지만 절대 부서지지 않는 매우 단단한 섬장암으로 이어져 있고, 그래서 난파선의 흔적이 많이 남아 있었다.

아일랜드의 골웨이를 출발한 쌍돛대 범선 세인트존호가 난파한 것은 일요일 아침이었고, 우리는 화요일 아침에 난파 현장에 도착했다. 파도가 여전히 해변의 바위들을 격렬하게 때리고 있었다. 바닷가에서 얼마 떨어지지 않은 푸른 언덕 위에는 앞서 말한 똑같은 크기의 커다란 궤짝 18~20개가 놓여 있고 사람들이 그 주위를 무리 지어 둘러싸고 있었다. 난파 현장에서 발견된 시신들이 거기로 옮겨져 있었는데, 모두 27구 혹은 28구로 보였다. 일부 사람들은 신속히 못을 박았고, 다른 사람들은 궤짝들을 마차에 실었다. 또다른 사람들은 아직 못을 박지 않은 관 뚜껑을 들어올려 천에 덮인 시신들을 하나하나 확인했다. 다 해져 누더기가 된 옷을 걸친 시신들은 흰 천에 느슨하게 덮여 있었다. 그곳에서 움직이는 사람들에게서 슬픔의 흔적은 전혀 찾아볼 수 없었다. 평소에 하던 일을 하듯 덤덤한 모습이었다. 어떤 남자는 시신을 찾으려고 안간힘을 쓰

---

* 보스턴 남쪽의 소도시 헐에 있는 해변.

고 있었다. 장의사인지 목수인지 모를 한 남자는 다른 사람에게 어린아이가 안치된 관이 어느 것인지 물었다. 천을 걷어올리자 다리가 딱딱하게 굳고 머리카락이 헝클어진 시신들이 보였다. 익사한 한 소녀의 시신은 검푸른색으로 부풀어오르고 심하게 훼손되어 있었다. 어쩌면 그 아이는 미국 가정에서 가정부로 일하려고 배를 탔을지도 모른다. 목 부분에 레이스가 달린 옷이 누더기가 된 채 소녀의 부풀어오른 몸을 반쯤 가리고 있었다. 만신창이가 되어 웅크린 몸뚱이는 바위와 물고기에 찢기거나 뜯겨나가 뼈와 근육이 드러나 있었지만, 홍백색의 핏기 없는 얼굴에 부릅뜬 눈은 멍하니 한 곳만 바라보고 있었다. 생기가 사라진 맥없는 눈빛은 마치 좌초해서 모래가 가득 찬 선실 창문 같았다. 때로는 두 명 이상의 아이들이 관 하나에 들어 있기도 했고, 엄마와 아이가 함께 안치된 경우도 있었다. 그 관 뚜껑에 빨간색 분필로 '브리짓•과 언니의 아이'라고 적혀 있었던 것 같다. 주변의 풀밭은 돛대 파편과 범포 조각들로 덮여 있었다. 그 해변에 사는 사람에게 전해들은 이야기지만, 난파 사고가 일어나기 전 여동생에게 올 때 함께 데려오라며 젖먹이 아이를 아일랜드에 놓아두고 먼저 미국에 온 한 여인이 이곳에 찾아와 줄지어 놓인 관들을 살펴보다가 그중 하나—아마도 앞에서 내가 뚜껑에 빨간 분필로 이름이 적혀 있었다고 말한 바로 그 관이었을 것이다—에서 여동생의 팔에 안긴 자신의 아이를 발견했는데, 여동생은 그렇게 발견될 것을 예견한 듯한 모습이었다고 한다.

• 미국에서 가정부로 일한 아일랜드계 이주 여성을 가리켜 일상적으로 브리짓이라고 불렀다.

결국 그 여인은 충격을 이기지 못해 사흘 뒤 죽고 말았다.

우리는 발길을 돌려 암초투성이의 해안을 따라 걸었다. 처음으로 만난 낭떠러지로 둘러싸인 후미진 작은 만에는 선박의 잔해로 보이는 것들이 산산조각이 난 채 모래와 해초 그리고 엄청난 양의 깃털들과 뒤섞여 어지러이 흩어져 있었다. 그러나 너무 낡고 녹슬어 있었으므로 처음에는 그것이 오랜 세월 그곳에 방치되어 있던 옛 난파선의 흔적이 아닐까 생각했다. 심지어 나는 키드 선장•을 떠올리기까지 했고, 깃털들은 바닷새가 떨어뜨린 것이라고 생각했다. 어쩌면 그것에 관해 전해 내려오는 이야기를 나중에 지역 주민들에게서 들을 수 있을지도 모를 일이었다. 나는 그 난파 잔해물들이 세인트존호의 것인지 한 선원에게 물어보았고, 그는 그렇다고 대답했다. 그가 우리 앞에 보이는, 해안에서 1.5킬로미터쯤 떨어진 바위를 가리키며 그것이 그램퍼스암巖••이라고 알려주었다. 그리고 이렇게 말했다.

"저기 바위의 불쑥 튀어나온 부분이 보이지요? 작은 조각배처럼 보일 겁니다."

정말 그렇게 보였다. 마치 여러 개의 닻과 닻줄에 매인 배가 거기에 떠 있는 것 같았다. 나는 조금 전에 본 시신들이 물에 빠져 죽은 사람들 전부인지 물었다.

그러자 그 선원은 "4분의 1도 안 돼요"라고 대답했다.

"나머지는 어디에 있죠?"

• Captain Kidd, 17세기 스코틀랜드의 항해가이자 전설적인 해적.
•• Grampus Rock, 범고래 바위라는 뜻.

"대부분은 당신이 보고 있는 잔해들 밑에 있어요."

이 작은 만 하나만 보더라도 대형 선박 한 척이 난파했을 때 생길 법한 잔해만큼이나 엄청나게 많은 쓰레기가 산재해 있었다. 그것을 다 치우려면 여러 날이 걸릴 것 같았다. 그곳의 수심은 그리 깊지 않았다. 수면에는 보닛*과 재킷 들이 둥둥 떠 있었다. 이 난파 현장의 한복판에는 폭풍에 떠밀려온 해초들을 손수레에 실어 파도가 닿지 않는 곳으로 바삐 나르는 사람들이 있었다. 그들의 임무는 대개 해진 옷 조각들을 찾아내는 것이었다. 언제라도 그 밑에서 시신이 나올 수 있었기 때문이다. 자기네도 언제 물에 빠져 죽을지 모르지만 그 와중에도 그들은 그 해초가 귀중한 천연비료라는 사실을 잊지 않았다. 이 난파선은 사회적으로 큰 반향을 일으키지 못했다.

남쪽으로 1.5킬로미터쯤 더 가서 우리는 폭풍우에 맞서 분투했을 세인트존호의 돛대들이 암초 위로 솟아오른 모습을 볼 수 있었다. 그 영국 범선은 재빨리 닻줄을 내렸고, 요행히도 코하셋 항만 어귀를 발견하고 그리로 배를 몰고 갔을 것이다. 해안을 따라 조금 더 걸어가니 남자 옷이 바위에 걸려 있는 것이 보였다. 가까이 가보니 여성용 스카프, 가운, 밀짚 보닛, 범선의 승무원실, 그리고 여러 조각으로 부서진 앙상한 긴 돛대가 주위에 널려 있었다. 바다에서 몇 로드** 떨어진, 암초가 많은 또다른 작은 만의 약 6미터 높이 바위들 뒤에 배의 한쪽 면 일부가 단단히 자리를 잡고 누워 있

---

* 턱 밑에서 끈으로 묶는 여성용 모자.
** rod, 옛 길이 단위. 1로드는 약 5미터이다.

었다. 산산조각난 그 잔해들은 아까 본 자잘한 파편들과는 비교할 수 없을 정도여서, 당시 파도가 얼마나 강력했을지 상상이 되지 않았다. 엄청나게 큰 목재 선체와 쇠 버팀대들도 여지없이 부서져 있었다. 그런 파도의 위력을 견뎌낼 물체는 아무것도 없을 것 같았다. 그런 파도에는 무쇠도 쪼개지기 마련이니 아무리 철로 만든 선박이라도 바위에 부딪힌 달걀처럼 산산조각이 날 것이다. 선체의 널판들 가운데 일부는 너무 많이 부식되어서 그 사이로 우산을 찔러넣어도 될 정도였다. 그것들은 일부 생존자들이 이 나뭇조각들을 붙잡고 겨우 살아났으며 바다에서 이 만으로 밀려왔다는 것을 보여주었다. 지금은 바닷물이 빠져나가 그 자리가 말라 있었다. 주변 여건을 볼 때 거기서 생존자가 발견되었다는 사실이 믿기지 않을 정도였다. 조금 더 걸어가니, 한 무리의 남자들이 세인트존호의 항해사 주변을 둘러싸고 그가 겪은 일을 듣고 있었다. 항해사는 호리호리해 보이는 청년이었다. 선장이 그 배의 주인이라고 이야기할 때는 약간 흥분한 것처럼 보였다. 그의 말에 따르면 사람들이 구명보트 위로 서둘러 뛰어내리는 바람에 만선이 된 보트가 출렁거렸고, 바닷물이 보트 안으로 밀려드는 바람에 보트가 무거워져서 모선과 연결된 줄이 끊어졌다고 했다. 그 말을 듣고 한 남자가 끼어들어 말했다.

"허, 그 양반 참 솔직하게 말하네. 그랬구먼. 보트에 들이닥친 바닷물 때문에 줄이 끊어진 게 맞았어. 물에 잠긴 보트는 정말 무겁지." 그렇게 쓸데없이 진지한 투로 매우 크게 주저리주저리 떠들었다. 누구와 내기라도 한 듯한 태도였으며, 조난자들을 걱정하는 마음 따위는 도무지 찾아볼 수 없었다. 또다른 거구의 남자 한 명은 근처의 바위에 올라서서 바다를 바라보며 씹는 담배를 입안에 잔뜩 넣고 오랜 습관처럼 능숙하게 우물거렸다.

또다른 남자가 동료에게 "이봐, 이제 가자고. 우리가 할 일은 다 끝났어. 장례식까지 남아 있을 필요는 없잖아" 하고 말했다.

바위 위에는 또 한 사람이 서 있었는데, 누군가 말하길 생존자 가운데 한 명이라고 했다. 그는 침착해 보였다. 재킷에 회색 바지를 입고 두 손을 주머니에 넣고 있었다. 몇 가지 질문을 하자 그는 순순히 대답했지만, 더이상 이야기하고 싶지 않은 듯 곧 자리를 떴다. 그 사람 옆에 구조선에 탔던 구조요원 가운데 한 명이 방수 재킷을 입은 채로 서 있었다. 그는 자기들이 어떻게 그 영국 범선을 구조하러 갔는지 우리에게 설명해주었다. 그들은 도중에 지나친 세인트존호의 구명보트에 승무원들이 모두 탔을 거라고 생각했다. 파도 때문에 그 배 안에 남아 있는 사람들을 볼 수 없었던 것이다. 그 안에 누군가 남아 있는 것을 알았다면 어쩌면 더 많은 사람을 구조할 수도 있었을 것이다. 거기서 조금 더 떨어진 바위 위에 세인트존호의 깃발이 펼쳐져 있었다. 물기를 말리기 위해 네 모서리에 돌을 얹어놓았다. 오랜 세월 해풍의 희롱을 견디며 휘날려온, 연약하지만 선박에 없어서는 안 될 중요한 부분인 그 깃발은 해안까지 밀려온 것이 확실했다. 그 바위에서는 집이 한두 채 보였다. 일부 생존자들이 거기에 머물며 그들이 받은 육체적·정신적 충격에서 헤어나는 중이었다. 그중 한 명은 살아날 가망성이 희박했다.

우리는 화이트헤드갑이라고 불리는 곳까지 해안을 따라 계속 내려갔다. 거기에 가면 코하셋록스$^{\bullet}$를 더 잘 볼 수 있을지도 몰랐다. 거기서 1킬로미터도 안 되는 작은 만에서 한 노인과 그의 아들이 다른 여러 사람과 함께 난파선 승객들의 생명을 앗아간 폭풍이 밀어올린 해초를 채취하고 있었다. 그들은 세인트존호가 충돌한 그램퍼스암이 보이는 거리에 있었지만, 난파선이 뭐냐는 듯 하던 일에 무덤덤하게 몰두하고 있었다. 노인은 배가 난파했다는 소식을 이미 들었고 상세한 내용도 대부분 알고 있었다. 하지만 그 일이 일어난 뒤 그곳에 가지 않았다고 했다. 그의 가장 큰 관심거리는 만신창이가 된 해초, 즉 바닷가 암반지대에서 자라는 켈프$^{\bullet\bullet}$ 같은 해조류였다. 그는 그것들을 거두어 손수레에 실어서 자기네 헛간 앞마당으로 옮겼다. 시신들도 마찬가지로 파도에 실려 해변까지 떠밀려왔지만 그것들은 그에게 쓸모없는 또다른 해초와 다름없었다. 그뒤 우리는 또다른 응급상황에 대비하며 항만에 머물고 있는 구조선으로 갔다. 그날 오후 먼발치에서 장례 행렬을 보았다. 행렬의 맨 앞에서 선장이 다른 생존자들과 함께 걷고 있었다.

대체로 그것은 내가 기대했던 인상적인 장면이 아니었다. 만일 인적 드문 어느 외딴 해변에서 파도에 떠밀려온 시신 한 구를 발견했다면 더 애틋한 감정이 생겼을 것이다. 오히려 해풍과 파도에 더 연민이 갔다. 이 가련한 인간들의 몸뚱이를 이리저리 집어던지고 망가뜨리는 것이 해풍과 파도의 운명인 것처럼 보였기 때문이다. 이

$\bullet$ 보스턴 동남쪽 코하셋과 시추에이트 앞바다에 있는 미노츠레지라는 암봉을 구성하는 암초들 가운데 하나인데 소로의 여행경로로 볼 때, 오늘날의 코하셋 해변가의 블랙록스(Black Rocks)를 말하는 것으로 보임.
$\bullet\bullet$ 다시마과에 속하는 대형 갈조류.

것이 자연의 법칙이라면 왜 인간은 늘 경외감과 연민 속에서 시간을 허비하는가? 우리에게 마지막 날이 온다면, 가까운 사람들과 이 생에서 헤어지는 일이나 자신에게 다가올 죽음의 어두운 그림자에 관해 깊이 생각하지 말아야 한다. 전쟁터처럼 시체가 층층이 쌓일지라도 그것이 더이상 인간의 감정에 영향을 미치지 않을 수 있음을 나는 깨달았다. 물론 그런 상황은 보편적인 인간의 운명과는 거리가 멀지만 말이다. 공동묘지에 가보면 죽은 사람들이 널렸다. 우리가 느끼는 연민은 대개 개별적이고 사적이다. 인간은 일생에 적어도 한 번은 장례식에 참석하기 마련이다. 또한 적어도 한 번은 죽은 사람을 보기 마련이다. 그러나 이 해안에 사는 주민들이 이번 사건을 통해 감정적 동요를 거의 일으키지 않을 것임을 나는 알 수 있었다. 그들은 오랜 세월 이곳에 살면서 바다가 조난당한 사람들의 생명을 거두는 모습을 수없이 지켜보았을 것이다. 그들의 상상력과 연민의 감정은 그런 난파 현장을 본 적 없는 사람들이 느끼는 애도와는 당연히 거리가 멀 것이다. 이 사건이 벌어지고 며칠 뒤 어떤 사람이 해변을 한가로이 산책하다가 바다에 떠 있는 흰 물체를 발견했다. 보트를 타고 가까이 가보니 여성의 시신이었다. 꼿꼿이 선 자세였고 머리에 쓴 모자는 바람 때문에 뒤로 벗겨진 상태였다. 해변을 홀로 걷는 사람들은 그곳의 아름다움이 이와 같은 난파선의 비극 때문에 더욱 빛나며 따라서 그 아름다움이 더욱 진귀하고 숭고해진다는 사실을 깨달아야 한다. 그러지 못하면 그들은 해변의 아름다움을 파괴하는 존재일 뿐이다.

왜 사람들은 배가 난파해서 죽은 시신들을 정성껏 보살필까? 그

코하셋—화이트헤드갑의 작은 만

시신들에는 벌레나 물고기 말고는 친구가 없다. 그 시신의 주인들
은 콜럼버스와 청교도들이 그랬던 것처럼 신세계로 오는 중이었고
해안에서 1.5킬로미터도 안 되는 거리에 있었다. 그들은 콜럼버스
가 거기에 닿기 전까지 꿈꿨던 곳보다 더 새로운 세상, 당시에는 아
직 과학적으로 밝혀지지 않아서 콜럼버스가 그 존재를 의심했을
지 모르지만 우리는 훨씬 더 명백하고 확실한 증거가 있다고 믿는
신세계로 이주했다. 단순히 뱃사람들 사이에 떠도는 풍문이나 바
다에 떠다니는 일부 유목流木과 해조류 때문만은 아니었다. 해안선
을 따라 끊임없이 이동하는 바닷물의 흐름은 거기에 새로운 세상
이 존재한다는 것을 직감적으로 느끼게 했다. 나는 육지에 도달한
그들이 타고 온 난파선의 빈 선체를 보았다. 그사이 그들은 파도에
떠밀려 우리가 향하고 있는 좀더 서쪽의 해안으로 올라왔다. 아마

도 그들은 폭풍우와 어둠 속에서 거기까지 흘러갔을 것이고, 마침내 우리도 그들처럼 그곳에 도달할 것이다. 우리한테는 신에게 감사할 이유가 분명히 있는데, 그들이 '난파한 뒤 다시 생명을 얻는 것'을 좋아하지 않을 것이 틀림없기 때문이다. 지금 천국으로 안전하게 입항하고 있는 뱃사람은 어쩌면 지상의 친구들이 보기에는 조난해서 죽은 것으로 보일지 모른다. 그 친구들은 보스턴 항구가 더 좋은 곳이라고 생각할 것이다. 하지만 그 친구들의 눈에는 보이지 않을지라도, 천국의 숙련된 도선사가 조난해서 죽은 그를 맞이하러 오고 적당한 훈풍이 해안 쪽으로 불면서 그가 탄 배는 아주 평온하게 육지에 닿는다. 그는 크게 기뻐하며 해안에 내려 땅에 입맞춤을 한다. 그사이 그가 타고 온 낡은 선체는 파도에 흔들린다. 사람의 몸과 헤어지는 것은 어렵다. 하지만 일단 몸이 떠나면 그것 없이도 충분히 무엇이든 할 수 있다. 품었던 모든 계획과 소망은 한갓 물거품처럼 사라진다! 수많은 갓난아기들이 성난 대서양의 물결에, 바위에 처박혔다! 아니, 아니다! 세인트존호는 이생에서 여기에 입항하지 못했지만 저쪽 천국의 연락을 받은 것이다. 아무리 강한 바람도 신을 휘청거리게 할 수는 없다. 바람은 신의 숨결이기 때문이다. 정의로운 사람의 목적은 그램퍼스암과 같은 물질적 바위에 부딪쳐도 깨지지 않는다. 오히려 그 목적이 이루어질 때까지 바위를 깨뜨릴 것이다.

죽어가는 콜럼버스에게 바치는 다음의 시는 조금만 바꾸면 세인트존호의 승객들에게도 적용될 수 있을 것이다.

그들과 함께 모든 것이 끝날 테니,
곧 여행이 시작되고
그들은 마침내 발견하게 되리라,
저 먼 곳, 미지의 땅을.

저마다 홀로 찾아가야 하는 땅,
그러나 어떤 기별도 오지 않는 곳,
한번 떠난 선원은 아무도
다시 돌아오지 못했기 때문이니.

깎아 만든 목재도, 부러진 나뭇가지도 없이
그저 저 먼 야생에서 흘러오는 해류,
저 대양에 배를 띄우는 그는
천사 아이의 시신을 만나지 않으리.

겁내지 않는, 나의 고결한 선원들이여,
흩어져서 돛을 활짝 펼쳐라.
정령들이여! 그대들은 곧
창공의 바다 위에 고요히 떠 있으리니!

심해는 떨어지는 소리가 들리지 않는 곳,
거기에 그 소리를 은밀히 막을 것이 없을까 두렵다.
그러면 천사들이 쉴새없이 날갯짓하며

너의 울부짖음을 끊임없이 실어나르리.

이제 멈춰라, 사랑과 평안 가득히.

이 황량한 해변, 그곳은 뭍이다.

장밋빛 구름이 갈라지는 곳,

축복받은 섬들이 저멀리 가물가물 보이네.

그뒤 어느 여름날, 나는 보스턴에서 해안을 따라 이 길을 걸어왔다. 날씨가 매우 따뜻했고, 말 몇 마리가 헐*에 있는 오래된 요새의 성벽 꼭대기까지 올라왔다. 그곳에는 산들바람이 불어오는 쪽으로 몸을 돌릴 만한 공간도 없었다. 학명이 다투라 스트라모니움Datura Stramonium인 독말풀1 꽃이 해변을 따라 한창 피어 있었다. 바닥짐** 틈새에 박혀 전 세계로 퍼져나간 식물계의 쿡 선장이라고 불리는 이 세계적인 귀화식물을 보면서, 나는 마치 여러 나라로 가는 항로 위에 있는 기분이었다. 아니, 오히려 그 식물을 작은 만들의 왕을 의미하는 바이킹Viking이라고 불러야 할 듯하다. 그것은 단순한 식물이 아니다. 그것은 단순히 교역의 역사뿐 아니라, 그에 따른 부작용도 있음을 보여준다. 독말풀의 섬유질은 그들 해적이 실을 찾는 재료였다. 해안에서 800미터쯤 떨어진 배 위의 돛대들 사이에서 남자들의 고함소리가 들렸다. 시골의 커다란 헛간에서 나는 듯한 소리였다. 온전히 시골에서만 들을 수 있는 소리였다. 바다 쪽을 죽 훑어보니 섬들의 형체가 빠르게 작아지고 있었다. 바다가 탐욕스럽

- 보스턴 앞바다 힝헴만에 위치한 해안도시.
- •• 안전 항해를 위해 배 바닥에 까는 돌이나 자갈, 쇠.

게 내륙을 야금야금 갉아먹고 있었다. 앨더턴갑•에서 보면, 곡선을 그리듯 불쑥 솟아오른 아치 모양의 나지막한 산들이 하늘에 점점이 박힌 것처럼 보였다. 식물학자들이 그 모양을 보면 잘려나간 잎의 끝부분 같다고 할지도 모른다. 바닷물로 뒤덮인 자리를 보니 그 섬이 얼마나 크고 넓은지를 미루어 짐작할 수 있었다. 또 난파선의 잔해처럼 그렇게 점점이 떠 있는 섬들은 비현실적인 해안 풍경을 새롭게 연출하고 있었다. 헐의 내해에 있는 호그섬••은 모든 것이 서서히 미래로 빠져들고 있는 것처럼 보였다. 이 섬 주변으로 잔물결이 은은하게 퍼져나갔다. 나는 그 섬 주민들이 신체 건강에 영향을 끼치지 않으면서 장시간의 마취 같은 정신적 이완 작용을 하는 것으로 알려진, 그 섬 언저리에서 자라는 독말풀과 함께 자신들을 휩쓸고 지나가는 파도를 막으려고 방패삼아 잔물결을 일으키는 거라고 상상했다. 작은 동네 헐에서 내가 그 섬에 대해 들은 내용 가운데 가장 흥미로운 것은 상시적으로 물이 솟아오르는 샘이었다. 가보지는 않았지만, 헐의 해안을 따라 뙤약볕에 지쳐 숨을 헐떡이며 걷다보면 아득한 언덕 경사면에 있는 그 샘의 풍경이 눈에 들어온다. 로마를 두루 살펴볼 기회가 주어진다면, 내가 가장 오래 기억하게 될 것은 아마도 카피톨리노 언덕에 있는 샘일 것이다. 그것은 사실이다. 나는 오래된 프랑스 요새에 있는 우물에 약간 관심이 있었다. 깊이가 거의 3미터에 달하고 우물 바닥에 대포 한 대가 잠겨 있다고 했다. 낸태스컷 해변에는 그곳 여인숙에서 출

• 오늘날 미국의 해안경비대가 있는 곳으로 헐 해안가에 있다.
•• 오늘날의 스파나커섬인데 지금은 다리로 육지와 연결되어 있다.

발하는 마차가 열두 대 있었다. 마차를 모는 사람들은 이따금 바닷
가로 말을 몰고 가서 시원한 해풍을 맞으며 물 가까이에 한동안 서
있었다. 도시 사람들에게 해변의 가치는 바닷가의 미풍과 해수욕이
라는 말을 알 것 같았다.

  곧 천둥 소나기가 쏟아질 듯해서, 이곳 예루살렘 마을 주민들
은 말리려고 널어놓은 진두발•을 서둘러 거둬들이고 있었다. 소나
기는 스쳐지나갔고, 내가 있는 쪽은 몇 방울 떨어지는 것으로 끝났
다. 여전히 더위 때문에 숨을 헐떡거렸고, 기대했던 시원한 공기는
맛볼 수 없었다. 그때 만 안쪽에 배 한 척이 뒤집혀 있는 모습이 눈
에 들어왔다. 몇 척의 또다른 배들은 닻을 내리지 못한 채 힘겹게
해안 가까이 다가오고 있었다. 코하셋록스에서의 해수욕은 완벽할
정도로 좋았다. 물이 지금까지 본 어떤 바닷물보다 깨끗하고 맑았
다. 티끌만큼의 진흙이나 점액도 보이지 않았다. 물속 모랫바닥에
서 헤엄치는 망상어도 보일 정도였다. 환상적인 모양으로 매끄럽게
깎여나간 바위들과 그 위에 아주 단단히 달라붙어 있어 자칫 걸려
넘어질 수도 있는, 치렁치렁한 머리칼처럼 일렁이는 켈프 따위의 청
정 해초들 때문에 헤엄을 멈출 수도 있지만, 그 덕분에 더욱 호사
스럽게 해수욕을 즐길 수 있었다. 해초 바로 위 암초에 달라붙은
따개비들의 줄무늬는 꽃봉오리, 꽃잎, 열매 껍질 같은 채소의 생장
을 연상시켰다. 그것들은 조끼에 달린 단추처럼 바위 틈새를 따라
달라붙어 있었다. 그날은 그해를 통틀어 가장 더운 날 가운데 하

• Irish moss, 부챗살 모양의 돌가사릿과 홍조류 해초.

루었다. 하지만 한두 번 팔을 저어 헤엄치고 나면 더이상 헤엄칠 엄두가 나지 않을 정도로 물이 차가웠다. 난파선의 경우도 죽은 사람들이 단순히 익사했다기보다는 추위를 견디지 못하고 얼어죽었을 가능성이 더 크지 않을까 하는 생각이 문득 들었다. 무언가에 몰두하는 것은 삼복더위를 완전히 잊도록 하기에 충분했다. 조금 전만 해도 찜통더위에 시달렸지만, 30분 정도는 그 사실을 까맣게 잊을 수 있었다. 머리를 든 채 웅크리고 있는 사자 형상의 황갈색 바위들이 엄청난 양의 자갈을 끊임없이 세차게 밀어올리는 바다를 가로막고 서 있었다. 간조 때는 바위의 움푹 파인 작은 구멍에 고인 바닷물이 너무 맑아서 그것이 소금물이라는 사실을 잊고 마시고 싶은 생각이 들 정도였다. 높은 바위에는 빗물이 고여 생긴 민물 분지들이 있었는데, 저마다 깊이와 온도가 달라서 색다른 목욕을 즐기고 싶은 사람들에게 최적의 장소였다. 매끄러운 바위 위 좀더 넓게 파인 자리는 앉거나 옷을 갈아입을 때 무척 편리했다. 이런 다양한 측면을 고려할 때, 그곳은 여태껏 내가 가본 해변 가운데 최고였다.

코하셋에서 나는 좁은 해변을 사이에 두고 바다와 격리된, 수 제곱킬로미터 넓이의 아름답지만 수심이 얕은 호수를 보았다. 전해들은 이야기로는 그해 봄 해변에 큰 폭풍이 몰아쳐 청어떼가 그 호수로 들어갔는데 빠져나오지 못했다고 한다. 지금도 청어떼가 수천마리씩 죽어가는데, 주민들은 호수의 물이 증발하면서 전염병이 돌기 때문이라고 여겼다. 호수 안에는 작은 바위섬들이 있었다.

일부 지도에는 이 해안이 플래즌트 코브*라고 소개되어 있다.

코하셋 지도에는 그 지명이 내가 세인트존호의 난파된 모습을 본 만을 가리키는 것으로 표시되어 있다. 이제 그 바다는 언제 거기서 배가 난파했느냐는 모습이다. 더이상 웅장하거나 장엄해 보이지 않는다. 그냥 아름다운 호수 같은 모습이고 난파선의 흔적은 전혀 볼 수 없다. 그 깨끗한 모래사장 아래 난파선에 탔던 수많은 사람들의 유골이 묻혀 있다는 사실을 이제 누가 믿겠는가. 난파선에 관한 이야기는 여기서 그만 접고, 우리의 첫번째 여행 이야기를 계속해보자.

● Pleasant Cove, '즐거운 만'이라는 뜻. 지금의 플래즌트 해변Pleasant Beach을 지칭하는 것으로 보임.

1 제임스타운 위드Jamestown weed(혹은 독말풀). "베이컨 반란●을 진압하기 위해 거기(버지니아)에 파견된 병사들이 삶아서 샐러드로 먹기 위해 매우 어린 잎을 따 모았다. 일부 병사들은 그것을 많이 먹었는데, 그 결과 재미난 희극이 연출되었다. 며칠 동안 그것을 먹으면 선천적인 바보의 모습으로 바뀌었기 때문이다. 어떤 이는 깃털을 공중에 불어 날리고, 또 어떤 이는 화가 치밀어 지푸라기를 던졌다. 또다른 이는 완전히 발가벗은 몸으로 원숭이처럼 한쪽 모퉁이에 앉아 활짝 웃거나 인상을 찌푸렸다. 어떤 사람은 네덜란드 희극에 나오는 장면보다 더 우스꽝스럽고 기이한 표정으로 동료 병사들의 얼굴에 정답게 입맞춤하고 손으로 쓰다듬고 희롱하기도 했다. 이 정신 나간 병사들이 벌이는 모든 행동은 악의가 없고 무고하다고 여겨졌지만, 실수로 자살하는 일이 없도록 그들을 격리해서 가두었다. 실제로 그들은 정신이 온전하지 않았다. 그들은 수없이 그런 단순한 환각에 빠졌지만, 열하루가 지나면 그동안 일어난 일들을 전혀 기억하지 못하고 제정신으로 돌아왔다."

—비벌리, 『버지니아의 역사History of Virginia』, 121쪽

● 1676년 베이컨의 지휘 아래 영국의 아메리카 식민지였던 버지니아 제임스타운에서 일어난 농민 반란.

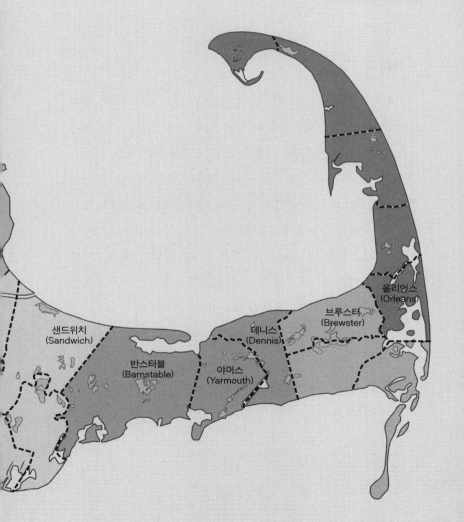

샌드위치
(Sandwich)

반스터블
(Barnstable)

야머스
(Yarmouth)

데니스
(Dennis)

브루스터
(Brewster)

올리언스
(Orleans)

브리지워터*에서 묵고 이튿날 아침 조금 늦은 시각에 샌드위치로 가는 기차를 탔다. 그리고 정오가 되기 전에 그곳에 도착했다. 샌드위치는 곶이 시작되는 지점임에도 불구하고 '케이프코드 철도'의 종착역이었다. 비가 세차게 내리는 가운데 옅은 안개가 강한 바람에 휘감기며 낮게 깔렸다. 비가 그칠 기미는 조금도 보이지 않았다. 그래서 폐차해야 할 정도로 낡아빠진 역마차를 잡아타고는 마부에게 '오늘 안에 갈 수 있는 한 멀리' 가달라고 했다. 하지만 역마차가 하루 동안 얼마나 멀리 달릴 수 있는지는 미처 생각하지 못했다. 우리는 케이프코드의 도로가 매우 '걷기 어려운' 길이라는 이야기를 들었다. 하지만 모래가 깔려 있어서 비가 오면 사정이 조금 나아질 거라는 이야기도 들었다. 역마차는 자리가 매우 비좁았지만, 마부는 한 좌석에 두 명 넘게 앉힐 요량으로 승객의 몸집 차이는 전혀 고려하지 않은 채 아홉 명이 찰 때까지 출발하지 않고 기다렸

● 매사추세츠 플리머스에 있는 마을.

다. 마침내 승객이 다 차자 그는 문짝의 경첩이나 걸쇠가 고장이라
도 난 것처럼 괜스레 마차 문을 두세 번 세게 밀쳐 닫았고, 우리는
그를 돕기 위해 협조하는 시늉을 했다.

마침내 케이프코드에 들어섰다. 곶의 길이는 샌드위치에서 동쪽
으로 56킬로미터, 북쪽과 북서쪽으로 48킬로미터, 총 104킬로미터
에 이른다. 평균 너비는 8킬로미터쯤 된다. 내륙은 해발 60미터 높
이이고 때로는 90미터 이상 되는 곳도 있다. 미국의 지질학자 히치
콕•에 따르면, 케이프코드는 거의 전역이 모래밭으로 이루어져 있
다. 심지어 어떤 곳은 90미터 깊이까지 모래땅이다. 하지만 지표 아
래를 조금만 파보면 숨겨진 암반층을 발견할 수도 있다. 그리고 해
안가 끄트머리의 일부분이 충적세인 것을 제외하고 나머지는 모두
홍적세 토양이다. 곶의 절반을 차지하는 앞부분 여기저기에서는 모
래가 섞인 거대한 돌덩이들이 발견된다. 하지만 뒷부분 48킬로미터
지역에서는 바위나 자갈 같은 것들을 거의 찾아볼 수 없다. 시간이
흐르면서 대서양이 해안을 침식해 보스턴 항만과 여러 만들이 생
성되었고, 해류에 의해 퇴적된 미세한 암석 조각들이 해안에서 멀
리 떨어진 곳에 이 모래톱을 만들었다고 추정된다. 그 지역이 농지
로서 적합한지 토양 조사를 실시한다면, 모래 위를 얇게 덮은 토층
이 반스터블에서 점점 얇아지다가 트루로에서 마침내 사라지는 것
을 발견할 수 있을 것이다. 그러나 오랜 세월 풍화되어 결코 복원될
것 같지 않은 이 표토층에는 구멍과 갈라진 틈이 많이 있다. 그렇

• 에드워드 히치콕Edward Hitchcock, 19세기 미국의 지질학자로 애머스트대학 제3대 학
장을 역임했다.

게 곳은 벌거벗은 속살을 그대로 드러내다 맨 끝에 이르러 완전한 알몸이 된다.

나는 케이프타운에 대한 짧은 평들이 실려 있는, 1802년에 발간 된『매사추세츠 역사학회*Massachusetts Historical Society*』8권을 즉시 꺼내어 내가 머물고 있는 곳에 관한 내용을 찾아 읽기 시작했다. 하지만 역마차를 타고 이동하는 중이라 내가 지나가는 지역과 그 곳에 관해 서술된 부분을 정확하게 일치시켜 읽을 수가 없었다. 그 책은 우리처럼 플리머스 방면에서 온 사람들에게 이렇게 말했다. "숲을 지나면 20킬로미터 정도에 걸쳐 인가가 드문드문 있는 샌드위치의 정착촌이 나타난다. 여행자들의 눈에는 그 모습이 무척 기분 좋게 보인다." 책의 또다른 저자는 이곳이 아름다운 마을이라고 말한다. 그러나 나는 이런 마을들이 자연과 좋은 대조를 이루는 것이 아니라 자기들끼리 조화를 이루는 방향으로 나아가리라고 생각하기 때문에, 그렇게 쓴 사람의 취향을 크게 존중하지 않는다. 그는 그 마을을 '방직 공장'이나 '잘 정돈된 학교', 예배당, 그리고 '다양한 수공예 장인들의 작품을 파는 수많은 가게들'로 윤색하면서 우리의 마을들이 아름답다고 너무 쉽게 이야기하기 때문이다. 초록색과 흰색의 상류층 저택들이 사막인지 길게 뻗은 마구간 앞마당인지 구분하기 어려운 전면의 백사장을 바라보며 줄지어 서 있다. 그런 곳을 아름답다고 볼 수 있는 사람은 심신이 지친 여행자나 귀향하는 원주민, 또는 지난 삶을 뉘우치는 염세주의자들뿐일 것이다. 방금 숲에서 나온 사람이나 빈민구호소와 다름없는 허름한 농가가 연이어 나타나는 오래된 도로를 따라 숲으로 다가가는 사람들에게는 상식적으로 그것이 아름다워 보일 수 없다. 그러나 샌드위치가 특별히 그렇다고 말할 수는 없다. 나는 기껏해야 샌드위치의 절반밖에 보지 못했기 때문이다. 그리고 조금 뒤 그럴 만한 이유가 있음을 알았다. 애초에 샌드위치는 그 지역의 모래를 재료로 유리공예 공장을 운영하는 작은 마을로 설계되었던 것이다. 그곳은 좁은 도로가 빙글빙글 돌아가며 이어져 있어 어디로 가야 할지 방향을 잃게 만들었다. 비가 내렸다. 처음에는 이쪽으로 빗줄기가 쏟아지더니, 조금 뒤에는 저쪽으로 옮겨갔다. 집 안에 있는 사람들이 역마차를 탄 우리보다 안락할 거라는 생각이 문득 들었다. 책은 이 마을에 대해 이렇게 설명했다. "주민들은 대개 유복한 삶을 살고 있다." 맞다. 그들은 가난한 철학자처럼 살지 않는다. 하지만 우리가 충분한 시간 여유를 갖고 식사할 수 있을 만큼 마차가 오랫동안 정차하지 않았기 때문에, 그 말이 실제로 맞는지 확인할 기회를 잡지는 못했다. 그럼에도 '그들이 생산하는 석유'의 양만으로도 그 말이 사실임을 쉽게 알 수 있었다. 그 책에는 이런 내용도 있었다. "샌드위치 주민들은 일반적으로 선조들이 지켜온 고유한 예절과 직업, 생활양식을 맹신하고 꾸준히 고수한다." 결국 그들도 다른 세상 사람들과 크게 다르지 않다는 것을 알 수 있는 말이었다. 또 "선조와의 그런 유사성을 통해 오늘날 그들의 미덕이나 가치관을 정당화하려는 것"이라고 지적했다. 내가 볼 때 이것은 저자가 그들과 같은 부류에 속하는 사람임을 명백히 보여줄 뿐이다. 아버지가 아무리 자신을 욕해도, 자기 아버지를 욕하는 사람은 없다. 그러나 이제 우리의 것은 케케묵고 낡아 권위가 사라졌음을 고백

작동을 멈춘 오래된 풍차

하지 않을 수 없다. 어쩌면 그들은 이미 모든 것을 바꿨을지도 모른다.

역마차는 해안선을 따라 반스터블과 야머스, 데니스, 브루스터를 거쳐 올리언스까지 오른편의 낮은 언덕들을 넘어 케이프코드로 달려 내려갔다. 비가 내려 길가의 풍경을 내다보기에 좋지는 않았지만, 그런 가운데서도 우리는 마차를 타고 가며 시선이 닿는 곳이면 어렴풋하게나마 육지와 바다의 경치를 최대한 즐겼다. 대체로 텅 빈 풍경이었고 언덕 왼편으로 키 작은 덤불만 간간이 나타났다. 야머스를 지나면서는, 그리고 내가 잘못 본 게 아니라면 데니스를 지나칠 때도 4~5년 전 심은 듯한 거대한 리기다소나무 조림지대가 나타났다. 소나무들은 한 줄로 서 있었는데, 우리가 나무들과 나란히 섰을 때 그 형상이 분명하게 드러났다. 중간에 널따란 빈터들이 있는 것을 빼고는 줄을 잘 맞춰 심은 것 같았다. 전해들은 말로는, 그 지역에서 돈을 벌기 위해 선택한 것이 바로 조림사업이었다. 다른 데보다 높은 언덕 꼭대기마다 낡은 스톰 코트*나 돛을 매단 장대가 세워져 있었는데, 그것은 예컨대 곶의 남쪽에 사는 사람들에게 보스턴에서 출발한 기선이 언제 북쪽에 도착했는지를 알려주는 신호로 쓰였다. 따라서 케이프코드에서는 낡은 옷이 행상에게 건네주는 자선 용도보다 그런 신호 용도로 더 많이 쓰이는 것 같았다. 언덕 위의 풍차―비바람에 변색된 거대한 팔각형 구조물―와 해안을 따라 드문드문 펼쳐진 염전―커다란 통들이 습지에 쌓

---

* 방수천으로 안감을 댄 방한용 외투.

아놓은 소금 더미에 기대어 길게 늘어서 있고, 거북이 등딱지 같은 낮은 지붕들이 있고, 자그마한 풍차도 있었다─은 나 같은 내륙 사람에게는 신기하고 흥미로운 볼거리였다. 도로변의 모래밭은 역마차에 함께 탄 한 여인이 말하기를 아무것도 나지 않는 땅에서 자란다고 해서 '불모지풀'이라고 부른다는, 이끼처럼 생긴 식물 후드소니아 토멘토사•로 드문드문 덮여 있었다.

역마차에 탄 사람들이 다 함께 즐거워하고 밝게 웃으며 매우 쾌활한 모습을 보이는 것에 마음이 끌렸다. 그들은 자유롭고 안락하다는 말이 무엇인지 스스로 보여주었다. 그들과의 동승은 서로에게 이로운 만남이었다. 그들은 인생을 어떻게 살아야 하는지를 마침내 깨달은 사람들 같았다. 서로 다른 곳에서 왔지만 알고 지내던 사람들처럼 보였다. 그만큼 소박하고 솔직했다. 서로 마음이 잘 맞았다. 뜻밖에도 잘 어울리더니, 마음을 완전히 터놓았다. 경계하거나 부끄러워하는 모습도 없었다. 이렇게 만날 수 있다는 것 자체를 좋아했다. 뉴잉글랜드의 많은 지역에서 여전히 그런 것처럼, 부富와 사회적 신분 때문에 상대를 존경하는 어리석은 사람은 아무도 없었다. 그러나 그들 가운데 일부는 우리가 지나온 여러 도시들의 '최초 이주 정착민'으로 불리는 사람들이었다. 틈만 생기면 농사에 대해 말하는 여유로운 은퇴 선장들, 예전에는 바다의 소금이었다가 이제 땅의 소금으로 자신을 포장하는, 몸가짐이 꼿꼿하고 점잖고 신망 있어 보이는 남자, 한창때 주의회 의원을 했을지도 모를 품위 있

• Hudsonia tomentosa, 샌드 헤더sand heather 또는 비치 헤더beach heather라고도 부르는, 해변에 자라는 야생화.

는 신사, 심술 사나운 폭풍우를 수없이 본, 사투리가 심하고 얼굴이 벌건 케이프코드 주민, 보스턴에서 일주일 동안 연안 연락선을 기다리다가 결국 기차를 타고 온 어부의 아내가 동승하고 있었다.

거짓말을 할 수 없어 솔직하게 말하자면, 그날 우리가 본 몇 안 되는 여성들은 매우 초췌해 보였다. 턱이 툭 튀어나오고 코는 뾰족하고 치아가 하나도 없었다. 얼굴이 W자 모양으로 각져 있었으며 남편들만큼 관리가 잘되어 있지 않았다. 바짝 말린 표본 같은 모습이라고 하는 편이 맞을 정도였다(반면 남편들은 술에 절어 있었다). 그럼에도 우리는 그들의 삶을 존중한다. 우리의 치과 의료 체계는 여전히 완벽하지 않다.

우리는 줄곧 빗속을 달렸다. 마차는 간혹 우체국에 멈춰 섰다. 이렇게 비가 오는 날에는 우리 같은 사람들의 방문에 대비해 편지를 쓰고 우편물을 분류하는 것이 케이프코드 주민들의 주된 일이겠다는 생각이 들었다. 우체국은 이곳 주민들에게 매우 친숙한 기관 같았다. 때때로 역마차가 값싼 물건을 파는 가게나 누추한 주택 앞에 멈추면, 마차 바퀴를 가는 사람이나 구두수선공이 상의를 입지 않고 가죽 앞치마만 두른 채 엉클 샘이 그려진 가방을 들고 안경테를 귀에 걸치면서 나타났다. 그 순간은 마치 집에서 만든 케이크 한 조각처럼 여행자들에게 친근감을 물씬 풍겼다. 그들은 마차를 타고 온 승객들은 수하물 보듯 아랑곳하지 않고 마부에게만 떠도는 풍문을 몇 마디 건넸다. 우체국장이 여자라며 두런대는 소리가 귀에 들렸다. 그들은 그녀가 여행중에 최고의 편지를 썼다고 수군거렸다. 그 말을 들은 우리는 혹시 여기서 편지들이 샅샅이 검열되고 있는 건 아닌지 의심스러웠다. 그래서 마차가 데니스에 멈춰 있는 사이 창밖으로 머리를 내밀고 밖을 내다보았는데, 옅은 안개 사이로 온통 불모지풀에 덮여 있는 기이한 풍경의 황량한 언덕들이 지평선 저편에 있다가 갑자기 훅 하고 우리 앞으로 다가선 것처럼 불쑥 시야에 들어왔다. 마차는 계속 앞만 보고 서 있었는데 어느 틈에 저편 땅끝에 가닿은 것 같았다. 실제로 데니스에서 바라본 풍경은 뭐라고 표현하기 힘들 정도로 황량하고 삭막했다. 마치 얼마 전 해저가 육지로 바뀐 것 같았다. 지표면은 불모지풀로 덮여 있었고 나무는 거의 한 그루도 보이지 않았지만, 비바람에 변색된 붉은 지붕의 단층 가옥들―대개 지붕만 페인트칠이 남아 있고 다른 부분은 칠이 벗겨져 있었다―이 음산하고 칙칙한 모습으로 너른 공간을 여기저기 차지하고 있었다. 사람들이 그 안에서 안락한 휴식을 취하고 있는 게 틀림없었다. 우리는 여행에 나서며 들고 온 지명地名사전을 통해 이 항구도시에서 배를 소유하고 있는 어부 150명이 1837년 배를 타고 북아메리카의 여러 항구에서 왔다는 사실을 미리 알고 있었다. 따라서 이 도시의 남쪽 지역에는 더 많은 집이 있어야 한다. 그렇지 않으면 그 많은 사람이 어디에 기거할지 상상할 수 없기 때문이다. 그러나 실은 그들의 집은 수상가옥이다. 그들이 사는 거처는 바다 위에 있다. 데니스의 그 지역에는 나무가 거의 한 그루도 없었다. 또한 그들이 무엇이든 심을 것에 대해 말했다는 이야기를 들어본 적도 없었다. 그것은 사실이다. 그곳에는 예배당이 하나 있었는데, 롬바르디포플러(우리말로 '서양포플러' 또는 '양버들'로 불리는 키 큰 포플러로 주로 방풍용으로 심음)들이 마당을 한가운데 둔 채 건물의 사면을 장신구처럼 일렬로 둘러싸고 있었다. 하지만 내가 잘못 아는 게 아니라면 그 나무들은 모두 죽었다. 그 나무들을 되살려낼 필요가 있다는 생각이 무심결에 들었다. 지명사전에는 1795년 데니스에 "첨탑이 있는 우아한 예배당"이 세워졌다고 나와 있었다. 어쩌면 이것이 바로 그 예배당일 수도 있었다. 하지만 포플러들에 대한 연민 때문에 그 예배당에 대한 다른 기억이 별로 떠오르지 않아서인지 모르지만, 그 예배당에 정말로 첨탑이 있었는지 지금은 잘 기억나지 않는다. 이 소도시에 있는 또다른 예배당은 "깔끔하게 정돈된 건물"로 설명되어 있었다. 하지만 당시 이웃 동네 채텀에 딱 하나 있던 예배당에 대해서는 "수리가 잘되어 있다"라는 사실만 언급되었다. 나는 두 예배당에 대해 설명하는 그 말들이 물질적 의미뿐 아니라 정신적 의미로도 해석될 수 있다고 생각한다. 어쨌든 사람들에게 널리 알려진 브로드웨이의 트리니티 교회든 이곳 데니스의 노브스커셋 로드에 있는 이 예배당이든, '우아한 예배당'이라고 하는 곳은 모두 내가 보기에 '아름다운 마을'을 구성하는 요소다. 나는 그곳이 정말 우아한 모습을 보여줄 때 그곳에 가보지 못했다. 하는 짓이 예쁘면 그 사람도 예뻐 보인다는 말이 있다. 그 아름다움은 실제로 봐야 느낄 수 있다. 날이 더울 때 그 예배당들이 어떻게 그늘을 만들어내는지 우리는 알지 못했다. 다만 지명사전에서 "채텀은 그 지역의 다른 동네보다 안개가 더 자주 낀다. 그래서 여름에는 안개가 나무를 대신해, 탁 트인 전망을 즐기는 사람들에게 가옥들에 쏟아지는 태양의 열기를 막아주는 역할을 한다"―이 말은 채텀 주민들이 그런 전망을 보기 어렵다는 사실

샌드위치의 거리 풍경

을 간접적으로 말하는 걸까?—라는 것과 "안개가 반갑지 않은 것
은 맞지만, 그것이 건강에 해롭다는 것은 확인되지 않은 사실이다"
라는 내용을 읽기는 했다. 어쩌면 해안에서 거칠 것 없이 불어오는
해풍 또한 자신이 맡은 역할을 충실히 수행하는 것인지도 모른다.
채텀에 대한 내용을 기술한 역사가는 더 나아가 "그곳의 많은 가정
에서는 아침과 저녁의 식단 차이가 전혀 없다. 주로 치즈와 케이크,

파이를 먹는다"라고 말한다. 그러나 그들이 실제로 아침과 저녁에 그렇게 먹는지는 정확히 모르겠다.

이곳의 도로 중엔 경사로가 꽤 많은데, 주로 만의 해안선을 따라 뻗어 있다. 바다 쪽으로는 만이 있고, 그 반대편에는 케이프코드에서 가장 높은 고지로 알려진 '험준한 스카고 언덕'이 있다. 이 언덕의 꼭대기에서 볼 수 있는 만의 확 트인 전망에 대해 관광안내원은 이렇게 말한다. "풍경 자체가 그렇게 아름다운 것은 아닙니다. 하지만 그 풍경 속에서 숭고한 무언가가 강력하게 느껴집니다." 이것은 우리가 원했던 의미 전달 방식이다. 우리는 데니스에 있는 시골 마을 수트를 통과해 작은 해협인 수트넥*과 퀴베트넥을 향해 갔다. 지명사전은 그 마을에 대해 이렇게 기술해놓았다. "노브스커셋— 이 마을을 통과했던 것 또는 근처를 지나친 것이 어렴풋이 기억난다—과 비교할 때 살기 좋은 쾌적한 마을이라고 할 수 있다. 하지만 샌드위치와 비교하면 그다지 아름다운 마을은 아니다." 그러나 우리는 케이프코드에서 본 어떤 동네보다 데니스를 좋아했다. 그곳 풍경은 매우 색다르고, 폭풍우가 치는 날에는 지나칠 정도로 적적했다.

수트의 존 시어스 선장은 이 지역에서 최초로 천일제염 방식으로 바다소금을 생산한 사람이었다. 프랑스 해안 같은 다른 지역에서는 이미 오래전부터 그와 비슷한 방식으로 소금을 생산해왔다. 천일제염 방식에 성공한 1776년은 전쟁의 여파로 소금이 귀하고

---

* Suet Neck, 지금의 세수이트넥sesuit Neck의 옛 명칭으로 보인다.

부족하던 때였다. 지역의 역사를 수록한 선집에는 그의 실험에 대한 흥미로운 설명이 나와 있다. 우리는 앞서 염전의 지붕을 처음 보았을 때 그 내용을 읽었다. 반스터블은 북부 해안에서 천일염전을 하기에 최적의 장소다. 민물이 바다로 전혀 흘러나가지 않는 지형이기 때문이다. 꽤 최근 이곳의 염전사업에 약 200만 달러 규모의 투자가 유치되었다. 그러나 현재 케이프코드는 국내 소금 수입업자와 서해안 소금 제조업자들과의 경쟁에서 졌다. 따라서 이곳의 염전은 빠르게 쇠락하는 중이다. 소금 생산을 그만두고 낚시터로 업종을 바꾸는 염전이 점점 더 많아지고 있다. 지명사전을 펼치면 각 소도시를 소개하는 첫머리에 어민 수, 어획량과 석유 채취량, 소금 생산량과 소비량, 연안무역에 종사하는 인구, 야자수잎 모자와 가죽, 부츠, 신발, 주석 제품 생산량 등의 수치가 다 나와 있다. 그것을 읽고 나면 전 세계에서 생산되는 제품들과 거의 동일한 국내 제품들에 대해 더 많은 것을 떠올리게 된다.

오후 늦게 우리는 브루스터를 지나갔다. 이 도시의 이름은 후세 사람들이 자기를 기억해주기를 바랐던 윌리엄 브루스터라는 청교도 장로의 이름을 따서 지어졌다. 브루스터 장로에 대해 들어본 적이 있는가? 그가 어떤 사람이었는지 누가 알겠는가? 이곳은 케이프코드에 현대식으로 지은 도시로, 은퇴한 선장들이 좋아하는 주거지인 듯했다. 그래서 '반스터블 지역에서 외항선 소유주와 항해사가 가장 많이 사는 곳'으로 알려져 있다. 모래사장 위에 세워진 보스턴의 케임브리지포트에서 볼 수 있는 현대식 미국 주택들이 이곳에도 많았다. 여러분이 그 모습을 봤다면, 그 집들이 보스턴에서

올리언스에 있는 낡은 허긴스 여인숙

찰스강을 따라 흘러내려와서 만을 가로질러 이곳으로 왔다고 말할
것이다. 나는 그 집들을 미국 주택이라고 부른다. 미국인들이 구입
하고 미국인 목수가 '지었기' 때문이다. 그 집들은 대개 목재로 지
었는데, 내가 보기에는 동쪽 바다에 떠다니던 보잘것없는 유목流木
에 흰색 페인트를 칠한 것뿐이다. 어쩌면 우리는 우리의 조선술을
자랑스러워해도 되지 않을까 싶다. 배를 건조하기 위해 그리스인이
나 고트족, 이탈리아인을 찾아다니지 않아도 되니 말이다. 선장들
은 자신들의 수상가옥을 짓기 위해 케임브리지포트의 목수들을
고용하지 않는다. 바다 기슭에 있는 그 집들을 무언가에 비유해야
한다면, 그들이 보유한 배 가운데 한 척이 뒤집힌 모양이라고 상상
하면 될 것이다. 마치 고대 북아프리카 누미디아 왕국의 전통가옥
을 보는 것 같다. "어떤 계절에는 웰플릿과 트루로(케이프코드의 손목

과 팔꿈치 부위 사이의 팔뚝에 해당하는 부분)에 있는 주택의 창문에 햇빛이 반사되는 모습이 30킬로미터 가까이 떨어진 도로 위에서도 맨눈으로 식별된다"라는 대목을 읽었다. 하루종일 해를 보지 못하다가 그런 모습을 상상하니 기분이 풀렸다.

앞의 글을 쓴 저자(존 심프킨스 목사)는 매우 오래전 그곳 주민들에 대해 이렇게 말했다. "이곳 사람들은 사교 모임이나 가족 행사를 그다지 좋아하지 않는 것 같다. 그들은 공식적인 자리가 아니면 술집에 잘 가지 않는다. 이곳에서 하릴없이 빈둥거리는 사람이나 술집에 자주 가는 사람을 나는 알지 못한다." 내가 사는 동네 사람들보다 더 심하다고 할 수 있겠다.

마침내 우리는 하룻밤 묵기 위해 올리언스에 있는 히긴스 여인숙에 마차를 세웠다. 그곳은 바닷가 모래톱 위에 있는 듯한 느낌이 물씬 풍기는 곳으로, 안개가 걷히자 앞이 뭍인지 바다인지 모를 정도였다. 거기서 등에 악기를 메고 모래사장을 걸어 멀리 프로빈스타운을 향해 힘겹게 가고 있는 이탈리아 청년 두 명과 우연히 마주쳤다. 만일 프로빈스타운 사람들이 두 사람을 반기지 않는다면 얼마나 낙담할까 하는 생각이 문득 들었다. 그러면 다음에 누구의 집으로 갈까? 그러나 우리는 그들이 여기에 온 것은 현명한 선택이라고 결론지었다. 이곳은 파도 소리 말고는 음악이 없기 때문이다. 그러므로 위대한 문명 전파자는 머지않아 인구조사원이 방문하는 신세계의 모든 모래곶과 등대로 밀사들을 파견해 그곳의 야만인들을 불러모아 항복하게 할 것이다.

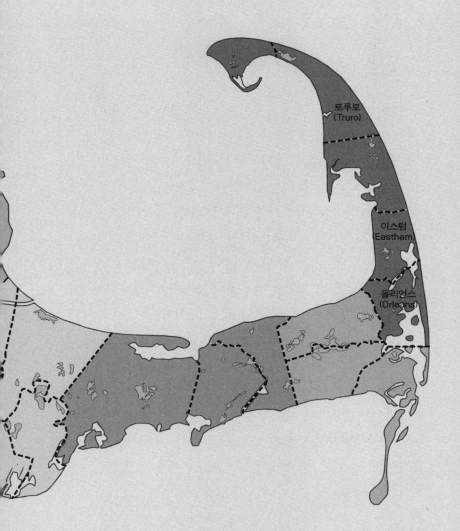

트루로
(Truro)

이스텀
(Eastham)

올리언스
(Orleans)

다음 날인 10월 11일 목요일 아침, 여전히 비가 많이 내렸다. 하지만 우리는 걸어서 여정을 계속 이어가기로 했다. 먼저 대서양 변의 해안길을 따라 프로빈스타운까지 걸어갈 수 있는지, 가다가 개울이나 습지 같은 것을 만나 곤란한 처지에 빠지지는 않을지에 대해 몇 가지 사전조사를 했다. 여인숙 주인 히긴스는 가는 길에 장애물이 전혀 없으며 도로를 따라가는 것에 비해 그다지 멀지 않다고 말했지만, 모래밭을 걸어야 하기 때문에 발걸음이 매우 '무거울' 거라고 했다. 하지만 마차를 타고 가더라도 길이 나쁘기는 마찬가지였다. 말굽 윗부분까지 진창에 빠질 것이 틀림없었다. 마침 여인숙에는 비가 올 때 그 길을 걸어본 남자가 한 명 있었다. 그는 우리가 무리 없이 그 길을 잘 걸을 수 있을 거라고 했다. 때로는 곤란한 처지에 놓일지도 모르나, 특히 동풍이 불면서 큰 파도가 칠 때 모래톱을 걸으면 위험할 수도 있지만 그것 때문에 모래사장이 파여서 오히려 걷기가 수월할 수 있다고 했다. 처음 7~8킬로미터는 도로를 따라 걸었다. 그렇게 해서 도착한 곳은 케이프코드에서 가장 좁은 팔꿈치에 해당했는데, 거기서부터 북쪽으로 길의 방향이 바뀌었다. 만약 해로로 거기에 왔다면 우리 오른쪽에 보이는 올리언스의 너셋 항구로 들어왔을 수도 있었다. 도로 양편에는 도보여행자들을 위한 여행용품들을 팔고 있었다. 그것을 실어나를 말들에게는 '무거운' 짐이겠지만 말이다. 우리는 우산을 뒤로 펼치고 걸었다. 전날과 마찬가지로 비바람이 짙은 안개와 함께 등뒤로 들이쳤기 때문이다. 그 바람 덕분에 빠른 속도로 모래사장을 통과할 수 있었다. 주위의 모든 것이 우리가 낯선 해안에 도착했음을 말해주었다. 도로는 으스스하고 황량해 보이는 언덕지대가 구불구불 이어진 좁은 길에 불과했다. 멀리 집들이 드문드문 보였는데, 모두 낡고 자그마했다. 그 집들은 사람의 손길이 꾸준히 닿은 듯 보였다. 담장을 치지 않아 확 트인 안마당이 깔끔하게 치워져 있었다. 아니면 강풍 덕분에 깨끗이 치워진 것처럼 보였는지도 모른다. 이곳에 나무가 별로 없고 장작더미나 나무로 만든 세간살이를 보기 힘든 것은 이런 광경과 무슨 연관이 있을지도 모르겠다. 그렇게 해변에 드문드문 들어선 가옥들의 모습은 마치 그동안 항해를 하면서 거센 파도에 시달렸던 선원들이 육지의 흔들림 없는 안정감을 느끼기 위해 몸가짐이나 복장 따위는 신경쓰지 않고 아무데나 털썩 주저앉은 것처럼 보였다. 그들에게 그곳은 페르틸리스와 유쿤다의 땅•이 아니라 피르마와 코니타의 땅••일 뿐이었다. 모든 것이 을씨년스러워 보이는 풍경이 내게는 정말 아름다워 보였다. 그 풍경이 지닌 아

• 풍요롭고 쾌적한 낙원이라는 의미.
•• 단단한 땅이 있는 확실한 육지라는 의미.

름다움이 날씨 덕분에 더욱 빛났다. 주위의 모든 것이 바다에 대해 이야기했다. 황량한 바다의 모습을 바라보든 울부짖는 파도 소리에 귀기울이든, 어디서나 바다의 속삭임을 들을 수 있었다. 하늘을 나는 갈매기들, 들판의 손수레, 해변의 가옥들을 향해 뒤집혀 있는 작은 배들, 그리고 가끔씩 보이는 고래 갈비뼈를 엮어서 두른 도로변의 울타리가 저마다 바다 이야기를 우리에게 들려주었다. 땅이 움푹 꺼진 지대에 있는 몇몇 작은 과수원의 사과나무를 빼고는 그곳에서 나무를 찾아보기란 해변에 흩어진 가옥들을 찾는 것보다 더 힘들었다. 그 나무들은 비바람을 맞고 자란 거대한 비치플럼나무*처럼 곁가지가 잘려나가는 바람에 길게 뻗은 줄기 상층부에서 가지들이 옆으로 뻗어나가 평평한 지붕 같은 모습을 하고 있거나, 그게 아니면 대개는 퀸스** 관목처럼 땅바닥 가까이에서 바로 가지를 뻗은 키 작은 나무들이었다. 이것은 비슷한 자연환경에서 자라는 나무들은 모두 비슷한 성장 패턴을 따른다는 사실을 여실히 보여주었다. 그뒤로도 나는 케이프코드에서 다 자란 사과나무들을 많이 보았는데, 모두 사람의 키보다 크지 않았다. 실제로 어느 과수원에서는 사다리 따위의 도움 없이 땅바닥에 그냥 선 채로 나무에 달린 과일을 모두 딸 수 있었다. 하지만 나무 밑을 기어갈 수는 없었다. 과수원 주인의 말에 따르면 20년 된 어떤 나무는 키가 약 1미터에 불과한데, 땅바닥으로부터 15센티미터 높이에서 가

● 북아메리카 북동부 해안가가 원산지인 장미과 관목으로, 새하얀 꽃과 검붉은 자두 열매가 달린다.
●● 마르멜로 또는 유럽모과라고도 부른다. 동양의 모과와는 다른 품종의 과일로, 향기가 진해 그냥 먹기보다는 꿀과 함께 요리 재료로 많이 쓰인다.

지가 나와 사방으로 1.5미터나 뻗어나갔다. 게다가 해충인 자벌레를 잡기 위해 타르 상자들을 주위에 둘러놓아서 마치 화분에 심어놓은 나무 같았다. 겨울이 되면 집 안으로 들여놓을지도 모른다는 생각이 들 정도였다. 다른 곳에는 까치밥나무보다 그리 크지 않은 나무들도 보였다. 그해 가을에 그 나무들에서 사과 165킬로그램을 땄다고 주인이 귀띔해주었다. 사과나무들이 서로 가까이 붙어 있었다면 단숨에 모두 딸 수 있었을 텐데 하는 생각이 들었다. 나는 트루로의 하이랜드 등대 근처에 있는 사과나무들을 자세히 살펴보았다. 묘목일 때 인근의 관목숲에서 가져와 접붙이기를 한 것들이었다. 10년 된 나무는 평균 높이가 45센티미터 정도밖에 안 되는데 꼭대기의 가지는 3미터에 가까운 폭으로 넓게 뻗어 있었다. 2년 전 그 나무에서 27킬로그램의 사과를 땄다. 씨앗을 심은 지 20년 지난 것으로 보이는 또다른 나무는 1.5미터 높이에 폭이 약 5.4미터로, 다른 사과나무들과 마찬가지로 땅바닥에서 가지를 뻗었기 때문에 그 밑을 기어갈 수 없었다. 이 나무에서는 2년 전에 사과 110킬로그램을 수확했다. 사과나무 주인은 나무들을 지칭할 때 예외 없이 인칭대명사를 썼다. 예컨대 "나는 그를 숲에서 가져왔어요. 그러나 그에게는 열매가 달리지 않아요"처럼 말이다. 내가 그 이웃집에서 본 가장 큰 사과나무는 꼭대기의 이파리까지 높이가 2.7미터, 폭이 10미터로 땅바닥에서부터 다섯 갈래로 가지가 뻗은 나무였다.

울타리로 둘러싸인 어느 땅에서 나는 매우 건강해 보이는 과일나무 한 그루를 눈여겨보았다. 나머지 나무들은 모두 죽었거나 죽

너셋의 마찻길

어가고 있었다. 그 땅 주인이 말하기를, 자기 아버지가 그 나무를 뺀 나머지 모든 나무에 참거두고래* 고기로 만든 비료를 뿌렸다고 했다.

---

* 돌고래의 일종.

여기서는 사과나무를 그렇게 키우도록 권장하고 있는 것이 분명했다. 그리고 간혹 그곳을 지나가는 전문가들이 가지치기를 하라고 조언한 것은 전혀 귀담아듣지 않은 게 틀림없었다. 1802년 올리언스 남쪽에 있는 동네 채텀에는 과일나무가 한 그루도 없었다. 올리언스를 소개하는 옛 설명에는 이렇게 나와 있다. "바다에서 1.5킬로미터까지는 과일나무가 자라지 않는다. 그보다 더 멀리 떨어진 곳에 심은 과일나무들도 동풍 때문에 피해를 입는다. 그리고 봄에 극심한 폭풍우가 몰아치고 나면 껍질에서 짠맛이 날 수 있다." 우리는 그곳의 과일나무들이 자주 녹병에 걸린 것처럼 노란색 이끼인 파르멜리아 파리에티나로 덮인다는 사실을 알게 되었다.

내륙 사람들에게 케이프코드에서 가장 이국적이고 그림 같은 구조물을 말하라고 하면 제염소도 빼놓을 수 없지만 단연 풍차를 들 수 있다. 뒤쪽으로 긴 장대가 비스듬히 땅바닥에 버티고 서 있는 팔각형 탑 모양의 회색빛 건물, 그리고 지붕에 달린 수레바퀴에 연결된 거대한 날개들이 바람을 맞으며 빙글빙글 돌아가는 모습은 진풍경이 아닐 수 없다. 이 풍차들은 바람의 힘에 맞서는 지지대 구실을 어느 정도 하는 것처럼 보였다. 풍차의 날개가 돌면서 팔각형 탑 주변에 거대한 바퀴 자국을 남겼다. 풍차를 돌려서 방아를 찧으려고 모여드는 동네 사람들은 풍향계가 없어도 바람이 어디서 불어오는지 아는 것 같다. 그곳의 풍차들은 큰 상처를 입어 날개나 다리 한쪽을 늘어뜨리고 나는 새처럼 조심스레 움직이는 것 같았다. 네덜란드의 풍경이 담긴 사진 한 장이 문득 머리에 떠올랐다. 건물 자체도 높이 솟은데다, 고지대에 있는 풍차는 이정표 역할을 한다—그곳에는 수평선 저멀리에서도 볼 수 있는 커다란 나무 같은 물체가 하나도 없기 때문이다. 육지 자체의 윤곽이 매우 선명하고 뚜렷하긴 하지만, 그 보잘것없는 원뿔 모양의 건물이나 모래사장의 벼랑은 먼바다에서도 보인다. 육지를 찾는 항해사는 대개 풍차나 예배당을 보고 항로를 정해 나아간다. 시골 전원에서는 예배당이 유일한 이정표일 수밖에 없다. 그런데 예배당은 풍차와 닮았다. 일주일에 딱 하루 문을 열고, 교리나 공론의 바람, 또는 매우 드물기는 해도 천국의 바람에 의해 돌아가기 때문이다. 거기서는 우리가 먹는 곡식과는 다른 종류의 곡식을 찧는다. 겨만 풀풀 날리고 먹을 만한 곡식 가루는 안 나오는 일이 없다면, 곡식 가루에서 곰팡내가 나지 않는다면, 다시 말해 곡식을 빻았는데 회반죽에나 쓸 쭉정이만 나오지 않는다면, 우리는 예배당이 생명의 양식을 만드는 곳이라고 믿을 것이다.

벌판에는 살을 낚시 미끼로 쓰고 버린 대합 껍데기가 여기저기 쌓여 있었다. 올리언스는 조개류, 특히 대합이 많이 나는 곳으로 유명하다. 우리 시인●의 말에 따르면, 그것을 "좀더 적절히 표현해 낚싯밥용 지렁이"라고 부를 수 있을 것이다. 해안은 건조한 육지보다 비옥하다. 이곳 주민들은 그들이 생산한 한 해 작물의 양을 곡식의 양이 아니라 해안에서 나는 대합의 양으로 계산한다. 대합의 살 16만 리터를 인디언 옥수수 18만~22만 리터와 동일하게 본다. 옛날에는 더 많은 노동력이나 비용을 들이지 않고도 대합을 충분

● 소로와 동행한 친구 윌리엄 엘러리 채닝을 가리킨다.

너셋만

히 캘 수 있었다. 사람들은 대합이 영원히 고갈되지 않을 거라 생각했다. "2년 동안 해안의 일부가 파헤쳐지고 사람들이 대합을 거의 모두 캐간 뒤에도, 항간에 들리는 바에 따르면 여전히 거기서 대합이 많이 난다고 한다. 심지어 대합이 나는 갯벌을 감자밭에 괭이질하듯 자주 파헤쳐 뒤집어줘야 한다고 말하는 사람들이 많다. 그렇게 하지 않으면 대합들이 너무 촘촘히 밀집해서 자라 씨알이 더 커지지 못하기 때문이다"라고 기록에 나와 있기 때문이다. 하지만 우리는 여기서 우럭 같은 작은 조개가 예전처럼 많이 나지 않는다는 이야기를 들었다. 어쩌면 갯벌을 너무 자주 뒤엎는 바람에 그렇게 되었는지도 모르겠다. 한 남자가 우럭 같은 작은 조개를 돼지 사료로 썼는데 이제는 구하기 어려워졌다고 불평했지만, 그럼에도 트루로에서 겨울 한 철 동안 대합을 캐서 126달러를 벌었다고 나에게 말했다.

우리는 올리언스와 이스텀의 경계에 있는, 기껏해야 길이가 70미터 정도 되는 예레미아의 수로라고 불리는 개울을 건넜다. 여기서 대서양이 케이프코드만을 만나고 케이프코드의 북부를 따로 나눈다고 한다. 케이프코드의 개울들은 아주 작은 크기로 만들어질 수밖에 없다. 멀리 흘러갈 공간이 없기 때문이다. 조금만 흐르다보면 물줄기가 금방 바다와 만난다. 설령 공간이 있다 해도 모래밭이라 물이 흐르기가 어렵다. 물이 흐르거나 흐를 수 있는 최소한의 경로를 확보하는 일이 매우 중요하기 때문에, 대개 지명에 그럴듯한 표현을 갖다붙여 권위를 부여한다. 옆 마을 채텀에는 물이 흐르지 않는다는 사실을 안내서에서 읽었다. 그 지역의 황량한 모습을 굳이 묘사한다면 거의 믿기지 않을 정도라고 할 수 있을 것이다. 그곳 땅은 겉으로 드러난 모습만 봐도, 내륙의 농부들 가운데 그 땅에 농사를 짓거나 울타리를 치려는 사람이 아무도 없을 정도였다. 아니, 차라리 모래밭이라고 부르는 것이 더 적절했다. 케이프코드에서 쟁기질을 한 들판은 대개 소금과 인디언 옥수수를 섞어놓은 것처럼 희고 노란 빛을 띤다. 토양이라고 불리는 것이 이런 상태다. 내륙 사람들이 자신들이 알고 있던 비옥한 토양이라는 개념을 가지고 이 지역을 방문할 경우, 큰 당혹감을 느낄 것이다. 이후에도 한동안 이 지역에서는 토양과 모래를 어떻게 구분하는지 이해하지 못할 것이다. 채텀의 역사를 기록한 지역사가는 그 지역의 간척지 한 곳에 대해 이렇게 말한다. "이곳에서 과연 토양이 만들어질 수 있는지 의심스러운 구석이 있다. 의심스럽다고 말하는 것은 이곳 사람은 그런 토양을 알지도 못하며 그게 토양이라고 생각하는 사람도 별로 없기 때문이다." 우리는 케이프코드의 나머지 부분에 대한 설명도 크게 다르지 않을 거라고 생각했다. 이스텀 서쪽에는 '해변'이 있다. 우리는 다음해 여름에 그 해변을 가로질렀다. 그 해변은 약 800미터 폭으로 마을을 남북으로 가로지르며 뻗어 있다. 예전에는 밀을 경작했지만 지금은 곰팡이 하나 찾아볼 수 없는 7제곱킬로미터 면적의 땅도 이 해변에 포함되어 있다. 여기서 모래사장은 파도가 쳐서 만들어졌든 해풍이 몰아쳐서 생긴 것이든 모두 '해변'이라고 불린다. 대개 해안가에 형성되기 때문이다. 이스텀에 관해 기록한 지역사가는 이렇게 말한다. "일부 해변에는 잡초가 자라지 못하도록 모래를 쌓아올리는 바람에 15미터 높이의 사구沙丘가 만들어졌다. 25년 전만 해도 그곳에 사구는 전혀 없었다. 또 어떤 곳은 작은 골짜기와 습지에 온통 모래밭이 펼쳐져 있다. 관목이 단단히 뿌리를 내리고 작은 탑처럼 생긴 덤불이 흙과 모래 더미에 버티고 서 있는 모습은 매우 특이하다. 예전에 흙에 파묻혀 있던 암석들이 여기저기 모습을 드러낸다. 해풍이 몰아쳐 모래에 깎인 암석들은 마치 최근에 채석장에서 캐낸 것처럼 보인다."

우리는 황폐하기 그지없는 이스텀에서 지금도 엄청난 양의 옥수수가 재배되고 있다는 이야기를 듣고 놀랐다. 올리언스에 땅을 가진 한 지주는 해마다 9,000~1만 2,000리터의 옥수수를 재배하고 꽤 많은 돼지를 사육한다고 말했다. 샹플랭●의 『항해Voyages』

● 사뮈엘 드 샹플랭Samuel de Champlain, 17세기에 북아메리카 대륙을 여행하고 캐나다 식민지를 개척한 프랑스 탐험가. 퀘벡을 건설하고 캐나다 초대初代 식민지 총독을 역임했다.

에는 1605년 그들이 여기 왔을 때* 본, 한가운데에 원형 천막이 있는 근처의 인디언 옥수수밭을 보여주는 삽화가 나온다. 그리고 영국 청교도들이 스스로 한 말을 인용하자면, 1622년 그들이 굶주림에서 벗어나기 위해 너셋 인디언들로부터 "옥수수와 콩 약 1,900~2,400리터를 산" 곳도 여기였다.[1]

"1667년 (이스텀)시는 모든 집이 찌르레기 12마리나 까마귀 3마리를 잡아야 한다는 규칙에 동의했다. 그 새들이 옥수수 수확에 큰 피해를 주었기 때문이다. 이 규칙은 여러 해 동안 지속되었다." 1695년에 추가로 규칙이 하나 더 제정되었는데, "시내의 미혼 남성은 독신으로 남아 있는 한 모두 찌르레기 6마리나 까마귀 3마리를 잡아야 한다. 그러지 않을 경우 이 규칙을 지킬 때까지 결혼하지 못한다"였다. 하지만 찌르레기는 지금도 여전히 옥수수를 쪼아먹는다. 나는 다음해 여름에 다시 거기서 찌르레기들을 보았다. 들판에는 내가 사람으로 자주 오인한 허수아비들이 많이 서 있었는데, 본디 허수아비는 까마귀를 쫓기 위한 것이지 찌르레기를 쫓기 위한 것은 아니었다.**

위의 이야기에서 내가 내린 결론은 그 동네의 많은 남자들이 총각 신세를 면치 못했거나 찌르레기들이 짝짓기를 많이 했다는 것이었다. 그러나 찌르레기들이 숲으로 가져가는 옥수수는 서너 알갱이에 불과하며 인간들이 먹는 양에 비하면 아무것도 아니다. 1802년

- 샹플랭이 케이프코드를 방문한 것은 1605년과 1606년 두 번이다.
- ** 허수아비가 영어로 scarecrow, 즉 '까마귀를 겁주다'라는 뜻인 데 착안해 익살스럽게 표현한 말로 보인다.

허수아비

에 출간된 『사료집*Historical Collections*』에 실린 이스텀에 대한 설명을 보면, "주민들이 소비하는 양보다 많은 옥수수가 생산되고 있다. 해마다 3만 리터 이상이 시장에 출하된다. 토양에 돌이 섞여 있지 않기 때문에 신속하게 쟁기질을 할 수 있다. 옥수수가 땅을 뚫고 올라온 뒤에는 어린 소년 두 명의 보조만 있으면 케이프코드의 조랑말 한 마리만으로도 하루에 1만 2,000~1만 6,000제곱미터의 땅을 쉽게 갈 수 있다. 해마다 1만 3,000리터의 옥수수 알곡을 생산하는 농부도 여럿 있다. 최근에 어떤 농부는 24만 제곱미터의 땅에서 2만 4,000리터를 생산하기도 했다." 오늘날의 사정도 그때와 비슷하다고 말하는 사람들도 있지만, 사실 어떤 경우에는 그냥 옛날 설명을 되풀이하는 듯한 의심스러운 구석도 있다. 그들의 말이 예외적으로는 맞는다 해도, 지금 보이는 것처럼 엄청난 면적의 땅이 이렇게 척박해졌다는 사실은 의심의 여지가 없다. 그럼에도 여기서 어떤 작물이든 재배할 수 있다는 것은 놀랄 만한 일이다. 다른 사람들의 주장대로, 이곳이 습기가 많고 토양이 따뜻한 모래인데다 서리가 거의 내리지 않는 덕분인지도 모른다. 숫돌을 갈던 한 방앗간 주인은 40년 전 옥수수 껍질을 벗길 때는 하룻밤 사이에 1만 3,000리터를 벗겨 옥수수가 1.8미터 넘게 쌓인 적도 있는데 지금은 1,000제곱미터당 평균 110~140리터 정도를 생산한다고 말했다. 어쨌든 보잘것없고 신통찮아 보이는 옥수수나마 수확한 곳은 이 동네 말고는 전혀 없었다. 아마도 이곳 주민들은 쉽게 일굴 수 있는 넓은 밭에서 그 정도의 곡식을 수확하는 데 만족하는 것 같다. 가장 기름진 땅에서 반드시 가장 높은 수익을 올리는 것은 아니다. 이곳의 모래땅도 서부의 비옥한 낮은 땅과 마찬가지로 경작의 보람을 안겨준다. 게다가 모래밭에서 거름 없이 재배한 채소는 매우 향긋하고 달다고 한다. 특히 호박이 그렇다. 하지만 그 호박씨를 내륙의 밭에 심으면 그 맛이 금방 달아난다고 한다. 정말로 이곳의 채소들은 다 자라면 무척 푸릇푸릇하고 신선해 보인다. 모래밭과 대조되어 그렇게 보이는 면도 있다. 그러나 케이프코드 지역에 사는 주민들이 기르는 곡식이나 돼지는 자급용으로 충분하지 않다. 그들의 밭은 습지나 늪 주변을 매립해서 만든 것이기 때문에 대부분 작은 돼기밭이다.

그날 아침 내내, 몇 킬로미터 떨어진 동쪽 해안에서 바다가 으르렁거리는 소리를 냈다. 세인트존호를 난파시킨 폭풍우의 위력을 다시 느낄 수 있었다. 한 남학생이 우리 옆을 지나갔는데, 아마 그 남학생은 우리가 나누는 이야기를 알아듣지 못했더라도 사나운 파도 소리에 이미 귀가 익숙해져 있을 것이다. 그 아이는 조가비에서 나는 똑같은 바다 소리를 누구보다 실감나게 들었을 것이다. 그 소리는 해변을 산책하는 사람을 흥분시킨다. 육지를 향해 거세게 몰아치는 바다 소리가 몇 킬로미터 떨어진 내륙까지도 들렸다. 문 앞에서 으르렁거리는 개보다는 케이프코드 전체를 향해 으르렁대는 대서양을 가슴에 품기를! 우리는 대체로 폭풍우를 반겼다. 바다의 가장 성난 모습을 보여줄 것이기 때문이었다. 찰스 다윈도 거센 강풍이 지나간 뒤 칠로에섬● 해안의 파도 소리를 "구릉지가 많고 숲이 우거진 지역을 가로질러 40킬로미터 정도" 떨어진 곳에서도 들을 수 있다고 했다. 우리는 앞서 언급한 여덟 살쯤 되는 소년에게 우산을 씌워주고 함께 걸으며 이야기를 나누었다. 케이프코드에서의 삶이 한 소년에게 어떤지는 성인 남성의 경우만큼이나 중요하다. 그 소년으로부터 이 인근 어디서 가장 맛있는 포도가 나는지를 알아냈다. 소년은 자신이 먹을 저녁식사를 들통에 넣어 들고 가는 중

● 남아메리카 칠레 파타고니아에 있는 섬.

이었다. 무례할까봐 묻지 않았지만, 들통 속에 무엇이 들었는지 알수 있을 것 같았다. 호기심을 채우는 가장 쉬운 방법은 가능한 한단순하게 생각하는 것이다. 우리는 너셋 등대—우리가 있는 곳에서 3~5킬로미터 떨어진 곳에 등대 세 개가 나란히 붙어 있었다—에서 도로를 벗어나 동쪽 해변을 끼고 있는 들판을 가로질러 마침내 이스텀 예배당에 도착했다. 어쩌면 다른 곳과 구별되도록 등대를 그렇게 여러 개 세웠는지도 모른다. 하지만 그렇다 쳐도 그런 식으로 등대를 세우는 것은 매우 주변머리 없고 비용 면에서 효율이떨어지는 방법으로 보였다. 문득 우리가 나무 한 그루, 울타리 하나없는, 끝없이 펼쳐진 듯한 평원 위에 있다는 것을 알았다. 집 한 채가 눈에 보이기는 했지만 말이다. 울타리는 없었고, 대지가 융기해서 생긴 가늘고 길쭉한 이랑이 간간이 보였다. 동행한 친구는 그곳을 완만한 구릉을 이루고 있는 일리노이의 대평원과 비교했다. 마침 거세게 몰아치는 비바람 때문이었는지 그 광경은 실제보다 훨씬 더 광활하고 황량해 보였다. 언덕 같은 것은 전혀 없고, 메마른불모지 한복판에 땅이 움푹 꺼진 곳만 군데군데 보일 뿐이었다. 멀리 수평선은 안개 속에 감춰져 있어서 높은지 낮은지 알 수 없었다. 멀리서 배회하는 고독한 여행자는 어른거리는 거인처럼 보였다.그는 어깨끈이 몸을 위로 끌어올리고 땅바닥이 받쳐주는 것처럼구부정한 자세로 걸었다. 조금만 멀리 떨어져도 어른과 어린아이를 구분하기 어려웠다. 기준이 될 만한 것이 아무것도 없었기 때문이다. 실제로 내륙 사람들에게 케이프코드의 풍경은 끝없이 펼쳐진신기루다. 시간이 흐르면서 그런 풍경이 2~3킬로미터씩 넓어졌다.

그렇게 해서 만들어진 곳이 바로 한때 나무가 울창했던 '너셋 평원'이다. 지금은 겨울바람이 윙윙거리며 울부짖고 눈발이 여행자의 얼굴을 유쾌하게 때린다. 나는 시내를 벗어난 것이 좋았다. 시내에 있으면 극도의 비굴함과 수치심을 경험하곤 한다. 매사추세츠의 술집에 잠시라도 앉아 있으면 아직까지도 시가를 입에 물고 죽죽 빨아대는 다 큰 어른들의 야만적이고 더러운 모습에서 실망감을 느끼기 때문이다. 나의 정신은 외부의 황량함과 비례해서 성장했다. 도시는 환기가 필요하다. 신들은 그들의 제단에서 순수한 정화의 불꽃이 타오르는 모습을 보고 싶어할 것이다. 그들의 욕망은 시가 연기로 달래지지 않을 것이다.

따라서 이제껏 시내를 통과할 때마다 뒷길로 돌아갔듯이 프로빈스타운에 도착할 때까지 마을에 들어가지 않았기 때문에, 사람을 거의 마주치지 않은 채 우산을 쓰고 걸어가면서 그들의 역사를 읽었다. 한 지역의 역사와 옛 모습은 그곳의 지형에 가장 잘 나타난다. 그것은 우리가 가장 알고 싶은 점이기도 했다. 이 도시들의 현재를 설명하는 기록은 인정하든 안 하든 대체로 해당 지역에 대한 추가 정보 없이 옛날 설명을 반복 인용하는 것으로 이루어져 있다. 그리고 그들이 반드시 설명하는 유일한 이야기인 그곳 교회의 역사로 돌아가고 라틴 제국과 그리스 시대의 호시절에 새겨진 옛 사제들의 라틴어 비문을 인용하는 것으로 끝나기 마련이다. 그 비문들은 사제 한 명 한 명의 성직 서품식까지 거슬러올라가 누가 미사를 시작하는 기도를 올렸고 누가 강론을 했는지, 누가 사제 서품 기도를 했고 누가 사제 서품을 거행했는지, 누가 오른손을 뻗어 안수의식을 했고 누가 축복 기도를 올렸는지, 때때로 얼마나 많은 교회 평의회들이 일부 사제들의 정통성을 조사하기 위해 소집되었는지, 그리고 거기에 모인 사람들이 누구인지 한 명도 빠짐없이 알린다. 이 평원을 통과하는 데 한 시간밖에 안 걸리고 풍경이 독특하다는 것 말고는 단조롭긴 하지만, 그간의 이스텀 역사에서 이곳과 관련된 내용을 좀더 알아보려고 한다.

영국의 플리머스에서 메이플라워호를 타고 케이프코드에 도착한 청교도들이 결성한 시민위원회가 인디언들이 살던 이스텀 영토를 손에 넣으려고 하면서, "누가 빌링스게이트●의 소유자인지 따져 물었다." 당시 그들이 가지려던 땅은 케이프코드 북부 지역 전체였다. "대답은 그 땅을 소유한 사람이 아무도 없다는 것이었다. 시민위원회는 '그럼 그 땅은 우리 것이오'라고 말했다. 그러자 인디언들은 그렇게 하라고 대답했다." 이것은 깜짝 놀랄 만한 주장이고 인정이었다. 당시 청교도들은 그 땅의 소유권을 가진 사람이 없다는 인디언과 달리, 자기들이 그들을 대표해서 그 땅을 소유할 수 있다고 생각한 것처럼 보인다. 어쩌면 이것은 아직 아무도 차지하지 않았거나 차지할 만큼 좋지 않은 땅에 대해 약식으로 조용히 '자기 권리를 주장한' 최초의 사례였다고 할 수 있다. 그들의 후손은 이후로도 계속 그렇게 해왔고 지금도 그 방식을 더욱 확대해나가는 중이다. 영국의 청교도들이 미국 뉴잉글랜드 지역에 오기 전에는 아무도 아메리카 대륙의 땅에 대해 소유권을 주장하지 않은 것으로 보

● 당시에는 케이프코드의 육지에 붙어 있는 갑이었으나 18세기 말에 배수로 공사와 조수의 침식작용으로 섬이 되면서 빌링스게이트섬으로 불린다.

인다. 그러나 역사 기록에 따르면, 청교도들이 빌링스게이트 땅을 점유하고 여러 해가 지났을 때 갑자기 "자칭 앤서니 중위라고 하는 인디언이 나타나" 소유권을 주장했고 결국 청교도들은 그에게 돈을 주고 그 땅을 샀다. 언제 또 자칭 앤서니 중위라는 자가 나타나 백악관 문을 두드릴지 누가 알겠는가? 누구든 부당하게 무언가를 차지한다면 언젠가는 반드시 그 대가를 치르게 될 것이다.

플리머스 식민지의 총독을 여러 차례 역임한 토머스 프린스는 이스텀 정착촌의 지도자였다. 한때 그의 것이었던 이 마을의 농장에 그가 200년 전 잉글랜드에서 가져와 심었다고 전해지는 배나무 한 그루가 최근까지 서 있었다. 하지만 아쉽게도 그 나무는 우리가 그곳에 도착하기 몇 달 전 강풍에 쓰러지고 말았다. 나중에 들은 설명에 따르면, 그 나무는 최근까지 매우 건강한 상태였다고 한다. 열매는 작지만 맛이 뛰어났고, 연평균 생산량이 450리터에 이르렀다. 그 나무에 대한 적절한 묘사가 있는데, 히맨 돈이라는 사람이 쓴 시가 그것이다. 여기 그 시의 일부를 인용하고자 한다. 그것이 내가 기억하는 케이프코드와 관련된 유일한 시이기도 하고, 내용도 나쁘지 않기 때문이다.

200년의 세월이 시간의 날개를 달고
환희와 비애 속에서 훌쩍 흘러갔으니, 이제 그대, 고목이여!
바다 저편 토양에서 옮겨 심어져,
이 이국땅에 첫 이파리들을 틔워냈구나.

* * * * *

〔이 별 표시는 너무 상투적이어서 생명력을 잃어버린 시구를 나타
낸다.〕

죽은 지 오래된 그 추방당한 무리,

그리고 여전히 고목이여! 그대 그 자리에 굳건히 서 있으니,

의도치 않았지만 자기 민족을 기리는,

프린스가 젊은 시절 손수 그대를 심은 곳,

그리고 그 시간, 우리의 존경하는 아버지들이

플리머스에서 건너와 이곳에 정착한 때를 기리는 기념비.

돈, 히긴스, 스노를 비롯해 훌륭한 사람들,

그들의 이름이 후손들의 존경을 받으며 기억되누나.

* * * * *

오랜 시간이 그대의 가지들을 여위게 했구나, 순례자 고목이여!

그리고 긴 세월의 무게로 그대의 허리가 굽었구나.

하지만 세월의 서리가 자욱이 내린 가운데 그대가 피워낸 꽃을 본다.

그대의 달콤한 열매는 올해도 여전히 맺히네.

중요하지 않은 내용과 함께 엮이지 않았다면 여기에 인용했을지
도 모를 또다른 시구들도 있다. 황소가 앉아 쉬려고 하면 멍에가
짓누르기 때문에 황소는 심한 고통을 느끼기 마련이다.

디컨 존 돈은 이스텀의 최초 정착민 중 한 사람으로 1707년에 사망했는데, 그때 나이가 110세였다. 말년의 몇 년 동안 그는 요람 안에서 지냈다고 전해진다. 확실히 아킬레스 같은 불사신의 삶은 아니었다. 그가 술에 취해 나가떨어졌을 때 그의 어머니는 다치지 않게 하려고 그를 요람 안에 눕혔고, 그는 구두를 신은 채 그 속에 풀썩 쓰러졌다. 그가 자기 농장에 세운 경계석의 일부가 아직도 남아 있는데, 거기에는 그의 이름을 뜻하는 머리글자가 새겨져 있다.

우리는 이스텀의 교회사를 흥미롭게 여겼다. 거기에는 "그들은 정착 초창기에 사면 벽에 온통 구멍이 나고 지붕은 풀로 엮은 36제곱미터 크기의 작은 예배당을 지었다. 그들은 그 구멍을 통해 머스킷 장총을 쏘았다"라고 나온다. 물론 그들이 총구를 겨눈 대상은 악마*였다. "1662년, 이스텀 마을 사람들은 해안에서 그물을 던져 고래잡이를 할 때 목사의 기도가 필요하다는 것에 동의했다." 따라서 목사들이 신에게 드리는 기도에 운명을 맡기는 것은 당연한 것처럼 보였다. 그들은 신의 종이고 신만이 폭풍우를 지배할 수 있기 때문이다. 그러므로 고래가 그물에 덜 걸리면 그들은 자신들의 기도가 받아들여지지 않았다고 생각했을지도 모른다. 비바람이 몰아칠 때마다 목사들은 바닷가 벼랑 위에 올라서서 불안한 마음으로 해안을 지켜보았을 것이다. 만약 내가 목사라면, 나는 내가 알고 있는 수많은 시골 교구들의 관대함에 기대기보다 차라리 케이프코드 뒤편에서 나를 위해 고래를 해변으로 밀어올리는 굽이치는 파

---

* 인디언, 즉 아메리카원주민을 지칭한다.

도 속 저 깊은 곳을 신뢰할 것이다. 그렇다고 해서 시골 목사가 받는 보수에 대해 품위 없이 "정녕 고래 같군요"*라고 말할 수는 없다. 그럼에도 불구하고, 실제로 고래 어획량에 의지한 목사는 그것 때문에 곤경에 빠졌을 것이 틀림없다. 나라면 차라리 작살을 들고 포클랜드제도**로 가서 고래잡이를 했을 것이다. 폭풍우에 생명의 숨결을 빼앗기고 교구 목사들의 기도 덕분으로 술에 찌든 어부들 손을 통해 장대로 끌어올려지는 고래를 생각해보라! 그것이 그 고래에게 무슨 위안이 되었겠는가! 한때 어부로 일했던 어느 목사에 대한 이야기를 들었다. 그는 대구와 해덕대구***를 구별할 정도로 브리지워터에 오래 살았다. 겉으로 볼 때는 별문제 없어 보이지만, 그 목사는 예배당에서 설교할 시간이 거의 없었을 것이다. 사람을 낚는 어부가 오랫동안 실제 어부로 물고기를 낚았으니 설교할 시간이 있을 리 없다. 또한 이곳에서는 학비가 없는 학교를 지원하기 위해 어부들이 잡은 고등어에 세금을 부과했다. 다시 말해, 자녀들에게 무상교육을 하기 위해 고등어에 세금을 부과했다. "1665년 의회는 이 나라에 살면서 성경을 부인하는 모든 사람에게 체벌을 가하는 법률을 통과시켰다." 성경이 사실이라고 억지 고백할 때까지 봄날 아침에 회초리로 맞고 있는 사람을 상상해보라! "또한 주민회의는 예배 시간에 교회 밖에 있는 모든 사람에게 족

• very like a whale. 셰익스피어의 『햄릿』에 나오는 대사로 보통 불합리한 말에 대해 비아냥거릴 때 쓰이는데, 여기서는 목사의 보수가 고래잡이 결과에 달려 있는 것을 비아냥거리는 의미로 보인다.
•• 남미 아르헨티나 남단 대서양에 있는 영국령 제도로, 19세기 초 영국이 이곳을 고래잡이 산업기지로 삼을 정도로 고래가 많았다.
••• 대구와 비슷하게 생겼지만 크기가 조금 작은 바다 고기.

쇄를 채우도록 의결했다." 예배를 드리기 위해 교회에 앉아 있는 것은 족쇄를 차고 있는 것과 전혀 다르다는 것을 보여줄 필요가 있었다. 법을 지킴으로써 발생하는 손해가 법을 어겼을 때 받는 불이익보다 더 크지 않아야 하기 때문이다. 이곳 이스텀은 근년에 인근 숲에서 열린 전도 집회로 유명하다. 케이프코드만 지역 모든 마을에서 수천 명이 그 집회에 운집했다. 그곳에서 그런 특이한 일이 벌어진 것은 그곳의 종교적 심성이 건강하지 못한 쪽으로 나아갔기 때문이거나, 그게 아니라면 아마도 남편과 아들이 배를 타고 바다에 나가 있거나 물에 빠져 죽은 탓에 주민 대다수가 여자이고 따라서 마을에 남아 있는 사람이 여자들과 목사들 말고는 없었기 때문일 거라고 우리는 추측했다. 전하는 이야기에 따르면, "특히 일요일 예배 시간에 극도로 흥분하고 발작적인 행동을 하는 것은 올리언스와 이스텀을 비롯해 그 아래쪽 마을들에서 흔히 볼 수 있는 모습이다. 한 여성이 발작을 일으키면 대개 대여섯 명의 다른 여성이 같은 증상을 보인다. 그러면 예배는 극도의 혼란 상태에 빠진다. 몇몇 나이든 원로들은 그 같은 감정 상태를 걱정하기는 하지만, 그런 터무니없는 행태와 협박이 죄악을 막는 데 효과가 있을 거라고 믿는다." 그런 현상이 지금은 어떻게 바뀌었는지 우리는 알지 못한다. 그런데 이 평원에 있는 한 집에서 매우 남성적인 한 여성을 보았다. 그녀는 예배 시간에 광신적인 발작을 일으키거나 그런 분위기에 휩쓸리지 않을 것처럼 보였다. 오히려 그녀에게는 산다는 것 자체가 극도로 정신 나간 짓인지도 몰랐다. 어떤 남성에게서도 찾아볼 수 없는, 아니, 그들이 상상조차 할 수 없을 정도로 가혹하고 험한 삶을 살아가는 너넷의 여성. 목 뒤로 이어진 등뼈와 힘줄, 널빤지에 박힌 못도 이로 두 동강 낼 것 같은 앙다문 강인한 턱을 보는 것만으로도 그녀의 삶이 어떤지 충분히 알 것 같았다. 그녀는 속치마를 입은 호전적인 남자처럼 보였다. 혹은 부서지는 파도 속에서 고함치듯 말하며 이 험난한 세상을 이겨나가는 것 같았다. 그녀에게는 사는 것 자체가 골치 아픈 일이고 더할 나위 없이 힘든 것처럼 보였다. 나는 그녀가 일부러 애를 뗐고 남동생이나 오빠도 없고―그들이 아기 때 죽지 않고 살아 있다 해도 무슨 소용이 있겠느냐마는―아버지는 그녀가 태어나기 전에 일찌감치 돌아가신 게 틀림없다고 상상했다. 작년 여름에는 콜레라가 퍼질까봐 전도 집회가 열리지 않았다고 그녀가 알려주었다. 올여름에는 좀 일찍 집회가 열릴 예정이었지만, 호밀 수확이 너무 늦어지는 바람에 집회 참석자들을 위한 밀짚이 충분히 마련되지 않을 것 같다고 했다. 집회 참석자들은 밀짚을 깔고 눕는다. 어떤 때는 목회자만 150명(!), 청중이 5,000명이나 모여들기도 한다. 밀레니엄그로브라고 불리는 숲지대는 보스턴에 있는 한 회사 소유인데, 내가 케이프코드에서 본 어떤 장소보다 이런 목적에 적합한, 아니, 더 정확히 말하면 적합하지 않은 곳이었다. 둘레에 담장이 쳐져 있고 일 년 내내 참나무들 사이에 천막 구조물이 여기저기 설치되어 있는 것을 볼 수 있다. 거기에는 화덕과 양수기가 있다. 현장에 세워진 상설 건물에는 모든 주방용품, 천막 덮개와 가구들이 마련되어 있다. 그들은 보름달이 뜰 때 집회를 여는데, 집회 일주일 전에 양수기를 청소할 사람을 한 명 뽑는다. 그동안 목사들은 설교를 위해 헛기침을 하며 목을

밀레니엄그로브 야외 전도 집회장

가다듬는다. 그러나 거기 흐르는 시냇물이 이전만큼 깨끗하다고 보 장할 수는 없다. 탁자들 밑에는 대합 껍데기가 수북이 쌓여 있었는 데, 작년 여름에 사람들이 포식하고 남긴 것으로 보였다. 물론 아직 까지 회개하지 않았거나 교회를 떠나 조롱하는 사람들이 벌인 짓 일 수도 있을 거라고 믿는다. 밖에서 그 전도 집회 광경을 보면, 기 도회와 소풍이 독특하게 섞여 있는 모임으로 보였을 것이다.

이곳에 정착한 최초의 성직자는 1672년에 도착한 새뮤얼 트릿 Samuel Treat 목사였다. 그는 '뉴잉글랜드의 전도사들 가운데 능력을 인정받은 손꼽히는' 인물로 알려진 신사였다. 한창 왕성할 때 백인 들뿐 아니라 많은 인디언을 기독교 신자로 개종시켰고, 웨스트민스 터 신앙고백서를 너셋 인디언 언어•로 번역했다. 너셋 인디언은 그들에게 처음으로 설교를 했던 리처드 본**이 1647년 구킨***에게 보낸 편지에 나오는 바로 그 인디언들이었다. 리처드 본은 병든 인디언 한 명을 보러 간 적이 있는데, "그에게서 기쁨이 넘치는 성스러운 표정을 보았습니다"라면서도 그들 대다수에 대해 "통탄할 일이지만, 사실 그들은 대부분 행실이 문란합니다"라고 말한다. 트릿 목사는 매우 엄격한 개혁주의자였다고 알려져 있는데, 쉽게 포기하거나 해명함으로써 가시털을 제거하는 호저 같은 인물이 아닌, 먼 곳까지 가시털을 날려 용감하게 자신을 방어할 줄 아는 철저한 캘빈주의자였다. 그의 설교는 원고 형태로 존재하는데, 주석자가 "그것은 출판을 목적으로 만들어진 것으로 보인다"라고 말했다. 죄인들에게 설교하는 누가복음 16장 23절에 대한 강론 중 아래의 부분을 간접적으로 인용하고자 한다.

너희는 머지않아 지옥에 떨어질 것이다. 지옥문이 열렸고 이제 너희를 받아들일 준비가 되어 있다. 거기에는 너희를 받아들일 공간이 충분하다……

잘 생각해보아라, 너희는 하느님이 당신의 정의를 드높이기 위해 미리 준비해놓은 곳, 고통을 안겨주는 것 외에는 아무것도 준비된 것이 없는 곳으로 갈 것이다. 지옥은 하느님의 교정시설이다. 하느님은 모든 일을 하느님처럼 하신다. 당신의 정의, 즉 당신의 분노의

● 매사추세츠어라고도 하는 왕파노아그어.
●● Richard Bourne, 아일랜드계 영국 국교회 신부.
●●● 다니엘 구킨Daniel Gookin, 당시 매사추세츠와 버지니아의 정착민으로 아메리카인디언에 대해 글을 쓰고 있던 작가.

무게가 어떠한지를 보여주고자 할 때 지옥을 보여주신다. 실제로 지옥은 그런 목적을 위해 만들어진 것처럼 보인다…… 너희가 전능하신 하느님이 쏜 분노의 화살의 표적이 될 때 너희 영혼에 화가 미칠진저……

잘 생각해보아라, 하느님은 너희가 겪는 고통의 주체가 될 것이다. 그의 숨결은 지옥의 불길을 영원히 활활 타오르게 하는 풀무다. 만일 그가 너희를 벌하고자 한다면, 그가 격노하여 너희를 만나고자 한다면, 그는 너희를 인간으로 대하지 않을 것이다. 그는 너희에게 전지전능하고 강력한 타격을 입힐 것이다.

어떤 사람들은 죄가 이생과 함께 끝난다고 생각한다. 하지만 그것은 오해다. 피조물은 영원한 법의 지배 아래 있다. 지옥에 떨어진 사람들은 지옥에서 죄가 더 늘어난다. 어쩌면 너희 가운데 이 말에 즐거워하는 사람도 있을지 모른다. 하지만 기억해라. 거기서 너희를 즐겁게 해주는 죄는 없을 것이다. 먹고 마시지 못하고, 노래 부르고 춤추지도 못하며, 음탕한 희롱도 없고, 훔친 물도 마시지 못할 것이다. 저주받을 죄악, 혹독하고 섬뜩한 죄, 고통 때문에 더 화가 나서 저지르는 죄, 하느님을 저주하고 앙심과 격노에 가득차 저지르는 신성모독과 같은 죄만 있을 뿐. 너희가 저지르는 이 모든 죄 때문에 너희의 영혼에는 죄책감이 자리잡을 것이고, 그것은 너희가 더 많은 죄를 저지르도록 부채질할 것이다……

죄지은 자여, 간청하나니 이 모든 것의 진실을 깨닫기 바란다. 이것이 하느님의 자비에 손상을 가하는 이야기라고, 아이들에게 겁을 주기 위한 허황된 우화일 뿐이라고 상상하지 마라. 하느님은 너회를 비참한 지경에 빠뜨릴지라도 자비로운 분이 될 수 있다. 저주받을 죄인들이 무더기로 쌓이고 또 쌓일지라도, 그는 정의로운 힘을 드높이기 위해 천국의 별처럼 찬란한 빛을 발하며 그들을 구원하나니, 영원히 찬양받기에 충분한 빛나는 귀중한 속성을 지니고 있다.

저자는 이어서 말한다. "그는 극도의 공포심을 불러일으키는 교리를 선포하면서 한편으로는 자연스럽게 매우 숭고하고 감명깊은 웅변을 토해냈지만(Triumphat ventoso gloriæ curru orator, qui pectus angit, irritat, et implet terroribus. Vid. Burnet, *De Stat. Mort.*● 309쪽 참조), 인기 있는 목사로 인정받지는 못했다. 그의 목소리는 매우 커서 예배당에서 멀리 떨어진 곳에서도 들을 수 있었다. 극도의 흥분 상태에 빠진 여신도들이 내뱉는 비명 소리와 너셋 평원을 가로지르며 울부짖는 바람 소리에도 불구하고 말이다. 그러나 멀리서는 그의 목소리가 이런 소리들과 뒤섞여 불협화음으로 들릴 뿐이었다."

전하는 이야기에 따르면, "그런 설교는 목사의 강론 중 여러 차례 청중을 정신 바짝 차리게 하고 공포에 떨게 했다." 한번은 비교적 순진한 한 청년이 놀라서 거의 정신이 나갈 뻔하기도 했다. 트릿목사는 그 청년이 지옥을 조금 더 차분히 바라볼 수 있도록 애를 써야 했다. 하지만 단언컨대 "트릿의 설교 방식은 생기가 넘쳤다. 그의 화법은 유쾌하고 때로는 익살맞기도 했지만 늘 품위 있었다. 그

● 토머스 버넷Thomas Burnet이 1726년 라틴어로 출간한 『죽은 자와 부활한 자의 상태에 관하여*De Statu Mortuorum Et Resurgentium*』.

는 뜻밖의 순간에 재미있고 짓궂은 장난을 쳐서 청중이 오랫동안 폭소를 터뜨리게 함으로써 그들에 대한 자신의 호감을 나타냈다."

지금 소개하는 사람은 유명한 일화가 전해지는 사람으로, 내 글을 읽은 독자들 중에는 그 일화를 들어본 이가 많을 것으로 확신한다. 그럼에도 여기서 그 일화를 다시 한번 인용하고자 한다.

트릿 씨는 윌러드 씨(보스턴 사우스 교회의 목사)●의 딸과 결혼한 뒤 가끔씩 윌러드 씨로부터 자기 교회에서 설교해달라는 요청을 받았다. 윌러드 씨는 우아한 말투와 남성적이고 균형잡힌 목소리를 지녔다. 그는 자신의 책 『신성의 요체Body of Divinity』로 명성을 얻지 못하고 오히려 그 책을 읽지 않은 사람들로부터 자주 비웃음을 당했지만, 그의 설교는 생각이 깊고 활력 넘치는 언어로 가득했다. 그 결과 그는 자연스럽게 대부분의 사람들로부터 존경을 받았다. 트릿 씨는 장인의 교회 신도들 앞에서 평소처럼 섬뜩한 방식●●으로 자신이 좋아하는 설교 가운데 하나를 했는데, 신도들은 대체로 그 설교를 역겹게 생각했다. 비판하기를 좋아하는 몇몇 까다로운 신도들이 윌러드 씨를 기다리고 있다가, 트릿 씨가 훌륭하고 경건한 목사이기는 하지만 진절머리나는 설교를 하니 또다시 초빙되는 일이 없기를 바란다고 말했다. 윌러드 씨는 이 요청에 아무런 대꾸를 하지 않았고, 대신 사위에게 설교한 내용을 달라고 했다. 몇 주 뒤, 그는 사위에게서 받은 설교 원고를 하나도 고치지 않고 자기 교회 신도들에게 그대로 설교했다. 신도들은 윌러드 씨에게 달려와 인쇄용

● 새뮤얼 윌러드Samuel Willard, 콩코드 출신이며 훗날 하버드대학교 6대 총장을 역임했다.
●● 지옥의 형벌을 강조하는.

으로 설교 원고를 한 부 달라고 요청했다. 그러고는 큰 소리로 "목사님과 사위가 어떻게 다른지 보세요. 목사님은 트릿 씨와 똑같은 말씀으로 설교했어요. 그런데 트릿 씨의 설교는 저열했던 반면 목사님의 설교는 매우 탁월했습니다"라고 외쳤다. 주석에 나오는 것처럼 윌러드 씨는 트릿 씨의 육필원고를 꺼내 보여준 뒤 점잔빼는 그 비판가들에게 파이드루스*가 한 말을 인용해서 답변했을지도 모른다.

"자, 이것은 당신이 어떤 종류의 비판가인지를 보여줄 것입니다 En hie declarat, quales sitis judices."[2]

트릿 씨는 폭풍을 동반한 심한 폭설이 쏟아진 직후 갑작스레 뇌졸중에 걸려 죽었다. 그 폭설로 그의 집 주변 땅은 완전히 불모지가 되었고, 도로에는 눈이 엄청나게 높이 쌓였다. 인디언들은 도로에 쌓인 눈을 파 아치 모양으로 길을 내고 그 길을 따라 그의 시신을 묘지까지 운구했다.

이 글을 읽는 사람들은 그동안 우리가 너셋 해변을 향해 동쪽에서 약간 북쪽으로 넓은 평원을 계속 가로지르며 마치 트릿 씨의 기일을 앞둔 것처럼 자욱한 안개 속에서 세찬 비를 맞으며 걸어가는 모습을 떠올릴 것이다. 우리는 그곳이 소설 『스코틀랜드인의 삶의 빛과 그림자Lights and Shadows of Scottish Life』**에 나오는 것처럼 누군가가 눈 속에 파묻혀 죽은 황무지라면 좋겠다고 생각했다.

그다음으로 이곳에 정착한 목사는 '아일랜드에서 태어나 더블린

---

* Phædrus, 고대 로마의 우화시인.
** 스코틀랜드의 문학평론가이자 작가인 존 윌슨John Wilson이 1822년에 발표한 소설.

대학교를 나온 새뮤얼 오스본Samuel Osborn 목사였다. 전하는 이야기에 따르면, 그는 '지혜롭고 청렴한 사람'이었다. 그는 토탄을 말려 연료로 때는 법을 신도들에게 가르쳤다. 사용할 다른 연료가 없는 상황에서 그것은 그들에게 큰 축복이었다. 또한 그는 농업 개량 방안을 소개했다. 하지만 그토록 많은 일을 했는데도 아르미니우스주의•를 신봉했기 때문에 일부 신도들의 불만을 샀다. 결국 열 명의 목사로 구성된 교회평의회와 그들의 교회들이 그를 탄압했고, 그동안 그가 이룬 성과를 모두 쓸모없는 것으로 치부했다. 신학자 조셉 돈Joseph Doane과 너대니얼 프리먼Nathaniel Freeman의 요구로 평의회가 열렸다.

그들은 보고서에서 "평의회가 보기에, 오스본 목사는 우리 신도들을 향한 설교에서 그리스도가 행한 일과 받은 고통이 하느님의 율법에 복종해야 하는 우리의 의무를 덜어주거나 없애주지 않으며 그리스도의 고난과 순종은 스스로를 위한 것이었다고 주장하는 것처럼 보인다. 우리는 이 두 가지 생각이 모두 위험한 오류를 담고 있다고 생각한다"라고 말한다.

또한 "오스본 목사가 공적이거나 사적인 자리에서 성경에는 아무런 약속도 없다고 주장했다는 말들이 돌고 있으며 평의회가 듣기에도 그렇다. 하지만 조건부 약속••은 우리가 생각하기에 오류다. 따라서 우리는 절대적이고 아무 조건도 없는 약속, 즉 성령을

• Arminianism, 직접적인 종교 체험을 강조하는 신비주의 신학에 반대하고 이성을 강조하는, 네덜란드 신학자 아르미니우스Arminius가 창시한 기독교 종파.
•• 하느님의 인간에 대한 조건적 선택과 구원을 의미한다.

통해 새롭게 변화된 마음을 주시고 우리의 마음에 그의 율법을 새길 거라는 하느님의 약속이 있음을 말하는 바이다"라고 나와 있다.

또한 그들은 "오스본 선생이 순종은 개인의 의지에 정당성을 부여하는 상당한 대의명분이라고 선언했다는 혐의를 받고 있는데, 우리가 보기에도 그렇다. 우리는 그것이 매우 위험한 오류를 담고 있다고 생각한다"라고 말한다.

예컨대 독자들 가운데 일부는 그들이 구별한 많은 것에 대해 어쩌면 나보다 더 잘 알고 있을지도 모른다. 여행자들의 증언에 따르면, 예지드파*나 점성술 등의 신비주의를 따르는 칼데아인 같은 악마 숭배자들 사이에서는 아직도 이런 경직된 교리 논쟁이 활발하게 진행중이라고 한다. 결국 오스본은 교회에서 쫓겨난 뒤 보스턴으로 돌아가 여러 해 동안 대학에서 학업에 몰두했다. 그러나 토탄이 나는 그 초원에서 그가 한 일은 정당한 평가를 받을 충분한 가치가 있었다. 그 증거 가운데 하나가 바로 그가 아흔 살을 훌쩍 넘겨서까지 살았다는 사실이다.

그의 후임 목사는 벤저민 웹Benjamin Webb이었다. 이웃 지역의 한 목사는 그를 "내가 아는 한 가장 훌륭한 사람이자 목사"라고 단언했는데, 여기에 더해 지역사가는 이렇게 말한다.

그는 늘 한결같은 모습으로 목회를 진행했으며(그것은 시골 축제를 떠올리게 한다), 그의 품성에는 깎아내릴 만한 그늘진 구석이 없고 구설

---

* 조로아스터교, 이슬람교, 기독교의 요소들이 뒤섞인 종파.

수에 오를 만한 여지도 많지 않았다(아쉽게도 악마는 그가 가는 길가에 그늘을 드리울 나무 몇 그루도 심지 않았다). 그의 심성은 갓 내린 눈송이처럼 순결했다. 그것은 들판의 모든 어두운 곳을 덮는다. 그의 정신은 구름 한 점 없고 달빛이 비치는 6월의 포근한 저녁 하늘처럼 청명했다. 그는 선한 일이라면 무엇이든 몸소 행했고, 악한 일이라면 무엇이든 피했다. 그에게서 남다른 특이한 품성을 꼽으라고 한다면, 겸손함과 온유함, 하느님에 대한 사랑을 들 수 있다. 그 지역 신도들은 천둥의 아들(트릿 씨)로부터 오랫동안 설교를 들었다. 그러나 이제는 위로의 아들이 그들을 가르쳤다. 그는 부드럽게 설득하고 하느님의 자비를 드러냄으로써 자연스럽게 선행을 하도록 그들을 다정히 이끌었다. 그의 생각은 너무도 지고지순했기 때문에 저 아래 음산한 지역으로 내려가는 일이 거의 없었다. 트릿 씨와 종교적 감성이 같았음에도 불구하고, 그는 구세주가 공표한 큰 낭보에 주목했다.

그런 사람이 이 너셋 평원을 걸어다녔다는 이야기를 들으니 매우 흥미로웠다.

『매사추세츠 역사학회』의 책장을 더 넘기다가, 우리는 올리언스의 조너던 배스컴Jonathan Bascom 목사에 눈길이 멈췄다. "총명하고 지혜로운 원로이자 품위 있는 언어를 쓰며 재치 있고 상냥하고 세련되게 이야기하는 사람Senex emunctæ naris, doctus, et auctor elegantium verborum, facetus, et dulcis festique sermonis." 그리고 다시 테니스의 나단 스톤Nathan Stone 목사의 이름에도 시선이 머물렀다. "겸손하고

온화하고 친절하며 관대하기까지 한 성품(그를 필요로 한 이유가 이것이
었다)의 그는 이 세상의 허망한 부를 결코 소중히 여기지 않고 하
늘나라에 재물을 쌓았나니Vir humilis, mitis, blandus, advenarum hospes,
suis commodis in terrâ non studens, reconditis thesauris in coelo." 데니스
에 사는 사람들 가운데 그가 이생에서 소중히 여긴 것들이 무엇인
지 적극적으로 찾아보려 한 사람이 한 명도 없었으니, 그가 하늘
나라에 재물을 쌓아놓았다고 단언하는 것은 지나친 비약이 아닐
까. 그러나 어쩌면 이 모든 이들의 품성에 대한 가장 공정하고 적절
한 평가는 후기 로마인들의 언어로 채텀의 이프라임 브릭스Ephraim
Briggs 목사를 언급한 것으로 보이는 "Seip, sepoese, sepoemese,
wechekum"이라는 표현일지 모른다. 해석이 안 되는 까닭에 이 말
이 무엇을 의미하는지는 모른다. 하지만 성경 어딘가에 나오는 구
절이거나 엘리엇 사도•가 니프먹족••에게 보낸 편지에 나오는 구
절일 거라고 우리는 확신한다.

내가 옛날 목사들을 좋아하지 않는다고 생각하지 않기를. 아마
도 그들은 그들 세대에서 가장 훌륭한 사람이었을 것이다. 그들이
살던 지역의 역사의 페이지를 자신들의 전기로 채울 만한 충분한
자격이 있다. 내가 그들이 말한, 그리고 어쩌면 그들이 들었는지 모
를 '복음'을 들을 수만 있었다면, 지금보다 훨씬 더 압박감을 느끼
며 글을 썼을 텐데.

너셋 평원이 얼마나 넓고 독특한지, 그리고 그곳을 가로지르는

• 존 엘리엇John Eliot, 북아메리카 인디언들에게 선교사업을 펼친 영국 선교사.
•• 매사추세츠 지역의 인디언.

데 얼마나 시간이 오래 걸리는지 독자들에게 알리기 위해서는, 지금까지 했듯이 긴 발췌문들을 이야기 사이사이에 끼워넣는 것보다 더 좋은 방법이 없었다.

1 이후 그들은 매테키스트라는 곳과 접촉해 더 많은 옥수수를 얻었다. 그러나 그들이 타고 온 작은 배가 폭풍우로 난파하자, 청교도들을 대표하는 총독은 숲길을 80킬로미터 걸어서 플리머스로 돌아갈 수밖에 없었다. 『모트의 항해일지Mourt's Relation』•에 따르면, "그는 비록 몹시 지치고 발이 상처투성이(이탈리아어로 소바테레 sobattere, 라틴어로 수브 바테레sub battere 또는 솔레아 바테레solea battere로, 발바닥의 찰과상을 뜻한다. 어느 주석자가 추정했듯이 "쓰라리고 통증이 심한" 정도는 아니다)였지만 안전하게 귀환했다." 여기서 상처투성이의 발을 표현한 단어는 매우 드물게 쓰이는 것으로, 매우 먼 길을 걸어야 하는 힘든 상황에서도 발바닥을 다치지 않도록 보호할 수 있는 총독 같은 (고위직) 사람들의 상황을 묘사할 때만 사용된다.

2 『파이드루스 우화집』 5권 다섯번째 우화 「어릿광대와 시골 사람」.

• 영국 청교도들의 케이프코드 프로빈스타운 상륙에서 플리머스 식민지 건설까지의 과정을 상세히 기록한 소책자로 최초의 플리머스 식민지 건설사이다. 조지 모튼George Morton 또는 조지 모트George Mourt라는 청교도의 이야기를 빌려 1620~1621년에 에드워드 윈슬로Edward Winslow와 윌리엄 브래드퍼드William Bradford가 저술하고 1622년 런던에서 존 벨라미John Bellamy가 발간했다.

4.

해변

웰플릿
(Wellfleet)

아득히 멀어지는 것만 같던 너셋 평원 언저리에 마침내 도착했고, 멀리서 고지대 습지처럼 보이던 곳으로 들어섰다. 그러나 해안 가까이에서 보니 그곳은 위로 비스듬히 올라간 마른 모래땅으로, 개풀과 월귤나무, 베이베리, 관목참나무, 비치플럼으로 덮여 있었다. 그 건너편에는 아무것도 자라지 않는 모래사장이 펼쳐져 있었는데, 으르렁대는 파도 소리는 멀리서 듣던 것보다 더 크지 않았다. 우리는 반 마일 정도 더 걸을 생각이었는데, 갑자기 대서양이 굽어 보이는 벼랑 끝이 눈앞에 나타났다. 저 아래 발밑이 바로 해변이었다. 폭은 30~60미터로, 해변을 따라 파도치는 길이 나 있었다. 바다는 매우 컴컴하고 험악했다. 하늘도 온통 먹구름으로 덮여 있었고, 여전히 빗방울을 떨구었다. 하지만 바람은 이미 요동치고 있는 바다에 응답하듯 그리 기세등등하게 불어대지는 않는 것 같았다. 해안에서 조금 떨어진 모래톱에 파도가 부딪쳐 부서졌고, 부서진 파도는 수많은 폭포처럼, 3~3.5미터 높이의 눈에 보이지 않는 수많은 댐 너머로 쏟아져내리는 물처럼 녹색이나 황색의 곡선을 그리며 모래사장에 물거품을 뿜어냈다. 우리 앞에 있는 해변과 유럽 대륙 사이에는 울부짖는 성난 바다 말고는 아무것도 없었다.

너셋 등대를 뒤로하고 둑 아래로 내려가 가장 단단한 지표층인 모래사장으로 가능한 한 가까이 다가간 뒤, 해변을 따라 북서쪽 프로빈스타운 방향으로 느긋하게 걷기 시작했다. 프로빈스타운은 40킬로미터 떨어진 곳에 있었다. 우리는 아무 말 없이 해류의 위대한 힘에 경의를 표하며 뒤에서 불어오는 거센 바람을 등진 채 우산을 쓰고 걸어갔다.

potamoio mega sthenos Hôeanoio.●

거친 파도가 하얀 물거품을 일으키며 해안가로 밀려오고 있었다. 크고 작은 물거품이 서로 경쟁하듯 모래사장 위를 마구 내달리는가 싶더니, 곧 우리의 눈길이 닿는 저멀리까지 밀려나가기를 되풀이했다(우리는 앞뒤로 펼쳐진 대서양 해안이 얼마나 멀리까지 뻗어나가 있을지 상상해보았다). 마치 합창단 지휘자가 흰 지휘봉을 들고 박자를 맞추는 것 같았다. 때때로 높은 파도가 불쑥 해안으로 밀려오면, 걷던 길에서 허둥지둥 벗어나야 했다. 우리는 몸을 돌려 우리가 남긴 발자국들이 바닷물과 거품으로 채워지는 모습을 바라보았다. 파도는 바다 저 뒤편에서 흰 갈기를 날리며 물밀듯이 해안으로 달려드

● 호메로스의 『일리아스』 18권 그리스어 원전에 나오는 구절. 아킬레우스의 방패 테두리에 '오세아누스강의 강력한 힘'을 집어넣었다는 뜻.

케이프코드 주민

는 넵투누스*의 수많은 야생마 무리처럼 보였다. 마침내 햇살이 잠깐 하늘에 번지자 그들의 갈기는 무지갯빛을 띠었고, 해안가의 해초들은 이따금 기다란 줄기를 위로 쳐들고는 바닷가에서 뛰노는 바다소처럼 꼬리를 흔들어댔다.

시야에 들어오는 항해 선박은 없었다. 그날은 배를 한 척도 보지 못했다. 최근에 불어닥친 폭풍우로 모든 배가 항구에 정박했고 아

---

* 로마 신화에 나오는 말의 신이자 바다의 신.

직 항해를 재개할 수 없었기 때문이다. 최근 며칠 동안 우리가 본 사람은 해안가에 떠다니는 유목과 난파선의 잔해를 찾아다니는 주민 한두 명이 고작이었다. 봄마다 동쪽에서 몰아치는 폭풍이 지나가면, 이 해변은 한쪽 끝에서 다른 쪽 끝까지 동쪽에서 떠내려온 나무들로 온통 뒤덮이곤 한다. 줍는 사람이 그 나무들의 임자였다. 케이프코드에 나무가 거의 없다는 사실에 비춰볼 때, 이 해변은 이곳 주민들에게는 신이 준 선물이다. 잠시 후 우리는 유목 줍는 사람들 중 한 명을 만났다. 햇볕에 그을리고 비바람에 얼굴이 거칠어진 케이프코드의 평범한 주민이었다. 얼굴에 주름살이 가득하다는 것 말고는 특이한 점이 없었다. 그의 얼굴은 살아 있는 낡은 돛, 모진 풍파에 시달린 몸뚱이를 상징하는 가파른 벼랑 같았다. 모래톱에서 풍화와 침식을 겪고 퇴적된 점토암과 다름없었다. 그는 바다에 나갈 때 쓰는 모자를 쓰고 해변의 색과 비슷한 여러 색의 천조각으로 기운 듯한 외투를 입고 있었는데, 질감이 마치 모래가 뿌려진 것처럼 거칠었다. 그를 지나치며 뒤를 돌아보니 얼룩덜룩한 등짝이 눈에 들어왔다. 천조각 여러 개를 덧대어 덕지덕지 기운 탓에 외투 사이로 그의 등이 드러났기 때문이다. 우리는 생각에 잠긴 채 그의 등을 물끄러미 바라보았다. 등뒤에 그렇게 흉터가 많은 것은 그에게 수치스러운 일일 테지만, 그것은 사실이었다. 가슴에 심각한 흉터가 더 적다면 그나마 다행이었다. 때때로 그는 도넛 한 개를 발견한 것처럼 보였지만, 결코 편안해 보이지 않았다. 수심이 너무 가득한 까닭에 웃을 수 없고, 처지가 고달파 울 수도 없어 보였다. 조개만큼이나 아무것도 개의치 않는 모습이었다—다리 달린 바닷조개가 모자를 쓰고 해변으로 걸어올라와 앉아 있는 것처럼. 어쩌면 몇 세기를 거슬러올라가 케이프코드 뒤편에서 계속 살아온 청교도들의 후손―적어도 페레그린 화이트●―가운데 한 사람인지도 모른다. 그는 난파선의 잔해와 오래된 통나무, 침수해 물에 흠뻑 젖은 채 따개비들이 다닥다닥 붙은 물건이나 판자 또는 들보 파편, 그리고 심지어 조류에 밀려 해변까지 올라온 물건 부스러기들도 찾고 있었다. 그리고 그것들을 말리기 위해 모래사장에 쌓아놓았다. 통나무가 너무 커서 멀리 운반하기 어려우면, 나르기 쉽게 그 자리에서 자르거나 몇 미터쯤 뭍으로 굴리고 가서 옆의 땅에 나무막대기를 십자 모양으로 꽂아 주인이 있음을 표시했다. 메인주라면 땅바닥을 어지럽히는 거추장스러운 장애물 취급을 받아 바다에 던져질지도 모를 썩은 나무줄기들이 이곳에서는 정성스레 수거되고 분류, 건조해서 관리된다. 그리고 겨울이 오기 전에, 짐을 나를 길이 가까이에 없을 경우 모래사장에서 둑까지 괭이로 비스듬히 대각선 길을 내어 바다에서 꺼낸 그 잔해들을 어깨에 들쳐메고 힘겹게 나른다. 어쩌면 여러분도 그가 언제라도 쓰기 위해 둑 위에 놓아둔 갈고리 모양의 지팡이를 볼 수 있을지도 모른다. 그는 진정 이 해변의 군주다. "거기서는 그와 대적할 사람이 아무도 없다." 따라서 그는 해변의 새와 같은 반열에 있다고 볼 수 있다.

크란츠●●는 그린란드에 대해 설명하면서, 달라게르●●●가 그린

● Peregrine White, 매사추세츠 항구에 정박한 메이플라워호에서 최초로 태어난 남자 아기.
●● 다비드 크란츠David Crantz, 독일의 신학자이자 선교사. 1765년 『그린란드의 역사The History of Greenland』를 썼다.

란드 사람들의 생활방식과 관습에 대해 언급한 내용을 인용해 이렇게 말한다. "거기서는 바닷가에 떠다니는 유목이나 난파선의 물건들을 발견하면, 그 지역 주민이 아닐지라도 자기가 갖는다. 하지만 그런 물건을 발견하면 반드시 해안으로 끌어올려서 돌을 하나 얹어놓아야 한다. 임자가 있다는 표시다. 돌이 소유권을 나타내는 증서인 셈이다. 그래야 나중에 다른 사람들이 왈가왈부하지 않는다." 이것은 본능적인 만국 공통의 국제법이다. 크란츠는 또한 유목에 대한 설명을 덧붙인다. "그(자연의 창조자)는 몹시 추운 이 바위투성이 지역에 나무가 자라는 것을 허락하지 않는 대신, 해류에게 수많은 나무를 해안으로 실어나르라고 명령했다. 따라서 얼음이 얼지 않은 저편에서 나무들이 흘러오지만, 대개는 유빙과 함께 떠내려와 섬들 사이에 머문다. 만일 이런 일이 일어나지 않는다면, 우리 유럽인들은 불을 지필 장작을 전혀 구하지 못할 것이다. 그리고 가련한 그린란드 사람들(이들은 나무를 쓰는 데 익숙하지 않지만 땔감 사용법은 배운다)은 아무리 애를 써도 집에 지붕을 덮고 천막을 치고 배를 건조하고 작살 자루를 만들 나무를 구하지 못할 것이다(물론 거기서도 작고 구부러진 오리나무 같은 것들은 더러 자랐다). 그들은 그것으로 자신들의 생활기반을 정비하고 돛을 조달하고 난방과 조명을 마련하고 조리를 해야 한다. 유목들 가운데는 뿌리째 뽑힌 커다란 나무도 있는데, 여러 해 동안 바닷물에 들락거리고 빙하에 쓸린 탓에 대개는 가지와 껍질이 거의 없고 커다란 나무좀들로 부식되어 있다. 유

●●● 라르스 달라게르Lars Dalager, 덴마크의 상인. 1742년 덴마크의 식민지였던 그린란드에 파견되었다.

목 중 작은 것으로는 버드나무, 오리나무, 자작나무가 있는데, 남쪽(당연히 그린란드의 남쪽)에 있는 만에서 흘러온다. 사시나무처럼 몸통이 큰 나무는 훨씬 더 먼 곳에서 오는 것이 틀림없다. 가장 큰 유목은 아무래도 소나무와 전나무다. 우리는 가지가 거의 없고 가는 줄무늬가 있는 여러 종류의 나무들도 발견했다. 그중 내가 좋아하는 나무는 낙엽송으로, 대개 우뚝 솟은 바위산의 비탈을 장식하는 나무다. 나뭇결이 뚜렷하게 엇갈리고 일반 전나무보다 향기가 좋은 단단한 적송도 있다. 나는 그것이 그리슨*의 높은 산에서 자라는 향나무 냄새가 나는 아름다운 흰전나무 또는 지르벨**과 같은 종이라고 생각한다. 스위스 사람들은 그 나무를 방의 벽재로 사용한다." 해변에서 난파선 잔해와 유목을 줍던 그 주민은 스노우스할로라고 불리는 약간 파인 길로 우리를 데려갔다. 우리는 그 통로를 통해 모래톱 위로 올라갔다. 다른 쪽에서 올라가도 그다지 힘들지는 않지만 모래언덕이기 때문에 올라갈 때 신발에 모래가 가득 들어가기 때문에 불편했다.

이 모래톱—케이프코드의 등뼈에 해당하는 곳—은 해변에 해수면보다 30미터 높게 우뚝 솟아 있었다. 그곳에 올라서서 우리가 걷기로 한 곳을 처음 보았을 때, 한 번도 느껴본 적 없는 경이로운 느낌이 온몸을 휘감았다. 오른쪽 아래로는 매끈하고 완만한 비탈을 이루는 모래 해변이 펼쳐져 있고, 그 위로 약 60미터 폭의 흰파도가 끊임없이 밀려오고 밀려갔다. 모래톱 저 멀리로는 연초록빛

---

* 스위스의 고산지대.
** 아롤라 소나무 또는 스위스 잣나무라고도 부른다.

바닷물이 케이프코드의 팔뚝에 해당하는 부분 전역에 걸쳐 흐르고, 그 너머로는 불굴의 광대한 바다가 끝없이 펼쳐졌다. 왼편으로는 햇빛에 반짝이는 모래사장이 모래톱 맨 끄트머리에서 뒤쪽으로 뻗어나가며 완벽한 사막을 연출했다. 그 폭이 150~400미터에 이르렀고, 멀리로는 4~6미터 높이의 자그마한 모래언덕들이 둘러싸고 있었다. 그 사이에 있는 일부 지대는 모래사장이 훨씬 더 멀리까지 뻗어나갔다. 그 뒤로는 목초지가 펼쳐졌고, 관목들로 뒤덮인 작은 산과 계곡들이 이제는 가을의 색조를 연상시키는 아주 밝은 빛으로 환하게 달아오르며 이어져 있었다. 그 너머로 군데군데 물결이 출렁이는 만의 모습이 보였다. 웰플릿의 이 순수 모래고원―바다에서 보면 고원처럼 보이고 한때 이스텀의 일부였기 때문에 선원들 사이에는 이스텀고원으로 알려진―은 폭이 250미터가 넘는 곳이 많고 더러 해수면보다 45미터 높은 곳도 있는데, 이스텀의 남쪽 경계에서 북쪽으로 뻗어나가며 풀 한 포기 없는 고지대가 우리 눈이 닿는 데까지 4~5킬로미터를 달리며 탁자처럼 거의 평평하게 이어진다. 모래고원은 바다 쪽으로 약간 높아지다가 해변에 이르러 갑자기 고꾸라지면서 급경사를 이루고 그 아래로 모래사장이 펼쳐져 있는데, 마치 군대의 공병들이 제방을 쌓은 것처럼 모래톱이 일정하게 각을 맞춰 줄지어 뻗어 있다. 그것은 거대한 요새의 가파른 성벽 같았다. 해변은 완만한 경사를 이루고, 바다는 대평원처럼 보인다. 그 모래고원 위에서 우리는 케이프코드의 전경을 더 넓게 내려다볼 수 있었다. 요컨대 우리는 이색적인 광채를 발하며 가을빛 풍경을 보여주는 사막, 한편으로는 일종의 약속의 땅이요, 다른 한편으로는 바다인 곳을 횡단하고 있었다. 하지만 그곳은 나무 한 그루 없고 광활하고 전망이 사방으로 확 트였으며 사람 사는 집은 찾아보기 어려웠다. 바다와 사막이 어우러진 고독만 있을 뿐, 정말이지 해변에서 집을 한 채도 보지 못했다. 사람이 아무리 많다 한들 그 고독을 없애지는 못했을 것이다. 오히려 그들은 자신들의 발자국이 모래에 파묻히듯이, 그 어마어마한 풍경 속에서 어찌할 바를 모른 채 길을 잃었을 것이다.

해안에는 바위가 거의 없었다. 30킬로미터 넘게 걷는 동안 우리가 본 바위는 한두 개에 불과했다. 모래는 해변처럼 부드러웠다. 햇살이 따갑게 비치면 눈을 뜨기 어려웠다. 난파선 잔해를 수거하는 몇몇 사람들이 힘겹게 모래톱으로 끌어올려 햇볕에 말리려고 쌓아놓은, 사막 같은 그 모래사장에 있는 유일한 물체인 유목 더미들은 멀리서 보면 커다랗고 어렴풋해서 마치 원형 천막 같았다. 하지만 가까이 다가가보니 보잘것없는, '들쭉날쭉하게 잘린 나뭇조각들'이 었다.

너셋 등대에서 시작해 25킬로미터를 걷는 동안 모래톱의 높이는 일정한 수준을 유지했지만, 더 북쪽으로 가니 이곳만큼 평평하지 않았다. 군데군데 조금씩 움푹 꺼진 곳들과 해변 가장자리에서 모래사장으로 슬그머니 기어오르는 해변 잡초와 베이베리들이 자라는 자그마한 초목 식생대가 길을 자주 가로막는 바람에 걸음이 더디어졌다. 1802년에 인쇄된 『반스터블 카운티 동부 해안 설명서 *A Description of the Eastern Coast of the County of Barnstable*』라는 소책자에는 해난구조협회의 이사들이 구호소 또는 임시대피소라고 불리는 오두막을 여러 채 짓고 "난파선 선원들이 피신처를 찾을지 모를 여러 곳에 거처들"을 마련했다고 나온다. 이 설명서는 2,000부가 배포되었는데, 아마도 이 해안을 자주 드나들던 모든 선박에 한 부씩 나누어준 것으로 보인다. 나는 이 난파선 선원 안내책자를 약간 침울한 기분이지만 흥미진진하게 읽었다. 사방에서 들리는 파도 소리는 마치 바다의 신음 같았다. 그 안내책자를 쓴 사람은 어느 난파선에서 살아남은 유일한 생존자였는지도 모른다. 그는 이 해안지역에 대해 이렇게 설명한다. "이 고원지대의 바다에는 가파르게 우뚝 솟은 모래톱들이 접해 있다. 그곳을 기어오르려면 매우 힘든데, 폭풍우가 칠 때는 더욱 그렇다. 거센 폭풍 속에서 물결이 매우 높아지면, 파도가 모래톱 아랫부분까지 밀려와 세차게 부딪치며 부서진다. 그때 바다와 모래톱 사이의 해변길을 걷는 것은 위험하다. 설사 난파선의 선원이 폭풍우 속에서 그 모래톱 위에 오르는 데 성공했더라도, 그 위의 벌판을 통과하는 것은 참아야 한다. 민가들은 대개 해변에서 멀리 떨어져 있어서, 한밤중에 민가를 발견하기란 어렵기 때문이다. 모래톱들이 만나 골짜기를 이루는 샛길을 따라가야 한다. 이곳 주민들이 구멍이라고 부르는 골짜기들은 해안과 직각으로 이어져 있고, 주민들이 사는 집에서 바다로 나가는 길은 그 골짜기의 중간이나 맨 아래쪽으로 이어져 있다." 여기서 말하는 길이 수레 자국이 선명한 길이라고 생각하면 절대로 안 된다.

거기는 고원 위와 아래에 두 개의 길이, 다시 말해 모래톱 위의 길과 해변길이 있었다. 너셋항에서 레이스갑까지 해변을 따라 바다로 연결된 수로가 하나도 없고 사막으로 가로막힌 곳도 거의 없다면, 두 길 모두 북서쪽으로 45킬로미터 정도 길게 뻗은 모양이지만, 만조 때 바닷물 수위가 2.4미터에 불과한 너셋항의 좁고 얕은 만을 건너 해변길을 따라 걸을 경우 16~19킬로미터를 더 걸어야 할 수도 있다. 다시 말해 해변길을 따라 레이스갑까지 가려면 총 64킬로미터를 걸어야 한다. 낸터킷섬 동쪽 측면의 모래톱과 해변도 이 지형의 연장에 불과하다. 비교적 만족스러웠다. 마치 안장 없는 야생마를 타고 달리는 것처럼 발아래에 케이프코드를 두었으니 말이다. 그 광경은 지도에는 없는, 역마차를 타고 가면 결코 볼 수 없는 모습이었다. 문을 박차고 밖으로 나와야 비로소 볼 수 있는 진정한 풍경이었다. 엄청나게 거대한 진짜 케이프코드! 그 모습은 지도에 표시될 수 없으니 누구든 자기가 본 대로 그 아름다운 광경을 묘사할 수 있으리라. 그보다 더 나을 수 없는 케이프코드 그 자체, 그 이상의 참모습도 없고 더이상의 설명도 필요 없다. 그 이상 더 갈 데도 없고 더 볼 것도 없다. 그전에 내가 무슨 생각을 했는지는 기억나지 않는다. 사람들은 흔히 해변에 호텔이 있는 것은 자랑스럽게 여기면서, 난파선 생존자를 위한 임시대피소만 있는 경우에는 자부심을 전혀 느끼지 못한다. 하지만 나는 사람들이 난파선 생존자를 돕는 해변의 모습을 보고 싶었다. 진정한 대서양의 집 애틀랜틱하우스•에서 묵고 싶었다. 거기서 대양은 바다의 주인이면서 동시에 땅의 주인이기도 하다. 그곳에 선착장이 없어도 바다는 육지

• 1798년 프로빈스타운 최초의 우체국장 다니엘 피즈Daniel Pease가 여인숙으로 지었고 이후 기차역이 생기기 전까지 올리언스와 프로빈스타운 사이의 마지막 역마차 정거장 역할을 한 곳.

에 닿아 상륙한다. 다만 무너져내리는 땅은 전혀 쓸모가 없다. 그것은 기껏해야 바닷물에 잠기지 않은 마른 땅에 불과하다. 그리고 그것이 당신이 말할 수 있는 전부다.

우리는 틈만 나면 꽤 멀리까지 걸었다. 해변길을 따라가기도 하고, 모래톱 위의 길을 따라 걷기도 했다. 그렇게 해변을 걷다가, 오랫동안 바다를 떠다닌 뒤 마침내 육지에 안착한, 아직 덜 말라 축축한 단풍나무나 자작나무 통나무 위에 걸터앉기도 하고, 모래톱 위의 길을 걸을 때는 모래언덕의 후미진 그늘 아래에서 저멀리 바다를 하염없이 응시하기도 했다. 해안의 모래톱이 무너질 위험은 전혀 없지만 매우 가팔라서, 우리는 벤치에 앉을 때처럼 끄트머리에 걸터앉았다. 우리 같은 뭍사람들이 수평선에서 육지를 떠올리지 않고 바다 건너편을 바라보는 것은 어려운 일이었다. 하지만 구름은 바다 위로 낮게 떠 있는 것처럼 보였다. 거리감 때문인지는 몰라도, 구름이 바다 위에 얹혀 있는 모습을 보노라면 그곳이 육지라고는 전혀 상상할 수 없었다. 모래밭에 장점이 없는 것은 아니었다. 발이 푹푹 빠져 걸음이 '무겁'기는 했지만, 발바닥에 느껴지는 감촉은 곱고 부드러웠다. 거의 이틀 내내 비가 내리는데도, 30분쯤 비가 멈추자 물이 잘 빠지고 모래 알갱이들이 잘 흘러내리는 모래언덕의 경사면에 마른 모래가 드러난 곳이 많아져서 잠깐 앉아 쉴 수 있었다. 비가 갠 맑은 날이든 비바람이 거센 날이든, 이곳 사막의 풍경은 모든 것이 아름답다. 폭풍우가 지나간 직후 해가 하늘에 모습을 드러내고 멀리 촉촉한 지표면 위로 햇살이 영롱하게 빛나면 이곳은 지극히 깨끗하고 평탄한 순백의 모습으로 바뀐다. 따라서 조금이라도 균일하지 않거나 자국이 난 자리는 모두 뚜렷이 눈에 띄게 마련이다. 거기서 미끄러지듯 자연스레 눈길을 돌리면, 시선이 곧바로 바다 위로 떨어진다. 여름에는 근처 모래언덕에 둥지를 튼 제비갈매기들이 지나가는 여행자를 우려의 눈초리로 지켜보다가, 종종 끼룩 하고 외마디소리를 내며 여행자의 머리 가까이까지 급강하해 바짝 뒤쫓는다. 어쩌면 그 갈매기들이 제비처럼 날렵하게 케이프코드 전역을 가로지르며 지금까지 이 해변에서 먹이를 찾으며 살아온 까마귀를 쫓는 모습을 볼 수 있을지도 모른다.

해안을 향해 달려와 부서지며 으르렁대는 파도 소리와 끊임없이 일렁이는 물결에 대해서는 아직까지 이야기하지 않았지만, 그것들은 한순간도 질주와 포효를 멈추지 않았다. 만일 여러분이 그곳에 있었다면, 그 소리가 너무 시끄러워서 내 음성도 거의 듣지 못했을 것이다. 지금 이 순간에도 해변에 부서지는 파도와 물결은 소음과 맹렬함의 정도가 좀 약해지기는 했지만 여전히 돌진하며 으르렁대고 있다. 그곳에서 바다는 결코 쉬지 않기 때문이다. 이 어마어마한 장관과 소란스러운 풍경이 우리의 마음을 완전히 사로잡았다. 옛날에 크리세스*가 처했던 상황과는 완전히 다른 분위기지만 우리는 파도 소리가 비슷하게 울려퍼지는 바다의 해안을 따라 아무 말 없이 걸었다.

---

* 그리스 신화에서 아폴론 신을 섬기는 트로이의 사제. 그리스의 아가멤논에게 전리품으로 빼앗긴 딸 크리세이스를 돌려달라고 했다가 거부당하자, 아폴론에게 간청해 그리스군 진영에 역병을 돌게 하여 딸을 되찾았다.

Bê d akeôy para thina polnphloisboio thalassêst.

(그는 포효하는 바다의 모래 해안을 따라 말없이 걸었다.)[1]

나는 이따금 그리스어를 조금씩 끼워넣는다. 호메로스가 본 지중해가 이곳 바다처럼 시끄러운 소리를 냈는지는 잘 모르겠지만, 그가 『일리아스』에서 말한 바다 풍경이 지금 이곳과 어느 정도 흡사해 보이기 때문이다.

이스텀에서 열리는 전도 집회에 자주 참석하는 사람들은 밀레니엄그로브에서 행해지는 감리교 목사들의 설교와 케이프코드 이면의 또다른 설교[2] 때문에 주의가 분산된다고 말한다. 그들이 집회 참석을 위해 머무는 동안 그 모든 소리가 집회장으로 끊임없이 흘러들기 때문이다. 그 경우 가능한 한 큰 목소리로 설교를 해야 할 것이다. 모래톱 위에 있는 수많은 전도 집회 참가자들이 바다가 "청중이여!"라고 외치는 소리에 귀기울인다면 무슨 일이 일어나겠는가! 한편에서는 존 N. 매핏[3] 같은 목사가 설교중인데 다른 한 편에서 폴루플로이스보이오스 탈라사[4] 목사가 동시에 포효하는 꼴이라 할 것이다.

여기까지 밀려올라온 해초는 거의 없었다. 이곳에는 켈프 같은 해조류가 달라붙어 있을 만한 바위를 찾아볼 수 없었다. 아직 죽

- 호메로스의 『일리아스』 그리스어 원전 1권 34행에 나오는 구절.
- 파도가 해안에 부딪칠 때 나는 소란스러운 소리를 뜻한다.
- John N. Maffit, 미국 전역을 순회하는 전도 집회의 설교 목사로 유명한 인물.
- 탈라사는 그리스 신화에 나오는 바다의 여신이다. 바다의 포효 소리를 전도 집회에서 설교하는 목사의 목소리와 대비하기 위해 사용한 이름으로 보인다.

지 않고 살아 있는, 항해중인 배의 선원들 가운데 갑판 위에 반쯤 몸을 눕히고 있다가 기이한 모습의 손가락으로 돌멩이나 심해의 홍합을 움켜쥔 것처럼 생긴, 초록빛 물속에 꽤 깊이 잠긴 거대한 갈조류를 한 번쯤 보지 않은 사람이 누가 있겠는가? 해초는 내 머리 크기의 절반만한 돌을 들고 있는 것처럼 보였다. 파도가 부서지며 물결이 위로 치솟을 때, 우리는 수많은 해초 더미가 전선 가닥들처럼 흔들리는 모습을 지켜보았다. 혹시 거기에 귀한 보물이라도 있지 않은지, 파도가 밀려오는 것을 기다리며 흥미진진하게 바라보았다. 하지만 우리의 눈길을 끌었던 그 덩어리가 하찮은 것임을 알아채고는 매번 허를 찔린 듯 실망했다. 멀리 바다 건너편을 바라보다가 물에 떠 있는 아주 작은 물체가 어렴풋이나마 큼지막하게 보였을 때, 우리는 바다의 어마어마한 광대함에 새삼 깊은 감명을 받았다. 그것들 하나하나는 우리가 본 바다 전체와 비교할 때 상대적으로 너무 커 보였다. 하지만 그 부유물들이 해안으로 밀려왔을 때, 그것들의 크기를 보고 실망할 때가 매우 많았다. 파도에 시달려 찢기고 부서진 채 해변에 밀려온 나무와 해초 조각들을 보면서, 우리는 대서양이라는 바다를 훨씬 더 자세히 살펴봐야겠다고 생각하기 시작했다. 대서양 자체가 파도에 밀려 해변에 있는 우리에게 온다면, 자그마한 연못에 지나지 않는 것으로 드러날 수도 있기 때문이었다. 대형 갈조류, 다시마, 악마의 앞치마, 소울레더, 리본위드 따위의 다양한 이름으로 불리는 그 켈프가 우리에겐 바다의 신비한 특산물, 바다의 신 넵투누스가 자신의 마차를 장식하기 위해 만들어낸 발명품, 변화무쌍한 프로테우스*처럼 보였다. 바다에 대한 모든 이야기는 육지 사람들에게 우화 같은 신비한 이야기로 들린다. 바다에서 나는 모든 것에는 특별한 신비함이 있다. 해초와 관련된 사연을 비롯해 선원들의 모험담, 물고기 이야기에 이르기까지 모든 것이 마치 다른 행성의 이야기처럼 들린다. 바로 이 지점에서 동물계와 식물계가 만나고 기이하게 뒤섞인다. 보리 생 뱅상**에 따르면, 어떤 종류의 켈프는 줄기 길이가 450미터에 달해 세상에서 가장 긴 식물로 알려져 있는데, 어느 범선의 선원들이 포클랜드섬의 해안가에 나뒹구는 나무줄기들을 주워모으다가 그 켈프를 유목으로 오인하는 바람에 부질없이 이틀을 허비했다고 한다(윌리엄 헨리 하비***의 '조류' 연구 참조). 그곳의 켈프는 대체로 먹을 만해 보였다. 먹을 것이 없어 굶어죽을 상황이라면 그것을 먹을 것 같았다. 한 선원이 나에게 젖소들은 그것을 먹는다고 알려주었다. 그것은 치즈처럼 잘렸다. 나는 서둘러 앉아 그 켈프를 2미터 또는 4미터 길이로 찬찬히 자르며 그것이 어떻게 잘려나가는지, 속은 비어 있는지 좀더 자세히 살펴볼 기회를 잡았다. 켈프의 기다란 이파리는 모서리에 주름이 잡히거나 망치로 주름을 두들겨 편 널따란 허리띠처럼 보였다. 또한 나선형으로 꼬여 있었다. 이파리 끄트머리는 세차게 부딪치는 파도 때문에 대개 닳거나 해져 있었다. 내가 집으로 가져온 이파리 한 조각은 일주일이 지나자 크기가 4분의 1로 줄어들었고, 성에가 낀 것처럼 소금 결정체들로 표면이 완전히 뒤덮였다. 내

- 그리스 신화에 나오는 해신. '바다의 노인'으로 불리며, 예언 능력이 있고 자유자재로 변신하는 것에 능하다.
- ●● Bory St. Vincent, 18~19세기 프랑스의 박물학자·군인·정치가.
- ●●● William Henry Harvey, 19세기 아일랜드 출신의 식물학자이자 조류학자.

가 사는 곳은 그런 해초가 떠밀려오지 않는 강가이니, 이 글을 읽는 독자들은 내가 왜 그 해초에 대해 잘 알지 못하는지 이해할 것이다. 우리 같은 사람들이 그런 물풀이 어떤 물가의 목초지에서 자라고, 그것을 어떻게 캐고, 그것으로 건초를 만들려면 어떤 날씨에 내다 널고 거둬들여야 하는지 등 모든 것을 신기해하는 것은 당연한 일이다. 날씨의 변화무쌍함을 잘 아는 어느 시인은 그 상황을 이렇게 설명했다.

밤과 낮의 길이가 같은 날,
거대한 폭풍이 갑자기
대서양에 몰려들면,
치밀어오르는 폭풍의 분노는
바위에 붙은 해초에 가득 실려
내륙을 향해 고통을 안긴다.

버뮤다의 암초들에서,
저멀리 눈부신 아조레스제도의
바닷속 깊은 암봉 끄트머리에서.
바하마에서 그리고 은백색 빛을 반짝이며 밀려오는
산살바도르의 솟구치는 파도에서.

목이 쉬도록 울부짖는 헤브리디스제도*에 답하면서.
오크니제도의 암초들을 휘감는,

부서지는 파도에서,

비 내리는 황량한 바다에서,

희망을 안겨주는 난파선들의 잔해와

떠다니는 돛대와 활대들에서.

중심을 잡지 못하고 이동하는 해류를 따라

끊임없이 떠다니고, 떠다니고, 떠다니나니.

그러나 그가 생각하는 것은 이 해변이 아니었다. 그가 이렇게 덧붙인 것을 보면 말이다.

하여 마침내, 비바람이 치지 않는 고요한 만의

모래 해변 외곽에서,

모두가 다시 휴식을 찾았다.

이 해초들은 아직 비바람이 치지 않는 고요한 만으로 은유되는, 주류 문학으로 진입하지 못한 기괴하고 우화적이며 신비한 생각들을 상징했다.

마음을 잡지 못하고 이동하는 해류를 따라

끊임없이 떠다니고, 떠다니고, 떠다니나니.

• 스코틀랜드 북서 해양에 산재해 있는 500여 개의 섬.

그리고 아직도 그것들은 평소 흔히 쓰는 말처럼
일기장 속에서
더이상 떠나지 않는다.•

　해변은 또한 아름다운 해파리들로 덮여 있었다. 난파선의 잔해
를 수거하는 사람들은 그것을 선스콜Sun-squall이라고 불렀다. 그것
은 가장 낮은 차원의 동물 형태 중 하나로 흰 것도 있고 검붉은 것
도 있는데, 직경이 30센티미터 정도 되었다. 처음에 나는 그것들이
폭풍이나 다른 무언가가 바다 괴물을 난도질하는 바람에 잘려나
간 바다 괴물의 연한 신체 부위가 아닌가 생각했다. 매우 질긴 천
조차 갈가리 찢겨나갈 정도로 거센 폭풍우가 해안에 몰아치는 사
나운 날씨에도, 바다는 도대체 무슨 권리로 해파리와 이끼처럼 연
한 것들을 가슴에 품는가? 바다가 그렇게 여린 것들을 팔에 안고
흔들며 어르다니 신기한 일이 아닐 수 없다. 처음에는 그것들이 전
에 보스턴항에서 수없이 본 것들과 같은 것인 줄 몰랐다. 그것들은
마치 해를 보려는 듯 출렁거리는 수면 위로 고개를 내밀었다. 그 바
람에 저멀리까지 바닷물의 색이 바뀌었고, 마치 해파리 수프 위를
항해하는 것 같은 기분이 들었다. 사람들은 그것을 손으로 떠서 움
켜쥐면 수은처럼 밑으로 흘러내릴 거라고 말한다. 땅이 바닷속에
서 떠올라 마른 땅, 즉 육지가 되기 전에는 혼돈이 세상을 지배했
다. 바닷물이 가득 밀려왔다 완전히 빠져나가는 만조와 간조 사이

• 헨리 워즈워스 롱펠로의 시 「해초」에서 인용한 구절.

에도 여전히 혼돈이 세상을 지배한다. 그때는 오로지 변칙적인 생물만이 살 수 있다. 제비갈매기들이 해안으로 달려와 부서지는 파도 사이를 오가며 우리 머리 위를 내내 날고 있었다. 때때로 흰 갈매기 두 마리가 검은 갈매기 한 마리를 뒤쫓는 모습도 볼 수 있었다. 그들은 해파리와 이끼만큼이나 연약한 생물체지만 폭풍우 속에서도 꽤 편안해 보였다. 우리는 그들이 몸이 아니라 정신으로 주위 환경에 순응한다는 것을 알았다. 그들의 몸과 정신은 근본적으로 종달새나 개똥지빠귀보다 더 야생적인 본성, 인간과 덜 가까운 성격을 지녔음이 틀림없다. 그들의 음색은 금속이 떨리면서 내는 소리 같아서 폭풍우가 몰아치는 사나운 해변 풍경, 거센 파도 소리와 잘 어울렸다. 마치 누군가가 오래전부터 해변에 놓여 있던 수금의 현을 거칠게 튕긴 것 같았다. 오래된 바다 악보의 다 해진 조각들이 물보라처럼 하늘 위로 높이 흩뿌려진 것 같은 느낌이랄까. 그러나 당시 그 해변에서 들은 소리 중 가장 인상적인 것이 무엇이냐고 묻는다면, 그것은 지금도 그곳에 자주 출몰하는 피리물떼새*의 음울한 울음소리일 것이다. 그들의 울음소리는 삶의 덧없음을 노래하는 만가挽歌처럼 애절하게 들린다. 그 노래는 처음 만들어진 이래로 바다에서 행방불명된 수많은 선원들을 위해 지금까지 해안가에서 연주되고 있다. 그러나 우리는 그 모든 쓸쓸함을 통해 영원을 노래하는 순수하고 완전무결한 선율을 듣는 듯한 기분을 느낄 수 있었다. 늘 그렇듯, 어떤 가정에는 만가인 선율이 다른 가정에서는

---

* 북아메리카 해안의 모래와 자갈 해변에 둥지를 트는 모래색의 참새만한 멸종위기종 바닷새.

밤이 지나고 아침이 밝아온 것을 기뻐하는 노래이기 때문이다.

1794년에 웰플릿에서 인디언들에게 배운 대로 갈매기를 잡는 놀라운 행사가 있었다. 전해들은 이야기로는, "해변 바닥에 갈고리들을 고정해 갈매기집을 세운다." 꼭대기 부분은 기다란 장대들을 서로 엇갈리게 해서 엮고, 옆면은 말뚝과 해초로 촘촘하게 잇는다. "장대 꼭대기를 기름기가 없는 고래 살코기로 덮는다. 갈매기들은 그 안에 사람이 들어가 있는 것을 모른다. 갈매기들이 앞다퉈 고기를 먹는 동안, 장대 사이로 갈매기들을 한 마리씩 낚아챈다. 그렇게 해서 40마리에서 50마리까지 잡았다." 그래서 나온 말인지 몰라도, 어떤 사람이 속임수에 잘 넘어가면 갈매기 같다고 한다.● 책에서 읽은 내용은 이랬다. "네덜란드에서는 어떤 종류의 갈매기를 말레무케mallemucke, 다시 말해 '멍청한 파리'라고 부른다. 파리처럼 열심히 고래 사체에 달려들기 때문이다. 실제로 갈매기는 멍청할 정도로 대담해서 사냥총의 표적이 되기 쉽다. 노르웨이 사람들은 이 새를 하브헤스트havhest, 즉 '해마'(영어 번역자는 아마 이 명칭이 우리가 멍청이라고 부르는 것을 의미할 거라고 말한다)라고 부른다. 이 새들은 너무 많이 먹었을 경우 먹은 것을 토했다가 나중에 물리도록 다시 먹는다." "사람들이 'gull'을 얼간이, 'guller'를 사기꾼, 'gulling'을 속이기라는 뜻으로 말하게 된 것은 자기 소유물을 남에게 내주는(자기 뱃속에 들어간 먹이를 토해내 도둑갈매기에게 주는) 갈매기들의 습성 때문이다." 또 우리는 밤중에 해변에 앉아 있는 작은 새들을 잡기 위

● 영어로 갈매기는 잘 속는 얼간이 같은 사람을 뜻하기도 한다.

해 불을 지피고 프라이팬에 돼지기름을 얹어놓는다는 내용을 책에서 읽었다. 인디언들은 아마도 관솔불을 썼을 것이다. 새들이 불빛을 보고 모여들면, 사람들은 작대기를 들고 때려잡았다. 모래톱 언저리에 구멍들이 파여 있었다. 해안선을 따라 오르내리며 날아다니는 먹음직스러운 커다란 갈매기들을 총으로 쏘려고 사냥꾼들이 몸을 숨기는 곳이다.

우리는 약간 큰 조개들을 발견했다. 막트라 솔리디시마mactra solidissima종의 조개였다. 폭풍은 바다 밑바닥까지 마구 헤집어 해저에 있던 조개들을 해안가로 밀어올렸다. 나는 그중에서 길이가 약 15센티미터나 되는 가장 큰 놈을 골라 집었다. 그걸 가지고 가서 실험을 해볼 생각이었다. 얼마 후, 쇠갈고리와 밧줄을 들고 난파선 잔해를 찾는 사람과 마주쳤다. 그는 봄에 여기서 난파해 9~10명이 목숨을 잃은 프랭클린호에 실린 화물 중에서 아마 섬유 다발을 찾고 있다고 했다. 어쩌면 독자들 가운데 이 난파선을 기억하는 사람이 있을지도 모르겠다. 이 난파선 선장의 손가방이 파도에 밀려 해안가로 올라왔는데, 그 안에서 미국에 도착하기 전에 배를 침몰시키라고 그에게 지시하는 편지가 나왔고, 그래서 재판이 열리고 있었다.● 난파선 잔해를 찾아다니던 사람은 이렇게 폭풍이 부는 날이면 아직도 아마 섬유 다발이 해안가로 밀려온다고 했다.

● 1849년 3월, 선주들이 보험금을 타기 위해 잉글랜드 딜에서 미국 보스턴으로 가던 프랭클린호를 도중에 침몰시키라고 선장에게 지시해 일부러 난파시킨 사건이 일어났다. 웰플릿을 비롯한 케이프코드 주민들이 침몰한 화물들을 인양해 갔다. 배의 난파를 사주한 선주들은 재판을 받았지만 무죄 판결을 받거나 유죄 판결을 받고도 풀려났다.

그리고 내가 들고 있는 조개가 바다조개* 또는 개량조개라면서 먹을 수 있는 종류라고 알려주었다. 을씨년스럽게 움푹 꺼진 해안의 모래톱 꼭대기, 잡초들로 뒤덮인 모래언덕 아래에서 점심을 먹는 동안, 비가 오락가락하고 간간이 햇살이 비쳤다. 해안가에서 주워온 젖은 유목을 칼로 깎아 장작 부스러기를 만든 뒤 종이와 함께 성냥으로 불을 붙였다. 그 위에 해변에서 가져온 조개를 얹고 저녁거리를 장만했다. 이번 여행중 여인숙에서 먹은 식사는 대개 아침뿐이었다. 조개가 익어 껍데기가 벌어지자, 한쪽에는 조갯살이 붙어 있고 다른 쪽에는 국물이 담겨 있었다. 살이 매우 질겼지만 맛은 달콤하고 향긋했다. 나는 거기에 양념을 해서 남김없이 다 먹었다. 크래커 한두 개를 더하니 제법 풍성한 저녁식사가 되었다. 나는 그 조개껍데기들이 집에 있는 설탕통에서 본 것과 비슷하다고 생각했다. 옛날에 이 지역의 인디언들은 조개껍데기에 나뭇가지를 묶어서 괭이로 썼다.

오후 중반쯤 바다 위에 두세 개의 무지개가 걸리더니, 마침내 소나기가 그치면서 하늘이 서서히 개기 시작했다. 하지만 바람이 여전히 세차게 불고, 높은 파도는 기세를 누그러뜨리지 않고 빠르게 밀려왔다. 계속 걸음을 재촉하다가 얼마 안 가 어느 구호소에 도착했다. 모래톱 안쪽 해변의 움푹 들어간 곳에서 멀리 떨어진 모래사장에 말뚝을 박아 지은 오두막 한 채가 호젓하게 서 있었다. 우리는 조난한 선원이 어떻게 지내는지 궁금해서 안을 들여다보았다.

---

* 대서양 동죽이라고도 부른다.

그 오두막에는 물에 빠져 꽁꽁 언 몸을 찌를지도 모를 가느다란 꺾쇠 못 하나가 삐져나와 있었다. 또 생존자가 누워서 쉬거나 꽁꽁 언 몸을 녹이도록 벽난로에 불을 지피게 하려는 건지 모르지만 바닥에 지푸라기가 깔려 있었다. 이 오두막은 지금까지 조난한 사람의 피신처로 사용된 적이 없는 모양이었다. 해마다 이곳 시설을 점검하며 지푸라기와 성냥이 놓여 있는지, 울타리 판자가 바람을 잘 막아주는지 살펴보기로 한 봉사자가 점점 태만해져서 이제 여기서는 폭풍과 조난 사고가 일어나지 않는다고 보고했는지도 모른다. 하지만 바로 오늘 밤 한 선원이 지독한 추위에 덜덜 떨면서 꽁꽁 언 손으로 문을 열고 불안한 눈초리로 내부를 살펴볼지도 모르며, 내일 아침 손가락의 절반이 마비된 채 이곳을 떠날지도 모른다. 이런 구호소에서 홀로 지내야 했던 사람들의 처지가 어땠을지, 이 벽난로 앞에서 겨울밤을 보낸 사람들이 느낀 비참함이 어땠을지 생각하니, 비록 구호소가 사람이 머물 수 있도록 지어졌다 해도 전혀 마음에 들지 않았다. 무덤으로 가는 간이역처럼 보일 뿐이었다. 갈매기들이 구호소 위를 맴돌며 날카로운 첫소리를 냈다. 폭풍이 몰아치는 사나운 바다 소리, 그리고 잠시 동안의 고요한 파도 소리만이 잊지 못할 하룻밤을 빼고는 일 년 내내 어둠 속에 비어 있을 구호소들에 울려퍼진다. 조난한 사람들을 반겨 맞아줄 숙소! 그곳은 도대체 어떻게 생긴 선원 숙소일까?

『반스터블 카운티 동부 해안 설명서』라는 소책자의 저자는 "그 오두막들은 모두 말뚝 위에 지어졌는데, 가로 세로 2.5미터에 높이가 2미터다. 남쪽으로 미닫이문이 있고, 서쪽으로 빈지문*이 있으

모래절벽 아래의 난파선 잔해

며, 동쪽 꼭대기에는 4.5미터 높이의 기둥이 솟아 있다. 그 안에 지
푸라기나 건초가 마련되어 있고, 벤치 하나가 더 들어갈 공간이 있
다"라고 말했다. 모든 것이 지금 이곳의 구호소와 조금씩 다르다. 북
쪽에 있는 세이블섬••과 앤티코스티섬•••에도 비슷한 오두막들
이 있다. 지금 내가 해안을 따라 남쪽으로 얼마나 멀리 있는지 잘
모른다. 이 기록을 읽어도 이 해안에서 조난할 선원들이 가장 가
까운 구호소나 다른 대피소들의 위치를 정확하게 알기는 어렵다.
위의 안내서가 이스텀에 대해 언급하고 있는 것처럼 해안가에서
1.5킬로미터 이내에 그런 구호소가 몇 채 있긴 하지만, "격렬한 눈

• 뗐다 붙였다 하거나 미닫이로 여닫는 창문.
•• 캐나다 남동부 노바스코샤주에 딸린 섬. 초승달처럼 길게 이어진 탓에 많은 배들이
모래톱에 좌초해 '대서양의 묘지'라고 불린다.
••• 캐나다 퀘벡주 남동부에 있는 섬.

보라가 불어닥칠 때는 밤이든 낮이든 이곳에서 구호소를 발견하기란 거의 불가능할 것"이기 때문이다. 꽁꽁 언 몸으로 물을 뚝뚝 흘리며 덜덜 떨고 있는 사람들을 불러모아 격려하고 지시하며 구호소로 이끌고 가는 인솔자의 목소리가 환청처럼 들리는 듯하다. "이 골짜기 입구에 모래가 계속 쌓여 지금은 잠깐 동안 기어올라가야 한다. 울타리 몇 개를 넘고 오른쪽 숲으로 들어가지 않도록 주의하면 1.2킬로미터 정도 떨어진 곳에 집 한 채가 나타난다. 이 집은 도로 남쪽 가장자리에 서 있다. 바닷가의 해수 소택지를 가로질러 동에서 서로 흐르는 패멧강은 남쪽에 있는 그 집에서 멀지 않다." 안내서에 따르면, 이스텀 해안에 가까스로 밀려올라온 저자●가 볼 때 "그곳 예배당은 첨탑이 없지만 주변 환경이나 위치로 근처 주택들과는 구분된다. 그 예배당은 남쪽과 북쪽의 자그마한 북아메리카산 아카시아나무 숲 사이에 있는데, 남쪽 숲이 북쪽 숲보다 세 배 정도 더 길다. 오두막에서 북서쪽으로 2킬로미터쯤 떨어진 곳에 풍차의 지붕과 날개들이 보인다." 이 밖에도 많은 설명이 여러 쪽에 걸쳐 있었다.

우리는 이 집들이 인명 구조를 위해 지어졌는지 아닌지에 대해 들은 적이 없다. 다만 안내서 저자는 트루로에 있는 작은 스타우트만의 들머리에 우뚝 선 집에 대해 말하기를, "그 집은 안에 굴뚝이 하나 있는데, 집을 지은 방식이 부적절했다. 위치도 해변의 잡초들이 전혀 자라지 않는 곳이다. 강풍이 몰아치면 건물의 기초가 되는

● 앞부분에도 나왔지만, 이 안내책자를 쓴 사람은 당시 조난사고에서 살아남은 유일한 생존자였을 가능성이 크다.

모래가 바람에 날아가고, 굴뚝은 하중을 못 이겨 바닥으로 쓰러졌다. 올해(1802년) 1월에 그 집은 완전히 무너졌다. 그 사건은 브루투스호가 조난하기 6주 전쯤에 일어났다. 만일 그 집이 멀쩡했다면, 운이 지지리도 없는 그 배의 선원들은 모두 생명을 구할 수 있었을지도 모른다. 그들이 닿은 해안가는 그 오두막이 서 있던 곳에서 불과 몇 미터 떨어지지 않은 곳이었다"라고 했다.

조난자들 사이에서 '구호소'라고 불리고 처음에는 우리가 '임시 대피소'라고 들었던 이 오두막은 창문이나 빈지문, 물막이 판자도 없었고, 페인트칠도 되어 있지 않았다. 앞에서 본 것처럼, 녹슨 가느다란 꺾쇠 못 하나만 삐죽 튀어나와 있을 뿐이었다. 하지만 임시대피소가 어떻게 생겼는지 알고 싶기도 했고 그런 기회가 또다시 오지 않을 것 같아서, 문에 난 옹이구멍에 두 눈을 번갈아 갖다댔다. 내가 보고 싶었던 것은 조난자들의 뼈가 얼마나 많이 있는지가 아니었다. 결국 그걸 보게 될지도 모르지만 말이다. 문을 두드리는 조난자에게 그 문이 항상 열리지는 않았더라도, 믿음을 갖고 인내하며 오랫동안 옹이구멍으로 안을 들여다보면 내부를 볼 수 있었으리라는 사실을 확인하고 싶었던 것이다. 아무것도 보이지 않는 어두컴컴한 내부를 오랫동안 들여다보니—캄캄한 내부를 들여다보려면 집 바깥의 세상, 즉 바다와 육지, 해변을 등진 채 한쪽 눈을 구멍에 대고 있는 동안 다른 쪽 눈이 빛에 노출되지 않도록 막는 연습을 해야 했다—비로소 동공이 확대되면서 그 어둠 속을 떠도는 광선들이 하나로 모아졌다(한군데를 집중해서 계속 바라보면 동공이 커진다. 그때까지 그렇게 어두운 밤은 없었지만, 우리의 신실하고 참을성 있는 눈은

아무리 작을지라도 마침내 어둠을 이길 수 있었다). 이 모든 과정이 지나가
니, 마침내 그 안에 있는 것들이 보이기 시작했다—텅 빈 공간뿐
인 곳에 이런 표현을 써도 될지 모르지만. 그리고 마침내 오랫동안
기다려온 통찰력을 얻었다. 처음에는 가망 없는 일이라고 생각했지
만, 몇 분 동안 참을성 있게 천부의 능력을 발휘한 뒤 앞을 내다보
는 우리의 조망 능력은 결정적으로 밝아지기 시작했다. 이제 '잃어
버린 낙원과 되찾은 낙원'을 노래한 장님 시인●과 함께 이렇게 외
칠 준비가 되었다.

> 오, 만세, 거룩한 빛이여! 하늘에서 가장 먼저 태어난 자여,
> 그대를 영원한 하느님과 공존하는 영원한 빛이라고
> 불러도 비난받지 않을 수 있겠는가?●●

조금 더 오래 들여다보니, 문득 굴뚝이 빨갛게 달아오른 것처럼
보였다. 요컨대 눈이 어둠에 길들자 마룻바닥 여기저기에 흩어진
돌멩이와 올 풀린 털실 뭉치들이 보이고, 저 끝에 빈 벽난로가 보였
다. 하지만 예상했던 성냥이나 지푸라기, 건초 따위는 어디에도 보
이지 않았고, '벤치를 위한' 자리도 없었다. 그 오두막의 내부는 모
든 우주적 아름다움이 만신창이가 된 모습이었다.

우리는 바깥세상을 등지고 옹이구멍을 통해 임시대피소, 즉 자
비심이라고 하는 것의 깊은 속내를 들여다보았다. 빵을 찾아 나섰

● 『실낙원』과 『복낙원』을 쓴 영국 시인 존 밀턴.
●● 『실낙원』 3권 첫 부분.

웰플릿의 헤링강

는데, 결국 발견한 것은 돌이었다. 말 그대로 시작은 요란했으나 끝은 미미한 속 빈 소동에 불과했다. 그래도 살을 에는 듯한 찬바람을 피하려고 임시대피소 밖 후미진 곳에 기꺼이 앉았다. 여기서 자선은 얼마나 냉정한가! 인간애는 얼마나 비인도적인가! 이것이 바로 자선이라는 허울 뒤에 감춰져 있는 실체인가! 하고 생각했다. 빗장에 박힌 녹슨 못처럼 빛바랜 미덕, 그것은 손질해서 다시 쓰기도 매우 어려울뿐더러, 조난한 누군가가 당신 옆의 해변에 가까스로 밀려올 수 있을지도 너무나 불확실하다. 별 하나 뜨지 않았던 그날 밤, 우리는 안으로 들어가지 못한 채 주변에서 벌벌 떨다가 이따금씩 옹이구멍을 통해 안을 들여다보며 마침내 그곳이 임시대피소가 아니라는 결론을 내렸다. 그곳은 밤 또는 혼돈의 가족이라고 부를 만한 어떤 이들이 해변에서 살랑대는 바닷바람을 즐기며 여름휴가를 보낸 뒤 문을 걸어잠가둔 해변의 별장이었다. 따라서 그들의 사생활을 꼬치꼬치 캐는 것은 적절치 않은 행동으로 여겨졌다.

나와 동행한 친구가 일전에 나에게 그야말로 감정이라고는 털끝만치도 없는 놀라운 사람이라고 말한 적이 있었다. 사실 나는 감상적인 구석이 전혀 없는 사람은 아니었고, 그때는 그 친구가 그토록 많이 걸었는데 다리가 아프지 않다는 나를 비아냥대는 것으로 이해했다. 하지만 내가 이번 여행을 계획한 것은 이런 감상을 느끼기 위해서가 아니었다.

1 영어에는 약한 물결이든 거센 파도든 바닷물이 한꺼번에 해변으로 쇄도하며 내는 소리를 표현하는 말이 없다. 고대 그리스어 '폴리플로이스보스polnphloioboios'는 성난 파도가 '으르렁대는' 소리가 들린다는 뜻이며, '아나릿모스 겔라스마anarithmon gelasma'는 잔잔한 바다 물결이 '하염없이 미소 짓는' 것처럼 보인다는 뜻이다.

트루로
(Truro)

웰플릿
(Wellfleet)

해변길을 따라 13킬로미터쯤 걸은 뒤 모래사장 위에 세워진, 웰플릿과 트루로의 분계선을 나타내는 경계석―이 모래사장도 어느 소도시의 관할구역이었다―을 지나 황량한 언덕과 골짜기 너머 내륙 쪽으로 방향을 틀었다. 이유는 알 수 없지만 그곳에서는 등뒤로 바다가 보이지 않았다. 움푹 파인 지형을 따라 올라가자, 800미터쯤 떨어진 곳에 동부 해안 인근에서는 흔치 않은 수수한 가옥 두세 채가 나타났다. 그 집들은 다락에 침실 여러 개가 빼곡히 들어찬 구조라서 지붕이 일자로 평평하지 않았다. 따라서 그 집들에 우리가 묵을 방도 있을 거라 믿어 의심치 않았다. 바닷가 근처의 집들은 대개 낮고 넓다. 이곳의 집들은 모두 한 층 반쯤 되는 높이였다. 하지만 박공벽에 난 창문들의 수만 센다면 그보다 훨씬 더 층수가 높다고 짐작할 수 있을 것이다. 어쨌든 반 층 높이의 다락은 머릿속 상상만으로는 부족하고 실제로 눈으로 봐야 이해할 수 있는 구조였다. 이곳을 비롯해 케이프코드 여러 곳에 흩어져 있는 집들의 가장자리 벽면에 달린, 크기와 위치가 제멋대로인 수많은 창

여러 개의 창문이 달린 특이한 박공지붕 집

문들은 보는 사람의 기분을 좋게 했다. 마치 자신의 요람을 뒤에
둔 다양한 방 주인들이 밖에서 어떻게 보일지는 전혀 상관하지 않
은 채 저마다 자기 몸집과 키에 맞춰 원하는 곳에 구멍을 뚫어놓
은 것 같았다. 성인들을 위한 창도 있고 아이들을 위한 창도 있었
다. 한 집에 서너 개씩 창문이 나 있었다. 어떤 집은 헛간 문에도 커
다란 구멍과 그보다 작은 구멍을 하나씩 뚫어놓았는데, 큰 것은 어
미 고양이, 작은 것은 그 새끼를 위한 것이었다. 어떤 창문은 처마
바로 아래에 있어서 대들보에 창문을 낸 것이 아닌가 하는 생각이
들기도 했다. 하지만 오히려 그런 창문들이 삼각형의 박공벽에 더
잘 어울린다는 것을 나중에야 알게 되었다. 어쨌든 그 집들의 박공
벽은 회전식 연발권총처럼 총구가 여러 개 뚫린 것처럼 보였다. 그
곳에 사는 사람들이 창문 밖을 물끄러미 내다보는 습관이 있다면,

지나가는 여행자들과 잠시 눈길이 마주칠 수도 있다.

케이프코드에 있는 페인트칠이 벗겨진 옛날식 집들은 대개 매우 편안한 동시에 고풍스러운 아름다움을 보여주었다. 그에 비해 그럴 듯하게 멋을 부린 현대식 집들은 주변과 동떨어졌고 아직 완전히 토착화하지 못해 자연환경과 어울리지 않았다.

청어강이라고 불리는 작은 시내의 수원水源이 되는 연못이 일곱 개 있는데, 이 집들은 대개 그 연못가에 있었다. 그 강은 결국 케이프코드만으로 흘러간다. 케이프코드에는 청어강이 많이 흐르며, 그런 강은 곧 그 수가 청어보다 많아질 것이다. 우리는 첫번째로 맞닥뜨린 집의 문을 두드렸다. 하지만 사람들이 모두 어디에 갔는지 비어 있었다. 옆집에 사는 사람들이 창문으로 우리를 내다보고 있었다. 우리가 그 집으로 다가가기 전에 한 노파가 밖으로 나오더니, 격벽 문을 잠그고 다시 안으로 들어갔다. 그래도 주저하지 않고 그 집 문을 두드렸다. 그러자 희끗희끗한 반백의 노인이 나왔는데, 얼핏 보아 예순 살에서 일흔 살 사이 같았다. 그는 경계하는 눈초리로 우리에게 어디서 왔는지, 용건이 무엇인지 물었다. 우리는 있는 그대로 솔직하게 대답했다.

"콩코드는 보스턴에서 얼마나 먼가요?" 그가 물었다.

"기차로 32킬로미터쯤 됩니다."

"기차로 32킬로미터라" 그는 우리가 한 말을 되풀이했다.

"유명한 콩코드 전투에 대해 들어본 적 없으세요?"

"콩코드에 대해 들어본 적이 없냐고? 웬걸, 벙커힐• 전투의 대포 소리를 들었소. (케이프코드만 건너편 보스턴에서 발사하는 중포重砲 소리가 그들에게 들린다.) 지금 난 아흔 살 가까이 되오. 정확히 말해 여든 여덟 살이지. 콩코드 전투 때 열네 살이었소. 그때 당신들은 어디에 있었소?"

우리는 그때 태어나지도 않았다고 고백하지 않을 수 없었다.

"자, 들어와요. 그건 여자들에게 맡기고." 그가 말했다.

집 안으로 들어가니 노파가 우리의 모자와 보따리를 받아주는 바람에 당황해서 멈칫하다가 자리에 앉았다. 앞장서 들어간 주인장 노인은 커다란 옛날식 벽난로 앞에서 걸음을 멈추고 말했다.

"나는 이제 아무짝에도 쓸모없는 불쌍한 사람이라오. 이사야가 말한 대로, 올해 들어 몸이 완전히 고장나버렸지. 그래서 지금은 엄 처시하에 있어요."

그 집의 가족은 주인장 노인과 노파, 엄마만큼이나 늙어 보이는 딸과 그녀의 바보 아들(우리가 집에 들어갔을 때 난로 옆에 서 있다가 바로 나가버린, 매우 모자라고 인상이 좀 험악해 보이는 중년 남성), 그리고 열 살짜 리 소년 한 명이 다였다.

동행한 친구가 그 집 여인네들과 이야기하는 동안, 나는 주인장 노인과 이야기를 나누었다. 그 집 여자들은 바깥노인이 늙었고 바 보 같다고 말했는데, 노인은 그들의 생각을 너무도 잘 알고 있었다.

그는 이렇게 말했다. "이 집 여자들은 둘 다 보잘것없고 가련한 사람들이오. 이 사람이 내 아내요. 64년 전에 나와 결혼했지. 아내 는 올해 여든네 살이오. 귀가 먹어서 전혀 듣지 못해요. 딸내미도

• 독립전쟁 때 전투가 벌어졌던 보스턴의 한 언덕.

그보다 낫다고 할 수는 없는 상태지."

그는 성경을 좋게 생각했다. 그렇지 않다 해도 적어도 성경에 대해 좋게 말했으며, 나쁘게 생각하지는 않았다. 성경을 나쁘게 보는 것은 그 나이의 노인에게 사려 깊은 태도는 아니었을 테니까. 그는 오랜 세월 동안 성경을 주의깊게 읽었다고 했다. 성경을 보지 않고도 거기에 나오는 많은 구절을 언제라도 술술 암송할 수 있다고 했다. 그는 자신이 헛된 삶을 살고 있다는 생각에 깊이 사로잡혀 있는 것처럼 보였다. 그래서 다음의 말을 되풀이해 외쳤다.

"나는 헛된 존재요. 성경에서 내가 얻는 것이 바로 이거지. 인간은 아무짝에도 쓸모없고, 모든 것은 하느님이 선택하고 처분하는 대로 존재한다는 사실 말이오."

"성함을 여쭤봐도 될까요?" 내가 물었다.

"그러시오." 그가 대답했다. "내가 내 이름을 말하는 게 뭐가 부끄럽겠소." 그는 자기 이름을 말했다. "우리 증조부께서 잉글랜드에서 여기로 건너와 정착했다오."

그는 웰플릿에서 굴 양식업을 하는 노인이었다. 굴을 팔아 상당한 재산을 모았고, 지금도 아들들이 그 일을 하고 있었다.

매사추세츠의 상점과 시장에서 파는 굴은 거의 대부분이 지금도 계속해서 웰플릿에서 공급되고 있다고 들었다. 그리고 이 마을의 한 곳은 예전에 거기서 굴이 많이 나왔기 때문에 지금도 빌링스 게이트라고 불린다. 하지만 웰플릿 토종 굴은 1770년에 이미 사라졌다고 한다. 토종 굴의 멸종이 냉해 때문이라고도 하고, 참거두고래의 사체들이 항만에 썩은 채로 쌓였기 때문이라고도 하는 등 여

웰플릿의 굴 양식업자

러 가지 이유를 말하지만, 무엇보다 일반적인 설명은 웰플릿에 있는 마을들끼리 서로 굴의 채취권을 두고 분쟁을 벌이면서, 굴에 노란 반점이 나타났고, 하늘이 노해서 굴을 사라지게 했다는 이야기다. 하지만 내가 알기로는 잘 잡히던 물고기가 갑자기 사라진 곳에서는 어디서나 이와 비슷한 종류의 미신이 존재한다. 수년 전만 해도 해마다 182만 리터의 (산란기) 굴을 남부에서 들여와 웰플릿 포구에서 양식했다. 그런 다음 "빌링스게이트의 엄격한 품평 절차"를 밟아 그곳에 납품했다. 그러나 지금은 대개 다 자란 굴을 수입해서 보스턴을 비롯한 지역 시장에 내다판다. 바닷물과 민물이 섞이는 지역의 환경조건이 굴 양식에 더 적합하기 때문이다. 굴 양식업은 여전히 수입이 좋고 번창하는 사업이라고 했다.

노인은 겨울철에 말목을 너무 높게 해서 양식하면 굴이 얼기 쉽지만, "눈이 번쩍 뜨일 정도로 심하게 춥지" 않으면 냉해를 입지는 않는다고 했다. 뉴브런스윅● 주민들은 "추위가 정말로 극심하지만 않다면 굴 양식장에 얼음이 어는 일은 없다. 그리고 주변의 만들이 얼음으로 뒤덮일 때는 그 밑의 바닷물이 아직 얼지 않은 동안, 프랑스계 주민들의 표현으로 '드젤●●' 상태인 동안 굴 양식장을 운영해야 한다"라는 사실을 인지하고 있었다. 주인장 노인은 굴을 겨우내 지하 저장고에 보관한다고 알려주었다.

"먹이나 물을 주지 않고요?" 내가 물었다.

"먹이나 물을 주지 않소." 그가 대답했다.

"굴은 움직일 수 있나요?"

"내 신발이 움직이는 만큼만."

그러나 굴들을 "평평한 면이 위로 가게 하고 둥근 면은 아래로 가게 해서 모래에 눕혀놓는다오"라는 그의 말을 듣고, 내 신발은 발이 걷지 않으면 그렇게 움직이지 않는다고 그에게 말했다. 그러자

● 캐나다 동부 대서양 연안. 미국 동북부 국경과 맞닿아 있고 주민의 대다수가 프랑스계이다.

●● degèle, '녹다'라는 뜻.

그는 굴은 한곳에 자리잡고 움직이지 않는 채로 자란다고 했다. 지금도 여전히 굴이 많이 자생하는 롱아일랜드의 굴 양식업자들에게 들은 바에 따르면, 굴은 거대한 덩어리로 뭉쳐서 자라는데, 가운데에 어미 굴이 있고 거기에 어린 굴들이 달라붙어 있다고 한다. 그래서 커다란 집게를 사용해 굴을 끌어올린다. 그 경우, 어린 굴의 연령으로 미루어볼 때 적어도 오륙 년 동안 전혀 움직이지 않고 고착된 상태로 자랐다는 사실을 알 수 있다. 버클랜드*는 자신이 쓴 『진기한 자연사 이야기Curiosities of Natural History』(50쪽)에서 이렇게 말한다. "아주 어릴 때 자기가 자랄 자리를 정하고 한번 몸을 고착한 굴은 결코 그 자리를 떠나지 않는다. 하지만 몸을 고착할 곳을 찾지 못하고 바다 밑바닥에서 떠도는 굴은 이동 능력이 있다. 그들은 최대한 껍데기를 열고 갑자기 몸을 수축해 바닷물을 뿜으면서 뒤로 움직인다. 건지섬**의 한 어부는 굴이 이런 식으로 이동하는 것을 자주 보았다고 이야기했다."

어떤 이들은 지금도 '매사추세츠만의 굴이 자생종인지', 웰플릿항이 굴의 '자연서식지'인지 궁금해한다. 그러나 나이든 굴 양식업자들의 확신에 찬 증언을 듣지 않더라도, 나는 인디언들이 먹고 버린 굴 껍데기들이 케이프코드 곳곳에 즐비하게 널려 있는 모습을 보았다. 그곳의 토종 굴이 이제는 멸종된 상태인지 모르지만 말이다. 실제로 케이프코드는 굴 같은 조개류를 비롯해 다양한 수산물

* 윌리엄 버클랜드William Buckland, 19세기 영국의 지질학자이자 고생물학자. 신학자로, 웨스트민스터 사원의 주임사제도 역임했다.
** 프랑스 노르망디 지방과 영국 남단 사이 영국해협의 채널제도에 속한 섬.

이 풍부해서 초기부터 인디언들이 많이 정착해 살았다. 이후로도 우리는 트루로의 그레이트할로 근처에서, 그리고 하이헤드의 이스트하버강 인근에서 그들이 살면서 남긴 많은 흔적—굴, 조개, 새조개의 껍데기 같은 다양한 조가비들과 타다 남은 잿더미, 사슴을 비롯한 네발동물들의 뼛조각이 뒤섞인 모습—을 보았다. 나는 거기서 화살촉을 여섯 개 주웠는데, 한두 시간 만에 주머니가 가득 찰 정도였다. 인디언들은 대개 소택지 언저리에 살았다. 아마도 비바람을 피할 수 있는 거처와 식수 때문에, 예컨대 연못가 같은 곳에서 살았을 것이다. 더 나아가 샹플랭은 1613년에 발간한 저서 『항해』 총서에서 1606년에 자신과 푸트랭쿠르*가 위도 42도에 있는, 오늘날 매사추세츠만이라고 불리는 곳에서 남쪽으로 약 24킬로미터 떨어져 있고 카프 블랑**에서 서쪽으로 1포인트*** 떨어진 한 항구(반스터블 항구?)를 탐험했다고 말한다. 거기서 맛있는 굴을 많이 발견했다. 그래서 그들은 그곳을 '르 포르 오 위트르le Port aux Huitres(굴항구)'라고 불렀다. 그가 제작한 한 지도(1632년)에는 'R. 오 에스카유'****가 케이프코드만으로 흘러들어가는 것으로 그려져 있고, 오길비*****가 제작한 아메리카 지도******인 '노비 벨지Novi

---

* 장 드 푸트랭쿠르Jean de Poutrincourt, 오늘날 캐나다 최동단 노바스코샤주의 옛 지명인 아카디아 식민지를 건설하고 샹플랭과 함께 케이프코드를 탐사한 프랑스 귀족.
** Cap Blanc, 당시 케이프코드를 지칭하던 프랑스식 지명.
*** 나침반 방위 각도로 11° 15′.
**** R. aux Escailles, 'escaille'는 고대 프랑스어로 조개껍데기 같은 단단한 껍질이나 평판을 뜻하고 'R.'은 지도에서 강을 의미하므로 '조가비의 강'이라는 뜻으로 보인다.
***** 존 오길비John Ogilby, 최초로 영국 도로 지도를 제작한 스코틀랜드 출신의 번역가·기획자·지도제작자.
****** 북아메리카의 대서양 방면, 즉 당시 상황에서 뉴잉글랜드의 지도.

Belgii' 지도(1670년)에는 '포르 오 위트르'라는 지명이 위에서 말한 장소를 마주보는 쪽에 표기되어 있다. 또한 1633년에 뉴잉글랜드를 떠난 윌리엄 우드William Wood는 1634년에 발간한 『뉴잉글랜드의 전망 New England's Prospect』이라는 저서에서 찰스강과 미스틱강•에 있는 '거대한 굴 양식장'에 대해 썼는데, 그 양식장 때문에 배를 타고 강들을 건너다니기가 힘들다고 했다. 그는 "거기서 나는 굴은 구둣주걱 모양으로 크기가 매우 크며 길이가 30센티미터나 되는 것들도 있다. 이 굴들은 사리 때마다 드러나는 특정한 모래톱에 알을 낳는다. 껍데기에서 분리해낸 굴은 너무 커서 잘게 잘라야 입에 넣어 먹을 수 있다"라고 말한다. 거기서는 지금도 굴을 볼 수 있다(토머스 모튼••의 『뉴잉글랜드의 가나안 땅New English Canaan』 90쪽 참조).

주인장 노인은 바다조개 또는 개량조개를 얻기가 쉽지 않다고 말했다. 갈퀴로 긁어서 캐야 하는데 대서양 바다 쪽에서는 절대 할 수 없고, 폭풍이 몰아쳐서 소량의 조개들이 해안가로 밀려올라올 때만 그 일을 할 수 있었다. 어부는 때때로 1미터가 넘는 물속을 헤치며 들어가 날카로운 꼬챙이로 모랫바닥을 쑤신다. 꼬챙이가 조가비 사이로 들어가면 조개가 조가비를 닫아 꼬챙이를 꽉 물어버리기 때문에 그냥 들어올리기만 하면 된다. 그 조개는 자신을 먹으려는 검둥오리와 쇠오리를 만나면 꽉 물고 놓아주지 않는 것으로 알려져 있었다. 그뒤로 우연히 뉴베드퍼드•••의 어커시넷강 기슭

- • Mistick River, 지금은 'Mystic'으로 표기한다.
- •• Thomas Morton, 17세기 영국의 변호사로 초창기 매사추세츠 식민지 주민.
- ••• New Bedford, 매사추세츠 남동부 버저즈만 어귀의 항구도시.

에서 오리떼를 지켜보고 있었는데, 한 남자가 다가오더니 그날 아침에 겪은 일을 나에게 들려주었다. 썰물 때 자기가 기르는 어린 오리들을 퉁퉁마디(학명: 살리코르니아Salicornia)● 같은 수초들이 자라는 강변에 풀어놓았는데, 한참 있다가 보니 한 마리가 무리를 따라가지 못하고 수초들 사이에 꼼짝 못하고 있었다. 다가가보니 그 오리의 발 하나가 대합조개●●의 조가비에 꽉 물려 있었다. 그는 그 둘을 모두 들고 집으로 갔다. 그의 아내는 칼로 조가비를 열어서 오리를 놓아주고 대합조개는 조리했다. 주인장 노인은 그런 커다란 조개는 맛이 좋지만, 독이 든 특정 부위를 반드시 제거하고 조리해야 한다고 했다. "그 독 때문에 고양이가 죽을 수 있다고 말하는 사람들도 있어요." 나는 그날 오후에 커다란 조개 하나를 통째로 먹었다는 사실을 털어놓지 않았다. 문득 내가 고양이보다 더 튼튼한 것 같다는 생각이 들었다. 그는 행상들이 종종 그 동네에 찾아오는데, 그들이 동네 여인네들에게 그물국자를 팔려고 하면, 이곳 여자들이 우리는 조개껍데기로 당신들이 만든 것보다 더 좋은 그물국자를 만들 수 있다고 거꾸로 알려준다고 했다. 조가비가 그런 용도에 딱 맞는 모양이었다. 어떤 곳에서는 그것을 '스키몰'●●●이라고 한다. 또 그는 해파리는 독이 있으니 만지면 안 된다면서, 뱃사람들은 그것을 만나면 손으로 건드리지 않고 옆으로 걷어내면서 간다고 알려주었다. 그날 오후에 해파리를 손으로 만졌는데 아직까지

● 유럽 해안가 바위에 서식하는 미나릿과 식물.
●● 북아메리카 대서양 연안에서 나는 대합류 조개.
●●● skim-all. '무엇이든 걷어낼 수 있는 도구'라는 뜻으로, '그물국자skimmer'를 어원으로 해서 만든 조어造語로 보인다.

아무런 부작용도 없다고 말하니, 그랬다면 손이 가려워질 거라고 했다. 특히 손을 긁힌 적이 있거나 해파리가 가슴 부위에 닿았다면 당장 조치를 취해야 한다고 했다.

그는 케이프코드 뒤편은 얼음이 언 적이 없고, 얼음이 언다 해도 100년에 한 번 있을까 말까 한 일이며 눈도 거의 내리지 않기 때문에, 토양이 바닷물에 잠기거나 폭풍에 날려 유실되고 있다고 우리에게 알려주었다. 때로는 겨울에 바닷물이 빠졌을 때 해변이 얼어붙기도 해서, 곶의 뒤편으로 올라가는 48킬로미터쯤 되는 길이 마룻바닥처럼 반질반질해지는 바람에 걷기 힘든 상태가 되기도 한다고 했다. 그의 어린 시절 어느 겨울날, 그와 아버지는 해뜨기 전에 집을 나서 곶 뒤편으로 곧장 올라가서 프로빈스타운까지 걸어갔다가 저녁 시간에 맞춰 집으로 돌아왔다.

경작지가 전혀 보이지 않는 그런 불모지 같은 땅에서 그들이 무슨 일을 하는지 묻자, 그는 "거기서 하는 일은 아무것도 없소"라고 대답했다.

"그럼 벌판에 울타리는 왜 치신 건가요?"

"모래가 바람에 날려서 온 천지를 덮는 것을 막기 위해서요."

그러면서 그는 "황색 모래에는 나름의 삶이 있어요. 하지만 흰모래에는 그런 게 거의 없거나 전혀 없지"라고 말했다.

그의 여러 질문에 대답하다가 내가 측량사라고 말하자, 그는 자기 농장을 측량한 사람들이 지면이 고르지 않은 곳에서 팔꿈치 높이로 사슬에 고리를 걸어 서로 연결하는 일을 능숙하게 잘한다고 말했다. 그들이 공식적으로 인정한 토지경계선이다. 그런데 왜 그 결과가 토지대장에 기재된 대로 나오지 않는지, 또다시 측량하면 왜 앞의 결과와 비슷하게 나오지 않는지 알려줄 수 있느냐고 물었다. 그는 옛날 측량사들을 더 많이 신뢰하는 것처럼 보였는데, 그건 전혀 놀라운 일이 아니었다. 그는 "조지 3세가 케이프코드를 일직선으로 관통하는 20미터 폭의 도로를 놓았지"라고 말했지만, 지금 그 도로가 어디에 있는지는 말하지 못했다.

측량사 이야기를 하다보니 뉴욕주 롱아일랜드의 원주민 한 사람이 생각났다. 예전에 그의 배를 타고 가다 강가에 이르러 뱃머리에서 땅으로 뛰어내리려고 할 때, 그는 내가 거리 가늠을 제대로 못해서 땅을 밟지 못하고 물에 빠질까봐 걱정했다. 그가 자기 기준으로 내 관절의 탄력성을 평가했다는 것을 나중에 알았다. 강가에 도달하자 그는 다리 하나를 들어올리면서, 자기 발이 반대편 둑 어딘가에 닿을 수 있을 것처럼 보이면 그때 뛰어내리면 된다고 말했다. "왜요?" 내가 그에게 되물었다. "나는 미시시피강에서는 말할 것도 없고 아주 작은 개울에서도 발 하나로 별을 가릴 수 있어요.• 하지만 이 정도의 거리라면 뛰어내리지 않겠습니다." 이 말을 하고 나서 나는 배에서 내릴 때 다리의 각도와 높이를 어느 정도로 해야 하는지 그에게 물었다. 그러나 그는 자신의 두 다리가 분할 컴퍼스나 일반 사분의 같은 측량도구 못지않게 정확하다고 여겼다. 그는 그것들이 그리는 원호의 모든 세밀한 각도를 머릿속에서 힘겹게 짜내고 있는 것처럼 보였다. 자기 고관절에 약간의 문제가 있긴 하지만

• 그 정도로 다리에 탄력성이 있다는 의미.

그런 일을 하기에 충분하다는 믿음을 주려고 했다. 나는 그에게 호위에 있는 두 점을 연결하는 직선처럼 적당한 길이의 끈으로 두 발목을 연결해 수평면에서의 도약 능력을 측정해보라고 넌지시 말했다. 이때 한쪽 다리는 수평면에 수직을 이룬다고 가정하는데, 이 경우 그렇게까지 하는 것은 지나친 일이 아니었나 하는 생각이 들었다. 그럼에도 불구하고 그것은 나에게 흥미롭게 여겨진, 우리의 두 다리와 관련된 일종의 기하학이었다.

주인장은 흥이 나서 창밖으로 보이는 연못들의 이름을 우리에게 알려주었다. 자기가 알려준 이름을 우리가 정확하게 알아들었는지 확인하려고 그 이름들을 따라 부르게 했다. 그중 가장 크고 주변 경치가 매우 빼어나며 물이 맑고 깨끗한, 둘레가 1.5킬로미터가 넘는 연못이 걸 연못이고, 그 밖에 뉴콤스, 스웨츠, 슬라우, 호스리치, 라운드, 헤링 연못이 있었다. 이 연못들은 내가 잘못 아는 것이 아니라면 만조 때 모두 바닷물에 잠겼다. 해안측량사들이 그 연못들의 이름을 알려고 찾아왔을 때, 그는 그들이 몰랐던 연못 하나에 대해 이야기해주었다. 그러자 그들이 예전만큼 거만하게 행동하지 않았다고 했다. 그가 태어나기 4년 전쯤 그곳에 지진이 일어났는데, 그때 매우 단단했던 지반이 갈라지면서 그곳에 연못들이 자리잡게 되었다. 나는 전에 어디서도 그런 내용을 읽어본 기억이 없었다. 예전에는 갈매기들이 그 연못들에 셀 수 없을 정도로 많이 드나들었다. 하지만 지금은 그 많던 갈매기들을 거의 볼 수 없게 되었다. 그의 말에 따르면, 본디 갈매기들이 알을 낳던 저멀리 북쪽의 둥지를 영국인들에게 강탈당했기 때문이다. 그는 갈매기 둥지에서 갈매기를 잡던 순간과 한밤중에 프라이팬과 불을 이용해 어린 새들을 죽이던 순간을 생생히 기억했다. 예전에 그의 아버지가 그러던 중 귀중한 말 한 마리를 잃은 적이 있었다. 어둠이 짙게 깔린 어느 날 밤, 웰플릿에서 온 한 무리의 사람들이 빌링스게이트섬*에서 갈매기 사냥을 위해 불을 지르자, 그곳에서 방목중이던 말 스무 마리와 그 사이에 있던 수망아지 한 마리가 갑작스러운 불길에 화들짝 놀라 어둠 속에서 이웃 해변으로 도망치기 위해 막힌 길을 가로지르려고 애썼다. 때마침 썰물 때여서 말들은 모두 해변으로 도망칠 수 있었는데, 결국에는 모두 바닷물에 휩쓸려나가 물에 잠겨 죽고 말았다. 요즘도 웰플릿과 이스텀, 올리언스 인근의 섬과 해변들에서는 그곳이 일종의 공유지인 양 이리저리 돌아다니며 풀을 뜯어먹는 많은 말들을 여름 내내 볼 수 있다. 또한 그는 어린 시절 이곳에서 '야생 닭'이라고 부르는 새가 숲속 둥지로 갔을 때 그것들을 사냥하던 일을 이야기했다. 아마도 그것들은 '초원들꿩Prairie hen'(대초원뇌조 pinnated grouse)**이었을 것이다.

그는 갯완두(학명: 라티루스 마리티무스Lathyrus Maritimus)를 풋콩으로 조리해 먹는 것을 좋아했고, 재배하는 것도 좋아했다. 그는 뉴펀들랜드***에서 갯완두가 매우 많이 자라는 것을 보았는데, 그곳 주민들도 그것을 먹었다. 하지만 거기서 종자로 쓸 잘 여문 콩은 결

● 옛날에는 케이프코드와 외따로 떨어진 등대섬이었지만, 지금은 썰물 때나 웰플릿의 제러미 갑에서만 볼 수 있는 빌링스게이트 모래톱으로 알려져 있다.
●● 지역 분포로 볼 때 지금은 거의 멸종 상태인 '뉴잉글랜드초원뇌조'를 말하는 것으로 보인다.
●●● 캐나다 동남부 뉴펀들랜드주에 속하는 대서양 연안의 섬.

코 얻을 수 없었다. 우리는 지명사전의 채텀을 설명하는 부분에서 "1555년 대기근이 발생했을 때 (잉글랜드) 서섹스주 오퍼드 주변 사람들은 해안가에 엄청나게 번성하고 있던 이 식물의 씨앗을 먹음으로써 죽음을 면할 수 있었다. 소와 말, 양, 염소들도 그것을 먹었다"라는 내용을 읽었다. 그러나 이 글을 쓴 저자는 반스터블 카운티에서도 그랬다는 사실은 알지 못했다.

좀 뜻밖이긴 했지만, 그는 한때 여행자였다. 정말로 그는 한창때에 세계를 누비고 다녔다. 한때 스스로 모든 해안을 안내하는 도선사라고 생각했다. 하지만 지금은 그가 매우 당혹할 정도로 해안의 이름들이 많이 바뀌었다.

그는 서머스위팅이라고 불리는, 자신이 자주 접붙이기를 하며 손수 재배한 달콤한 사과를 우리에게 맛보여주었다. 그 사과종은 그가 항해하는 동안 딱 한 번—그곳이 뉴펀들랜드인지 샬뢰르만●인지 기억이 가물가물하지만—말고는 다른 어디서도 자라는 것을 본 적이 없었다. 그는 멀리서도 그 나무를 구분할 수 있다고 장담했다.

한참 뒤, 동행한 친구가 언행이 별나다고 했던 주인장의 바보 손자가 입속말을 혼자 중얼거리며 집 안으로 들어왔다. "빌어먹을 책장수들. 하루종일 책 이야기만 하고 있네. 딴 걸 하는 게 더 나을 텐데. 빌어먹을 놈들. 모두 쏴 죽일 테야. 이리로 의사를 끌고 와. 그놈을 총으로 쏠 거야." 그는 한 번도 머리를 들지 않았다. 그를 본

● 캐나다 동남부 래브라도반도와 노바스코샤반도 사이 세인트로렌스만의 한 줄기로, 퀘벡과 뉴브런즈윅 사이에 위치한다.

웰플릿

주인장 노인은 벌떡 일어나서 익숙한 듯 큰 소리로 호령했다. 그가
그렇게 억압적으로 지시할 수밖에 없는 경우는 처음이 아니었다.
"존, 가서 앉아. 네 일에나 신경쓰고. 우린 네가 한 말을 다 들었어.
네가 할 일은 없어. 그렇게 무례하게 행동하면 못쓴다." 하지만 존
은 아무 말도 못 들은 것처럼 다시 한번 똑같이 횡설수설 중얼거렸
다. 그러고는 노인네들이 일어난 탁자에 앉았다. 그는 탁자 위에 있
는 것을 다 먹고 나서 늙은 엄마가 깎고 있는 사과에 눈을 돌렸다.
그녀는 손님들에게 대접할 아침식사를 위해 사과 소스를 만들고

있었는데, 깎던 사과들을 멀리 치우고 아들을 밖으로 내보냈다.

이듬해 여름* 해변 옆, 오시안**의 탄생지였다고 해도 될 만큼 황량한 언덕 너머에 있는 그 집에 다시 다가갔을 때, 나는 비탈진 옥수수밭 한가운데 있는 그 기인을 보았다. 그가 늘 그러듯 매우 기이한 모습으로 불쑥 나타나는 바람에 처음엔 그를 허수아비로 오인했다.

그 주인장은 우리가 여태껏 본 사람들 가운데 가장 명랑한 노인 이자 가장 기억에 남는 사람 가운데 한 명이었다. 그의 대화 방식 은 라블레***에게 어울릴 법한, 매우 투박하면서도 꾸밈없는 것이 었다. 그는 마음씨 좋은 파뉘르주**** 같은 인물이었다. 아니, 그 는 술 취하지 않은 실레노스***** 였다. 그리고 우리는 그의 이야 기에 귀기울이는 소년 목동 크로미스와 나실로스였다.

헤모니아 구릉 옆 트라키아의 시인도,

핀두스산맥의 무시무시한 포이보스도 아무 소리를 듣지 못했네,

더욱더 깊어지는 적막 속에서, 아니, 점점 더 불안해지는 마음 때 문에.******

• 저자가 두번째로 케이프코드를 방문한 때인 1850년 6월.
•• Ossian, 3세기 고대 켈트족의 전설적인 시인. 음울한 낭만적 정서가 담긴 시로 유명 하다.
••• 프랑수아 라블레François Rabelais, 프랑스 르네상스기의 최대 걸작인 『가르강튀아와 팡타그뤼엘』로 유명한 프랑스의 유머작가이자 풍자시인.
•••• 『가르강튀아와 팡타그뤼엘』에 나오는 인물. 팡타그뤼엘왕의 측근으로 지적이고 교 활한 사람을 상징한다.
••••• 술의 신 디오니소스의 양아버지이자 친구로 늘 술에 취해 있는 노인.
•••••• 존 드라이든John Dryden이 영어로 번역한 베르길리우스의 『전원시Eclogae』 6권에 서 발췌한 내용. 실레노스가 크로미스와 나실로스에게 들려주기로 한 노래(이야기)를 계

그가 하는 이야기에는 과거와 현재가 기이하게 뒤섞여 있었다. 그는 조지왕 치하에서 살았기 때문에, 나폴레옹이 태어난 때와 현대인들이 태어난 때를 혼동해서 기억하고 있었는지도 모른다. 식민지 북아메리카와 모국인 영국 사이에 처음으로 분쟁이 발발한 무렵의 어느 날, 열다섯 살 소년이었던 그는 수레에서 건초를 쇠스랑으로 찍어 땅바닥에 던지고 있었는데, 마음씨 좋은 휘그당 지지자인 그의 아버지와 이야기중이던 토리당 지지자 돈이라는 노인이 그에게 "어이, 너도 식민지 사람들이 독립을 얻기 위해 하는 것처럼 쇠스랑으로 그 연못을 찍어서 바닷속으로 내동댕이치는 편이 나을 것 같구나"•라고 말했다. 그는 워싱턴 장군과 그가 탄 말이 보스턴의 거리를 따라 어떻게 달렸는지 잘 기억하고 있었다. 그가 그때 자신이 그 광경을 어떻게 바라보았는지를 우리에게 보여주기 위해 자리에서 벌떡 일어났다.

"그는 몸집이 아─주 크고 약간 뚱뚱해 보이는 남자로, 말 위에 앉아 있을 때 다리가 매우 멋지고, 용맹스러우며 결의에 찬 장교였지. 자, 잘 보시오. 워싱턴은 늘 이런 식이었소." 그러고는 다시, 벌떡 일어나 모자를 벗어 흔들며 인사하듯이 고개를 좌우로 우아하게 숙였다. 그런 다음 "이게 바로 워싱턴이었지"라고 말했다.

그는 독립전쟁에 대한 많은 일화들을 이야기해주었는데, 우리가

속 미루다 나중에 그들에게 손발이 묶이고 조롱당하는 대가를 치른 뒤 노래를 부르는 장면의 일부로, 오르페우스가 아내 에우리디케를 지하세계에서 구해내지 못한 내용을 묘사한 것으로 보인다. 여기서 트라키아의 시인은 오르페우스를 뜻하고, 포이보스는 태양의 신이자 음악의 신인 아폴론을 뜻하는데, 그의 아들로 알려진 오르페우스는 일설에 의하면 트라키아의 왕 오이아그로스의 아들이라고도 한다.

• 독립전쟁이 불가능한 일이라는 것을 비꼬아서 한 말이다.

그런 내용을 역사책에서 읽었고 그의 말이 책 내용과 일치한다고 말하면 무척 만족스러워했다.

"오, 그래, 맞소! 그때 나는 모든 이야기에 귀를 활짝 열어놓은 호기심 많은 열여섯 살 소년이었지. 당신들도 알다시피 그 나이의 소년들은 대개 총기가 있고 현재 일어나고 있는 모든 일을 알고 싶어하잖소. 그렇고말고!"라고 말했다.

그는 지난해 봄 거기서 발생한 프랭클린호 난파 사건에 관해 우리에게 이야기해주었다. 그날 아침 한 소년이 조난한 선박을 보고 그의 집을 찾아와 누구의 것인지 알 수 없는 보트 한 척이 해안가에 있다고 알려주었다. 노인이 된 그는 먼저 아침식사를 한 뒤 해안가 구릉 꼭대기로 올라가 잘 보이는 자리를 찾아 앉아서 조난한 배를 관찰했다. 그 배는 모래톱에 걸려 있었다. 그가 있는 곳에서 불과 400미터 떨어진 곳이었다. 조난 상황을 확인하기 위해 해변에서 보트를 타고 나가려던 사람들과는 훨씬 더 가까웠다. 하지만 엄청나게 높은 파도 때문에 구조하러 갈 엄두를 내지 못했다. 조난한 배의 선수에는 승객들이 빽빽하게 몰려 있었다. 일부는 객실 창문으로 빠져나오고 있었고, 갑판 위에서는 그들을 꺼내려고 잡아당기고 있었다.

그가 말했다. "선장이 그 배에서 탈출하는 것을 봤지. 선장은 작은 구명보트에 탔어요. 그러자 사람들이 하나둘씩 그 보트로 뛰어내렸소. 아래를 향해 일직선으로 말이오. 그 수를 셌는데, 모두 아홉 명이었지. 그중 한 사람은 여자였는데, 그녀도 다른 사람들과 마찬가지로 일직선으로 뛰어내렸소. 그런데 그때 마침 구명보트가 거칠게 앞으로 떠밀려나갔소. 보트는 다시 원위치로 돌아왔는데, 그 때 파도가 그들을 덮쳤소. 그들이 다시 모습을 드러냈을 때, 보트에는 아직도 여섯 명이 매달려 있었소. 나는 다시 수를 셌지. 또다시 파도가 덮치며 이번에는 보트를 뒤집어놓았소. 그뒤 보트 안에는 아무도 없었소. 그들 가운데 살아서 해안가에 도달한 사람은 아무도 없었지. 조난한 배의 선수에는 나머지 사람들이 모두 몰려 있었고, 배의 다른 부분은 수면 아래에 잠겨 있었소. 그들은 탈출하려던 구명보트에서 일어난 모든 광경을 지켜보았지. 마침내 거센 파도가 배의 선수와 나머지 부분을 둘로 갈라놓으면서 해안으로 밀려가는 파도에 휩싸였소. 그 바람에 구명보트가 그들 쪽으로 밀려갔소. 그래서 배에 남아 있던 사람들은 모두 목숨을 구할 수 있었지. 배에서 뛰어내리다 물에 빠진 여자 한 명만 빼고 말이야."

또한 그는 우리가 오기 몇 달 전 그 근처 해안에 좌초한 증기선 캄브리아호[•]와 자기 지역을 배회하던 그 배의 승객들에 대해 이야기해주었다. 그들은 해안가의 높은 언덕에서 본 전망이 '그들이 여태껏 본 것 가운데 가장 마음에 드는 풍경'이라고 했다고 노인은 말했다. 그리고 그 배를 타고 온 귀부인들이 연못에 있는 그의 뜰채를 가지고 장난치던 일도 이야기했다. 그는 지갑에 돈이 두둑한 그 부자 여행객들에 대해, 마치 우리의 고루한 아버지들이 조지 3세 시대의 영국 혈통에 대해 이야기하던 것처럼 말했다.

[•] 대서양을 횡단하던 영국의 크루즈 선박 가운데 하나로 1848년 4월 케이프코드에 좌초했으나 무사히 예인되었다.

퀴드로콰르*? 나는 왜 그가 한 말을 다시 하는 걸까?

허리에 빙 둘러 울부짖는 괴물들과 함께
소용돌이치는 심해에서 이타카의 범선들을 공격해
아아! 벌벌 떠는 선원들을 갈기갈기 찢어버리는 이야기가 지금도
전해지는,
니소스왕의 딸 스킬라에 대해 그가 어떻게 노래했는지를.**

저녁이 되자 아까 먹은 조개의 부작용이 나타나기 시작했다. 그
가 말했던 고양이보다 내가 더 강한 줄 알았는데 그렇지 않은 것
같다고 그에게 고백하지 않을 수 없었다. 그러자 그는 자기가 원래
입바른 소리를 잘하며, 그건 모두 지어낸 이야기일 수도 있다고 했
다. 어쨌든 내 경우 조개의 독이 구토를 유발했다. 그리고 잠시 동
안이지만 속이 울렁거렸다. 그는 조개를 통째로 먹은 대가라며 나
를 놀렸다. 청교도들의 프로빈스타운 항구 도착과 역사를 다룬 『모
트의 항해일지』에 나온 다음의 글을 읽고 나니 마음이 좀 풀렸다.
"우리는 거대한 살코기들(노련한 편집장은 그것이 바다조개가 틀림없다고 말
한다)을 발견했는데, 살이 매우 두툼하고 안은 진주로 가득차 있었

---

* Quid loguar, 라틴어로 "무엇 때문에 이런 얘기를 하는 거지?" 또는 "내가 무슨 얘기
를 하는 거지?"라는 뜻으로 자신이 왜 노인이 한 말을 이렇게 반복하는지 모르겠다는 의
미로 보임. 그래서 생각난 게 베르길리우스의 『전원시』 구절로 이어짐.
** 베르길리우스의 『전원시』 6권 후반부에 나오는 구절. 스킬라는 허리 위는 아름다운
여인의 모습이나 허리를 빙 둘러 여섯 마리의 개가 달린 불사신 괴물로, 시칠리아 연안 메
시나해협의 어두운 동굴에 살면서 그곳을 지나는 배의 선원들을 잡아먹었다. 이타카섬은
오디세우스의 고향으로 알려져 있다.

다. 그러나 그것들을 먹을 수 없었다. 그것을 먹은 사람은 선원이든 승객이든 모두 탈이 났기 때문이다. (…) 하지만 배탈이 난 사람들은 금방 다시 회복되었다." 비슷한 경험을 공유했다는 생각이 들자 당시의 청교도들과 더 가까워진 느낌이 들었다. 더 나아가 그 일은 그들의 이야기를 확인해주었다. 나는 이제 『모트의 항해일지』에 나오는 모든 내용을 그대로 믿을 준비가 된 상태다. 또한 아직까지도 사람과 그 조개가 서로에게 동일한 관점으로 존재하고 있다는 사실을 발견하고 기뻤다. 하지만 나는 조개 안의 진주는 보지 못했다. 클레오파트라처럼 그것을 삼켜버린 게 틀림없었다. 그뒤로는 케이프코드만의 개펄에서 그 조개들을 캐면 반드시 조가비 안을 세심히 살펴보았다. 모래사장 위에 떨어진 물방울 자국들로 알 수 있듯이, 그 조개들은 바람이 부는 방향으로 족히 3미터는 물을 뿜어낼 수 있었다.

노인이 말했다. "당신에게 질문을 하나 할까 하는데, 내가 묻는 말에 대답을 할 수 있을지는 모르겠소. 그러나 당신은 배운 사람이고, 나는 한 번도 교육을 받아본 적이 없는 사람이오. 내가 아는 건 오로지 자연에서 배운 것뿐이지." 그가 요세푸스*의 말을 인용해서 물어본다면 우리가 대답을 못 할 수도 있다고 미리 그에게 말한 것은 혹시나 당혹스러운 질문을 던질까 지레 걱정해서였다. 그가 말했다. "많이 배운 사람을 만나면 이 질문을 꼭 하고 싶었소.

● 플라비우스 요세푸스Flavius Josephus, 유대 역사가. 66년부터 73년까지 유대 민족주의자들이 로마에 대항해 일으킨 반란에 가담해 지휘관으로 싸웠고, 반란이 실패하자 투항하여 로마에 살면서 저술에 몰두했다.

'액시Axy'의 철자를 어떻게 쓰오? 그리고 그 뜻은 뭐요? '액시' 말이
오. 요 너머에 '액시'라는 소녀가 한 명 살아요. 그게 성서에 나오나
요? 난 25년 동안 성경을 읽고 또 읽었소. 그런데 거기서 그 말을
한 번도 보지 못했단 말이오."

"그것 때문에 25년 동안 성경을 읽으신 겁니까?" 내가 물었다.

"그래요, 그걸 어떻게 쓰오? 여보, 어떻게 쓴다고?"

노파는 "그거 성경에 나와요. 난 본 적이 있어요"라고 대답했다.

"그래서 어떻게 쓰냐고."

"나도 몰라요. '액'은 에이A, 시c, 에이치h, 액Ach, '시'는 에스s, 이e,
에이치h, 시seh, 액시Achseh.•"

"'액시'를 그렇게 쓴다고? 그럼 그게 무슨 뜻인지 당신은 아오?"
노인이 나를 보며 물었다.

"아니요, 모릅니다." 내가 대답했다. "여태껏 그런 말은 한 번도 들
어본 적이 없어요."

"옛날에 이 아랫동네에 학교 선생님이 한 분 있었지. 사람들이 그
에게 그게 무슨 뜻이냐고 물었어요. 그랬더니 콩줄기를 받치는 긴
막대를 뜻한다••고 말하더라고."

나도 그 선생님과 같은 의견이라고 말했다. 어느새 나는 선생님
이 되어 있었다. 노인은 내가 뜻을 설명해야 할 기이한 이름들을 계

• 구약성서 역대기상에 나오는 신실한 이방인 갈렙의 딸 '악사Achsah'를 말하는 것으로
보인다.
•• 그 선생님은 '액시'를 축軸과 관련된 접두어 'axi-'로 이해한 듯하다.

속 늘어놓았다. 소헷*, 브리아**, 아마샤***, 브두엘****, 스알야숩***** 같은 이름들******이었다.

한참 뒤, 벽난로 굴뚝 옆에 조용히 앉아 있던 어린 소년이 신발과 양말을 벗고 발을 녹인 뒤 상처난 다리에 고약을 바르더니, 자러 가려고 일어났다. 그러자 그 바보 손자도 신발과 양말을 벗고 우툴두툴해 보이는 다리와 발을 드러내고는 소년을 따라갔다. 마침내 주인장 노인도 자기 종아리를 드러냈다. 여태껏 노인의 다리를 자세히 볼 기회가 한 번도 없었다. 노인의 다리가 유아처럼 희고 포동포동한 것을 보고 우리는 깜짝 놀랐다. 그는 자기 종아리를 보여주는 것을 뿌듯해하는 것 같았다. 잠자리에 들 준비를 하는 동안, 그는 노인들이 잘 걸리는 질병들에 대해 파뉘르주처럼 적나라한 말투로 이야기했다. 그에게 우리는 좀처럼 낚기 힘든 흔치 않은 물고기였다. 그는 가끔 열 명씩 한꺼번에 만나는 목사들 말고는 이야기 상대를 구할 수 없었다. 그래서 이렇게 한가롭게 평신도들을 만나는 것을 반가워했다. 저녁 시간은 그에게 너무 짧았다. 내가 속이 좋지 않아 힘들어하자, 주인장의 아내가 이제 그만 가서 자는 게 어떠냐고 했다. 노인들에게는 꽤 늦은 시간이라면서. 그러나 아직 이야기를 다 끝내지 못한 주인장 노인은 "조금 더 있어도 괜찮지

---

* Zoheth, 유다의 후손 이시의 아들이며 직업은 옹기장이. '뽐내는 자'라는 뜻.
** Beriah, 야곱의 아들 아셀의 4남. '뛰어난 자'라는 뜻.
*** Amaziah, 유다왕 요아스의 아들. 에돔을 정복했다. '여호와의 능력'이라는 뜻.
**** Bethuel, 나홀과 밀가의 아들이자 아브라함의 조카, 야곱의 어머니 리브가와 라반의 아버지. '하느님의 집'이라는 뜻.
***** Shearjashub, 예언자. 이사야의 아들이며 '남은 자는 돌아올 것이다'라는 뜻.
****** 모두 구약성서에 나오는 인물들.

않겠소?"라고 물었다.

나는 "아, 네, 괜찮습니다. 서두를 건 없어요. 지금까지 이 조개 곶을 잘 뚫고 왔다고 생각합니다"라고 대답했다.

"여기 조개는 맛이 좋지." 그가 말했다. "지금 그 조개를 맛보고 싶군."

이어서 주인장의 아내가 "난 조개를 먹고 아픈 적이 없어요"라고 말했다.

"그런데, 그때 먹다 남은 조개를 고양이에게 주었다가 죽었나봐요"라고 내가 말했다.

마침내 우리는 노인의 이야기를 끊었다. 다음 날 아침에 다시 이야기하기로 했다. 하지만 한밤중에 노파가 벽난로 덮개를 덮으러 와서 달가닥거리는 바람에 우리는 잠에서 깼고, 그녀는 덮개가 열리지 않도록 조심하라고 주의를 주고는 방에서 나갔다. 여자 노인들은 남자 노인들보다 천성적으로 의심이 더 많다. 그러나 그날 밤엔 바람이 집 주위에서 윙윙대고 벽난로 덮개도 여닫이창과 마찬가지로 심하게 덜컹거리며 흔들렸다. 어쩌면 여느 시골에서 흔히 겪는 바람 부는 밤의 풍경이었는지도 모른다. 오로지 바람 때문인지, 아니면 바닷가여서 바람이 더 거세게 으르렁대는 건지는 알 수 없었다.

대양이 만들어내는 소리는 바닷가 사람들에게 매우 중요한 의미가 있고 주의를 끌 수밖에 없다. 이듬해 여름 이곳의 해변을 떠나 400미터쯤 떨어진 한 언덕을 오를 때, 바다에서 갑자기 굉음이 나서 나는 깜짝 놀랐다. 마치 거대한 증기선이 해변에서 강력한 수중기를 뿜어내는 것 같았다. 호흡을 가다듬었지만 순간적으로 오싹해졌다. 대서양을 오가는 증기선들 가운데 하나가 멀리 항로를 벗어난 건 아닌가 하고 뒤돌아보았지만, 특별히 이상해 보이는 건 아무것도 없었다. 나와 바다 사이 움푹 팬 공간 입구에 낮은 모래톱이 하나 있었다. 언덕에 오르면 공중으로 떠밀려 올라갔다가 바닥에 떨어질지도 모르겠다 싶어―내 귀에는 일상적인 바다의 포효소리만 들릴 뿐이었다―곧장 아래로 다시 내려가, 그 소리가 들리는지 안 들리는지 귀를 기울였다. 그 굉음은 금세 사그라졌다. 게다가 한동안 바람도 거의 불지 않았다. 주인장 노인 말로는 이곳 사람들은 그 소리를 흔히 '발정發情'이라고 부르는데, 대개 바람이 바뀌기 전 바다가 으르렁거리며 울부짖는 소리라고 했다. 하지만 그 현상을 제대로 설명하지는 못했다. 그냥 바다에서 나는 소리만으로도 날씨가 어떻게 바뀔지 다 알 수 있다고 했다.

1638년 뉴잉글랜드에 온 올드 조슬린●은 자신이 아는 날씨 변화의 조짐 가운데 하나로 "분명히 바람이 불지 않는데도 해변에서 바다가 으르렁거리는 소리가 들리고 숲에서 바람이 나지막하게 일렁이는 소리가 들리면 곧 바람이 불어온다는 예고다"라고 주장했다.

그뒤 또다른 해안에서 하룻밤을 보낼 때, 1.5킬로미터쯤 떨어진 곳에서 으르렁거리는 파도 소리를 들었다. 그곳 주민들은 바람이

● 존 조슬린John Josselyn, 여행 작가. 17세기 중반 뉴잉글랜드를 여행하며 보고 들은 것을 신빙성 있게 써서 소로의 칭송을 받았다. 1671년 『뉴잉글랜드의 희귀한 것들New England's Rarities』을 발간했다.

배에서 물이 새는 곳을 찾는 모습

동쪽으로 방향을 바꾸려 한다며 곧 비가 온다는 신호라고 했다. 동쪽 어딘가의 해수면이 높아져 있는 상태이며, 그 균형을 맞추기 위해 파도가 바람보다 먼저 해안에 도달하면 그런 포효 소리가 난다는 것이었다. 이 나라와 잉글랜드 사이를 오가는 한 정기선의 선장은 가끔 잔잔한 대서양 위에서도 바람과 반대 방향으로 밀려오는 파도를 만날 때가 있다고 나에게 말했다. 그것은 멀리서 바람이 반대편으로 불고 있으며 파도가 그 바람보다 더 빠르게 이동했다는 것을 암시했다. 뱃사람들은 '거센 파도'와 '여파'가 허리케인과 지진 때문에 발생하며 대개 수백 킬로미터, 때로는 3,000~5,000킬로미터 떨어진 곳까지도 영향을 미친다고 믿는다.

다음 날 아침 나는 해가 뜨기 전에 다시 집밖으로 나갔다. 바다에서 해가 떠오르는 것을 보기 위해 해변으로 달려갔다. 여든네번째 겨울을 맞는 주인집 노파는 아침 바람이 찬데 모자도 쓰지 않고 젊은 처자처럼 경쾌한 발걸음으로 암소에게 다가가 우유를 짜는지 벌써 집 안에 없었다. 그녀는 아무 소리도 내지 않고 부산함도 없이 빠르게 아침식사를 마쳤다. 그사이 주인장 노인은 벽난로를 뒤로한 채 우리 앞에 서서 어젯밤에 마치지 못한 이야기를 다시 시작했다. 그는 뒤쪽에서 다양한 음식을 준비하고 있는 것은 아랑곳하지 않고, 담배 때문에 끓어오른 누런 가래침을 벽난로에 좌우로 뱉어댔다. 아침 식사로 장어와 버터 우유 케이크, 차가운 빵, 깍지 콩, 도넛, 그리고 차가 나왔다. 주인장 노인은 식사 중에도 계속 이야기를 했다. 그의 아내가 보다못해 식사부터 하고 이야기하는 게 어떠냐고 했지만, 그는 "자꾸 재촉하지 말아요. 난 남들에게 재촉당하며 살 정도로 나이가 젊지 않아요"라고 대꾸했다. 나는 사과소스와 도넛을 먹었는데, 그 음식이 주인장 노인의 가래침이 튀지 않았을 가능성이 가장 높다고 생각했기 때문이다. 하지만 동행한 내 친구는 사과소스를 먹지 않았다. 대신에 핫케이크와 깍지 콩을 먹었다. 그의 눈에는 그 음식들이 벽난로에서 가장 안전한 위치에 있는 것 같았기 때문이다. 나중에 나는 그 친구에게 버터 우유 케이크에 특히 침이 많이 튀더라고 이야기해주었다. 거기에 여러 차레 침이 튀는 걸 봤기 때문에 그 음식을 먹지 않았다고 말이다. 그러자 그 친구는 자기는 사과소스에 심각하게 침이 튀는 것을 똑똑히 봤기 때문에 그것을 먹지 않았다고 밝혔다. 아침식사를 마친 뒤 집 벽에 걸린 시계를 보았다. 시계는 고장난 상태였는데, 노인은 올리브기름이 없어서 '암탉 기름'을 시계에 좀 발랐다고 했다. 그는 우리가 떠돌이 수선공이나 행상꾼이 아니라는 것을 거의 믿지 않는 듯했다. 그 와중에 그는 종교적 환영과 관련된 이야기를 하나 했다. 어느 날 밤 서리 때문에 벽시계 상자에 금이 간 것과 관련이 있는 이야기였다. 그는 우리가 어느 종파에 속하는지 알고 싶어했다. 자기가 어렸을 때 한 달 동안 열세 개 종파가 전도하는 설교를 들은 적이 있다고 했다. 그러나 그는 그 가운데 어느 종파에도 가입하지 않았다. 오로지 성경만을 고수했다. 내가 옆방에서 면도를 하는데, 그가 내 친구에게 어떤 파에 속하냐고 묻는 소리가 들렸다. 친구는 이렇게 대답했다.

"아, 저는 사해동포파에 속합니다."

"그게 뭐요?" 그가 물었다. "금주禁酒의 아들Sons o' Temperance이라는 파인가?"•

우리는 주머니에 도넛을 가득 넣었는데, 그는 우리가 도넛을 자기와 똑같이 부른다는 것을 알고 좋아했다. 환대에 대한 대가를 주인장에게 지불한 뒤, 우리는 다시 길을 나섰다. 그는 문밖으로 따라나와서 자기가 프랭클린호에서 가져온 종자들로 재배한 채소들의

• 소로 일행이 술을 마시지 않는 것에 빗대어 한 말로 보인다.

이름을 자신에게 말해보라고 했다. 그것들은 양배추, 브로콜리, 파슬리였다. 전에 내가 그 많은 것들의 이름을 물었을 때, 그는 야생종이든 재배종이든 자기 밭에서 나는 모든 채소들의 이름을 차근차근 알려주려고 애썼다. 그의 밭은 면적이 2,000제곱미터쯤 되었고, 혼자서 모든 것을 경작했다. 흔히 볼 수 있는 채소들 말고도 소리쟁이, 레몬밤, 히솝, 쑥향, 유럽점나도나물, 별꽃, 로만웜우드, 목향 같은 야생초와 약초들이 있었다. 우리가 거기 서 있을 때, 물수리한 마리가 그 노인의 연못에서 물고기를 낚기 위해 급강하했다.

내가 말했다. "저기 보세요, 저 녀석이 물고기를 잡았어요."

"음." 그 광경을 내내 바라보고 있었지만 물수리의 움직임은 전혀 보지 못한 그 노인이 이렇게 대꾸했다. "녀석은 물속으로 뛰어들지 않았어. 그냥 발톱만 적셨을 뿐이지."

물수리들이 종종 그런다고는 하지만, 이번에는 그렇지 않았다. 그 녀석은 분명 발톱으로 물고기를 낚아채기에 충분할 정도로 내려왔었다. 하지만 반짝거리는 사냥감을 덤불 위로 나르다 그만 땅에 떨어뜨리고 말았다. 우리는 그 녀석이 그것을 되찾은 것을 보지 못했다. 물수리들은 보통 그렇게 행동하지 않는다.

노인은 처마 밑에 맨머리로 서서 또다시 이런저런 말을 걸다가 '벌판을 건너가라'며 우리에게 손가락으로 가리켰다. 느지막한 아침이 되어가는 가운데 우리는 또 하루를 해변에서 보내게 되었다.

우리가 웰플릿의 굴 따는 노인과 헤어진 그날로부터 불과 하루이틀 뒤, 내륙에서 온 두 남성이 프로빈스타운 은행의 금고문을 부수고 들어가 금품을 강탈한 사건이 일어났다. 우리를 친절하게 맞

아준 웰플릿의 그 집 사람들이 한때나마 혹시 우리가 그 강도들이
아닐까 의심했다는 사실을 나중에 알게 되었다.

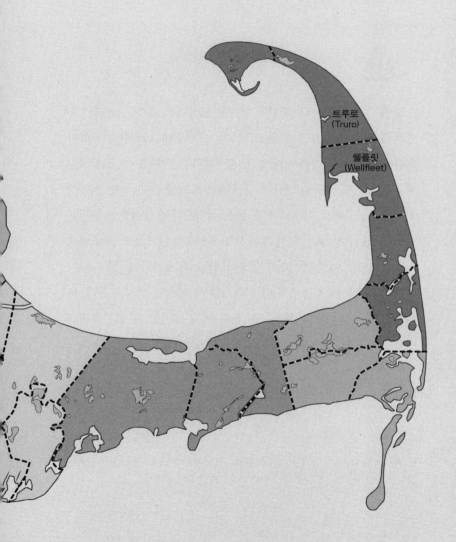

트루로
(Truro)

웰플릿
(Wellfleet)

앞에서 해안을 따라 죽 뻗어 있다고 묘사했던, 우뚝 솟아오른 해변의 모래톱으로 가는 길은 전날처럼 군데군데 제멋대로 자라난 베이베리 덤불을 따라 이어졌다. 베이베리는 어쩌면 이 근방에서 관목참나무 다음으로 가장 흔한 관목인지도 모른다. 나는 지난해에 자란 가지 바로 아래로 뻗은 짧은 잔가지들에 송이송이 무리를 이루고 있는 향기로운 잎사귀와 자그마한 회색 열매들에 깊이 매료되었다. 콩코드에도 베이베리 덤불이 두 그루 있어서 잘 알고 있는데, 그곳의 베이베리는 수술만 달려 있어서 열매를 맺지 못했다. 하지만 이곳의 베이베리 열매들은 품위 있고 고귀한 자태를 뽐내는 매우 향기로운 작은 사탕과자 같다. 로버트 비벌리[*]는 1705년에 발간한 저서 『버지니아의 역사*History of Virginia*』[**]에 "여러 강의 어귀, 바다와 만을 따라, 그리고 많은 개울과 소택지 인근에 열매가 달린

---

* Robert Beverley, 17세기~18세기 초 식민지 버지니아의 역사가이자 농장주, 정치인.
** 원제는 『버지니아의 역사와 현황*History and Present State of Virginia*』.

머틀*이 줄지어 자란다. 사람들은 이것으로 단단하지만 부러지기 쉬운 기묘한 녹색의 밀랍을 만든다. 잘 정제하면 거의 투명한 색이 된다. 이 밀랍으로 만든 초는 만져도 미끌미끌하지 않고 무척 뜨거운 날씨에 내놔도 녹지 않는다. 이렇게 만든 초는 타고 남은 심지에서 수지 양초 같은 불쾌한 냄새가 나지 않는다. 어쩌다 촛불이 꺼지면, 불쾌하기는커녕 기분 좋은 향내가 방 안을 가득 채운다. 불쾌한 냄새를 없애려고 일부러 베이베리 향초를 끄는 세련된 사람들도 있을 정도다. 베이베리 열매를 녹여 쓰는 법을 처음 알아낸 사람은 뉴잉글랜드의 한 외과의사라고 전해지는데, 그는 그것으로 연고를 만들어 환자를 치료하는 훌륭한 성과를 이루었다"라고 기술했다. 우리가 방금 떠나온 집에서도 베이베리 덤불을 보았고, 이 지역의 베이베리 덤불에 아직도 열매가 많이 달려 있는 것으로 미루어 볼 때, 이곳 주민들이 대체로 베이베리 열매를 따지 않는 이유는 여전히 수지 양초를 쓰기 때문일 거라고 판단했다. 훗날 나는 베이베리 밀랍**을 직접 만들어보았다. 4월에 잎사귀가 없는 잔가지들 밑에 양동이를 놓고 두 손으로 살짝 비벼 열매를 땄는데, 20분 만에 약 1.15리터를 따고 1.7리터가 되고서야 멈추었다. 적절한 갈퀴와 얕고 폭이 넓은 양동이가 있었다면 훨씬 더 빨리 땄을 텐데 하는 아쉬움이 들었다. 베이베리 열매는 오렌지 열매처럼 껍질에 식물성 수지로 둘러싸인 돌기 같은 것이 거의 없다. 양동이에 담긴 베

---

* 베이베리를 왁스머틀wax myrtle이라고도 부른다.
** 원문에는 그냥 'tallow(수지)'라고 표기되어 있어 소나 양의 기름 같은 동물성 기름으로 오인될 수 있으나, 문맥으로 볼 때 베이베리를 녹여 만든 녹색 밀랍 베이베리 탤로(베이베리 왁스라고도 함)라는 식물성 기름을 뜻한다.

이베리 열매들은 기름 성분이 위로 떠오르면서 마치 풍미 좋은 검은 죽처럼 보였고, 유향 또는 허브차 냄새가 났다. 그것을 식힌 뒤 표면에서 기름기를 걷어내고 다시 불에 녹여 압력을 가한다. 그렇게 1.7리터의 베이베리 열매로 약 113그램의 밀랍을 얻었는데, 열매 안에는 밀랍 성분이 아직 많이 남아 있었다. 그중 일부가 식어서 옥수수 한 알만한 작고 평평한 반원 형태의 결정체(나는 베이베리 열매들 가운데서 그 결정체들을 골라내며 덩어리라고 불렀다)가 되었다. 루던●은 "사람 손에서 재배된 나무들이 야생에서 자라는 나무들보다 밀랍을 더 많이 생산한다고 전해진다"라고 말한다(뒤플레시●●, 『수지류 수목 *Végétaux Résineux*』 2권 60쪽 참조). 송진이 손에 묻었을 때 이 열매를 두 손으로 비비면 바로 없어진다. 하지만 지금 무엇보다 중요한 것은 바다가 눈앞에 있다는 사실이었다. 그것은 베이베리와 인간 모두를 잊게 했다.

이날 대기는 너무도 맑고 깨끗했으며, 바다에는 먹구름도 거센 바람도 없었다. 여전히 파도가 해변을 따라 거품을 일으키며 부서졌지만, 바다는 햇빛을 받아 반짝거리며 활기차게 넘실댔다. 나는 그날 아침 일찍 바다 너머에서 동이 트는 것을 보았다. 마치 해가 바다 깊은 곳에서 올라온 것 같았다.

● 존 클로디어스 루던John Claudius Loudon, 19세기 스코틀랜드의 식물학자이자 정원 설계사. 과학적 연구 목적으로 수집한 나무들을 기르는 식물원을 최초로 '수목원'이라고 명명했다.
●● 프랑수아 사뱅 뒤플레시François Sabin Duplessy, 18세기 프랑스의 박물학자이자 식물학자.

짙은 황색의 가운을 걸친 새벽이 태양의 물결 너머에서 떠올라,
신과 인간에게 빛을 안겨주었나니.●

태양은 저멀리 바다 위로 매우 선명하게 떠올랐다. 수평선의 짙은 뭉게구름 뒤에 숨어 있던 태양이 높이 떠오르기 전까지는 그 구름이 거기에 있는 줄도 몰랐다. 태양이 떠오르자 뭉게구름은 날아온 화살에 맞은 것처럼 부서지고 흩어졌다. 그러나 나처럼 태양은 당연히 육지 위로 떠오른다고 생각하던 사람은 주의깊게 살펴보지 않으면 태양이 바다 위로 떠오르고 있다는 사실을 알아차릴 수 없었다. 수평선 위에는 벌써 배들이 떠다녔다. 그 배들은 지난 밤 케이프코드를 돌아 이미 또다른 목적지로 가는 항로에 접어들어 있었다.

트루로 남부 지역에서 또다시 해변과 마주쳤다. 이른 아침 시간에 그곳은 밀물 때였다. 해변길은 좁지만 푹신했다. 우리는 고지대에 속하는 모래톱 위를 걸었다. 하지만 전날처럼 평평한 길이 아니었다. 곳곳에 살짝 꺼진 곳들이 있어서 걷기가 힘들었다. 『반스터블 카운티 동부 해안 설명서』의 저자는 이곳에 대해 "모래톱이 매우 높고 가파르다. 그 끝에서 서쪽으로 폭이 약 90미터에 이르는 모래사장이 길쭉하게 이어져 있다. 그리고 뒤로 키 작은 잡목림이 약 400미터 너비로 넓게 펼쳐져 있어 통행이 거의 불가능할 정도다. 또 그 뒤편에는 집이라고는 한 채도 찾아볼 수 없는, 나무들만

● 호메로스의 『일리아스』 19권 1행에 나오는 구절. 그리스 신화의 새벽의 여신 에오스를 묘사하는 내용이다.

트루로―항해의 시작

빽빽하게 들어찬 울창한 숲이 버티고 있다. 따라서 움푹 꺼진 이 두 곳(뉴콤스할로와 브러시할로) 사이의 거리가 꽤 멀긴 하지만, 이곳을 지나가는 뱃사람들은 눈보라로 목숨이 위태로운 경우에도 그 숲에 들어가선 안 된다"라고 했다. 이 설명은 이제 그렇게 키 큰 나무들이 남아 있지 않다는 것만 빼고는 오늘날까지 유효하다.

해수면을 스치듯 날아다니는 갈매기들처럼, 일렁이는 물결 사이로 선체를 반쯤 감춘 채 물살을 가르며 달리다 파도 위로 휙 하고 뱃머리를 들어올렸다 내렸다 하는 선박들이 많이 보였다. 해안선과 평행을 이루며 속도를 천천히 낮춘 돛단배 한 척이 갑자기 돛을 내리더니, 정박하기 위해 해변으로 다가오다가 우리가 있는 인근 해안에서 불과 800미터 떨어진 지점에서 바람 때문에 방향을 틀었다. 처음에는 그 배의 선장이 우리에게 뭔가 말을 하고 싶어하는 줄 알았다. 그런데 우리는 항해사라면 이해했을지 모를 조난신호를 알아차리지 못했다. 그러자 그는 우리가 자기를 냉정하게 외면하고 난파선 잔해를 찾아다니는 사람들이라고 오해했는지 마구 욕을 퍼부었다. 그 배는 여러 시간 동안 꼼짝하지 않고 우리 뒤 저편에 정박해 있었다. 우리는 그 배가 왜 그렇게 오랫동안 항해를 멈추고 머뭇거리고 있는지 궁금했다. 혹시 밀수품을 하선할 곳으로 그 황량한 해변을 선택한 밀수선이 아니었을까? 아니면 거기서 낚시를 하거나 배에 페인트칠을 하려고 했던 걸까? 그사이 다른 돛단배와 쌍돛대 범선, 스쿠너 범선들이 세찬 바람을 맞으며 그 배 옆을 지나가자 케이프코드의 선박 수는 배로 늘어났고, 우리는 양심의 가책에서 해방되었다. 그 선박들 가운데 일부는 서서히 뒤처진 반면, 다른 배들은 속도를 늦추지 않고 계속 앞으로 나아갔다. 우리는 그 배들에 설치된 삭구 장치들과 선체 모양, 그리고 바다를 가르며 나아가는 방식을 주의깊게 관찰했다. 살아 있는 생명체들 사이에 존재하는 모든 차이점이 선박들에도 똑같이 존재하기 때문이었다. 그러나 그 배들이 저멀리 있는 자신들의 목적지가 보스턴과 뉴욕, 리버풀이라는 것을 잊지는 않고 있는지 궁금했다. 그 배들을 모는 항해사가 너무도 웅장한 바다를 대면하고는 그에 비하면 사소하기 그지없는 자신의 임무를 깜박 잊어버릴 수도 있기 때문이다. 그 배들은 어쩌면 웨스턴아일스*에서 오렌지를 싣고 왔을지도 모른다. 거기서 벗긴 오렌지 껍질을 다시 싣고 가는 중이었을까? 여기

---

* 스코틀랜드 북서부의 주. 아우터헤브리디스제도로 이루어져 있다.

서 이러고 있느니, 우리의 낡은 소지품을 챙겨 영원의 바다를 가로질러 건너가는 편이 나을지도 몰랐다. 그것은 그 축복받은 섬들과 이루어지는 '활발한 무역 거래'의 또다른 모습에 불과한 것일까? 천국은 리버풀 부둣가와 같은 항만일까?

지금까지도 면면히 버텨온 내륙의 황야지대와 관목림, 사막과 평탄한 비탈면의 우뚝 솟은 모래톱, 드넓은 백사장 해변, 거품을 일으키며 밀려드는 파도, 모래톱 너머의 초록빛 바다, 그리고 대서양. 우리는 전날 가지 않은 새로운 해변 유역을 즐겁게 가로질러 걸었다. 그리고 해마의 갈기, 해우의 꼬리, 해파리와 대서양 동죽에 대해 모르던 사실들을 새롭게 배웠다. 바다는 어제와 거의 달라지지 않은 모습이었다. 파도가 잠잠해진 것처럼 보였지만 그것은 우리의 희망사항이었다. 몇 시간 뒤, 바다의 모습은 전날과 같아졌다. 바다는 스스로 균형을 맞추려는 듯 이리저리 일렁이며 우리 곁에서 끊임없이 움직이고 있었다. 파도가 칠 때마다 모래사장에는 조악한 씨줄과 날줄로 땋거나 엮은 듯한 무늬가 만들어졌고, 물이 빠르게 찼다 빠지면서 모래사장 가장자리가 위로 올라간 것이 뚜렷하게 보였다. 우리는 서두르지 않았다. 한가로이 바다를 느끼고 싶었기 때문이다. 실제로 그곳의 부드러운 모래사장은 서두른다고 빨리 갈 수 있는 곳이 아니었다. 그곳에서 1.5킬로미터를 걷는 것은 다른 곳에서 3킬로미터를 걷는 것과 비슷했다. 게다가 모래톱을 오르내릴 때마다 신발에서 모래를 털어내야 할 정도로 발이 푹푹 빠졌다.

그날 아침 우리는 물가를 걸어가던 중 우연히 뒤를 돌아보았다가, 파도가 해변으로 막 밀어올린 거대한 검은 물체를 보았다. 거리가 멀어서 그것이 무엇인지는 확인할 수 없었다. 그 물체 쪽으로 되돌아가려고 했을 때, 조금 전까지만 해도 인적이 없던 모래톱에서 남자 두 명이 그리로 뛰어가는 것이 보였다. 또다시 파도가 밀려와 그것이 쓸려갈까봐 모래밭에서 튀어나온 것 같았다. 가까이 다가가 보니 그것은 거대한 물고기 같기도 하고, 익사한 사람 같기도 하고, 돛이나 그물 같기도 했는데, 결국 조난한 프랭클린호에 실려 있던 화물의 일부인 거친 아마 섬유 더미로 확인되었다. 두 남자는 그것을 수레에 실었다.

해변에 있는 물체는 사람이든 물건이든 극도로 기괴하게 보일 뿐 아니라, 실제보다 훨씬 더 크고 경이롭게 보인다. 얼마 전 여기서 몇 도 남쪽 방향으로 해안을 따라 걷다가 800미터쯤 앞에 높이가 4.5미터쯤 되고 햇빛과 파도로 하얗게 변색된 가파른 바위투성이의 절벽 같은 것이 있는 것을 보았다. 하지만 몇 걸음 앞으로 다가가니 30센티미터 높이에 지나지 않는 나지막한 누더기 천 더미― 난파선 화물의 일부―였다. 또 한번은 등대의 방향 지시를 받고도 조난해 일주일 뒤 해안으로 밀려올라온, 물속에서 상어들에게 심하게 뜯긴 시신의 잔해를 찾으러 가는 일을 도왔다. 모래사장 위 2~3킬로미터 전방, 물가에서 60미터 떨어진 곳에서 그 잔해를 발견한 것으로 기억한다. 나는 그 위에 천을 덮고 옆에 막대기 하나를 꽂아 세웠다. 처음에는 그렇게 작은 물체를 발견하려면 매우 주의깊게 살펴야 한다고 생각했다. 하지만 폭이 800미터쯤 되고 시야가 닿지 않는 먼 곳까지 펼쳐진 모래 해변은 너무도 완벽하게 부드럽고 텅 비어 있었다. 바다 쪽 신기루는 물체의 크기를 매우 크게

확대하기 때문에, 점 같은 자그마한 은화도 800미터 떨어진 거리에
서는 표백한 둥근 돛대처럼 보였다. 따라서 시신의 잔해도 마치 그
것이 모래사장에 안치되어 있는 것처럼, 또는 일족들이 거기에 돌
무덤을 쌓아올린 것처럼 쉽게 찾을 수 있었다. 가까이 다가가보니
그 잔해라는 것은 사실상 살덩이가 조금 붙어 있는 뼈다귀들로, 해
안을 따라 길게 펼쳐진 길에 드문드문 흩어져 있었다. 그 뼈다귀들
에는 눈여겨볼 만한 것이 전혀 없었다. 처음에는 그것들에서 불쾌
한 느낌을 받거나 기분 나쁜 상상을 하지는 않았다. 하지만 그 자
리에 가만히 서 있다보니 점점 더 주변이 눈에 들어오기 시작했
다. 그것들과 함께한 것은 해변과 바다뿐이었다. 움푹 파인 지형에
서 울리는 으르렁대는 소리가 그것들에 말을 거는 것 같았다. 칭얼
거리듯 연민에 빠진 나 말고, 잔해와 바다 둘이서만 이해하는 것이
있다는 인상을 받았다. 그 시신은 위풍당당했던 해변을 차지하고
그 위에 군림했다. 그 사람이 살아 있었다면 결코 일어나지 않았을
일이다.

　나중에 우리는 바닷물에 깨끗이 씻긴 수많은 아마 섬유들을 보
았다. 심지어 그해 11월까지 보존 상태가 양호한 아마 섬유들이 계
속 발견되었음을 나중에 알게 되었다. 한 번에 여섯 필씩이나 발견
된 적도 있다고 한다.

　우리는 모래사장 여기저기에 드문드문 보이는 매끄럽고 둥근 조
약돌과 납작한 원형의 조가비(스쿠텔레● 모양이랄까?) 들을 열심히 주

● Scutellæ, 라틴어로 '받침접시'를 뜻한다.

워 주머니에 가득 채웠다. 하지만 이미 알고 있듯이 그것들은 물기가 마르면 아름다운 모습을 잃기 때문에, 앉을 때마다 슬그머니 다시 주머니를 비우고 마음에 드는 새로운 것들을 채워넣었다. 온갖 물질들이 파도에 쓸려 조약돌 형태로 굴러다녔다. 다양한 종류의 돌멩이뿐 아니라 일부 선박이 바다에 떨어뜨린 무연탄과 유리 파편, 지금껏 수 킬로미터를 걸어오는 동안 본 적이 없는, 길이가 약 1미터에 이르는 토탄 덩어리까지 있었다. 지구상의 모든 거대한 강들은 해마다 무한하다고는 할 수 없어도 엄청난 양의 벌채된 목재를 멀리 떨어진 해안으로 떠내려보낸다. 나는 완벽한 조약돌처럼 매끄러워진 벽돌 조각들과 파도에 이리저리 뒹굴며 둥그렇게 깎여서 이발소의 기둥 모양 간판처럼 빨간 줄무늬가 나선형으로 새겨진, 난파선에서 흘러나온 카스티야 비누* 막대들도 보았다. 누더기천 더미 같은 화물이 밀려올라오면, 낡은 주머니와 가방처럼 움푹 들어간 공간이 있는 물건들은 해변을 굴러다니다 모래가 터질 듯이 꽉 들어차기 마련이다. 한번은 난파선에서 흘러나와 해변으로 밀려올라온 옷가지의 불룩한 주머니들을 보고 속에 도대체 무엇이 들었는지 확인해보고 싶은 마음이 들었다. 그 옷가지들은 이미 난파선의 잔해에서 쓸 만한 것들을 찾아다니는 사람들에게 찢겨 있었지만 말이다. 장갑 한 짝은 마치 그 안에 손이 들어 있는 것처럼 보였다. 그런 옷가지 속에 스며든 물은 금방 빠져나가고 증발하지만, 솔기 사이로 들어간 모래는 그리 쉽게 제거되지 않는다. 잘 알

---

* 11~12세기 스페인의 카스티야 지방을 지배한 이슬람 문화권에서 사용하던, 올리브에서 추출한 식물성 기름으로 만든 비누.

다시피, 해변에서 주운 해면은 안에 든 모래를 빼내려고 아무리 애써도 여전히 모래가 남아 있기 마련이다.

모래톱 꼭대기에서 짙은 회색 돌 하나를 주웠는데, 개량조개(막트라 솔리디시마)와 모양새와 크기가 똑같았다. 더 놀라웠던 것은 개량조개의 한쪽 껍데기가 그 돌 옆에 놓여 있었는데 형태와 깊이가 그돌과 동일했다는 점이다. 다른 한쪽 껍데기는 안에 더 짙은 색의단단한 심이 느슨하게 달려 있었다. 나중에 맛조개를 닮은 돌도 보았는데, 그냥 단단한 돌이었다. 그 돌은 조개껍데기에 돌가루가 쌓여 생겼거나, 아니면 조개가 형성되는 원리와 똑같은 방식으로 만들어진 것처럼 보였다. 조가비 속에 모래가 가득찬 죽은 조개를 흔히 모래조개라고 부르는데, 주변에 모래가 가득한 커다란 조가비들이 많이 널려 있었다. 때로는 조가비마다 정확하게 수평을 맞춰 모래가 채워진 것들도 있었는데, 마치 모래를 쌓다가 표면을 평평하게 고르기 위해 긁어낸 것 같았다. 모래톱에 널려 있는 그 많은 돌들 사이에서 요행히도 화살촉 하나를 발견했다.

우리는 그 해안에서 그런 커다란 조개와 따개비들 말고도 작은 조개(학명: 메소데스마 아르크타타Mesodesma Arctata)• 하나를 발견했다. 나는 모래톱 인근에서 그 조개들을 여러 차례 손으로 캤다. 이쪽 주민들은 다랑조개(학명: 미아 아레나리아Mya Arenaria)••가 없을 때 그조개를 먹기도 한다. 속이 비고 껍데기뿐인 조가비들은 대부분 무언가에 구멍이 뚫려 있었다. 학명이 아스타르테 카스타네아Astarte

---

• 주로 미국 해안에서 서식하는 퇴조개과에 속하는 납작한 작은 조개.
•• 우리나라의 우럭과 같은 종.

Castanea *인 조개도 보았다.

40~50개씩 무리를 이루어 파도에 씻기며 바위에 붙어 있는 진주 담치(학명: 마이틸루스 에둘리스Mytilus Edulis) **는 밧줄 같은 족사足絲 ***로 서로 연결되어 있었다.

가리비(학명: 페크텐 콘센트리쿠스Pecten Concentricus) ****는 연하장 진열대와 바늘꽂이로 사용되었다.

우렁이(학명: 나티카 헤로스Natica Heros) *****와 흔히 '구슬우렁이알 집'이라고 불리는 그들의 놀라운 보금자리도 보았는데, 그것은 마개가 없거나 윗부분이 깨진 돌항아리, 또는 사포로 갈아 만든 화려한 블라우스의 앞 장식처럼 보였다. 또한 학명이 칸셀라리아 코우토우위이Cancellaria Couthouyi(?)인 고둥 ******과 경단고둥(?)(학명: 푸수스 데쳄코스타투스Fusus Decemcostatus) *******도 있었다.

나중에 우리는 매사추세츠만 쪽에서 또다른 종류의 복족류들을 보았다. 굴드 ********는 케이프코드가 "지금까지 수많은 연체동물종들의 이동에 장애물임이 확인되었다"라고 말했다. 그는 "(1840년에 매사추세츠에 서식중인) 197종 가운데 83종이 남부 해안으로

- 등줄조개과에 속하는 조개로 색깔과 모양이 밤과 비슷하다.
- ** 영어로 Blue Mussel, 홍합이라고도 부른다.
- *** 연체동물이 분비하는 가는 실 묶음으로, 부착 기능을 한다.
- **** 공식 학명은 아그로페크텐 이라디안스Agropecten Irradians로, 미국 동부 해안이 원산지인 해만가리비를 뜻하는 것으로 보인다.
- ***** 구슬우렁과에 속하는 포식성 바다우렁이의 한 종.
- ****** 감생이고둥과에 속하는 바다우렁이종으로 공식 학명은 아드메테 비리둘라 Admete Viridula이며 껍데기가 육두종 씨앗을 닮았다.
- ******* 총알고둥과에 속하며 공식 학명은 넵투네아 데쳄코스타투스Neptunea Decemcostatus이다. 총알고둥이라고도 한다.
- ******** 오거스터스 애디슨 굴드Augustus Addison Gould, 19세기 미국의 박물학자, 물리학자이자 미국 패류학의 선구자. 뉴잉글랜드 무척추동물의 최고 권위자 중 한 명이다.

내려가지 못하고 있고, 50종은 케이프코드 북부 해안에서 발견되지 않는다"라고 주장한다.

갑각류로는 게와 바닷가재의 껍데기들이 있었는데, 대개 새하얗게 표백되어 해변 위에 우뚝 솟은 모습으로 널려 있었다. 갯벼룩 (학명: 암피포다Amphipoda)●과 대서양투구게(학명: 리물루스 폴리페무스 Limulus Polyphemus)의 껍질도 있었다. 케이프코드만 쪽에서는 살아 있는 것들도 많이 보았다. 그곳 주민들은 그것들을 돼지 사료로 썼다. 인디언들은 그 갑각류들의 꼬리를 화살촉으로 썼다.

방사대칭동물군 중에는 성게(학명: 에키누스 그라눌라투스Echinus Granulatus)●● 껍데기들이 있었는데, 대부분 겉에 붙은 가시들이 모두 뽑힌 상태였다. 껍데기가 꽃잎처럼 생긴 다섯 개의 납작한 면이 동그랗게 모여 있는 모양인 성게(학명: 스쿠텔라 파르마Scutella Parma)●●●도 있었는데, 초콜릿 색깔의 가시들이 그 위를 덮고 있다가 점점 하얗고 매끄럽게 바뀐다. 그 밖에도 불가사리(학명: 아스테리아스 루벤스Asterias rubens)●●●●, 개복치와 해파리(학명: 아우렐리에Aureliæ)●●●●● 껍질들도 보았다.

해면도 적어도 한 종 있었다.

일반적으로 만조 때 물이 차 최고 수위임을 보여주는 지점과 모

● 절지동물 단각목에 속하는 갑각류 가운데 한 종으로 모래벼룩이라고도 한다.
●● 공식 학명은 스트론질로센트로투스 팔리두스Strongylocentrotus Pallidus로 '연약등근성게'를 말한다.
●●● 방패 판 모양이라 해서 이렇게 부른다. 공식 학명은 에키나라키니우스 파르마 Echinarachinius Parma로, 북반구에서 원주민들이 모래달러라고 부르는 납작한 모양의 성게.
●●●● 대서양 북동부 해안에서 가장 흔한 불가사리종.
●●●●● 라틴어로 해파리라는 뜻으로, 여기서는 공식 학명이 아우렐리아 아우리타Aurelia Aurita인 보름달물해파리를 뜻한다.

래톱 바닥 사이로 난 선반 모양의 모래층 여기저기서 갯냉이(학명: 카킬레 아메리카나Cakile Americana)•, 솔장다리(학명: 살솔라 칼리Salsola Kali), 북극갯별꽃(학명: 혼케냐 페플로이데스Honkenya Peploides), 도꼬마리(학명: 산티움 에키나툼Xanthium Echinatum)••, 해변땅빈대(학명: 유포르비아 폴리고니폴리아Euphorbia Polygonifolia)•••, 개풀(학명: 아룬도Arundo, 프사마Psamma 또는 칼라마그로스티스 아레나리아Calamagrostis Arenaria)••••, 미역취(학명: 솔리다고 셈페르비렌스Solidago Sempervirens)•••••, 갯완두(학명: 라티루스 마리티무스Lathyrus Maritimus)•••••• 같은 갯가 식물들도 보았다.

우리는 해변을 걷다가 간혹 난파선 잔해를 수거하는 사람이 보통보다 더 큰 통나무를 뒤집는 것을 돕기도 하고, 모래톱 아래로 돌을 굴리며 웃음 짓기도 했다. 하지만 그 돌이 바닷물까지 굴러가 닿는 경우는 거의 없었다. 해변은 발이 푹푹 빠지는 모래사장이었고 폭도 넓었다. 모래톱 안쪽에 있는 조금 얕은 바닷물에 몸을 담그기도 했는데, 물결이 끊임없이 일렁이는 바람에 모래가 우리 몸을 덮었다. 물은 꽤 차가웠고 바람이 많이 불었지만 견딜 만했다. 그곳의 바다는 뜨거운 날씨에도 사람들을 안달하게 만든다. 나중에 듣고 알게 된 사실이지만, 대서양 쪽 바다는 강한 해향저류海向

• 주로 북아메리카 동부 해안에서 자라며 공식 학명이 카킬레 에덴툴라Cakile Edentula인 '서양갯냉이'.
•• 공식 학명은 산티움 스트루마리움Xanthium Strumarium.
••• 대극과에 속하는 한해살이풀로 땅 위에 퍼진 모습이 빈대 같다고 해서 이런 이름이 붙었다.
•••• 모두 바닷가에서 자라는 벼과 식물인 '마람풀'을 말한다.
••••• 북아메리카 동부와 카리브해에 서식하는 미역취의 일종.
•••••• 북반구 온대지방 바닷가에서 서식한다.

底流 *와 상어가 출몰한다는 소문 탓에 눈앞에 바다가 드넓게 펼쳐져 있음에도 사람들이 수영하는 모습을 볼 수 없었다. 이스텀과 트루로 양쪽의 등대에서 보이는 해안가의 집에 사는 사람들은 가끔 상어들이 모래사장으로 튀어올라 몸을 흔드는 것을 본 적이 있기 때문에 '아무리 많은 돈을 줘도' 이듬해에 절대로 거기서 수영을 하지 않을 거라고 잘라 말했다. 다른 사람들은 그 이야기를 듣고 웃어넘겼지만, 거기서 수영을 해본 적이 없기 때문에 그렇게 웃을 수 있었는지도 모른다. 난파선 잔해를 수거하는 한 노인은 주기적으로 사람을 잡아먹는 4미터짜리 식인상어를 잡았다고 우리에게 자랑했다. 수영하던 곳에서 상어를 잡아 줄로 황소와 연결해 바다에서 끌어냈다고 했다. 또다른 사람은 자기 아버지가 해변에 밀려와 오도 가도 못하게 된 같은 종류의 좀더 작은 식인상어 한 마리를 잡은 뒤 다시 바다로 쓸려나가지 못하게 하려고 상어 주둥이를 밟고 서 있었다고 했다. 누구든 그들에게서 케이프코드 전역에서 일어난 믿기지 않는 상어와의 사투 이야기들을 들을 수 있을 것이다. 나는 그들이 이야기한 것, 즉 상어들이 배 안에 타고 있는 사람들을 잡아먹기 위해 어떻게 배를 뒤집고 산산조각냈는지 따위를 전적으로 의심하는 무례한 짓은 하지 않는다. 해안가 바다 밑의 역류 현상은 너무도 명백한 사실이라 쉽게 믿을 수 있는데다, 10여 년에 한 번꼴로 상어가 출몰한다는 사실이 160킬로미터에 이르는

---

* 파랑이나 바람에 의해 해안 쪽 바닷물의 높이가 외해 쪽보다 높아져서 해안에서 외해 쪽으로 물결이 역류하는 현상. 보통 해변으로 밀려오던 파도가 갑자기 바다로 되돌아가며 좁게 소용돌이치는 이안류와 함께 발생한다.

그곳 해변의 명성을 계속 이어지게 하기에 충분하다는 사실 또한 의심할 여지가 없다. 거기에 한마디 덧붙이자면, 우리도 7월*에 이 곳 모래톱 위를 걷다가 길이가 1.8미터 정도 되는, 아마도 상어로 추정되는 물고기 한 마리가 해안에서 10미터쯤 떨어진 바닷물 속 에서 우리와 평행선을 그리며 400미터가량을 어슬렁거리는 것을 보았다. 그 상어는 연한 갈색으로 특이한 필름처럼 물속에 흐릿하 게 비쳤는데, 이 바다의 자식이 마음대로 하도록 만물이 그냥 내버 려두는 것 같았다. 그것이 해수면 가까이에 떠오를 때마다, 거죽에 새겨진 여러 개의 가로줄이나 고리 무늬의 색깔이 더 짙어졌다. 널 리 알려진 대로 상어는 같은 종이라도 서식하는 바다에 따라 색깔 이 달라진다. 그 상어는 방금 전 우리가 수영하던 작은 만의 수영 구역으로 들어갔다. 당시 그곳의 바다 깊이는 1.2~1.5미터에 불과 했다. 다행히도 상어는 그곳을 천천히 둘러본 뒤 다시 빠져나갔고, 우리는 거기서 계속 수영을 했다. 물론 물에 들어가기 전 먼저 모 래톱 위에서 상어가 그 작은 만을 선점하지 않았는지 확인했다. 그 곳의 바닷물이 케이프코드만의 바닷물보다 더 생기가 가득하고 어 쩌면 탄산수처럼 산소 공급을 더 원활히 하나보다 싶었다. 우리는 새끼 연어처럼 특별한 존재**이기 때문에, 상어를 만날지도 모른다 는 우려 때문에 그곳이 주는 생명의 기운을 포기할 수는 없는 노 릇이었다.

---

* 세번째로 방문한 1855년 7월.
** 연어가 새끼를 낳기 위해 바다에서 강으로 이동하고 새끼 연어는 다시 바다로 돌아 가는 것에 빗대어 표현한 말.

때때로 우리는 젖은 해변에 앉아, 물결이 밀려드는 가장자리를 따라 종종걸음치며 아침 먹잇감이 바닷물에 밀려오기를 기다리는 도요새 같은 바닷새들을 지켜보았다. 그때 도요새(학명: 카라드리우스 멜로두스Charadrius Melodus)* 한 마리가 잽싸게 내달리더니 갑자기 멈춰서서 미동도 하지 않았다. 마치 해변과 하나가 된 것처럼 아무 움직임도 없었다. 젖은 모래사장이 팔짝팔짝 뛰는 자그마한 갯벼룩들로 덮여 있었는데, 그것들이 그 새의 먹이가 틀림없었다. 갯벼룩은 해변의 죽은 사체들을 처리하는 작은 동물이다. 그들은 파도에 밀려올라온 큰 물고기들을 매우 짧은 시간에 모두 해체해 게걸스레 먹어치울 정도로 많았다. 참새만한 작은 새―아마도 지느러미발도요 종류에 속하는 새였던 것 같다―한 마리가 1.5~1.8미터 높이의 파도가 거세게 요동치는 수면 위에 오리처럼 둥둥 떠 있었다. 파도가 칠 때마다 새는 영악한 날갯짓을 해 거품을 내뿜는 물마루 위로 몸을 살짝 들어올리다가, 몇 초 만에 갑자기 거대한 파도가 들이닥치자 그 기세에도 본능적으로 주눅들지 않고 안전하게 뚫고 나갔다. 그 작은 생명체는 큰 바다를 어떻게 상대해야 하는지 알고 있었다. 거대한 파도만큼이나 자기 삶을 완벽하게 살아갈 줄 아는 존재이기도 했다. 케이프코드 해안 전역에 걸쳐 해변에서 10여 미터 떨어진 수면 위에는 일렬로 줄을 지어 일렁이는 물결을 따라 오르락내리락하는 검둥오리떼도 있었다. 그들은 물 위에 떠 있는 넓적한 수련 잎이나 물옥잠 같은 수초들이 호수의 경계를

---

* 북아메리카의 모래와 자갈 해안에 둥지를 틀고 서식하는 참새 크기의 작은 바닷새인 배관물떼새.

표시하듯 바다에 일정한 경계선을 만들었다. 우리는 케이프코드만에서도 볼 수 있는 쇠바다제비(학명: 탈라시드로마 윌소니이Thalassidroma Wilsonii)●에 대해 다음과 같은 내용을 읽었다. "쇠바다제비의 가슴깃털은 헤엄을 칠 줄 아는 새들의 깃털처럼 물에 젖지 않는다. 물에 젖지 않게 하는 물질은 물 위에서 기름을 모으는 데 최적화되어 있다. 바로 그것이 쇠바다제비가 수면에 닿을 때 가슴깃털이 하는 역할이다. 그 방법이 그들이 먹이를 구하는 유일한 길은 아닐지라도, 먹이의 상당량을 그런 식으로 얻는다는 것은 분명하다. 그들은 날개가 수면에 닿을 때까지 돌진한 뒤, 물결 위에 내려앉아 부리로 깃털의 기름을 털어낸다."

우리는 3~5킬로미터 앞을 바라보며 완만하게 굴곡진 해변을 따라 계속 걸었다. 해변길에는 사람이 하나도 보이지 않았다. 그 길은 오른쪽의 국도와 모래절벽이 있는 왼쪽의 중간 도로와 나란히 이어져 있었다. 아마 우리는 이날 오전에 프랭클린호로 보이는 난파선의 잔해 일부를 보았을 것이다. 페인트칠 자국이 아직도 선명하게 남아 있는 약 1.4제곱미터의 큰 파편이었다. 그 잔해는 해변 가까이로 밀려왔다가 다시 파도에 쓸려나가기를 반복했기 때문에, 우리는 쇠갈퀴와 밧줄을 써서 그것을 건져낼 수 있었다. 난파선 잔해를 수거해 먹고사는 가난한 사람에게 그것은 행운의 수거품이었을 것이다. 그 난파선의 잔해 일부를 3~4달러 주고 산 사람이 거기서 50~60달러에 달하는 쇠붙이를 추출해 되팔았다는 이야기를 들었

● 바다 위에서 생의 대부분을 보내는 새 중 가장 작은 새로, 뱃사람들에게는 폭풍의 전조를 알려주는 새로 널리 알려져 있다.

기 때문이다. 중요한 문서가 담긴 난파선 선장의 작은 여행 가방을 주운 또다른 사람은 자기 밭에서 자라는 많은 배와 자두나무를 보여주었는데, 그것들은 난파한 프랭클린호에서 해안으로 밀려올라 온 것들로, 모두 깔끔하게 묶인 채 라벨이 붙어 있었다. 그는 자신이 500달러 가치에 상당하는 물건을 건졌다고 말했다. 왜냐하면 벨이라는 사람이 보스턴 근처에 세워질 묘목장에서 키울 과실수 묘목을 수입하는 중이었기 때문이다. 그가 밭에 심은 순무 종자도 거기서 건진 것이었다. 또한 난파한 프랭클린호와 캑터스호에서 건진 돛대와 활대용의 값비싼 원재圓材들도 그의 집 마당에 놓여 있었다. 이 말은 이곳 주민들이 어부가 물고기를 잡기 위해 쳐놓은 어살을 주기적으로 살피듯 또는 벌목업자가 유목流木을 방지하기 위해 설치한 방책을 수시로 점검하듯, 해변에 무엇이 새로 걸려올라왔는지 보기 위해 해변을 빈번히 들락거린다는 것을 뜻한다. 케이프코드는 그들의 유목 방책인 셈이었다. 나는 최근에 상태가 좋은 사과 3,000리터를 손에 넣는 횡재를 했다는 어떤 사람에 대해 들었다. 배에 선적되어 운송중이던 화물 일부가 폭풍을 만나 바다에 떨어진 것이 틀림없었다.

배가 난파해 분실된 값비싼 화물들을 찾도록 난파선 화물관리인이 임명되었다는 소식이 널리 퍼졌음에도 불구하고, 많은 분실물들은 거의 예외 없이 발견자에 의해 은밀하게 처분된다. 우리가 이곳 주민이라면, 근처 해변에 값비싼 물건이 밀려올라왔을 때 그 물건을 자기가 가져도 된다고 생각하지 않을 거라 확신할 수 있을까? 일상적인 생업 활동의 하나로 난파선 잔해를 찾아다니는 이곳 너셋과 바니갯* 사람들의 습성을 우리가 예단하고 있는 것은 아닐까?

그야말로 망망대해, 야생의 자연 그대로인 바다는 인공적인 것들의 쓰레기와 잔해들을 아주 멀리 떨어진 해변으로 실어보낸다. 바다가 게워내지 않는 것은 아무것도 없다. 바다는 무엇이든 그대로 놔두는 법이 없다. 심지어 바다 밑바닥에 붙어서 떨어지지 않으려고 애쓰는 대합조개들조차도 말이다. 바다는 지금도 여전히 프랭클린호가 수장시킨 아마 섬유를 토해내고 있다. 그리고 아주 오랜 옛날, 100년도 더 전에 난파한 해적선의 파편 일부가 오늘도 이 해변으로 밀려올라온다. 몇 년 후 육두구가 화물로 실린 어떤 선박이 여기서 난파해 해변 여기저기에 육두구가 흩어져 있었다. 그것들은 짠 바닷물 속에 상당 시간 있었음에도 전혀 상하지 않은 상태였다. 얼마 지나지 않아 어떤 어부가 대구 한 마리를 잡았는데, 배를 갈라보니 그 안에 육두구가 가득했다. 그렇다면 향료제도** 사람들이 육두구 나무를 바다에 빠뜨림으로써 대구를 잡는 모든 사람이 육두구를 먹은 대구를 건질 수 있게 한 것은 아니었을까? 하지만 일 년 뒤 나는 프랭클린호에서 나온 육두구가 흐물흐물해졌다는 것을 알았다.

어쩌면 당신은 물고기들이 삼킨 신기한 물품 목록─펼쳐진 채 발견된 뱃사람들이 쓰는 접이식 칼, 안에 무엇이 들었는지는 모르

---

* 뉴저지 오션 카운티의 롱비치섬 북단에 있는, 뉴욕항을 오가는 선박들의 중요한 항법 지점 중 한 곳.
** Spice Island, 오늘날 인도네시아 동부의 말루쿠제도. 과거 포르투갈과 스페인의 식민지 쟁탈 지역으로, 정향이나 육두구 같은 향신료 생산지로 유명하다.

지만 반짝거리는 주석으로 된 코담배통, 각종 항아리, 보석, 그리고 요나•—을 만들 수 있을지도 모른다. 일전에 나는 신문에서 다음과 같은 기사 한 토막을 본 적이 있다.

신앙심 깊은 물고기—얼마 전 광산주이자 덴튼호텔의 소유주인 스튜어트가 무게가 27킬로그램쯤 나가는 우럭 한 마리를 샀다. 그가 우럭의 배를 땄을 때, 그 안에는 다음과 같이 적힌 감리교 성공회 회원증이 들어 있었다.

회원

감리교 성공회.

서기 1784년 설립.

분기별 승차권.

18

목사.

우리는 지금 잠시 동안 가벼운 고난을 겪고 있지만, 그것은 한량없이 크고 영원한 영광을 우리에게 가져다줄 것입니다.

—고린도후서 4장 17절.••

• 구약성서에 나오는 선지자. 하느님의 명령을 거부하고 배를 타고 도망가다 바다에 던져져 큰 물고기 뱃속에서 사흘을 견디다 다시 살아났다.
•• 공동번역성서에서 인용.

> **오 이곳에서의 내 모든 고통은 무엇이란 말인가,**
>
> **주님이시여, 당신이 만일 그 황홀한 성체와**
>
> **함께 나타나 나를 만나주신다면,**
>
> **나는 당신의 발아래 엎드려 경배드리리.●**

물론 종이가 쭈글쭈글하게 구겨지고 젖은 상태였다. 하지만 햇볕에 말리고 구겨진 것을 다리미로 펴니, 거기에 인쇄된 글자를 읽는 데 불편이 없었다. _「덴튼(메릴랜드) 저널」

때때로 우리는 상자나 통 같은 잔해를 직접 건졌는데, 그것을 해변 가장자리에 두고 작대기를 열십자로 꽂아 표시를 해두었다. 잔해를 수거하는 다른 사람들이 자신들이 정한 규칙을 준수한다면, 더 거센 폭풍이 몰아쳐 다시 휩쓸려갈 때까지 그 자리에 그대로 있을 것이다. 다시 난파사고가 발생하지 않는 한, 그들은 그것을 그대로 놓아둘 것이다. 또한 우리는 발을 물에 적셔가며 바닷물에 출렁이고 있던 값비싼 노끈과 부표 하나를 건졌다. 그것은 물고기를 잡는 커다란 어망인 후릿그물의 일부였다. 그렇게 위대한 존재가 주는 최소한의 선물을 거부하는 것은 너무 불손한 일로 보였기 때문에, 그것을 집으로 가져와 지금까지도 원예용 줄로 사용하고 있다. 나는 젖은 모래사장에서 반쯤 묻힌 채 따개비들로 덮여 있는 병 하나를 주웠다. 마개가 꽉 닫혀 있었고, 안에는 아직도 노간주나무

● 찰스 웨슬리Charles Wesley의 장례 찬송가 〈연약한 이 몸이 그냥 꺼져가게 내버려두소 서And Let this feeble body fail〉 4절.

향이 풍길 것 같은 붉은색 에일 맥주가 반쯤 담겨 있었다. 거기 있
는 모든 것은 소란스러운 세상의 난파된 모습을 연상시켰다. 한편
에는 거대한 소금 바다, 다른 한편에는 자그마한 에일 맥주의 바다
가 저마다의 사연을 간직한 채 그 자리에 있었다. 그것이 끝없이 밀
려오는 대양의 파도를 헤치며 겪어온 수많은 모험에 대해 우리에게
이야기해줄 수 있다면! 인간은 겪어온 시련들을 통해 단련되지 않
는다. 그러나 내가 그 병 속의 맥주를 모래 위에 쏟아붓는 순간, 인
간이라는 존재 또한 세월이 어느 정도 마셔버리고 반쯤 남은 에일
맥주 같은 신세여서 한동안 마개가 꽉 닫힌 채 바다 위를 떠다니다
가 마침내는 주변의 파도와 뒤섞이거나 외딴 해변의 모래사장 위에
부어질 운명이라는 생각이 들었다.

그 여름에 우리는 근처에서 농어 낚시를 하는 두 남자를 보았다.
그들의 미끼는 황소개구리였는데, 오징어를 낚을 때는 작은 개구
리 여러 마리를 다발로 묶어서 미끼로 썼다. 그들은 낚싯줄을 머리
위로 점점 빠르게 휘휘 돌리다가, 빠져나가는 파도를 따라 가능한
한 멀리 바다 쪽으로 던졌다. 그런 다음 뒤로 물러서서 모래사장에
앉아 물고기가 미끼를 물기를 따분하게 기다렸다. 그것은 그야말로
(또는 연해에서●) 해변으로 내려가 대서양에 낚싯줄을 던지는 일이었
다. 프로테우스이든 아니든 낚싯줄 끝에 무엇이 걸릴지는 모르는
게 당연했다. 어쨌든 낚싯줄에 걸린 것을 끌어당길 수 없다면, 끌려
가지 않기 위해서라도 그것이 그냥 가도록 내버려둬야 할지도 모른

● '그야말로literally'와 '연해에서littorally'의 발음이 비슷한 것을 이용한 언어유희.

다. 그들은 경험으로 낚싯줄에 걸린 물고기가 줄무늬농어나 대구라는 것을 알았다. 그런 종류의 물고기들이 이 해안을 따라 돌아다니기 때문이다.

우리는 걷다가 가끔 거친 개풀이 드문드문 지표를 덮고 있는 해안 모래톱 언덕의 가려진 그늘 아래 앉아서 하염없이 바다를 바라보거나 남쪽으로 항해중인 배들을 지켜보았다. 그 배들이 모두 케이프코드만의 은총을 받았음은 물론이다. 우리는 뒤편에 있는 케이프코드만을 힐끗 돌아보고 반원을 그리며 바다를 훑어보았다. 그쪽 바다는 어느 모로 보나 거칠고 음울한 구석이 전혀 없었다. 100여 척의 범선이 대서양에 떠 있는 광경을 목격할 때가 잦았기 때문이다. 여름에 날씨가 좋으면 바다에 떠 있는 배가 80척에 이르는 경우가 흔하다. 그래서 때때로 도선사들은 자기들의 도움을 필요로 하는 선박들을 찾으러 해변에 상륙해 모래톱 위에 오르곤 한다. 배들은 날씨가 개기를 기다리고 있다가 때가 되면 보스턴 항구에서 일제히 쏟아져나왔다. 어떤 날은 바다에서 배를 거의 보지 못하다가 다음 날 갑자기 거대한 선단이 빈야드사운드● 해상으로 몰려드는 모습이 보이는 것이 바로 그런 경우다. 수많은 작은 돛과 삼각돛을 단 스쿠너 범선들이 모든 뱃길을 가득 메웠다. 매우 높고 넓은 범포들을 펄럭이는 가로돛 범선들이 이따금 저멀리 수평선에서 모습을 드러내거나 서서히 모습을 감추며 수평선 너머로 사라졌다. 때로는 자그마한 도선선이 방금 신호탄을 발사한 어느 외항

●　케이프코드 남서쪽 엘리자베스제도와 그 아래쪽 마서스 빈야드 섬 사이를 길게 가르는 바닷길.

잡은 물고기를 배에서 내리는 모습

선의 고미 쪽을 향해 다가갔다. 신호탄의 울림은 해변을 따라 모래
톱이 무너지는 소리처럼 들렸다. 우리는 도선사가 자신과 대화하기
위해 멀리서 돌아오고 있는 선박을 망원경으로 빠르게 살펴보는
모습을 볼 수 있었다. 그는 도선선을 타고 수 킬로미터를 나가 그
외항선을 맞이하고, 그 배는 돛을 바람 반대 방향으로 젖히고 도선
선과 나란히 서서 도선사와 이야기를 나눈다. 그 배는 화물 주인들
에게 알릴 중요한 소식을 전달한 뒤 그 해안을 영영 떠난다. 어쩌면

예인선이 이동해서 일부 고장난 선박이나 바람이 불지 않아 멈춰서는 바람에 선적된 과일이 모두 상했을지도 모를 선박을 끌고 가려고 밧줄을 단단히 붙들어맸을 수도 있다. 그들은 대개 말없이 자기가 할 일을 계속할 뿐이지만, 그 일들은 서로를 늘 기분 좋게 하는 원천이자 일종의 교제 행위였다.

오늘 그 바다는 보랏빛 바다*였다. 이것은 전에 내가 전혀 쓰지 않던 표현이다. 바다는 군데군데 뚜렷하게 철 지난 포도의 짙은 보랏빛을 띠었다. 하지만 시종일관 온갖 색깔로 물들어 있다. 길핀** 은 이것과 관련해서 "고요한 대양의 수면 위에서 끊임없이 반짝거리는 색깔들"이라고 아름답게 묘사했다. 해변에서 멀리 떨어진 바다의 물결은 그다지 사납게 요동치지 않았다. 그는 또 이렇게 말한다. "이따금 산꼭대기를 물들이며 희미하게 반짝이는 옅은 색조들은 말할 나위 없이 아름답다. 하지만 그 빛깔들은 종종 여러 범주의 공간에서 영롱한 무지개 색으로 끊임없이 바뀌는 이 바다의 살아 숨쉬는 색조와 비교하면 그저 반짝거리는 무심한 빛깔들에 불과하다." 바람이 불지 않는 날이면, 해안에서 800미터까지의 물빛은 해저의 색깔이 더해져 뭍의 연못들처럼 녹색 또는 녹색이 감도는 빛깔을 띤다. 하지만 연한 은빛 줄무늬를 사이에 두고 저멀리 수 킬로미터 떨어진 바다는 대개 파란색이나 옅은 보랏빛 색조를 띤다. 그 너머는 대개 지평선의 산등성이처럼 짙은 청색 테두리를 두른 모

---

* Purple Sea, '짙은 와인색 바다wine-dark sea'라고도 표현한다. 호메로스는 『일리아스』와 『오디세이아』에서 여러 차례 이 표현을 써서 폭풍이 몰아치는 거친 바다를 묘사했다.
** 윌리엄 길핀william Gilpin, 19세기 영국의 미술가이자 목사·교사·저술가.

습을 하고 있다. 바다의 색깔이 그렇게 달라지는 것은 주위 환경의 영향을 받기 때문인 것 같았다. 어떤 날은 잔물결이 일었다가 잠잠해지기를 반복하고, 밝은 색조와 어두운 색조를 번갈아 띠며 기다란 줄 모양으로 일렁인다. 마치 폭우나 해빙으로 물에 잠긴 내륙의 목초지 같다. 그 일렁이는 모습은 바람이 부는 방향을 보여준다.

우리는 파도 거품을 뿜어내는 해변에 앉아서 와인 빛깔의 바다를 물끄러미 바라보았다.

Thin eph alos pliês oroôn epi oinopa ponton.
[그(아킬레스)는 짙은 와인색 바다를 바라보며 회색빛으로 반짝이는 해변에 앉아 있었다.]●

한 조각의 구름이 드리운 그림자 때문에 수면 위에 다른 곳보다 더 어두워 보이는 지점이 더러 나타났다. 그것만 빼면 구름 한 점 없이 맑은 하늘이라고 말할 수 있을 정도였다. 동시에 바다에 비하면 훨씬 작은 면적일 테지만 지상에도 그림자 하나 없을 만큼 하늘이 화창했다. 그날 어딘가에 있던 뱃사람은 멀리서 사방에 먹구름이 잔뜩 끼고 소나기가 쏟아지는 것을 보았을지도 모른다. 그렇다고 그것이 반드시 그가 있는 곳에도 조만간 비가 내린다는 조짐은 아니다. 우리는 7월의 청어떼가 잔물결을 일으키며 물빛을 검푸르게 물들이는 바다를 보았다. 그렇게 검푸르게 물든 부분은 수면에

● 호메로스의 『일리아스』 그리스어 원전 1권 348~349행에 나오는 구절.

비친 구름의 그림자와 거의 구분되지 않았다. 청어떼가 이리저리 이동하면서 바다에는 곳곳에 얼룩이 졌다. 바다의 풍요로움이 얼마나 무궁무진한지 보여주는 듯했다. 청어떼가 가까이 다가오면 그들의 등지느러미를 볼 수 있는데, 수면 위로 5~7센티미터 솟아오른 지느러미는 매우 길고 뾰족했다. 또 어떤 때는 해안을 따라 유영하는 농어의 흰 뱃살을 보기도 했다.

지명이 마치 신비로운 음악 소리처럼 들리는, 옛날 우화에 나올 법한 항구들인 파이알•, 바벨만델••, 아아! 그리고 차그레스강•••과 파나마 항구를 향해 저멀리 떠가는 범선들을 지켜보는 것은 고즈넉하고 시적 상상력을 즐길 수 있는 순간이었다. 즐거운 상상은 서부 해안의 유명한 샌프란시스코만, 새크라멘토강과 샌와킨강의 금빛 줄기, 서터 요새••••를 끼고 흐르는 페더강•••••과 유타의 아메리칸포크, 그리고 궁벽한 땅에 세워진 천사들의 도시 로스앤젤레스까지 이어졌다.•••••• 바다를 항해하는 사람이 지금보다 많은 것을 기대하지 않고 떠난다는 것은 기이한 일이 아닐 수 없다. 기억에 남을 만한 일은 결코 따분한 일상의 분위기에서 일어나지 않는

• 대서양 북부 아조레스제도에 있는 섬.
•• 아라비아반도 남서부와 아프리카 동부 사이에서 홍해와 아덴만을 연결하는 바브엘만데브해협을 말하는 것으로 보인다.
••• 파나마의 가툰호를 지나 카리브해로 흘러가는 강.
•••• 지금의 새크라멘토시 중심에 있는 역사 유적지로, 서부시대 초기에 스위스 정착민 존 서터John Sutter가 멕시코 정부로부터 불하받아 일군, 캘리포니아의 대표적 농경지였던 곳.
••••• 새크라멘토강의 제1지류.
•••••• 샌프란시스코는 '성 프란체스코', 새크라멘토는 '성찬', 샌와킨은 성모 마리아의 아버지 '성 요아킴'에서 이름이 유래했다. 강과 도시 이름이 '새의 깃털', '미국의 쇠스랑', '천사들의 도시'라는 뜻인 데서 알 수 있듯이, 지명들의 어원과 관련된 역사와 그 의미가 시적 상상력을 자극한다는 뜻으로 보인다.

다. 수많은 영웅과 발견자들은 이전에 믿었던 것보다 더 많은 사실이 존재함을 알아냈다. 다만 그들은 동시대인들이 꿈꾸는 것보다 더 많은 것을 기대하거나 꿈꿨을 때, 다시 말해 진실을 바라볼 마음의 상태가 갖춰졌음을 자각했을 때 비로소 새로운 사실들을 발견할 수 있었다. 당시 세상의 기준에 따르면, 그들은 언제나 정상이 아닌 사람들이었다. 심지어 미개인들조차 그들을 우회적으로 그렇게 대했다. 훔볼트*는 신세계를 향해 다가가고 있는 콜럼버스에 대해 이렇게 말한다. "기분 좋은 서늘한 저녁 공기, 천상의 순결함으로 반짝이는 하늘의 별들, 육연풍陸軟風**에 실려오는 향기로운 꽃내음 같은 모든 것이 그로 하여금 인류의 시조 아담과 이브가 살았던 신성한 곳, 에덴동산에 근접하고 있음을 직감하게 했다(에레라***가 『수십 년*Decades*』****이라는 책에서 우리에게 들려주는 것처럼). 그가 보기에 오리노코강은 고대 세계의 유서 깊은 전통에 따르면 천국에서 발원해 대지를 물로 적시고 지형을 나누고 초목들로 하여금 세상을 아름답게 장식하게 하는 네 개의 강줄기 가운데 하나 같았다." 심지어 엘도라도나 청춘의 샘*****을 찾아 나선 탐험대들도 그곳이 본디 꿈꿨던 곳이 아니었기에 자신들이 바라던 보상을 받지는 못했지만, 실제로 그곳을 찾아냈다.

• Humboldt, 18~19세기 독일의 자연과학자이자 근대 지리학의 시조.
•• 야간에 바다와 육지의 온도 차이로 인해 육지에서 바다로 부는 바람.
••• 안토니오 데 에레라 이 토르데시야스Antonio de Herrera y Tordesillas, 16~17세기 스페인 황금시대의 역사가·연대기 작가·저술가.
•••• 정복자의 입장에서 아메리카 대륙의 자연환경과 대면하며 겪은 사건들을 주로 서술한 아메리카 대륙 역사서로, 1601~1615년에 총 네 권으로 발간되었다.
••••• 청춘을 되찾게 해준다는 유럽 전설 속 신비의 샘.

배들은 어느새 해안에서 아득하게 멀어졌다. 다시 고개를 들어 바다를 바라보았을 때, 수평선에는 배들의 돛대만 보였다. 그 배들의 형체를 알아보기 위해서는 잘 보이는 위치를 찾은 뒤 속눈썹을 세는 것은 아닌지 의심스러울 정도로 눈을 크게 치켜떠야 했다. 찰스 다윈은 안데스산맥 기슭에서 "26지리마일● 넘게 떨어진 발파라이소만에 정박해 있는 선박들의 돛대들"을 보았다면서, 앤슨●●도 그곳의 지대가 매우 높아서인지 아니면 공기가 맑아 시야가 훤히 트여서인지는 확실히 모르지만 해안에서 멀리 떨어진 곳에서도 자기 배들이 정박해 있는 모습이 보인다는 것을 알고 깜짝 놀랐다고 전한다. 증기선은 범선보다 훨씬 더 멀리서도 보인다. 누군가의 말처럼 나무와 쇠로 만든 범선의 선체와 돛대는 멀어지면 수평선 아래로 점점 사라지지만, 증기를 내뿜는 증기선의 굴뚝과 선체는 멀리서도 그 모습을 확인할 수 있기 때문이다. 또 그는 증기선 전함의 연료인 역청탄과 무연탄의 다양한 비교우위를 언급하면서 이렇게 말한다. "수평선 위로 줄지어 피어오르는 연기를 보면 (프랑스 해안의) 칼레항에 정박한 증기선들의 동태를 (영국 해안의) 램스게이트에서 항시 파악할 수 있다. 최초의 발포 불빛에서 배가 바다로 출항하는 모습에 이르기까지 말이다. 그리고 휘발성 물질이 많이 함유된 역청탄을 때는 미국의 증기선은 배의 굴뚝에서 쏟아져나오는 짙은 검은색 연기가 수평선을 따라 자취를 남기기 때문에, 적어도

● geographical mile, 1지리마일은 1,853미터이다. 해리海里라고도 부른다.
●● 조지 앤슨George Anson, 다윈이 비글호를 타고 세계일주를 하기 거의 100년 전에 배를 타고 세계를 일주한 영국의 초대 해군 원수.

선체가 보이기 110킬로미터 전부터 배의 궤적을 확인할 수 있다."

수평선 쪽으로 멀리 떨어진 곳에 수많은 배들이 있었지만, 그 배들 사이의 공간은 하늘의 별들 사이만큼이나 넓었다. 우리와 그 배들 사이의 거리가 먼 것만큼, 그 배들 사이의 거리도 매우 멀었다—아니, 어떤 경우에는 우리와 배 사이의 거리보다 두 배나 더 멀었다. 흔히 '불모不毛의 대양'이라고 부르는 것에서 알 수 있듯이, 바다의 광대무변함은 우리에게 깊은 인상을 남겼다. 인간 그리고 인간이 만든 것들이 이 세상의 거대함에 비해 얼마나 보잘것없는지를 확인할 수 있는 기회였다. 배에서 눈을 떼고 바닷물이 점점 더 컴컴해지고 깊어지는 것을 계속 바라보노라니, 슬며시 두려운 마음이 들었다. 바다는 대지에 대해 전혀 우호적이지 않은 것 같았다. 그 대지가 해변이든 해저이든 말이다. 해저의 깊이가 3~5킬로미터나 되어 그 바닥이 보이지 않을 정도로 수면에서 멀리 떨어져 있다면, 그곳의 토양이 우리 고향 땅의 흙과 같다 해도 물에 빠져 몸이 바닥에 닿기도 전에 죽을 텐데 무슨 소용이 있단 말인가? 고대 인도의 브라만교 경전 베다의 한 구절처럼 "밟고 서 있을 곳도 없고, 기댈 곳도 없고, 매달릴 곳도 없는" 그 바다를 바라보며 문득 내가 육생동물이라는 생각이 들었다. 열기구를 탄 사람은 잠시 후면 다시 땅 위에 내려앉을 수 있지만, 배를 탄 선원은 오로지 먼 바다의 어느 해변에 닿을 수 있기를 바랄 뿐이다. 그런 면에서 나는 그 옛날 항해가 험프리 길버트 경•이 보여준 영웅적 행동의 진가를 인정할 수 있었다. 그는 1583년 북아메리카에서 잉글랜드로 돌아가는 길에 우리가 있던 곳에서 북동쪽으로 멀리 떨어진 곳에서 폭풍을 만났는데, 심해 속으로 삼켜지기 직전 책 한 권을 손에 들고 배의 고물에 앉아, 그의 말을 들을 수 있는, 배의 후미에 있는 동료들에게 큰 소리로 이렇게 외쳤다. "우리는 육로만큼이나 해로로 천국에 가까이 있다." 그런 상황에서 이렇게 담대한 모습을 보이는 것은 쉬운 일이 아니었을 것이다.

케이프코드에서 다음으로 가장 동쪽에 있다고 하는 땅은 세인트조지스뱅크(이곳 어부들은 '조지스', '캐시어스'●●, 그리고 그들이 자주 오가는 지형이 움푹 꺼진 다른 바닷길들에 대해 말한다)다. 케이프코드에 사는 사람들은 모두 조지스뱅크가 한때 섬이었다고 믿는다. 그곳의 수심이 6패덤●●●, 5패덤, 4패덤, 2패덤이라고 말하는 사람들부터 그곳의 마른 땅에 제비갈매기 한 마리가 앉아 있는 것을 보았다고 자신 있게 주장하는 사람까지 제각각이다. 그 해역에서 일어난 조난 사고들을 떠올리다가, 신세계에 관한 옛 해도들에서 이 해안으로부터 멀리 떨어진 곳에 표시되어 있던 악마의 섬●●●●이 생각났다. 해안에서 1,600킬로미터나 떨어진 망망대해의 어느 뱅크●●●●●에서 바다 밑바닥을 상상하면 끝을 알 수 없는 천길만길의 해저 바닥에

● Sir Humphrey Gilbert, 16세기 영국의 항해가. 1583년 엘리자베스 1세 여왕 때 뉴펀들랜드를 비롯해 북아메리카 북동부 해안을 항해했다. 뉴펀들랜드에 북아메리카 최초의 영국 식민지를 세우고 귀환하던 도중 아조레스제도 해안에서 태풍을 만나 원정대 선단이 모두 침몰했다.
●● Cashus, 라틴어로 '헛된' '속이 빈'이라는 뜻인 '카시우스cassius'에서 온 말.
●●● fathom, 물 깊이를 측정하는 단위. 1패덤은 1.8미터이다.
●●●● Isle of Demons, 캐나다 뉴펀들랜드 그레이트노던 반도 동북단 인근에 있다고 알려졌던 유령섬. 16세기 초 지도에 등장했다가 17세기 중반에 사라졌다. 그 근처에 실존하는 작은 섬인 쿼폰섬을 지칭한 것으로 보인다.
●●●●● 수심이 200미터 이하로 비교적 얕고 정상부는 평탄한 해저융기부로, 흔히 대륙붕이나 섬 부근에 특징적으로 발달한다. 모래톱이나 암초보다 약간 더 깊은 해저지형이기 때문에 안전항해가 가능하다. 퇴堆라고도 한다.

대한 두려움보다 훨씬 더 끔찍하고 무시무시한 무언가가 머릿속에 떠오를 것이 틀림없다. 물에 빠져 죽은 사람의 시체처럼 온통 창백하고 콧구멍에서 거품이 이는 채로 아주 깊은 바닷속에 가라앉은 대륙 같은 것 말이다.

증기선을 통해 케이프코드만의 수심이 얼마나 얕은지를 알고 나는 깜짝 놀랐다. 빌링스게이트갑 인근에서 장대를 바닷물 속에 넣으면 밑바닥에 닿았다. 해변에서 8~10킬로미터 떨어진 해역의 바다 밑바닥은 해초들 때문에 다양한 색조로 음영이 져 있었다. 거기가 바로 '케이프코드의 모래톱 바다'이라고 불리는 곳이다. 하지만 이곳 말고 케이프코드만의 다른 해역도 여느 시골 연못보다 깊지 않다. 우리는 영국 도버의 셰익스피어 절벽과 프랑스의 북부 해안의 그리네곶● 사이의 영국해협에서 수심이 가장 깊은 곳이 약 55미터라고 들었다. 기요●●에 따르면, "독일 해안과 스웨덴 해안 사이 발트해의 수심은 약 37미터에 불과하다." 그리고 "이탈리아 북부 베네치아와 트리에스테 사이 아드리아해의 수심도 40미터 정도에 불과하다." 우리 고향에 있는, 길이가 800미터에 불과한 연못의 수심도 30미터가 넘는데 말이다.

바다는 커다란 호수에 불과하다. 한여름에 때때로 우리는 바다 위에 폭이 10여 미터, 길이가 수 킬로미터에 이르는 유리처럼 매끄러운 줄무늬가 끈처럼 길게 이어져 있는 것을 볼 수 있다. 마치 시

● Cape Grinéz, 'Gris-Nez'를 잘못 표기한 것으로 보인다.
●● 아널드 헨리 기요Arnold Henry Guyot, 스위스 태생의 미국인 지질학자이자 기상학자. 빙하 조사 및 기상 관측에 업적을 남겼다. 해저의 평정해산을 뜻하는 '기요'는 그의 이름을 따서 명명되었다.

골 연못처럼 수면에 얇은 유막이 덮여 있는 것처럼 보인다. 아마도 그것은 두 개의 기류가 만나거나 갈라질 때 바다가 잠시 정지 상태에 있는(물결만 일지 않을 뿐 그 밑에서는 끊임없이 물이 흐르고 있지만) 모습일 것이다. 뱃사람들은 배의 이물 쪽 돛과 고물 쪽 돛 사이에서 해풍과 육풍이 만날 때 고물 쪽 돛이 바람을 한껏 받으면 이물 쪽 돛은 갑자기 주춤거리게 된다고 말한다. 다니엘 웹스터*는 마서스 빈야드 인근에 사는 고등어의 일종인 블루피시 낚시를 묘사한 편지글 중 하나에서 어부나 뱃사람들이 '번지르르한 막'이라고 부르는, 해수면에 그려진 이 매끄러운 줄무늬 띠를 언급하면서 이렇게 말한다. "우리는 어제 그 길게 이어진 막을 만났습니다. 뱃사공은 그막을 발견할 때마다 그쪽으로 갔어요. 그는 그 막이 블루피시가 먹잇감을 작게 잘라 먹어서 생겨난다고 했죠. 다시 말해, 그 게걸스러운 포식자 친구들은 청어떼 속으로 파고들어가는데, 청어의 몸통이 너무 큰 탓에 통째로 먹을 수 없어서 먹기 쉽게 물어뜯어 조각을 낸다고 합니다. 이러한 도륙 과정에서 발생한 기름이 수면으로 떠올라 이른바 '번지르르한 막'이 만들어지는 겁니다."

하지만 그때와 마찬가지로 차분한 이곳, 지금은 한 도시의 항만이자 선박과 상거래를 하기 위한 장소로서 문명의 모습을 한 바다는 머지않아 갑자기 성내기 시작할 것이다. 이곳의 모든 동굴과 절벽이 한바탕 거대한 소요로 가득할 것이다. 그리하여 이곳의 배들은 앞뒤로 격렬하게 요동치며 모래사장과 바위 턱에 부딪쳐 산산

---

* Daniel Webster, 19세기 미합중국의 정치가. 뉴햄프셔와 매사추세츠에서 하원의원과 상원의원을 지내고 국무장관을 여러 차례 역임했다.

조각이 나고, 그 안에 탄 선원들은 바닷속 괴물들에게 무자비하게 던져질 것이다. 그들은 해초처럼 흐느적거리다가 죽은 개구리처럼 몸이 부풀어오른 채 높고 낮은 물결을 따라 떠다니던 중 물고기들의 눈에 띄어 그들의 밥이 될 것이다. 이 너그러운 바다는 미친 소의 수호자처럼 누더기가 된 인간의 몸을 아무렇게나 집어던지고 갈기갈기 찢어버릴 것이다. 그리고 조난자들의 잔해를 찾아 여러 주 동안 해변을 헤매고 다니는 그들의 친척들을 볼 수 있을 것이다. 한적한 내륙의 아주 작은 마을에서 예전에 한 번도 들어본 적 없는 해변으로 눈물을 흘리며 한걸음에 달려온 그들은 최근 한 선원이 묻혔다는 모래언덕 근처에 불안한 심정으로 믿을 수 없어하며 서 있다.

그들은 오랫동안 바다에서 생활해왔으므로, 잔잔하고 고요하던 바다가 폭풍우가 몰아치는 상태로 바뀔 때 으르렁거리는 바다의 포효 소리와 바닷새의 울음소리 같은 전조를 알아채고 해상의 변화를 미리 예측할 수 있을 거라고 생각할 것이다. 그러나 우리가 마음속에 그리는 그런 옛날 뱃사람은 이제 없는지도 모른다. 적어도 그들은 우리 모두가 올라타게 마련인 인생 여정에 대해 먼 옛날의 뱃사람들보다 더 많은 것을 알지 못한다. 그럼에도 우리는 뱃사람들의 이야기와 그들이 경험한 자연현상에 대해 듣는 것을 좋아한다. 그들의 설명은 대개 과학적 근거가 전혀 없거나 과학에 의해 무시되기 일쑤지만, 그들도 그렇게 오랜 세월 동안 뱃전을 살피면서 대충 보지는 않았을 것이다. 칼름●은 어느 날 그쪽 바다에 대해 잘 아는 노인의 배를 따라 작은 요트를 타고 서인도제도로 항해하던 중 필라델피아에서 콕 씨가 들려준 이야기를 그대로 전한다. "노인은 바다의 수심을 재더니 큰 소리로 동료를 불러, 24시간 안에 강력한 태풍이 몰려올 것이므로 바다가 잠잠할 때 요트를 견인하기 충분할 정도의 사람들을 배에 태우고 가서 가능한 한 빨리 앞에 있는 섬에 정박해야 한다고 콕 씨에게 전하라고 했다. 콕 씨는 그에게 무엇 때문에 그렇게 생각하는지 물었다. 그러자 노인은 수심을 측정하다가 자신이 여태껏 본 것보다 훨씬 더 먼 바다에서 그 전조를 발견했다고 대답했다. 그는 바닷물이 갑자기 맑아지는 것은 바다에 곧 태풍이 닥쳐온다는 것을 알리는 확실한 신호라고 생각했다." 다행히도 그들은 노를 저어서 태풍이 최고조에 오르기 전에 안전한 항구에 닿을 수 있었다. 마침내 태풍이 엄청난 위력을 떨치며 해안에 닥쳐오자 많은 배들이 소실되고 가옥들의 지붕이 날아갔을 뿐 아니라, 항만에 정박한 그들의 배조차 해안에서 멀리 떨어진 곳으로 쓸려가는 바람에 다시 출발하기까지 몇 주가 걸렸다.

고대 그리스인들이 현대 과학의 관점에서 바다를 보았다면, 비록 바다가 밀을 생산하지는 않을지라도, 그것을 아토르게토스 atrnletos, 즉 황량한 '불모의' 공간이라고 부르지는 않았을 것이다. 오늘날 박물학자들은 "생명의 근원이 되는 곳은 대지가 아니라 바다"라고 주장한다. 물론 식물의 경우는 다르지만 말이다. 다윈은 "육지에서 가장 무성하게 우거진 숲도 그와 비슷한 바다의 공간과 비교

● 페르 칼름Pehr Kalm, 스웨덴의 탐험가·식물학자·농업경제학자. 식물분류학의 시조 린네의 수제자이기도 하다.

하면 거의 사막에 가까워 보인다"라고 단언했다. 아가시•와 굴드는 "바다는 현화식물••의 극단적 한계선을 뛰어넘어 온갖 종류의 동물들로 가득하다"라고 말한다. 그러면서 이렇게 덧붙인다. "아주 깊은 바다에서 퍼올린 토사를 연구한 결과, 바다의 심연은 거의 사막과 같았다." 그러므로 드소르•••의 말에 따르면, "현대의 많은 연구들은 고대 시인과 철학자 들이 어렴풋하게 예견했던 위대한 생각, 즉 바다는 만물의 근원이라는 생각을 확인해주는 방향으로 가고 있을 뿐이다." 그러나 오늘날 해양 동물과 식물들은 육상 동물과 식물들보다 하위에 있다. 드소르는 이렇게 말한다. "동물들 중지상에서 더 낮은 단계의 생활을 하다 완전한 상태로 진화하여 수생동물이 된 사례는 전혀 없다." 그러나 올챙이의 경우에서 보는 것처럼 "생명체의 진화는 늘 예외 없이 지상을 가리킨다." 요컨대 마른 땅 자체는 바다를 거쳐 나와 하늘로 나아가는 중간에 있다. "지질학적으로 시대를 거슬러올라가면, 겉으로 드러난 지구의 모든 곳에서 마른 땅이 존재하지 않았던 시기에 이른다. 그때 지구의 표면은 온통 물로 덮여 있었다." 따라서 우리는 다시 한번 바다를 아토르게토스, 즉 불모의 공간이 아닌 훨씬 더 진실에 가까운 표현이라할 수 있는 '대륙을 만들어내는 실험실'로 보았다.

　지금까지 우리는 최근의 연구 성과들을 차분하게 살펴보았지만,

• 　장 루이 아가시Jean Louis Agassiz, 스위스 태생의 19세기 미국의 지질학자이자 동물학자. 빙하시대 이론을 세웠다.
•• 　생식기관인 꽃이 있고 열매를 맺고 씨로 번식하는 고등식물. 종자식물이라고도 한다.
••• 　피에르 장 에두아르 드소르Pierre Jean Édouard Desor, 19세기 독일계 스위스인 지질학자이자 박물학자.

독자들은 이곳이 성난 파도가 끊임없이 밀려들고 으르렁거리는 상태임을 잊지 말아야 한다. 거대한 소라 껍데기를 귀에 갖다대고 이 글을 읽는다면 더욱 실감나게 감상할 수 있을 것이다. 그날은 매우 춥고 바람이 강하게 부는 날씨였지만, 짭짤한 내음의 공기와 건조한 토양 덕분에 밖에 있는 사람이 감기에 걸릴 정도로 춥다고 느끼지는 않았다. 웰플릿을 설명하는 옛 문헌의 저자는 이렇게 말한다. "대기에 염분 입자들이 가득 스며들어 있는데다, 이곳 사람들은 생선을 엄청나게 많이 먹는 반면 사과주스와 가문비나무 술은 잘 마시지 않기 때문에 다른 지역 사람들보다 전염성 농창과 인후염에 더 잘 걸리는지도 모른다."

프로빈스타운
(Provincetown)

트루로
(Truro)

웰플릿
(Wellfleet)

이스텀
Eastham

바다에서 돌아올 때, 왜 바다를 응시하며 더 많은 시간을 보내지 못했는지 스스로에게 물어볼 때가 있다. 그러나 여행자들은 바다보다 하늘을 더 많이 바라보게 된다. 기껏해야 바다 한가운데 높이 솟은 모래톱을 내륙이라고 말할 수 있다면, 경작지는커녕 경작할 만한 땅을 거의 찾아볼 수 없는 너무도 황량한 풍경이라 하지 않을 수 없었다. 마을은 고사하고 집 한 채 보이지 않았다. 그런 것들은 대개 케이프코드만 쪽에 있기 때문이었다. 관목숲 언덕과 계곡들이 줄지어 있는 그곳은 이제 엷은 가을 색조로 물들어가고 있었다. 그곳 지표면의 특성, 키 작은 나무들, 여기저기 산재한 월귤나무 군락을 보면 산꼭대기가 아닐까 착각할 수도 있을 것이다. 이스텀의 유일한 숲은 웰플릿 가장자리에 있다. 리기다소나무는 대부분 높이가 4~5미터를 넘지 않았다. 그보다 더 큰 것들은 지의류에 덮여 있고, 대개 잿빛의 소나무겨우살이들이 길게 늘어진 채 가지에 매달린 모습이었다. 케이프코드의 팔뚝에 해당하는 지역에는 스트로부스소나무가 거의 없다. 그러나 이듬해 여름 이스텀 북서쪽

캠프그라운드 근처에서 나무가 우거지고 매우 고즈넉한 곳을 발견했다. 바스락거리는 소리를 내는 참나무와 개아카시아나무, 살랑대며 속삭이는 듯한 작은 송림들이 완벽한 평지 위에서 자그마한 천국을 이루었다. 개아카시아나무는 다른 지역에서 이식되어 그곳의 가옥 주위에 자연스럽게 자랐는데, 다른 어떤 나무보다 잘 자라고 있는 듯했다. 웰플릿과 트루로는 대서양에서 1.5킬로미터 정도 떨어진 곳에 가느다란 숲지대가 형성되어 있었다. 하지만 그 숲지대의 거의 대부분에서 수평선을 볼 수 있었다. 그곳의 나무들은 비교적 넓은 면적을 차지하고 있지만 키가 별로 크지 않았다. 참나무와 소나무들도 모두 사과나무처럼 납작 엎드린 모양이었다. 대체로 25년 된 참나무 숲의 참나무들은 앙상한 관목으로, 키가 2.7~3미터에 불과했다. 따라서 우리는 꼭대기의 이파리에 손이 닿는 나무들을 자주 만났다. 여기서 '숲'이라고 부르는 곳의 나무들은 대체로 키가 이 참나무들의 절반 정도였다. 인동덩굴이 우거진 관목 참나무와 베이베리, 비치플럼, 들장미가 자라는 자그마한 덤불들이 대부분이었다. 장미가 꽃을 피우면, 모래밭 한가운데의 이 작은 땅덩이들은 베이베리 향기와 함께 만발한 꽃들의 향연을 보여주었다. 이탈리아의 어떤 인공적인 정원도 이곳과 비교할 수 없다. 그것은 완벽한 천국의 모습이었다. 문득 떠오른 사막의 오아시스라는 생각과 딱 맞아떨어졌다. 허클베리 관목들은 아주 많았다. 그 관목들은 다음 해 여름에 꽤 수려하면서도 엄청나게 많은 꽃을 피운 뒤 허클베리애플이라 불리는 담낭처럼 생긴 열매들을 주렁주렁 매단다. 하지만 한 가지 덧붙이자면, 진드기가 우글거리고 때로는 매우 골치 아

트루로의 오솔길

픈 기생충들도 붙어 있기 때문에 그 관목을 쪼개려면 굳은살이 박인 매우 거칠고 단단한 손가락이 필요하다.

이 동네의 주민들은 나무 한 그루도 매우 귀하게 여긴다. 나무에 대한 그들의 기준은 둘레나 높이가 아니다. 그들이 한때 이곳에 있었던 큰 나무들에 대해 이야기할 때, 그 나무가 굉장히 컸을 거라고 생각해선 안 된다. 현세대와 비교해서 크다는 말이기 때문이다. 그들이 '훌륭한 참나무 고목'이라고 말하면 깊은 경의를 가지고 말하는 것이며, 원시림의 유물을 가리킬 것이다. 하지만 그들이 말하는 100년이나 150년, 아아, 적어도 200년 되었다는 고목이라는 것이 터무니없이 왜소해서, 실제로 그것을 보면 얼굴에 저절로 조소가 번질지도 모른다. 그런 경우 그들이 보여줄 가장 크고 고색창연한 나무라도 기껏해야 키가 6~8미터 정도일 수 있다. 나는 특히 트루로 남부 지역에서 극도로 작은 참나무 고목들을 보고 즐거움을 느꼈다. 크기만으로 나무를 평가하는 미숙한 안목을 가진 사람은 그 나무가 왕실의 위엄을 살린 것처럼 거대하다고 여길지 모르지만, 실제로 그 높이를 재보면 사슴 한 마리가 하루아침에 먹어치울 정도로 왜소한 지의식물에 불과하다는 사실을 금방 알 수 있다. 그러나 그 고목들은 한때 거대한 스쿠너 범선들이 웰플릿에서 자란 나무로 제작되었음을 알 수 있게 한다. 오래된 가옥들도 케이프코드의 목재로 지어졌다. 하지만 그 고목들이 본디 서 있던 곳의 한복판에는 이제 숲 대신 모래땅에서 자라는 헤더 같은 야생화와 잡초들이 가득한 척박한 황야가 사방으로 펼쳐져 있다. 현대식 주택들은 메인주에서 전부 재단된 상태로 수입된, 이른바 '규격화된 목재'로 지어진다. 따라서 목재를 재단하기 위해 다시 도끼질을 할 필요가 없다. 땔감으로 쓰이는 목재는 거의 대부분이 배나 해류를 이용해 수송된다. 석탄도 마찬가지다. 트루로 북부 지역에서 소비되는 땔감의 4분의 1과 목재의 상당량이 유목이라는 이야기를 들었다. 지금도 땔감을 모두 해변에서 얻는 주민들이 많다.

여름철에 매사추세츠주 내륙에서—적어도 내가 사는 동네에서—발견되지 않는 새들 가운데 관목숲에서 볼 수 있는 검은턱멧

새(학명: 프링길라 아메리카나Fringilla Americana)와 노지에서 볼 수 있는 긴꼬리물떼새(학명: 토타누스 바르트라미우스Totanus Bartramius)가 있다는 말을 들었다. 긴꼬리물떼새의 호루라기 소리 같은 떨리는 울음소리는 대개 청아하고 다소 구슬프지만 간간이 매의 울음소리처럼 날카로운 쇳소리로 길게 이어졌는데, 어디서 우는지 거리를 가늠하기 어려울 정도로 아득하게 들렸다. 1.5킬로미터쯤 떨어진 곳에서 우는 것처럼 들렸지만, 어쩌면 바로 옆 벌판에 있었는지도 모른다.

우리는 주민 수가 약 1,800명인 소도시 트루로를 가로질러 걷다가 파멧강에 이르렀다. 그 강은 만으로 흘러간다. 그 옛날 청교도들이 프로빈스타운에서 케이프코드만을 따라 걸어서 정착할 장소를 탐색하던 중 마침내 이곳을 발견했다. 파멧강은 대서양에서 10여 미터 떨어진 움푹 꺼진 지점에서 발원한다. 수원지 근처에 사는 사람이 말하기를, 만조 때 바닷물이 스며들어오기는 하지만, 풍랑이 강과 바다 사이의 경계를 완벽하게 나누기 때문에 강은 동쪽에서 서쪽으로, 즉 수원지에서 물길을 따라 강어귀의 등대까지 죽 흘러간다고 했다.

우리는 오후 일찍 하이랜드 등대에 다다랐는데, 1.5~3킬로미터 전부터 모래톱 위로 우뚝 솟아오른 하얀 탑이 보이기 시작했다. 이 등대는 너셋 등대에서 약 22킬로미터 떨어진 곳에 있다. 너셋 등대 주변 지역은 거대한 점토층이 대서양에 인접해 형성되어 있어서 클레이파운즈라고 부르기도 하는데, 하이랜드 등대지기의 말에 따르면, 그 점토층이 케이프코드를 끝까지 가로질러 펼쳐져 있으며 이 지역의 점토층 지대는 폭이 3킬로미터쯤 된다고 한다. 이곳의 토양이 지금까지 본 것과 다르다는 것을 금방 알 수 있었다. 사막과 같은 모래사장이 끝났기 때문이다. 발아래 약간의 잔디가 밟혔는데, 지난 이틀 동안 전혀 본 적이 없는 모습이었다.

등대에 잠자리를 마련한 뒤, 곶을 가로질러 케이프코드만까지 천천히 거닐었다. 지리학자들이 홍적세의 융기와 침하 지형이라고 부르는 완만한 곡선의 언덕과 움푹 꺼진 땅, 매우 황량하고 척박한 색다른 풍경, 살랑거리는 바람에 물결이 일렁이는 바다로 비유되던 그런 종류의 경치였다. 물론 그런 바다는 어느 순간 급변할 수 있지만 말이다. 히치콕의 『매사추세츠 지리 최종 보고서*Final Report on the Geology of Massachusetts*』를 보면 그런 풍경 묘사가 나오는데, 적어도 그 묘사는 규모 면에서 충적세의 융기로 형성된 고원을 연상시킨다. 등대에서 남쪽으로 고개를 돌리자, 케이프코드가 높이 솟은 고원처럼 보였다. 대서양 쪽 언덕 끄트머리에서 케이프코드만 언덕 끄트머리까지 높이가 해수면에서 약 45미터로 매우 일정하고 약간 경사져 있었다. 이 지대를 횡단하면서 우리는 곳곳에 넓은 계곡이나 도랑들이 길을 가로막고 있음을 알았다. 바닷물이 계속 들락날락하다보면 그 계곡과 도랑 들은 나중에 내륙 쪽으로 움푹 들어간 지형이 된다. 그것들은 대개 해변과 직각을 이루는데, 케이프코드 전역에 걸쳐 나타난다. 그러나 어떤 계곡은 곶의 지면이 움푹 꺼졌거나 모래가 모두 사라진 것처럼 물이 빠져나갈 곳 없이 깊이만 약 30미터에 이르는 둥근 모양을 하고 있다. 우리가 지나온 몇 안 되는 가옥들은 안전한 주거 공간과 비옥한 토양을 찾아 그렇게 움푹 파인 바닥 여기저기에 흩어져 있었고, 마치 땅이 그 집들을 집어삼킨 것처럼 완전히 가려져 있었다. 돌멩이를 던지면 닿을 수 있을 정도로 가까운 거리에 예배당이 있는 뒤편 마을도 첨탑을 비롯해 모든 것이 땅 밑으로 가라앉아 있었다. 눈을 들어 볼 수 있는 것은 고지대의 지표면과 사방으로 펼쳐진 바다뿐이었다. 그쪽으로 걸어가던 우리는 그 예배당의 종탑을 평야지대에 있는 피서용 별장으로 오인했다. 갑자기 우리도 모르는 사이에 헤어나올 수 없는 모래 속 개미귀신 구멍으로 빨려들어가듯 마을로 빨려들어갔을지도 모른다는 생각이 들었다. 육상에서 가장 눈에 잘 띄는 것은 멀리 보이는 풍차와 홀로 덩그러니 서 있는 예배당이었다. 비바람이 몰아치는 황량한 빈 들에 서 있을 수 있는 것은 그것들뿐이었기 때문이다. 그러나 그 마을의 대부분은 척박한 황야 같은 평원이다. 그곳의 3분의 1은 개인 소유지일 테지만 마을의 공유지로 쓰이고 있다. 오래된 『트루로 해설서Description of Truro』를 쓴 사람은 그곳의 토양에 대해 설명하면서 이렇게 말한다. "토양을 고르게 하고 땅바닥을 덮는 데 반드시 필요한 눈은 바람에 휘날려 바다 위로 떨어진다."● 여기저기 관목 덤불들이 흩어져 있는 특이하게 확 트인 풍경은 남쪽의 파멧강에서 북쪽의 하이헤드까지 약 11킬로미터에 걸쳐 펼쳐지고, 대서양에서 케이프코드만까지 이어진다. 처음 가본 사람은 그곳을 걸어갈 때 마치 바다 위를 걷는 듯한 느낌을 받는다. 어떤 날씨에도 거기서 거리를 측정하기란 불가능하다는 것을 금방 알게 된다. 풍차나 소떼가 지평선 저멀리에 있는 것처럼 아련하게 보일

● 이곳에서는 대개 11월에서 4월 사이에 눈이 내리는데, 2월에 강설량이 가장 많다.

수도 있다. 그러나 그리 오래 걷지 않았는데도 그것들에 가까이 다가갔음을 알 수 있다. 또다른 종류의 신기루들을 보고 착각할 수도 있다. 여름철에 1.5킬로미터 정도 떨어진 곳에서 블루베리 열매를 따는 한 가족을 본 적이 있다. 그들은 자기 발목 정도의 높이로 자란 키 작은 덤불 사이를 걸으며 일하고 있었다. 그런데 내 눈에는 그들이 키가 6미터가 넘는 거인 종족처럼 보였다.

대서양 쪽 가장 높고 모래가 많이 쌓인 곳은 개풀과 쪽빛 물풀들로 얇게 덮여 있었다. 그 옆에 있는 고지대의 지표면은 대개 흰모래와 굵은 소금 덩어리 같은 자갈들로 덮여 있었다. 경사면을 따라 위로 올라가면서 초목들이 듬성듬성 모습을 드러냈다. 이듬해 풀이 무성한 6월에 나는 거기서 쏙독새의 알을 발견했는데, 그 근방 25제곱미터 안에서 그곳보다 알을 낳기 좋은 장소는 찾기 힘들 것 같았다. 조류학자가 내 말을 듣는다면, 그곳의 척박함이 어느 정도인지 쉽게 가늠할 수 있을 것이다. 그와 비슷한 곳을 좋아하는 쌍띠물떼새도 그곳에 알을 낳는다. 따라서 이곳의 상공은 물떼새들의 시끄러운 울음소리로 가득하다. 이 고지대에는 또한 꽃이끼속에 속하는 이끼들, 불모지풀, 아마잎 과꽃(학명: 디플로파푸스 리나리폴리우스Diplopappus Linariifolius)•, 유럽점나도나물, 월귤나무 같은 초목들도 자랐다. 일부 비탈면에는 아마잎 과꽃과 유럽점나도나물만 빽빽이 자리잡고 있었는데, 과꽃이 만개하면 매우 멋진 공간으로 변한다고 했다. 또 몇 군데 자라난 두 종의 불모지풀(학명: 후드소니아 토

• 공식 명칭은 Flax-leaved Aster이다.

멘토사Hudsonia Tomentosa와 후드소니아 에리코이데스Hudsonia Ericoides)●
은 더 좋은 이름이 붙었어야 마땅한데, 수 킬로미터에 걸쳐 반구형
덤불이나 작은 섬 모양으로 군락을 이루며 황무지 너머로 이끼처
럼 드문드문 흩어져 있었다. 그 초목들은 7월 중순까지 거기서 꽃
을 피운다. 때때로 해변 근처에도 이 둥근 초목들이 갯별꽃(학명: 혼
케냐 페플로이데스Honkenya Peploides) 무리처럼 꼭대기에서 2.5센티미
터 높이까지 모래에 묻혀 있었다. 주변의 모래는 부드러웠지만, 그
렇게 초목의 줄기를 따라 올라가 쌓인 모래는 거대한 개미총처럼
단단했다. 여름철 바람이 휘몰아쳐 올라가는 곳에 위치한, 바다가
바라다보이는 한 할로 윗부분에 자라는 불모지풀 덤불은 북쪽으
로 드러난 부분은 화덕 빗자루처럼 새까맣게 죽어 있는 반면, 반대
편 반쪽에는 노란 꽃이 활짝 피어 있었다. 따라서 빈궁함에 찌든
쪽과 번성하는 쪽, 즉 북쪽 면과 남쪽 면이 모두 보이는 곳에서 바
라보면 전체 비탈면이 서로 뚜렷하게 대조되는 모습이다. 이 식물
은 다른 많은 곳에서 장식용으로 흔히 쓰이지만, 이 지역 사람들은
이곳 토양의 척박함을 떠올리게 하기 때문에 몹시 싫어한다. 따라
서 이 식물을 반스터블의 모래밭을 상징하는 문장紋章으로 채택해
도 좋을 것 같았다. 그것이 무척 내 마음에 들었던 것 같다. 해변에
서는 미역취와 갯완두, 개풀이 뒤섞여 있는 지대가 군데군데 보였
다. 그것들은 이곳이 바닷가임을 다시 한번 뚜렷이 일깨워주었다.

　우리는 트루로에 개울이 없다고 들었다. 하지만 한때 이곳에 사

● 골든 헤더, 폴스 헤더라고 불리는 물푸레나뭇과 식물.

언덕 위에 있는 트루로 예배당

슴이 있었다고 하니, 종종 물을 찾아 헐떡거리고 다니다가 힘이 빠졌을 것이 틀림없다. 훗날 나는 입을 대고 마셔볼 생각까지는 하지 못했지만, 파멧강 남쪽으로 흘러가는 작은 민물 개울을 분명히 보았다. 그때 내 옆에 있던 한 소년이 자기가 그 물을 마셔봤다고 말했다. 거기서는 사방 수 킬로미터에 이르도록 멀리까지 그 어디에도 나무 한 그루 보이지 않았다. 그 고지대는 어느 곳이나 높이가 비슷했다. 심지어 대서양 쪽에서도 케이프코드만이 내려다보였고 플리머스의 마노멧갑까지 보였다. 그쪽에서 오히려 더 잘 보였다. 왜냐하면 그곳이 가장 높은 지대이기 때문이다. 전체적으로 거의 황량하고 반듯하게 펴진 지리적 풍경이 신선하게 보였다. 마치 배의 갑판 같았다. 우리는 케이프코드만을 향해 남쪽으로, 반대편으로는 대서양 해안선을 따라 북쪽으로 항해하는 선박들을 보았는데, 모두 순풍을 받으며 나아갔다.

평원 위 모래밭을 구불구불하게 달리며 마차 바퀴에 긁힌 자국을 남기는, 관목숲을 지나 곶을 향해 길게 뻗은 외길은 우마차 길이었다. 대개 길의 경계를 알리는 울타리도 없이 땅바닥이 더 단단한 쪽으로, 때로는 물결치는 것을 피하기 위해 이리저리 방향을 바꿔가며 이어져 있었다. 주민들은 옛날 청교도들이 그랬던 것처럼 지팡이를 들고 그 황무지를 여기저기 여행한다. 모래가 옆으로 유실되면서 그 길의 바닥이 맨살을 드러낸다. 그곳 사람들의 삶을 상상하면서 당장 오후에 그 척박한 구릉을 걸어야 한다고 생각하니 몸서리가 났다. 앞으로 걸어갈 길을 생각하면 지금까지 걸어온 길은 눈감아줘도 될 듯싶었다. 우리에게 주어진 운명을 피하려면 짙은 안개가 끼거나 눈보라가 치기를 간절히 기도해야 할지도 몰랐다. 그 길을 걷는 사람은 곧 수심에 잠길 것이 틀림없다.

트루로의 북쪽 지역은 해변을 따라 수 킬로미터에 걸쳐 가옥이 전혀 없다. 예전의 서부 대초원지대처럼 야생 그대로의 외딴 지역이다. 실제로 옛날에 트루로에 집이 모두 몇 채였는지 아는 사람은 오늘날 그곳의 주민 수가 몇 명인지 들으면 깜짝 놀랄 것이다. 하지만 이 조그만 소도시에 사는 500명쯤 되는 성인 남자와 사내아이들은 아마도 어장에서 일하느라 거의 집에 없을 것이다. 모래밭에서 농사를 짓거나 참거두고래가 나타나기를 기다리는 남자들만 일부 집에 머물러 있을 뿐이다. 이곳의 농부들은 고기잡이를 하면서 농사도 짓기 때문에 땅을 일구는 것보다 바다에서 고기를 잡고 어장을 관리하는 데 더 능하다. 인근의 작은 만에 해초가 많이 있어도 그들은 되도록 모래사장을 건드리지 않는다. 따라서 가끔씩 해안가에서 썩어가는 흑도미를 발견하게 된다. 대서양과 이스트하버 마을 사이에는 전에 역마차를 타고 가며 본 것과 같은 20~30에이커*의 리기다소나무 조림지가 흥미롭게 자리잡고 있었다. 인근 주민의 말에 따르면, 두 사람이 1에이커에 1실링인지 25센트인지의 헐값을 주고 그 땅을 샀다고 했다. 사람들은 그 땅의 일부는 소유를 주장할 만한 가치도 없는 땅이라고 생각한다. 불모지풀과 개풀, 수영 따위가 군데군데 덮여 있던 모래땅에 약 1.2미터 간격으로 고랑이 만들어졌고 기계로 씨를 뿌렸다. 리기다소나무들은 훌륭하게 땅을 뚫고 올라와 1년 차에 8~10센티미터 높이로 큰 뒤, 2년 차에는 15센티미터 넘게 자랐다. 최근에 씨앗을 심은 곳에서는 깊게 파인 할로들의 사면을 빙글빙글 돌며 소용돌이치듯 끝없이 이어지는 고랑에 흰모래가 눈에 띄게 드러났다. 그것은 마치 줄무늬가 있는 방패의 안쪽을 들여다보는 것 같은 매우 독특한 효과를 자아냈다. 케이프코드에 매우 중요한 이 실험은 꽤 성공적으로 보였다. 어쩌면 반스터블 카운티에 있는 이런 종류의 땅 가운데 훨씬 더 많은 부분이 프랑스의 일부 지역들처럼 인공 솔밭으로 덮일 때가 올지도 모른다. 1811년 프랑스 바욘 근처 낮은 구릉지대의 50제곱킬로미터의 땅이 그렇게 덮였다. 사람들은 그것을 피냐다**라고 부르는데, 루동***에 따르면 "전에는 모래가 날려 쌓이는 사막지대였던

• 8만~12만 제곱미터. 1에이커는 약 4,047제곱미터에 해당한다.
•• pignada, 프랑스어로 '소나무숲' 또는 '솔밭'.
••• 존 클라우디우스 루동John Claudius Loudon, 18~19세기 스코틀랜드의 식물학자이자 정원설계사.

암소 무리

곳의 주민들에게 부의 주된 원천으로 여겨진다." 리기다소나무는 옥수수보다 더 귀한 작물로 받아들여졌다.

수년 전만 해도 트루로는 케이프코드에서 양을 많이 기르는 작은 마을 가운데 한 곳으로 알려져 있었지만, 지금은 양을 기르는 사람이 두 명밖에 없다. 1855년 세번째 여행 때, 트루로에 사는 열 살짜리 소년은 양을 한 마리도 본 적이 없다고 나에게 말했다. 전에는 울타리가 없는 공터나 공유지에 양들을 자유롭게 방목했지만, 주인들이 자기 양에 대한 소유권을 철저히 따지기 시작하면서 울타리를 치고 관리하는 데 너무 많은 돈을 쓰게 되었다. 울타리를 만드는 데 쓰이는 목재는 메인주에서 나는 삼나무였다. 그리고 일반적인 용도의 울타리는 가로장이 두 개인 반면, 양을 기르기 위해 치는 울타리는 가로장이 네 개였다. 전에 양을 기르던 사람들이 더이상 양을 기르지 않게 된 이유가 바로 이것이었다. 울타리용 목재의 가격이 매우 비싼 까닭에 가로장을 한 개만 쓴 울타리들이 많이 있었고, 가로장이 쪼개지거나 갈라질 경우 끈으로 묶어 수리해서 쓰는 경우도 빈번했다. 이듬해 여름 나는 그 마을들 중 한 곳에서 약 30미터 길이의 밧줄에 묶여 있는 암소 한 마리를 보았는데, 먹이가 부족하고 빈약할수록 밧줄의 길이는 길어졌다. 아아, 당시의 상황을 감안하면 케이프코드를 모두 휘감을, 길이가 300미터는 되는 밧줄이라야 충분했을 것이다. 암소가 풍요로운 아라비아 펠릭스*로 달아날까 두려워 불모지에 묶어둔 것이리라! 나는 이웃에 팔 건초 더미의 무게를 저울질하는 한 남성을 도왔다. 저울의 고리에 매단 건초 더미가 흔들리지 않도록 막대의 한쪽 끝을 붙잡아주었다. 그가 수확한 작물 총량의 절반이 고작 그 정도였다. 요컨대 매우 척박해 보이는 지역 환경 때문에 주민들에게 포장지를 달라고 요청하는 것을 자제해야 할 때가 자주 있었다. 종이 역시 울타리의 가로장용 목재와 마찬가지로 외부에서 사와야 했으므로, 가뜩이나 부족한 종이를 빼앗는 건 아닐까 우려되었기 때문이다. 그곳에는 신문 파는 아이들도 없었기 때문에, 주민들이 도대체 휴지를 어떻게 구하는지 알 수 없었다.

우리 주변의 물건들, 즉 해변에서 어부들이 임시변통으로 쓰는 대용품들은 종종 우리가 해안가가 아니라 내륙지방에 와 있는 것은 아닌가 싶어 땅바닥을 내려다보게 만들었다. 모든 우물에서 두레박을 들어올릴 때 권양기 대신 도르래 장치를 사용했다. 거의 모

---

* 고대 아라비아반도에서 가장 번영했던 남부 지역을 가리키는 말. 여기서는 먹이가 풍부한 곳을 비유하는 말로 쓰였다.

든 집에 돛대용 목재나 두꺼운 널빤지, 또는 나사송곳 구멍이 가득한 목재들이 비축되어 있었다. 모두 난파선에서 나온 것들이었다. 이런 목재들은 풍차를 만들 때 일부 재료로 쓰였고, 공공 교량을 건설하는 데 투입되기도 했다. 자신의 헛간 지붕에 널을 얹고 있던 등대지기가 무심코 말하기를, 자기가 돛대 하나로 3,000장의 훌륭한 지붕용 널빤지를 만들었다고 했다. 그러니 어쩌면 여러분은 낡은 노로 만든 울타리 가로장도 볼 수 있을지 모른다. 또한 해안가 근처에서 폭풍을 만난 어느 선박에서 나온, 화창한 날씨에 어울릴 법한 화려한 옷이 옥외 화장실 문 앞에 못박혀 있는 모습도 자주 볼 수 있었다. 나는 등대 근처의 한 헛간에 '앵글로색슨'이라는 커다란 금박 글씨가 새겨진 기다란 표지판이 생뚱맞게 매달려 있는 것을 보았다. 그것은 배에 없어도 되는 부분 또는 선원들과 도선사가 합심해서 맨 먼저 내던져버린 쓸모없는 부분 같았다. 하지만 나는 그것이 심플레가데스*를 통과하면서 떨어져나간 아르고호**의 한 부분은 아니었을까 같은 다소 엉뚱한 생각을 해보았다.

어부들에게 케이프코드는 그 자체가 일종의 보급품을 선적한 군수물자 수송선이다. 여자와 아이들, 노인과 병자들을 실어나르는 더 안전하고 큰 배이다. 실제로 케이프코드에서는 배 안에서와 마찬가지로 바다와 관련된 말들을 많이 쓴다. 케이프코드는 항해하는 사람들과 늘 함께한다. 나이든 북유럽 사람들은 '뒤집힌 배 모

---

* 그리스 신화에 나오는, 흑해 입구 양쪽 기슭에 있는 움직이는 암초. 그 사이를 지나가는 배가 있으면 암초가 움직여 그 배를 난파시킨다고 한다.
** 그리스 신화에서 영웅들이 타고 황금 양모를 찾아 모험을 떠났던 배의 이름. 이 배가 심플레가데스를 통과한 뒤부터 그 암초들이 움직이지 않게 되었다고 한다.

양의 산등성이', 즉 도프라필드 산악지대●의 경관에 대해 이야기 하곤 했다. 그 땅은 배가 뒤집혀 바닥이 위로 올라온 것 같은 모양을 하고 있었다. 여기서 내 머릿속에는 자꾸 북유럽 사람들이 떠올랐다. 케이프코드 주민들은 대개 농부이면서 해적이다. 그들은 바이킹이나 만을 지배하는 자들을 뛰어넘는 존재다. 그들의 지배력은 망망대해까지 이른다. 지난해에 케이프코드에서는 풍작이라고 볼 수 있는 1,500리터의 감자를 수확했고 대규모 염전도 보유하고 있으며 훗날 내가 하룻밤 신세를 졌던 웰플릿의 한 농부는 눈앞에 보이는 스쿠너 범선을 가리키며 자기 배라고 했다. 그는 가끔 자신이 고용한 뱃사람과 자기 아이와 함께 그 배를 타고 장사를 하러 버지니아의 여러 곳까지 해안을 따라 멀리 남쪽으로 내려갔다. 그 배는 그가 생산한 농산물과 소금을 시장으로 싣고 나르는 수레였다. 그래서 그는 배를 조종할 줄 아는 사람을 고용했다. 말하자면 들과 바다 두 군데서 수레를 모는 셈이었다.

바다 물결이 높이 일렁이기 전에 열리는
아침의 속눈썹 아래에서●●

비록 그는 버지니아의 바다로 항해하는 길에 '날벌레'의 울음소

● 노르웨이 중앙에 있는 도브레피엘산맥을 말하는 것으로 보인다.
●● 존 밀턴John Milton이 1637년에 친구 에드워드 킹Edward King이 탄 배가 아일랜드해에서 침몰해 죽은 것을 애도하며 쓴 목가적인 애가 「리시더스Lycidus」에 나오는 구절. '…the high lawns…'를 '…the high seas…'로 바꾸어 인용했다.

리를 듣지 못했을 테지만 말이다.●

케이프코드 주민의 대다수는 대양 항로 여기저기서 바다 수레를 바삐 몰고 다니느라 늘 집밖에 있다. 그들의 일상적인 항해 역사 가운데 하나만 가지고도 고대의 아르고호 탐사대를 무색하게 만들 수 있을 것이다. 얼마 전 나는 지난해 초겨울쯤 서인도제도에서 집으로 돌아오리라 예상됐던 케이프코드 출신의 한 선장에 대한 이야기를 들었다. 마침내 그의 생존에 관한 반가운 소식이 그의 친척들에게 전해지기까지 사람들은 그가 오래전에 죽었을 거라 생각하고 있었다. 그의 배는 케이프코드 등대로부터 64킬로미터 안까지 진입했다가 아홉 번이나 연달아 강풍에 휘말려 플로리다와 쿠바 사이에 있는 키웨스트섬까지 떠밀려갔는데, 다시 항로를 수정해 고향을 향해 오고 있다고 했다. 따라서 그는 홀로 겨울을 보내야 했다. 고대라면 두세 명의 남자와 청년들이 겪은 이런 모험들은 신화의 기반이 되었겠지만, 이제 이런 이야기들은 해운 기상 뉴스에 나오는 대수 공식에 빠르게 표기된 수학 기호들만큼이나 흔하다. 팔프리●●는 반스터블에서 한 연설에서 이렇게 말했다. "세상 어디를 가든 여러분은 성조기가 휘날리는 것을 볼 수 있습니다. 그 깃발 아래 섰을 때, 반스터블이나 웰플릿, 채텀 항구의 수역에 대한 이야기를 여러분에게 들려줄 수 있는 누군가를 만나게 될 거라 기대해

● 위에 인용한 시구 바로 뒤에 "…들판으로 몰려나가 함께/날벌레들이 열정의 뿔피리를 부는 소리를 들었기에…"라는 구절이 나오는데, 소로가 이 시구를 인용하는 과정에서 '초원'을 '바다'로 바꾸었으니 당연히 '날벌레'의 울음소리를 듣지 못했을 거라는 의미.
●● 존 고햄 팔프리John Gorham Palfrey, 보스턴 출신의 미국 역사가이자 목사. 1840년대에 매사추세츠 하원의원을 지냈다.

도 됩니다."

언제부턴가 플리머스 해안가에서 누군가에게(또는 모든 사람에게)
빌 아저씨*인 사람이 거처하는 곳 옆을 지나갔다. 진창 위에 스쿠
너 범선이 반쯤 뒤집힌 채 처박혀 있었다. 우리는 배의 밑바닥을
쾅쾅 두드려서 한낮의 단잠에 빠져 있던 그 배의 주인을 깨웠다.
그가 승강구에 모습을 드러냈다. 우리는 그에게 조개잡이용 갈퀴
를 빌리려고 했다. 이튿날 아침 그를 방문할 생각이었는데, 허 참!
그는 전날 저녁 동쪽에서 불어오는 돌풍을 예상하고는 '더 파인스'
라는 이름의 거룻배가 있는 데로 급히 달려갔다. 그는 1851년 봄
플리머스만에 불어닥친 엄청난 강풍을 뚫고 홀로 이리저리 분주하
게 뛰어다녔다. 해초를 거둬내고, 큰 배들을 거룻배로 끌어 이동시
키고, 밀려온 잔해들을 모았다. 나는 그가 저 멀리 진창 속 거룻배
에 누워 있는 것을 보았다. 만조가 될 때까지 그는 그곳을 떠나고
싶어도 떠날 수 없었다. 아니, 만조가 되어도 그곳을 떠나지 않았을
지도 모른다. 이렇게 밀물과 썰물의 변화를 기다리는 모습은 해안
가 사람들의 삶에 나타나는 독특한 특징이다. 그곳 사람들은 "아!
지금부터 두 시간 동안은 출발할 수 없어요"라고 자주 말한다. 이런
말은 육지 사람에게는 매우 생소하게 들린다. 그래서 처음에 외지
인들은 그렇게 기다릴 마음의 자세를 갖지 못한다. 이 지역의 사료
에 따르면, "고래를 잡으러 포클랜드제도로 최초의 모험을 감행한
사람은 트루로에 거주했던 두 사람이었다. 이 항해는 영국 해군제

● Uncle Bill, 속어로 경찰을 의미하는데, 여기서는 제정신이 아니고 초라하지만 홀로
순박하게 살며 동네 궂은일을 도맡아 하는 사람을 지칭하는 것으로 보인다.

폰드 빌리지

독 몬태규*의 자문을 받아 1774년에 시도되었고, 대성공을 거두었다."

폰드 빌리지에서는 길이가 약 600미터에 이르는 연못에 키가 2미터쯤 되는 부들**이 다닥다닥 붙어 있는 것을 보았다. 뉴잉글랜드의 모든 술통 제조업자들이 쓰고도 남을 정도로 많아 보였다.

서부 해안도 동부 해안과 마찬가지로 거의 모래로 뒤덮여 있었다. 하지만 물결이 훨씬 더 잔잔하고 바다 밑바닥은 군데군데 가느다란 풀처럼 생긴 해초(거머리말 또는 잘피)로 덮여 있었다. 대서양 쪽 해안에서는 그런 해초를 보지 못했다. 거기에는 해변에서 물고기를

● 존 몬태규John Montague, 18세기 영국의 해군제독으로 1778년까지 캐나다 뉴펀들랜드 지역에 복무했다.
●● 부들과의 여러해살이풀. 유럽과 아시아의 온대와 난대 지방, 지중해 연안의 개울 또는 연못가에 자라난다.

요리해 먹기 위해 대충 지은 작은 헛간들도 있었는데, 그래서 해변이 사람의 손길이 닿지 않은 자연 그대로의 모습에서 좀 멀어진 듯보였다. 나중에 케이프코드만 쪽 몇몇 습지에서는 우리 같은 내륙사람들에게는 낯선 퉁퉁마디나 로즈메리 같은 식물들을 볼 수 있었다.

여름과 가을에는 종종 길이가 4.5미터가 넘는 참거두고래[학명: 글로비체팔루스 멜라스Globicephalus Melas(드 케이De Kay), 사교성 좋은 고래, 검은고래물고기, 우는 고래, 범고래 따위로도 불린다] 수백 마리가 무리를 이루어 이곳 해변으로 몰려든다. 나는 1855년 7월에 그 장관을 목격했다. 그날 아침 일찍 등대에 도착해서 일하고 있던 한 목수는 모르긴 해도 자신이 등대 일 때문에 50달러를 날렸다고 말했다. 참거두고래떼가 몰려들어 내는 소리를 들으며 케이프코드만 쪽을 따라오면서 등대 일을 잠시 중단하고 그쪽에 합류해서 자기 몫을 챙겨야 할지 고민했지만, 결국 등대 일을 하기로 결정했다고 했다. 아침식사를 하고 3킬로미터쯤 떨어진 그 장소로 가다가, 해변 근처에서 돌고래 사냥을 마치고 돌아오는 어부 일행을 만났다. 해안을 위아래로 훑어보니 남쪽으로 1.5킬로미터쯤 떨어진 모래사장 위에 검은 덩어리들이 널려 있었다. 참거두고래떼가 틀림없었다. 그들 주위에 사람 한두 명이 있는 것이 확실했다. 그쪽으로 걸어가던 중 얼마 지나지 않아 머리가 잘려나가고 벌써 몇 주 전에 비곗살을 벗겨낸 거대한 돌고래 사체들이 보였다. 사체 덩어리들이 조류의 방향에 따라 이리저리 흔들렸다. 악취 때문에 먼 길로 돌아가지 않을 수 없었다. 그레이트할로에 도착하니, 경계심을 갖고 주위를 살피는 어부 한 명과 소년들이 보였다. 대충 세어보니, 창에 찔려 여러 군데 상처를 입고 방금 죽은 것으로 보이는 참거두고래가 30마리쯤 있었다. 주변의 바닷물이 죽은 돌고래의 피로 물들어 있었다. 돌고래 사체의 일부가 해변에 나뒹굴었고, 다른 일부는 바다에 여전히 떠 있었다. 바다에 떠 있는 사체들은 조류에 쓸려 떠내려가지 않도록, 물이 빠질 때까지 꼬리들을 밧줄 하나로 둘둘 동여매놓았다. 작은 배 한 척에는 돌고래 꼬리 하나가 얹혀 있었다. 돌고래의 사체들은 고무처럼 검고 반들반들했다. 만화영화에 나오는 동물처럼 매우 단조로운 모양이었는데, 고래처럼 뭉툭한 주둥이와 머리, 뻣뻣해 보이는 지느러미가 달려 있었다. 가장 큰 것은 길이가 4.5미터나 되었지만, 아직 이빨도 나지 않은, 길이가 1.5미터에 불과한 작은 것도 한두 개 있었다. 어부는 고래의 비곗살이 얼마나 두툼한지 나에게 보여주기 위해 사체 중 하나의 몸통을 주머니칼로 베어냈다. 두께가 8센티미터쯤 되어 보였다. 베어낸 조각을 손가락으로 누르자 기름이 걸쭉하게 묻어나왔다. 고래 비곗살은 돼지고기처럼 보였다. 어부는 그들이 고래 비곗살을 먹고 있으면 가끔 아이들이 한 손에 빵을 한 조각씩 들고 주위로 몰려든다고 했다. 아이들은 고래 비곗살 한 토막을 다른 손에 받아들고 빵과 함께 먹었는데, 그것을 돼지고기보다 더 좋아했다. 이윽고 어부는 비곗살 밑의 살코기를 칼로 잘라냈는데, 소고기처럼 단단하고 붉은색을 띠고 있었다. 어부의 말에 따르면, 신선한 고래고기는 소고기보다 맛이 더 좋다고 했다. 1812년 브르타뉴 지역의 가난한 사람들이 참거두고래를 음식으로 먹기 시작했다고 전해진다. 그들은 썰물 때를 기다렸다가, 참거두고래들이 무기력하게 해안에 남겨지면 비곗살을 벗겨내어 배에 있는 솥에 담아 해변으로 가지고 가서 먹었다. 그들은 돌고래 한 마리에서 기름 160리터를 얻었는데, 값으로 따지면 15~20달러 정도 되었다. 그들이 타고 온 배에는 창과 작살이 많이 실려 있었는데, 내가 예상했던 것보다 굵기가 훨씬 가늘었다. 한 노인이 어부들에게 전달할 저녁식사를 실은 마차를 해변을 따라 끌고 왔다. 어부의 아내들이 작은 들통과 주전자에 준비한 음식을 담아놓으면, 그 노인이 폰드 빌리지를 돌며 음식들을 마차에 실었다. 추정컨대 그 노인은 음식을 배달하는 대가로 고래기름을 조금 받았을 것이다. 자기 도시락이 무엇인지 모르는 사람은 그냥 처음에 본 것을 가져 갔다.

내가 거기에 서 있을 때, 그들이 "고래떼가 또 왔다"라며 목청을 높였다. 북쪽으로 1.5킬로미터쯤 떨어진 곳에서 돌고래들이 검은 등을 드러내며 울부짖고 있었다. 돌고래떼는 말처럼 바다 위를 펄쩍펄쩍 뛰어오르며 나아갔고, 몇몇 배들은 벌써 그 뒤를 쫓으며 해변 쪽으로 그들을 몰고 있었다. 어부와 소년들이 달음박질쳐서 배 위로 뛰어올라 내가 서 있는 곳에서 멀어졌다. 원했다면 나도 함께 타고 나갈 수 있었을 것이다. 돌고래떼의 뒤를 쫓는 배는 금방 25~30척으로 늘어났다. 좀 큰 배들은 돛을 올리고 달렸고, 나머지 배들은 전력을 다해 노를 저으며 돌고래떼가 옆으로 벗어나지 못하게 막았다. 배들은 돌고래떼에 최대한 바짝 붙어 뱃전으로 돌고래들을 밀어붙이고, 경적을 울리며 돌고래들이 해변 쪽으로 나아가도록 몰고 갔다. 그야말로 손에 땀을 쥐게 하는 경주 장면이었다.

돌고래떼를 해변으로 모는 데 성공할 경우 나중에 그 배들은 자기 몫을 챙길 것이고, 어부들도 각자 자기 몫을 가져갈 것이다. 하지만 해안에서 멀리 떨어진 해상에서 돌고래들을 작살로 찌를 수밖에 없다면, 잡은 돌고래를 각자 가져간다. 나는 해안을 따라 북쪽으로 재빨리 걸어갔고, 배에 탄 어부들은 동료들과 합류하기 위해 빠르게 노를 저었다. 내 옆에서 걷고 있던 작은 소년은 자기 아버지가 탄 배가 다른 배들을 앞지르고 있다고 환호했다. 우리가 만난 늙고 눈먼 어부가 "그들이 지금 어디에 있소? 난 앞을 보지 못해요. 그들이 고래떼를 잡았소?"라고 물었다. 그러는 동안 돌고래들은 북쪽으로 방향을 틀어 가끔씩 등만 드러내며 프로빈스타운 쪽으로 달아나기 시작했다. 고래떼에 가장 근접해 있는 배의 어부들은 고래의 등을 향해 창과 작살을 던질 수밖에 없었다. 곧 여러 척의 배들이 저마다 돌고래를 단단히 매단 채 20~25미터 앞에서 고래를 끌고 마치 경주마처럼 곧장 해변으로 향했다. 수면 위로 반쯤 뛰어오른 돌고래 등의 숨구멍에서 피와 물이 뿜어져나오더니, 한 줄기 거품만 남았다. 그들은 멀리 북쪽 해안으로 갔다. 그래도 어부들이 배에서 뛰쳐나와 모래사장에 있는 돌고래들을 창으로 찌르는 모습을 볼 수 있었다. 전에 본 적이 있는 고래잡이 사진과 똑같았다. 한 어부는 그 일이 매우 위험하다고 나에게 말했다. 그는 처음 고래잡이에 나섰을 때 너무 흥분해서 서두른 나머지 창을 창집에 넣은 채로 사용했는데, 그럼에도 불구하고 창이 고래 살을 깊숙이 뚫고 들어갔다고 했다.

나는 며칠 전 조금 더 남쪽에 있는 이스텀 해변에 참거두고래

180마리가 떼를 지어 몰려들었다는 것을 알았다. 그날 아침 빌링스게이트갑의 등대에서 근무하던 등대지기는 밖으로 나가 전날 밤 해변으로 몰려온 수많은 돌고래들의 등에 자기 이름의 첫 글자를 칼로 새겨놓았다. 그는 그 돌고래 무리에 대한 권리를 1,000달러를 받고 프로빈스타운에 팔았다. 아마 프로빈스타운은 그보다 훨씬 더 많은 수입을 올렸을 것이다. 또다른 어부는 나에게 이르기를, 19년 전에는 그레이트할로 해안으로 380마리가 한꺼번에 몰려온 적도 있다고 했다. 이곳의 박물학도서관 자료에는 1809~1810년 겨울에 1,110마리의 고래가 "아이슬란드의 크발피외르뒤르 해안에 접근해서 모두 포획되었다"라고 나온다. 드 케이*는 그 돌고래들이 왜 뭍으로 왔다가 다시 바다로 돌아가지 않는지 모른다고 했다. 그러나 한 어부는 나에게 그들은 오징어를 쫓아 해변으로 몰려오며, 대개 7월 말쯤 해안에 도착한다고 장담했다.

일주일쯤 지나 다시 이곳에 와보니, 비곗살을 벗겨내고 머리를 잘라낸 참거두고래의 사체들이 망원경으로 볼 수 있는 먼 곳까지 해변을 따라 여기저기 흩어져 있었다. 고래의 머리들도 높이 쌓여 있었다. 악취가 지독해서 해변을 따라 걷는 것은 거의 불가능했다. 프로빈스타운과 트루로 사이를 잇는 역마차 길을 그 사체들이 가로막고 있었다. 하지만 그 불쾌한 상황을 해소하기 위한 조치는 아무것도 행해지지 않았다. 사람들은 평소처럼 아무렇지도 않게 바다로 나가 바닷가재를 잡았다. 때때로 그 사체들을 바다로 끌고 가

---

* 제임스 엘스워스 드 케이James Ellsworth De Kay, 1851년에 사망한 미국의 동물학자.

서 물에 던져버리기도 한다고 했다. 나는 그들이 고래 사체를 물에 빠뜨리기 위해 매다는 돌을 어디서 구하는지 궁금했다. 물론 돌 대신 딱딱하게 굳은 새똥을 사용했을 수도 있다. 케이프코드의 토양은 매우 척박해서 새똥으로 만든 거름을 사용하지 않고는 농사를 지을 수 없기 때문이다. 그것들이 유발할 수 있는 질병에 대해서는 말할 것도 없다.

집으로 돌아온 뒤, 나는 참거두고래에 대한 궁금증을 풀기 위해 매사추세츠주의 동물학 조사보고서들을 찾아보았다. 그러다가 스토러●가 『어류 보고서』●●에서 참거두고래를 뺐다는 사실을 발견했다. 돌고래는 물고기가 아니니 거기서 빠진 것은 당연한 일이었다. 그래서 다시 에몬스●●●의 『포유류 보고서』를 들춰보았다. 그런데 에몬스 역시 물개와 고래를 포유류에 포함하지 않은 것을 보고 깜짝 놀랐다. 물개와 고래를 관찰할 기회가 한 번도 없었기 때문이다. 매사추세츠주가 어업으로 성장해서 번창했고, 동물학 조사를 정식으로 허가한 주의회의 상징물이 대구이며, 낸터킷섬과 뉴베드퍼드가 우리의 이동 범위 안에 있고, 아침 일찍 일어나는 사람은 해변에서 1,000달러나 1,500달러 상당의 참거두고래떼를 발견할 수 있으며, 플리머스에 최초로 도착한 청교도들이 이스텀 해안가에서 인디언들이 참거두고래를 잘게 써는 모습을 보았고, 그들이 플리머

● 데이비드 험프리스 스토러David Humphreys Storer, 19세기 미국의 박물학자이자 의사.
●● 스토러와 윌리엄 본 올리버 피바디William Bourn Oliver Peabody가 저술하고 1839년에 발간된 『매사추세츠 어류, 파충류, 조류 보고서Report on the Fishes, Reptiles and Birds of Massachusetts』.
●●● 에버니저 에몬스Ebenezer Emmons, 19세기 매사추세츠 출신의 지리학자·교육자·의사.

스에 도착하기 전부터 그 해안에서 발견되는 참거두고래의 수 때문에 그곳의 일부를 '범고래만Grampus Bay'이라고 불렀으며, 그때부터 지금까지 그 돌고래들이 마을 두 곳 정도를 거의 해마다 풍요롭게 만들어주었고, 이제 그 돌고래들의 썩어가는 사체가 48킬로미터 넘는 먼 지역의 대기까지 오염시키기 시작했다는 점을 감안할 때, 그 돌고래의 이름이 일반명이든 학명이든 우리의 포유류 보고서, 우리의 육지와 바다 산물들의 목록에서 발견되지 않는 것은 놀랄 만한 일이라고 생각했다.

케이프코드를 가로지르며 만난 모든 곳과 마찬가지로, 여기서도 우리는 바다 건너 서쪽으로 8~10킬로미터 거리의 덤불이 우거진 모래언덕 아래로 펼쳐진 프로빈스타운의 탁 트인 전망을 감상했다. 그곳의 항만은 교회 첨탑들과 뒤섞인 선박의 돛대들로 가득했다. 그것은 그곳이 꽤 큰 항구도시임을 보여주었다.

따라서 케이프코드 아래쪽 마을들의 주민은 두 개의 서로 다른 바다 조망을 즐긴다. 서쪽, 즉 좌측 해안에 서서 본토가 어렴풋이 보이는 건너편 먼 곳을 바라보면서 그들은 저기가 매사추세츠만이라고 말한다. 그러고 나서 한 시간쯤 한가로이 걸으면 우측 해안에 서 있게 되는데, 그 너머로는 육지가 전혀 보이지 않는다. 그들은 그곳이 대서양이라고 말한다.

캄캄한 밤에 뱃사람들이 등대의 불빛을 보고 안전하게 방향을 잡듯이, 우리는 회반죽이 칠해진 우뚝 솟은 탑을 보며 등대를 향해 발걸음을 되돌리던 중 묘지 한 곳을 지나갔다. 점판암으로 된 묘비들 덕분에 강한 해풍에도 날아가지 않고 남아 있는 게 틀림없었다. 그 묘비들이 월귤나무 덤불을 무덤들 사이에 두텁게 뿌리내리게 했다. 우리는 그렇게 많은 사람이 바다에 수장된 곳의 묘비들은 비문을 읽을 가치가 충분히 있을 거라고 생각했다. 하지만 그들은 생명을 잃었을 뿐 아니라 대개 시신조차 발견되지 않았거나 신원 확인이 되지 않은 경우가 많았기 때문에, 적지 않은 무덤이 있었음에도 우리가 기대했던 종류의 비문은 매우 찾기 힘들었다. 그들의 묘지는 바다였던 것이다. 우리는 동쪽 해안 근처 땅이 움푹 꺼진 할로 지형에 있는 여우 한 마리의 움직임을 지켜보았다. 바닷물이 들락거리는 습지에서 스컹크 한 마리를 본 것 말고는 걷는 동안 우리가 발견한 유일한 네발 달린 야생동물이었다(비단거북과 상자거북을 네발짐승으로 보지 않는다면). 그 여우는 똥개처럼 꼬리 끝이 하얗고, 덩치가 크고 통통하며 털이 많은 녀석이었다. 케이프코드에서 아주 편안하게 살아가는 것처럼 보였다. 여우는 그곳에 자라고 있는 참나무 관목과 베이베리 덤불을 향해 천천히 달려갔다. 하지만 그 나무들은 여우가 몸을 숨길 정도로 키가 크지 않았다. 이듬해 여름에 나는 약간 더 북쪽에서 또다른 여우가 작은 호를 그리며 비치플럼 관목을 껑충 뛰어넘는 것을 보았다(이제는 그 길을 따라 이동하지 않는 것이 확실하다). 그동안 내가 목격한 것들을 통해 그 여우의 전체 이동 경로를 가늠해보려고 애썼지만, 매혹적인 여우의 공간에 대해 모르는 것이 너무 많았기 때문에 무산되고 말았다. 또 나는 모래밭 속으로 빠르게 가라앉고 있는 세번째 여우의 사체 잔해를 보았다. 그 두개골이 내 수집품 가운데 하나로 추가되었다. 따라서 그 근처에 분명 여우들이 많을 거라고 결론지었다. 여행자들은 주민들보다 더 많은 것을 만날 수 있다. 주민들이 잘 다니지 않는 인적 드문 길을 따라 주위를 휘젓고 다닐 가능성이 크기 때문이다. 주민들은 최근 몇 년 사이에 여우가 일종의 광기 때문에 엄청나게 많이 죽었다고 했다. 여우들이 제 꼬리를 물려는 것처럼 제자리에서 빙빙 도는 모습이 자주 보였다는 것이다. 그린란드에 대한 크란츠●의 설명에 따르면, "그들(여우들)은 새와 새알을 먹고 산다. 그러나 그것들을 구할 수 없으면, 시로미 열매나 홍합, 게처럼 바닷물에 밀려오는 것들을 먹는다."

등대에 도착하기 직전, 우리는 케이프코드만의 해넘이를 보았다. 좁다란 곳에 서니 배의 갑판, 아니, 더 정확히는 30마일 떨어진 해상에 떠 있는 군함의 돛대 꼭대기에 있는 것 같았다. 물론 우리는 그 해가 같은 방향의 수평선 너머 우리의 고향 언덕 아래로 지고 있다는 것을 알고 있었다. 그 광경은 우리의 머릿속에서 모든 것을 몰아냈으며, 문득 호메로스와 대서양 바다를 떠올리게 했다.

En d epes Ôkeanô lamron phaos êelioio
(태양의 밝은 빛이 대양의 신 오케아노스에게로 떨어지나니) ●●

태양이 횃불처럼 빛나며 바다에 빠졌다.

● 다비드 크란츠David Crantz, 체코 동부 지역 모라비아 사람으로 『그린란드의 역사The History of Greenland』를 집필했다.
●● 호메로스의 『일리아스』 그리스어 원전 8권 485행에 나오는 구절.

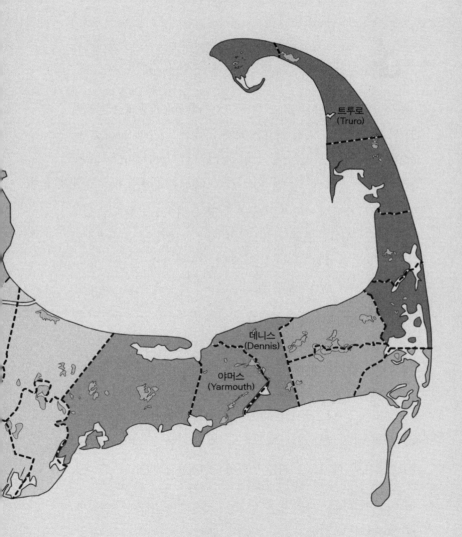

트루로
(Truro)

데니스
(Dennis)

야머스
(Yarmouth)

뱃사람들에게 케이프코드 등대 또는 하이랜드 등대로 알려진 이 등대는 우리의 '가장 중요한 해변 등대들' 가운데 하나로, 대개 유럽에서 매사추세츠주로 진입하려고 하는 선박들이 가장 먼저 보게 되는 등대다. 이것은 케이프앤 등대에서 69킬로미터, 보스턴 등대에서 66킬로미터 떨어진 곳에 있다. 하이랜드 등대는 점토층을 이루는 해안의 모래톱 가장자리, 지금 우리가 있는 곳에서 약 100미터 거리에 우뚝 서 있다. 나는 인근에서 널빤지로 헛간 지붕을 잇고 있던 한 목수에게서 대패와 직각자, 수준기, 컴퍼스를 빌리고, 돛대에서 나온 목재로 초점과 중심을 잡아주는 고정핀들이 달린 조잡한 사분의를 대충 만들어 등대 반대편 모래톱에서 올려다본 각도를 측량했다. 배에서 물고기를 잡을 때 쓰는 밧줄 두 가닥으로 모래톱의 비탈 길이를 재고, 널빤지 위에서 모래톱의 높이를 측량했다. 모래톱의 높이는 바로 아래 바닥에서 33미터이고, 해수면이 가장 낮을 때의 평균 수위를 기준으로 하면 37미터쯤 되었다. 케이프코드의 맨 *끄트머리*를 면밀히 조사한 그레이엄●은 모래톱

작은 어선을 해변으로 밀어올리는 모습

의 높이가 40미터라고 했다. 내가 측량한 바로는 모래와 점토가 섞인 지층은 수평선과 40도 각도를 이루고 있었지만, 점토층은 훨씬 더 가팔랐다. 소도 닭도 결코 거기를 내려가지 못한다. 남쪽으로 800미터쯤 떨어진 모래톱은 4~7미터 더 높다. 트루로 북부에서 가장 높은 땅 같았다. 하지만 그 어마어마한 점토층 모래톱도 빠르게 침식되고 있다. 10~15미터 간격을 두고 모래톱에 흘러내리는 작은 물줄기들 때문에, 높이가 15미터 넘는 가파른 고딕 양식 지붕 형태의 반점토층과 암벽처럼 날카롭고 울퉁불퉁한 능선이 생겨났다. 한 곳은 신기하게도 한 입 베어낸 것처럼 커다란 반원 모양의 분화

• 제임스 던컨 그레이엄James Duncan Graham, 웨스트포인트를 졸업하고 포병 장교로 근무하다 미 육군 공병대 창설 멤버로 참여했다.

구 형태를 띠고 있었다.

하이랜드 등대지기에 따르면, 오늘날 케이프코드는 동쪽이 더 그렇긴 하지만, 양쪽에서 점점 훼손되고 있다. 일부 지역은 지난해에 10여 미터가 침식되어 사라졌다. 따라서 머지않아 등대도 다른 곳으로 옮겨야 한다. 그가 말한 대로, 당시 시점에서 케이프코드가 얼마나 빨리 침식될지 계산해보았다. 등대지기는 이렇게 말했다. "60년 전에 이곳이 어땠는지 기억합니다." 우리는 케이프코드의 급속한 침식 속도보다 그가 마지막에 한 이 말을 듣고 훨씬 더 놀랐다. 지금 우리에게 말하고 있는 사람이 어떻게 자신의 생기와 활력을 이다지도 더디게 소모할 수 있는지 말이다. 우리는 그가 마흔 살이 넘지 않았을 거라고 생각했기 때문이다. 그는 그보다 더 오래 살 가능성이 충분해 보였다.

그해 10월과 이듬해 6월 사이●에 하이랜드 등대 맞은편 한 곳의 모래톱이 12미터쯤 사라진 것을 알았다. 10월 마지막 날 모래톱은 모서리 부분에 12미터 이상 균열이 나 있었고, 최근에 해안은 온통 쓰레기로 덮여 있었다. 그러나 나는 이곳의 모래톱이 대개 한 해에 1.8미터 이상 침식되지는 않았다고 판단하고 있었다. 몇 년 또는 한 세대 동안 관찰한 뒤 내린 결론이 무엇이었든 간에 그것은 거짓으로 드러날 가능성이 있다. 케이프코드도 그 내구력으로 존속 여부를 기대할 수는 없는 일이다. 어느 조난자의 발자국이 찍힌 자그마한 길이 모래톱 아래로 수년 동안 남아 있는 경우도 있다.

● 소로가 처음으로 케이프코드를 방문한 1849년 10월과 두번째로 방문한 1850년 6월 사이를 말한다.

나이든 한 주민은 1798년 그 등대가 세워졌을 때 해마다 모래톱이 울타리 하나 길이만큼 침식될 것을 감안해 등대의 수명을 45년으로 예상했다고 우리에게 말했다. "하지만 그건 지금도 거기에 있소." 그가 덧붙였다(거의 같은 자리이긴 하지만, 정확히 말하면 모래톱 가장자리에서 100미터쯤 떨어진 곳이었다).

케이프코드의 모든 곳에서 이런 침식현상이 나타나는 것은 아니다. 어떤 사람의 이야기로는, 오래전 프로빈스타운 북쪽에 난파선 한 척이 있었는데, 지금도 그 배의 **뼈대들**(그가 쓴 단어다)이 해안선에서 10여 미터 떨어진 모래밭에 반쯤 묻혀 있는 모습을 볼 수 있다고 했다. 아마도 그것들은 고래의 선체 골조들 옆에 놓여 있을 것이다.● 주민들의 대체적인 의견에 따르면, 케이프코드가 양쪽에서 침식되고 있는 것은 맞지만, 남쪽과 서쪽 특정 지점들, 예컨대 채텀과 모노모이 해변, 빌링스게이트갑이나 롱갑, 레이스갑에서는 반대로 육지가 넓어지고 있다고 한다. 제임스 프리먼●●은 자기 시대에 모노모이 해변의 면적이 50년 전보다 5킬로미터 가까이 커졌다고 장담했다. 지금도 빠르게 면적이 커지고 있다고 한다. 지난 세기에 『매사추세츠 매거진*Massachusetts Magazine*』에 글을 기고한 한 사람은 "영국인들이 최초로 케이프코드에 정착했을 때, 채텀에서 약 12킬로미터 떨어진 곳에 웨브스 아일랜드라고 하는 섬이 하나 있었다. 전체 면적 가운데 8만 제곱미터의 땅이 연필향나무라고 하

● 죽은 고래의 뼈를 난파선의 잔해에 비유하면서 단어를 서로 바꿔 표현한 언어유희.
●● James Freeman, 매사추세츠 출신의 미국 최초의 유니테리언 목사.

는 적삼목*으로 덮여 있었다. 낸터킷섬 주민들은 그곳에서 목재를 실어나르곤 했다"라고 말했다. 하지만 그는 자기 시대에는 그곳을 알리는 표식이 커다란 바위 하나뿐이었으며 물의 깊이는 약 11미터였다고 덧붙여 말한다. 너셋항으로 진입하는 관문은 한때 이스텀에 있었는데, 지금은 더 남쪽으로 내려가 올리언스로 이동했다. 옛날에는 웰플릿 해변이 하나로 이어져 있었지만 지금은 섬들로 분리되어 작은 배들이 그 사이를 지나다닌다. 이 해안의 다른 곳들도 상황이 크게 다르지 않다.

어쩌면 대서양 바다는 케이프코드의 한 부분을 꺼내서 다른 부분에 주는 건지도 모른다. 다시 말해, 한쪽에서 돈을 빼내 다른 쪽에 쓰는 셈이다. 동쪽 해안에서 보면 모든 해변이 바다에 침식되는 것처럼 보인다. 토양의 침식으로 발생한 퇴적물들이 조류를 따라 쓸려갈 뿐 아니라, 해변의 모래가 높이 45미터에 이르는 가파른 모래언덕 위로 날아가 쌓이고, 원래 모래사장이었던 지면은 1~2미터 깊이의 바닷물로 덮인다. 모래톱 가장자리에 앉아 있으면 이런 광경을 두 눈으로 생생하게 목격할 수 있을 것이다. 따라서 모래톱은 침식되는 속도만큼이나 빠르게 그 높이를 유지한다. 모래가 빠른 속도로 쉬지 않고 서쪽으로 이동하고 있다고 그 기고가는 말한다. 현재 이곳 주민들의 말에 따르면, 서쪽으로 '90미터 이상' 날아간다고 한다. 그래서 어떤 곳에서는 이탄습지**가 모래 아래 깊이 묻히면서 이탄이 잘려나간다. 또 어떤 곳에서는 거대한 이탄습지가

---

* 미국 측백나무라고도 한다.
** 식물 퇴적물로 만들어진 이탄이 쌓여 형성된 습기 많은 초지.

1~2미터 깊이의 바닷물에 잠긴 모래톱 해안에 모습을 드러내더니 거기서 이탄이 떨어져나왔다. 일렁이는 물결 사이에서 이탄 덩어리를 볼 수 있는 것은 바로 이 때문이었다. 굴을 따는 한 노인은 우리에게 아주 오래전에 자기 집 동쪽 대서양 근처 한 습지에 '가축' 한 마리가 빠져 죽었는데, 20년 전 그 습지 자체가 완전히 말라버렸다고 했다. 하지만 그뒤 해변에 그 흔적들이 나타나는 것을 보았다고 했다. 또 어느 화창한 날 빌링스게이트갑에서 5킬로미터쯤 떨어진 케이프코드만의 아래쪽에서 배 난간 너머로 몸을 구부렸을 때 물속에 '수레바퀴만큼이나 큰'(!) 삼나무 그루터기들이 보였는데, 그곳은 얼마 전만 해도 마른 땅이었다고 했다. 또 한 사람이 말하기를, 수년 전 트루로 이스트 하버의 케이프코드만 쪽에 묻혔다는 통나무배 한 척이 나중에 마치 곶이 옆으로 구른 것처럼 그 반대편 대서양 쪽에서 발견되었다고 했다. 이스트 하버는 케이프코드에서 좌우 면적이 극도로 좁은 항만지대다. 한 노파는 "이봐요, 내가 한 말은 사실이에요. 곶이 정말 움직인다고요."라고 말했다.

해안을 따라 형성된 모래톱들은 폭풍이 불 때마다 자리를 바꿨다. 모래톱이 완전히 자취를 감춰버린 곳들도 많다. 한 차례 폭풍이 몰아친 1855년 7월 어느 날 밤 만조 때, 우리는 그 뒷모습을 관찰할 기회가 있었다. 너비가 약 15미터에 이르는 하이랜드 등대 맞은편 해변의 모래사장이 육안으로 보이는 남북 양쪽으로 멀리 1.8미터 깊이의 물속으로 이동했다. 또 한 곳에는 전에 볼 수 없던 1.5미터 높이의 커다란 바위 하나가 떡하니 모습을 드러냈다. 어디서 왔는지는 아무도 모르지만 폭풍이 통째로 들어다 갖다놓은 것이다. 따라서 그만큼 해변이 좁아졌다. 앞서 말했듯이, 케이프코드의 대서양 방면에서는 강한 해향저류 때문에 대개 수영을 하지 않는다. 하지만 최근 거기에 가보니, 등대 근처에 약 50미터 폭의 모래톱이 3킬로미터 정도에 걸쳐 불쑥 솟아올라 있었다. 3개월 전에 그렇게 되었다고 했다. 그 너머로는 조류가 흐르지 않는 400미터 길이의 좁다란 만이 생겼다. 덕분에 거기서 마음껏 수영을 즐길 수 있었다. 이 작은 만은 모래톱이 북쪽으로 이동하면 가끔씩 입구가 닫혔다. 한번은 400~500마리의 명태와 대구떼가 그 만에 갇히는 바람에 몰살당한 적이 있었다. 그뒤 바닷물은 민물로 바뀌었고 마침내 모래사장이 그 자리를 차지했다. 그곳 주민들은 그 모래톱이 완전히 사라질 수도 있는데, 그러면 2~3일 내에 1.8미터 깊이의 바닷물에 잠길 거라고 장담했다.

하이랜드 등대지기는 해안에 강한 바람이 들이치면 파도가 모래톱을 빠르게 잠식하지만, 바람이 그치면 모래가 파도에 쓸려 멀리 떠밀려가는 일은 없다고 했다. 전자의 경우 바람이 해변 옆 해수면을 계속 높이는데, 바다는 평형을 유지하기 위해 강력한 역류를 발생시켜 바닷물을 다시 해양으로 돌려보내면서 모래 따위를 쓸고 나가 사구를 형성한다. 이때 해변의 모래 위를 걷는 것은 어렵다. 하지만 후자의 경우에는 해저 역류가 정상적으로 작동하면서 모래를 해변으로 운반한다. 따라서 바람이 해안으로 들이칠 때 바다에서 조난한 사람이 뭍에 상륙하는 것은 매우 어렵지만, 바람이 걷히면 상륙하기가 훨씬 쉬웠다. 이 해향저류는 자기가 만든 모래톱의 일부를 직각으로 서 있는 벽처럼 만드는데, 뒤이어 오는 표층류가 거기에 부딪쳐 부서진다. 따라서 바다는 고양이가 쥐를 가지고 놀듯, 한입에 삼키기 전 한동안 바다 어귀에서 모래톱을 품고 있는 육지를 가지고 논다. 그러나 결국에는 잡아먹히는 시간이 오기 마련이다. 바다는 탐욕스러운 동풍을 일으켜 육지를 강탈한다. 바다가 먹이를 모두 낚아채 멀리 달아나기 전에 육지는 충직한 서풍을 일으켜 조금이나마 자신을 회복하려고 한다. 데이비스 대위의 주장에 따르면, 모래톱과 뱅크의 형태, 크기, 분포는 주로 바람과 파랑이 아닌 조류에 의해 결정된다.

우리의 등대지기는 태풍이 정면으로 들이닥칠 때 해변에 가보면 해안으로 흘러드는 유목이 전혀 보이지 않는다는 것을 알고 깜짝 놀랄 거라고 했다. 유목은 모두 만조 때 강하게 밀려오는 연안해류를 따라 사람의 걸음만큼이나 빠르게 해안선과 나란히 평행을 이루며 북쪽으로 흘러갔다. 아무리 수영을 잘하는 사람도 그 해류가 흐를 때는 해변으로 3센티미터도 헤엄쳐 다가가지 못할 것이다. 심지어 커다란 바위도 해변을 따라 북쪽으로 800미터나 흘러간 적이 있었다. 숙소 주민은 케이프코드의 대서양 쪽 바다는 움직이지 않고 잔잔했던 적이 없으며 늘 우리 머리 높이만큼 높은 물결이 일렁인다고 단언했다. 따라서 대부분의 경우 그쪽으로는 배를 띄울 수 없으며, 선교를 설치해 배에서 내릴 수는 있지만, 바람이 없는 날에도 해변의 파도 높이가 1.8~2.4미터에 이르렀다. 1606년 샹플랭과 푸트랭쿠르는 거대한 너울 때문에 여기에 상륙할 수 없었다. 그러자 원주민들이 카누를 타고 그들에게 왔다. 보르드 씨Sieur de la Borde는 1711년 암스테르담에서 처음 출간되었고 내가 번역해서 내기도 한 『카리브제도 견문록Relation des Caraibes』 530쪽에서 이렇게 말한다.

"카리브어로 쿠루몽Couroumon, 또는 별이라고 불리는 신神은 거대한 람 아 라 메르lames à la mer를 일으켜 카누를 전복시킨다. 람 아 라 메르는 도중에 끊기지 않고 길게 이어지는 파도를 말한다. 이 파도는 해변의 한쪽 끝에서 반대쪽 끝까지 모두 한 줄로 이어져 들이치는 것처럼 보인다. 따라서 아무리 약한 미풍이 불어도 카누처럼 작은 배들은 뒤집히거나 물이 가득차지 않고는 거의 해변에 닿을 수 없었다."

그러나 케이프코드만 쪽 바다는 가장자리조차 대개 연못처럼 잔잔하고 고요하다. 이 해안에서는 배를 타고 나가는 경우가 별로 없다. 하이랜드 등대에는 배가 한 척 있는데, 1년 동안 근무했던 등대지기가 떠난 뒤 그곳에 온 후임 등대지기는 전임자가 바로 앞바다에서 고기가 잘 잡힌다고 말했음에도 배를 타고 바다로 나가지 않았다. 구명정은 정작 필요할 때 사용할 수가 없다. 파도가 매우 높을 때는 아무리 배를 잘 부리는 사람이라도 배를 타고 나가는 것이 불가능하다. 해안을 향해 활처럼 휘어진 파도가 배를 완전히 덮쳐 배에 물이 가득차거나 뱃머리가 치솟으면서 뒤로 젖혀져 배 안에 있는 것들이 모두 바다에 빠져버릴 테니 말이다. 길이가 약 9미터에 이르는 돛대도 마찬가지로 무용지물이 된다.

몇 년 전 바람이 잔잔한 날 웰플릿의 대서양 쪽 해안에서 배 두 척에 나눠 타고 고기잡이를 떠난 한 무리의 사람들에 대한 이야기를 들었다. 그들이 고기를 가득 싣고 육지로 돌아오기 위해 해안에

다가서려고 할 때, 상륙 지점에 커다란 너울이 일고 있었다. 바람은 불지 않았지만, 해안에 배를 대기가 두려웠다. 처음에는 상륙 지점을 프로빈스타운으로 바꿀까도 생각했지만, 날이 점점 어두워졌고 거기까지 가려면 수 킬로미터를 돌아가야 했다. 상황이 매우 위험해 보였다. 배가 해안에 접근하려고 할 때마다 사이로 끼어들면서 해변을 무섭게 내달리는 거대한 파도를 보고, 그들은 뒤로 물러설 수밖에 없었다. 그야말로 완전히 겁에 질린 상태였다. 두 배 가운데 한 척에 탄 사람들은 결국 물고기들을 바다에 던져버리고 상륙하기로 했다. 누구도 자신할 수 없는 어려운 상황에서, 그들은 오랜 경륜에 따른 노련함과 행운 덕분에 해변에 상륙하는 데 성공했다. 다른 한 배는 조타수가 경험이 부족한 탓에 곧바로 침몰했지만, 배에 탔던 사람들은 가까스로 모두 목숨을 건졌다.

아주 작은 물결도 금방 배의 "이음쇠를 망가뜨려 물이 새게" 만든다. 등대지기는 길고 강력한 바람이 한 번 몰아친 뒤 점점 더 거대해진 파도가 세 차례 해변으로 밀려오기 마련인데, 그러고 나면 당분간은 큰 파도가 일지 않는다고 했다. 그들이 배를 타고 상륙하려 했을 때 마지막에 밀려온 가장 큰 파도를 타고 해변으로 올라온 것은 이런 이치를 경험으로 알고 있었기 때문이다. 토머스 브라운 경●은 (브랜드Brand의 『민간전승 풍습*Popular Antiquities*』●●에 인용된 것

● Sir Thomas Browne, 17세기 영국의 학자이자 저자. 과학, 의학, 종교 및 비밀리에 전승된 풍습 따위의 다양한 분야에 두루 박식했다.
●● 18세기 미국의 골동품 연구가이자 영국교회 목사인 존 브랜드John Brand가 1777년에 발간한 저서 『대영제국의 민간전승 풍습에 관한 고찰*Observations on the popular antiquities of Great Britain*』.

처럼) 오비디우스가 노래한

Qui venit hic fluctus, fluctus supereminet omnes,

Posterior nono est, undecimo que prior

(다가오는 파도는 그 어떤 파도보다 엄청나게 크나니,

앞선 아홉번째 파도를 쫓아가고 열한번째 파도가 뒤따르네)[●]

를 인용한 뒤, '그 무엇보다 훨씬 더 위험한' 열번째 파도와 관련해
이렇게 말한다. "그럼에도 불구하고 그것은 명백히 사실이 아니다.
해안가에서든 대양 한가운데서든 주의를 기울여 성실하게 관찰했
다면 절대 그렇게 쓸 수 없다. 바다에서 파도의 규칙성이나 특정한
움직임의 패턴을 찾고자 하는 것은 정말 헛된 일이다. 일반적으로
기계적인 왕복운동을 하는 경우에는 원인이 일정하면 결과는 일치
하기 마련이다. 하지만 위아래로 움직이는 파동운동의 경우 움직임
은 둘째 문제다. 바람과 폭풍, 해안, 암초 등 그 운동에 개입하는 모
든 요소가 불규칙하기 때문이다."

우리는 클레이파운즈Clay Pounds라는 곳이 "배들이 강풍을 만나
운 나쁘게도 거기로 쏠려갔기pounded 때문에" 그렇게 부른다고 어
딘가에서 읽었다. 하지만 나는 이 지명의 유래를 그다지 신뢰하지
않는다. 옛날 사람들은 점토층이 지반을 이루고 있는 이곳을 클레
이피츠^{●●}라고 불렀는데, 이곳에는 작은 연못들이 군데군데 있다.

● 오비디우스의 『비탄가Tristia』 라틴어 원전 1권의 두번째 시 49~50행에 나오는 구절.

●● Clay Pits, 점토 채취장이라는 뜻.

따라서 클레이파운즈라는 지명은 클레이폰즈*에서 온 말이 아닐까 싶다. 물은 지표면에 매우 가까운 점토층에서 발견된다. 하지만 인근 모래사장에 우물을 판 남자에 대한 이야기를 들었는데, 그는 '눈에 불을 켜고' 열심히 땅을 팠지만 아무것도 찾지 못했다. 이 헐벗은 고지대에서는 바람이 모든 것을 쓸어버린다. 7월에도 바람이 새끼 칠면조의 날개를 머리 위로 펄럭이게 한다. 새끼 칠면조는 어찌해야 할지 모르고 허둥댄다. 강풍이 몰아치면 집 대문과 창문들이 날아가기 때문에, 바람에 날려 대서양에 빠져 죽지 않으려면 등대에 들어가 바람이 그치기를 기다려야 한다. 겨울에 폭풍이 몰아치면 사람들의 해변 출입이 금지되는데, 때때로 해난구조협회로부터 그에 따른 보상을 받기도 한다. 폭풍의 강력한 힘을 온몸으로 느끼고 싶다면, 마운트 워싱턴 마을** 꼭대기나 트루로의 하이랜드 등대에 거처를 정하면 된다.

1794년에 트루로 동부 해안에서 난파한 선박의 수가 반스터블 카운티의 어느 곳보다 많았다고 한다. 이후 하이랜드 등대가 세워진 뒤에도, 폭풍이 몰아칠 때마다 여기서 한두 척의 배가 조난했다는 소식을 전해듣는다. 어떤 때는 이 지점에서 10여 척의 난파선을 한꺼번에 볼 수도 있다. 주민들은 집집마다 난로 주위에 둘러앉아 배들이 암초에 충돌해 산산조각나는 소리를 듣는다. 그럴 때마다 그들은 언젠가 일어났던 조난 사고를 기억해내곤 한다. 이 해변의 역사를 처음부터 끝까지 기술할 수 있다면, 그것은 교역의 역사

---

* Clay Ponds. 점토층 연못이라는 뜻.
** 매사추세츠 버크셔 카운티의 고원지대에 있는 마을.

에서 전율을 느끼게 하는 한 페이지를 장식할 것이다.

1700년에 트루로는 데인저필드Dangerfield라는 이름의 정착지가 되었다. 그것은 매우 적절한 이름이었다. 훗날 나는 파멧강 근처 묘지에 있는 한 무덤에서 다음과 같은 비문을 읽었다.

1841년 10월 3일
잊을 수 없는 거대한 강풍으로
바다에 침몰한
일곱 척의 배에 타고 있던
57명의 트루로 주민들을
기리며 바친다.

비석의 반대편에는 망자들의 이름과 나이가 가족별로 기록되어 있었다. 그들은 조지스뱅크에서 목숨을 잃었다고 한다. 케이프코드의 대서양 쪽 해안에 표착한 배가 딱 한 척 있었는데, 그 배에 어린 소녀들이 타고 있다가 선실에 갇힌 채 익사했다는 이야기도 들었다. 사망한 선원들의 집이 모두 '반경 3킬로미터 안에 있었다고 한다. 데니스의 주민 28명도 그 강풍으로 목숨을 잃었다. 나는 "이번 폭풍 직후 하루에 100구 가까운 시신이 바다에서 인양되어 케이프코드에 매장되었다"라는 내용의 글을 읽었다. 선장들이 없었기 때문에 트루로 보험사는 선박들에 대한 책임을 떠맡길 사람을 구할 수 없었다. 살아남은 주민들은 이듬해에도 아무 일 없다는 듯이 다시 고기잡이배를 타고 바다로 나갔다. 나는 그곳에서 난파선 이야기를 꺼내서는 안 된다는 것을 알았다. 거의 모든 가정이 바다에서 가족 중 일부를 잃었기 때문이다. "저 집에는 누가 사나요?" 하고 물으면 "미망인 셋이요"라는 대답이 돌아왔다. 외지인과 주민은 서로 다른 눈으로 해변을 바라본다. 전자는 바다에서 폭풍이 몰아치는 광경을 보고 감탄할지도 모른다. 하지만 후자는 바다를 가까운 인척들이 조난한 현장으로 본다. 모래톱 언저리에 쭈그리고 앉아 마른 개풀에 막 불을 붙여 파이프 담배를 피우며 난파선 잔해 작업을 잠시 멈추고 쉬던, 눈이 침침한 한 노인에게 파도 소리를 좋아하시는 것 같다고 말했더니, 그는 이렇게 대답했다. "그렇지 않아요. 난 파도 소리를 좋아하지 않소." 그는 "평생 잊지 못할 강풍"으로 적어도 아들 하나를 잃었다. 거기서 그가 직접 목격한 조난 사고들에 대한 많은 이야기를 들을 수 있었다.

1717년 벨라미*라는 유명한 해적은 자신이 나포한 스노 범선** 선장의 안내로 웰플릿 인근의 모래톱에 이르게 되었다. 벨라미는 선장에게 자기를 프로빈스타운항으로 안내한다면 나포한 배를 돌려주겠다고 했다. 전하는 말에 따르면, 그 선장은 밤에 타르통에 불을 붙여 바다로 던지며 떠다니다가 그곳에 다다랐고 해적들은 그것을 따라갔다. 그런데 폭풍이 몰아치면서 그들이 탄 배가 모두 난파했고, 100구가 넘는 시신이 해변을 따라 흩어졌다. 난파한 배에서 빠져나와 살아남은 6명의 해적은 나중에 처형당했다. 웰플릿의

---

* 새뮤얼 벨라미Samuel Bellamy, 18세기 초의 영국인 해적으로 케이프코드 민중 사이에서는 '해적 왕자 블랙 샘', '바다의 로빈 후드'로 알려졌던 인물.
** 돛대가 두 개인 가로돛 범선.

난파선 잔해 찾는 일을 멈추고 잠시 쉬는 노인

역사가는 이렇게 전한다. "지금(1793년)까지도 가끔씩 윌리엄왕과 메리여왕 때의 동전과 코브 머니*라고 불리는 은화들을 해변에서 줍는다. 바다가 격렬하게 요동칠 때면 모래톱 바깥쪽의 모래가 쓸려나가기 때문에, 때때로 썰물 때면 배(벨라미 해적선)의 철제 조리실이

---

* cob money, 17~18세기 스페인령 아메리카에서 발행된 금화와 은화.

모습을 드러내곤 했다." 또다른 역사가는 이렇게 말한다. "이 난파 사고 뒤 몇 년 동안 매우 특이하고 무시무시하게 생긴 남자 한 명이 봄과 가을마다 케이프코드에 다녀가는 것을 많은 사람들이 보았다. 그 남자는 벨라미의 부하 가운데 한 명으로 추정되었다. 사람들은 그가 급하게 돈이 필요해서 해적들이 돈을 감춰둔 곳에 갔을 거라고 했다. 그가 죽었을 때, 늘 차고 다녔던 그의 허리띠에서 많은 금화가 나왔다."

마지막으로 이곳을 찾았을 때, 앞서 말했던 것처럼 모래를 매우 깊은 바다로 이동시키는 폭풍이 지나간 직후, 나는 가져갈 만한 조개껍데기와 조약돌들을 주우며 해변을 걷고 있었다. 코브 머니를 발견할 거라고는 꿈도 꾸지 않았건만, 가파르게 움푹 들어간 모래톱 기슭 바로 아래 아직 축축한 모래 위로 난 물결 자국 근처에서 1달러 6센트에 해당하는 프랑스 크라운 은화를 하나 주웠다. 그것은 푸른빛이 도는 회색을 띠었기에 납작한 조약돌처럼 보였다. 하지만 매우 독특하고 잘생긴 루이 15세의 머리가 또렷이 새겨져 있었다. 동전을 뒤집으니 '시트 노멘 도미니 베네딕툼Sit Nomen Domini Benedictum(주님의 이름으로 축복이 있기를)'이라는 라틴어 문구가 새겨져 있었다. 해변의 모래사장에서 그것을 읽는 만족감이라니. 그 문구가 어디에 찍힌들 무슨 상관이겠는가. 1741년이라는 연도 표시는 겨우 알아볼 수 있었다. 물론 처음에는 그것이 전에도 여러 번 발견한 적 있는 그렇고 그런 오래된 단추인 줄 알았다. 하지만 주머니칼로 표면을 긁어보니 은이었다. 훗날 썰물 때 모래톱을 거닐다가 마치 은화를 발견한 것처럼 손가락 사이에 둥근 조가비들을 들어올리며 함께 간 친구를 속였다. 그는 그것을 보고 나에게 냉큼 달려왔다.

독립전쟁 때 서머싯이라는 영국 전함이 클레이파운즈 근처에서 난파했다. 배에 타고 있던 수백 명의 병사들이 모두 포로가 되었다. 이 이야기를 해준 사람은 어떤 역사책에서도 이 사건에 대한 언급을 본 적이 없다고 했다. 아무튼 그는 그 포로들 가운데 한 명이 우연히 떨어뜨리고 간 은시계에 대해 안다고 했다. 그 사건은 앞으로도 계속 이야깃거리가 될 것이며 벌써 몇몇 작가들의 주목을 받고 있다.

이듬해 여름*, 나는 채텀에서 온 슬루프 범선** 한 척이 이 해안 바로 앞에서 닻과 닻사슬들을 찾아 물밑을 훑고 다니는 모습을 보았다. 그 범선은 작은 보트들을 내려 그 일을 시키는 동시에 다양한 침로를 따라 이리저리 움직였다. 그러다가 뭔가 발견되면 그것을 끌어당겨 배 위로 올렸다. 오늘처럼 쾌청한 날이면 뱃사람들이 헛되이 기댔다가 잃어버린 닻들, 아니, 어쩌면 함께 수장된 그들의 믿음과 희망을 되찾기 위해 정기적으로 사람들을 고용해 노동에 대한 대가를 지불하는 특이한 고용 형태다. 어쩌면 그것은 옛날 해적선이나 노르만족 어부의 녹슨 닻일지 모른다. 자기 임무를 완수한 광저우나 캘리포니아 선박의 우현 큰닻일 수도 있다. 그러니 이미 죽은 영혼들의 바다 밑을 훑어서 그들이 마침내 정박한 곳에 가닿는다 할지라도, 그리고 헛된 믿음의 닻줄이 끊어진 녹슨 희

---

* 두번째 여행을 한 1850년 6월을 말한다.
** 돛대가 하나인 세로돛의 작은 범선.

망의 닻가지들을 다시 배 위로 끌어올릴 수 있다 한들, 그것이 무슨 소용이 있으리오! 오히려 그것을 찾는 배들을 침몰시키거나 또 다른 순박하고 우직한 사람들을 시간의 끝자락으로 내몰 수도 있을 뿐이다. 그 바다의 밑바닥은 수많은 닻들로 온통 뒤덮여 있다. 어떤 것은 더 깊은 곳에, 또 어떤 것은 더 얕은 곳에, 모래로 덮이거나 바닥에 드러난 채로 말이다. 어쩌면 그 닻의 쇠사슬 닻줄은 짧게 끊겨 있을지도 모른다. 잘려나간 닻줄의 나머지 끝은 어디에 있을까? 앞으로도 수많은 이야기들이 그렇게 끊임없이 이어질 것이다. 우리에게 그런 영혼의 심해에 들어갈 수 있는 잠수종이 있다면, 굵은 쇠사슬이 마치 식초에 담근 장어처럼 해저를 향해 헛되이 꿈틀거리는 닻들을 틀림없이 보게 될 것이다. 그러나 그것은 다른 사람이 잃어버린 것이기에 우리에겐 보물이 아니다. 닻을 찾기 위해 물밑을 훑는 채텀 사람들 말고 우리가 찾고 있는 것은 오히려 남들이 아직 발견하지 못한, 아니, 발견할 수 없는 것이다.

이 탐욕스러운 해변의 연대기! 난파선에 탄 선원이 아니라면 그 누가 이 연대기를 쓸 수 있겠는가? 위험과 고통의 한가운데서 그것을 본 사람은 얼마나 될까? 살아서 마지막이 될 그 좁고 길게 뻗은 땅을 필사적으로 바라보면서 말이다. 오직 해변만이 그 엄청난 고통의 순간을 목격한 상황을 상상해보라. 고대인들은 그런 상황을 아가리를 벌리고 선 바다 괴물 스킬라와 카리브디스●보다 더 끔찍

● 그리스·로마 신화에 나오는 바다 괴물들. 스킬라는 해안가 절벽 동굴에 사는 목이 여섯 개 달린 괴물로 지나가는 배를 공격해 뱃사람을 잡아먹고, 카리브디스는 하루에 세 차례씩 소용돌이를 일으켜 지나가는 배들을 바닷속으로 빨아들인다.

한 괴물로 묘사했다. 트루로에 사는 한 주민은 세인트존호가 코하셋에서 난파하고 약 2주 뒤 자기가 클레이파운즈 해안에서 시신 2구를 발견했다고 나에게 말했다. 하나는 남자였고 다른 하나는 뚱뚱한 여자였다. 남자는 두툼한 부츠를 신고 있었다. 비록 머리가 떨어져나간 상태였지만 말이다. "머리는 옆에 나란히 놓여 있었지요." 그가 그 참혹한 광경을 목격한 충격에서 벗어나는 데는 몇 주가 걸렸다. 어쩌면 그들은 부부였을지도 모른다. 해류도 신이 맺어준 그들을 갈라놓지 못했다. 그러나 처음에는 그들의 시신이 바다를 표류하면서 다른 사연들과 연결되었을 수도 있다. 그 배 승객들의 시신 가운데 일부는 먼바다에서 발견되었기 때문에 함에 담겨 바다에 다시 수장되었다. 하지만 해안가에서 발견된 시신들은 땅에 매장되었다. 한 건의 조난 사고는 보험업자들이 신경쓰는 것보다 더 많은 결과를 낳는다. 멕시코 만류*는 일부 시신을 고향 해안으로 돌려보내기도 하고, 또다른 시신을 대서양 어느 외딴 절벽의 동굴에 떨어뜨려놓을 수도 있다. 거기서 오랜 세월의 풍파를 겪으며 어느새 유골로 남은 그 시신들은 새로운 수수께끼들을 만들어낼 것이다. 그러다 다시 육지로 돌아갈 것이다.

그해 여름 나는 점토층 위에 있는 이 뱅크에서 길이가 약 30미터 되는 공간 안에 갈색제비 둥지 구멍이 몇 개나 되는지 세어보았는데, 200개쯤 되었다. 그 거리보다 세 배 긴 공간에는 적어도 1,000마리의 조심성 많은 새들이 파도 위를 쩍쩍거리며 날아다니

---

* 멕시코만에서 북아메리카의 동해안을 따라 북동쪽 시계방향으로 흐르는 경계류.

고 있었다. 이전에는 해변을 그 새들과 연관 지어 생각해본 적이 한 번도 없었다. 한때 새 둥지 뒤지기 선수였던 어린 소년 하나는 혼자서 갈색제비 알을 80개나 훔쳤다고 했다! 동물보호단체에는 이 이야기를 하지 않는 게 좋을 것 같다. 뱅크 아래 점토에는 굴러떨어져 죽은 새끼 새들이 많이 있었다. 또한 마른 땅 벌판에는 주위를 총총걸음으로 뛰어다니는 북아메리카산 큰검은찌르레기 사촌들도 많았다. 하이랜드 등대 옆에서는 긴꼬리물떼새들이 알을 품고 있었다. 등대지기가 전에 한번 풀을 깎다가 잘못해서 거기서 알을 품고 있던 새의 날개를 베어버린 적도 있었다. 또한 이곳은 가을에 검은가슴물떼새를 잡으려는 사냥꾼들이 아주 좋아하는 휴양지이다. 실잠자리와 나비들이 연못 기슭에 모습을 드러낼 무렵, 놀랍게도 여기서 그보다 훨씬 더 큰, 거의 내 손가락만큼이나 큰 실잠자리들이 뱅크의 끄트머리를 위아래로 끊임없이 부드럽게 날고 나비들도 그 위를 맴도는 모습을 보았다. 전에는 해변을 거닐면서 그렇게 다양한 종류의 곤충과 딱정벌레들이 붕붕거리며 날아다니는 것을 본 적이 없었다. 그들은 분명히 밤중에 뱅크 위로 날아올랐지만, 그뒤 다시 그 위로 올라가지는 않았다. 어쩌면 일부는 바다에 빠져 해안으로 떠밀려갔을지도 모른다. 이곳 등대의 불빛에 이끌려 그곳으로 날아갔을 수도 있다.

클레이파운즈는 다른 곳보다 비옥하다. 우리는 여기서 뿌리작물과 옥수수 같은 곡물들이 잘 자라는 작은 땅들을 보았다. 케이프코드에서 자라는 식물들은 일반적으로 줄기나 잎이 거의 없지만 매우 빨리 자랐다. 이곳의 옥수수는 내륙 지역에 비해 키가 절반밖에 안 되지만, 알갱이가 크고 꽉 찼다. 한 농부는 거름을 주지 않고 도 1에이커당 1,200리터의 옥수수를 수확할 수 있고 거름을 뿌리 면 1,800리터까지도 수확할 수 있다고 말했다. 호밀의 이삭도 매우 컸다. 모래밭 위로 펼쳐져 있는 채진목(학명: 아멜랑키에르Amelanchier), 비치플럼, 블루베리(학명: 바키니움 펜실바니쿰Vaccinium Pennsylvanicum) 는 사과나무나 참나무처럼 매우 왜소하지만 열매가 많이 달렸다. 블루베리는 키가 2.5~5센티미터에 그치고 열매는 대개 지면 가까 이에 달려 있었다. 그렇게 텅 빈 언덕에서도 사람들은 발에 밟힐 때 까지 블루베리 덤불이 거기 있는지조차 알아채지 못했다. 나는 그 런 비옥함이 대기 중에 습기가 많기 때문이라고 생각했다. 내가 관 찰하기로는 거기에 있는 초목은 아무리 작은 풀도 아침이면 이슬 로 덮였고, 여름에는 한낮까지 짙은 안개가 끼어 있을 때가 많아 서 수염이 마치 젖은 냅킨처럼 목 주위에 착 달라붙었다. 그곳 주 민 가운데 나이가 아주 많은 노인의 경우는 자기 집에서 매우 가 까운 거리여도 길을 잃고 헤매지 않기 위해 해변을 따라 걸을 수밖 에 없다. 하이랜드 등대에 붙어 있는 벽돌집은 여름이면 지나칠 정 도로 축축했고, 필기용 종이가 완전히 눅눅해졌다. 목욕 후에 젖은 수건을 말리는 것이 불가능하고, 압화押花를 만들 때도 꽃에 흰곰 팡이가 피는 것을 막을 수 없었다. 공기가 너무 습해서 거의 들이 마실 수가 없을 지경이었는데, 그럼에도 입술에는 늘 짭조름한 소 금기를 머금을 수밖에 없었다. 음식에도 소금을 거의 치지 않았다. 숙소 주인의 말로는, 자기가 키우는 암소는 소금을 주면 늘 먹기를 거부하는데, 풀을 뜯거나 숨을 쉴 때마다 염분을 너무 많이 섭취하기 때문이라고 했다. 하지만 병든 말이나 내륙 지방에서 온 지 얼마 안 된 말은 소금을 한 움큼 먹곤 했는데, 그것을 무척 좋아하는 듯했고 건강에도 도움이 되는 것 같았다.

7월 초 해안가 모래사장에 서 있는 미역취의 끝눈에 얼마나 많은 수분이 함유되었는지, 그리고 순무와 사탕무, 당근 따위가 완전한 모래밭에서도 얼마나 잘 자라는지 본다면 깜짝 놀랄 것이다. 얼마 전 우리보다 먼저 그 근처 해안을 여행한 사람은 만조 때 물이 찬 표시가 있는 지점의 해변 모래밭에서 자라는 초록색 작물이 무엇인지 알아보기 위해 다가갔다가, 사탕무가 왕성하게 자라고 있는 것을 발견했다. 아마도 난파한 프랭클린호에서 그 씨앗이 유출되어 파도에 쓸려왔을 거라고 여겨진다. 사탕무와 순무의 종자는 케이프코드의 많은 곳에서 거름으로 쓰는 해초에서도 발견되었다. 이것은 멀리 떨어진 외딴섬이나 대륙에서 자라는 다양한 식물들이 어떻게 전 세계로 퍼져나갔을지 짐작하게 하는 단서를 제공한다. 원래 싣고 갈 물건이 아닌 각종 씨앗들이 우연히 배의 화물칸에 실렸는데, 배가 정해진 목적지로 가다가 풍파를 만나 외딴섬에 조난했다. 그 배에 탔던 선원들은 비명횡사했지만, 배에 실린 씨앗들 가운데 일부는 그 섬에 퍼지면서 보존되었다. 적합한 토양과 기후를 만난 몇몇 종자들은 그 지역에 자연스럽게 귀화해 어떤 경우는 마침내 토종 식물들을 몰아냄으로써 인간이 거주할 수 있는 땅을 조성하기도 한다. 세상사 모든 것에는 잃는 것이 있으면 얻는 것이 있기 마련이다. 처음에는 정말 통탄하지 않을 수 없는 난파 사고였을지 모르지만, 그 사고 덕분에 대륙의 가축에게 새로운 푸성귀를 제공하게 됨으로써, 결과적으로는 그것이 그 대륙에 사는 주민들에게 영원한 축복이었음을 확인하는 날이 올 수도 있다. 인간의 개입 없이 바람과 조류만으로도 동일한 결과를 초래할 수 있다. 비록 그 씨앗의 출처인 프랭클린호에 대해 우리가 아는 것이 없더라도, 사탕무와 순무 말고 처음부터 이렇게 되려고 바다에 던져졌을지도 모를 씨앗들에서 발아해 해변에서 자라는 다양한 다육식물로는 무엇이 있을까? 옛날에 벨이라는 사람이 자신의 방주에 목적지를 명확히 표시한 라벨을 붙인 갯냉이와 솔장다리, 갯별꽃, 개풀, 통통마디, 베이베리, 불모지풀 따위의 씨앗들을 싣고 어딘가*에 묘목장을 세울 작정으로 이쪽을 향해 항해하고 있었다. 그는 자신의 계획이 실패했다고 생각했지만, 결과적으로 그 지역에 묘목장이 세워진 셈이다.

그해 여름에 나는 하이랜드 등대 주위에서 빛줄기처럼 평평하게 지면을 따라 퍼져나간 예쁘장한 폴리갈라 폴리가마**와 흰꽃엉겅퀴(학명: 시르시움 푸밀룸Cirsium Pumilum)***를 보았는데, 대개 북단 지역에서는 자라지 않는다고 알려진 청미래덩굴 관목숲이 그것들을 둘러싸고 있었다. 남쪽으로 800미터쯤 떨어진 곳에 있는 뱅크들의 가장자리 인근에는 보통 매사추세츠에서는 플리머스에만 서식한다고 알려진 브룸 크로베리(학명: 코레마 콘라디Corema Conradii)****

● 앞에서 보스턴 근처라고 말함.
●● Polygala Polygama, 원지과에 속하는 현화식물.
●●● 북아메리카 대륙 원산으로 국화과에 속한다.
●●●● 까마귀열매라는 뜻의 시로미의 일종으로 줄기 끝에 작은 침처럼 가늘고 긴 꽃이 피며 북아메리카 동부 해안 대서양 변에 불연속적으로 분포한다.

하이랜드 등대

가 자라는데, 지름이 1.2~1.5미터 되는 면적에 30센티미터 높이의 고운 초록의 무더기가 자그마한 언덕을 이루고 있었다. 그곳을 지나가는 사람들은 그 식물의 부드럽고 생기 넘치는 꽃봉오리들을 만끽할 수 있다. 나중에 프로빈스타운에서도 그것을 보았다. 그러나 무엇보다 가장 예쁜 꽃은 가난한 사람의 기압계*라고도 불리는 별봄맞이꽃(학명: 아나갈리스 아르벤시스Anagallis Arvensis)**으로, 화창한 날이면 거의 모든 모래땅에서 그것들을 볼 수 있다. 나는 9월 7일에 야머스에서 크리소프시스 팔카타Chrysopsis Falcata(골든 애스터)***와

- Poorman's Weatherglass, 우중충한 날씨에 꽃이 진다고 해서 붙여진 이름.
- •• 우리나라에서는 뚜껑별꽃, 보라별꽃이라고도 한다.
- ••• 미국산 국화의 일종.

때때로 덩굴월귤처럼 큼지막하지만 먹을 수 없는 열매가 달린 바키니움 스타미늄Vaccinium Stamineum(디어베리 또는 스쿼 허클베리)●을 얻었다.

우리가 머물렀던 하이랜드 등대¹는 철제 덮개가 있는 흰 벽돌 건물이다. 그 옆에 등대지기의 숙소가 붙어 있는데, 그 숙소 또한 벽돌로 지은 단층집으로 정부 소유다. 그 등대를 숙소로 정하고 하룻밤을 보내면서 우리는 난생처음 해보는 특별한 경험을 하고 싶어서 등대지기에게 등대에 불을 밝히러 갈 때 우리를 데리고 가달라고 부탁했다. 저녁 일찌감치 그는 평소 우리가 원하는 것보다 훨씬 더 많은 연기를 피우며 작은 일본식 램프에 불을 밝히고는 자기를 따라오라고 했다. 먼저 그는 등대와 가장 가까운 자기 침실을 지나 감옥 입구처럼 하얗게 회반죽을 바른 벽 사이로 난 길고 좁은 통로를 통해 등대의 맨 아래층으로 들어갔다. 그곳에는 거대한 기름통 여러 개가 가지런히 배열되어 있었다. 우리는 점점 더 강하게 풍겨오는 기름 냄새와 램프 연기 냄새를 맡으며 가운데가 뻥 뚫린 허공을 구불구불 감고 올라가는 철제 계단을 따라 철제 바닥에 작은 문이 있는 데까지 걸어올라간 뒤, 그 문을 열고 등댓불을 밝히는 등실燈室 안으로 들어갔다. 깔끔하게 정돈된 건물이었다. 모든 것이 질서정연하게 자리잡고 있었다. 등댓불을 밝힐 기름을 구하기가 어렵기 때문에●● 등대지기는 그 무엇에도 녹이 슬지 않도록 세심한 주의를 기울였다. 지름이 50센티미터 정도 되는 매끄러운 오

● 북아메리카산 월귤나무의 일종.
●● 등대에서는 향유고래기름을 연료로 쓰는 아르강 램프를 주로 사용한다.

목반사경 속에 아르강 램프가 들어 있었는데, 모두 열다섯 개로 구성되어 있었다. 두 개의 수평분도원*이 서로 겹쳐서 배치되어 있었으며, 불빛은 케이프코드 바로 아래만 빼고 사방을 비추고 있었다. 폭풍을 견뎌내기 위해 60~90센티미터 간격으로 철제 창틀이 달린 커다란 판유리 창들로 그것들을 둘러싸놓았고, 그 위에는 철제 덮개가 얹혀 있었다. 철제로 된 모든 물건은 바닥만 빼고 흰색으로 칠해져 있었다. 우리가 둘러본 하이랜드 등대의 모습은 이러했다. 우리는 먼바다에서 수많은 뱃사람들이 하이랜드 등대의 불빛을 보고 있는 바로 그 순간에 램프마다 연달아 불을 밝히는 등대지기를 따라 천천히 걸음을 옮기며 그와 이야기를 나누었다. 램프에 기름을 채우고 심지를 잘라내고 불을 밝혀 반사경을 밝게 유지하는 것이 그의 임무였다. 그는 아침마다 램프에 기름을 채우고 대개 밤사이에 등잔 심지를 잘라주었다. 그는 등대에 공급되는 기름의 품질에 불만이 많았다. 1년에 약 800갤런**의 기름을 쓰는데, 1갤런에 1달러 정도 나간다고 했다. 하지만 지금보다 더 품질 좋은 기름을 쓰면 더 많은 생명을 구할 수 있을지도 모른다. 또다른 등대지기는 연방정부에서 동절기용 기름을 최북단의 등대와 최남단의 등대에 동일 비율로 공급한다고 불평했다. 옛날에 이 등대의 창들이 작고 얇은 판유리로 되어 있었을 때는 거센 폭풍이 불면 유리창이 다 깨지곤 했다. 그리고 등대의 램프와 반사경을 보호하기 위해 서둘러 나무 덧문을 달아야 했다. 그러는 바람에 폭풍이 몰아쳐 뱃

---

* 수평각을 측정하기 위해 눈금을 그려넣은 원판.
** 약 3,000리터. 1갤런은 3,785리터이다.

사람들이 안전한 항로 안내를 가장 바랄 때 오히려 등대 불빛이 더 어두워졌다. 덧문 사이로 아주 희미한 불빛만 새어나왔을 뿐 아니라, 그 불빛이 비치는 방향도 주로 바람이 몰아치는 내륙이었다. 그는 폭풍이 몰아치는 추운 겨울밤에 등대지기로서 느끼는 불안과 책임감에 대해 이야기했다. 많은 뱃사람들이 그에게 의지하고 있건만, 안타깝게도 그가 밝히는 등댓불은 흐릿하게 타오르고 기름은 자꾸만 차가워졌다. 때때로 한밤중에 집에서 주전자에 기름을 넣고 따뜻하게 데워 와서 몇 번이고 램프에 채워넣어야 했다. 등대 안에는 난로를 둘 수 없었다. 창문에 김이 서리기 때문이다. 이듬해에 그의 후임자는 그런 경우 램프의 불을 뜨겁게 유지할 수 없다고 말했다. 모두 기름의 품질이 좋지 않아 일어나는 일들이었다. 정부가 매서운 겨울 해안의 어둠 속에 있는 뱃사람들에게 불을 비추면서 하절기용 기름을 쓰게 하다니, 그것도 비용 절감을 위해서 말이다! 그것은 하절기에나 걸맞은 자비였다.

후임 등대지기는 이듬해에 나를 친절하게 맞이했다. 극한의 추위가 몰아친 어느 날 밤 이 등대를 비롯한 인근 모든 등대들이 하절기용 기름으로 불을 밝히고 있었지만, 그는 혹시 모를 긴급 상황에 대비해 약간의 동절기용 기름을 미리 비축해놓았다. 불안한 마음으로 잠에서 깬 그는 기름이 얼어서 응고되는 바람에 램프의 불이 거의 꺼져가고 있는 것을 발견했다. 몇 시간 동안 고생해 기름통에 동절기용 기름을 채우고 심지에 어렵사리 불을 붙인 뒤 밖을 내다보니, 평소 가시거리에 있던 인근의 다른 등대들은 모두 불이 꺼진 상태였다. 나중에 들으니 파멧강과 빌링스게이트섬에 있는 등대들도 모두 불이 꺼졌다고 했다.

등대지기는 유리창에 성에가 끼는 날에도 할 일이 몹시 많아진다고 했다. 무더운 여름밤이면 나방들이 등대의 창문에 모여들어 불빛을 가리는 바람에 등댓불이 어둑한 빛을 냈다. 때로는 작은 새들이 날아와 두꺼운 판유리에 부딪치는 경우도 있다고 했다. 아침에 밖에 나가보면 마당에 목이 부러져 죽은 새들이 있곤 한다는 것이다. 1855년 봄에 그는 황금방울새나 솔새로 보이는 노란빛을 띤 작은 새 열아홉 마리가 등대 주변에 죽어 널브러져 있는 모습을 발견했다. 가을철에도 검은가슴물떼새가 밤중에 유리창에 부딪친 흔적을 종종 보았다. 그 새는 유리창에 부드러운 가슴털과 지방질 부위의 기름 자국을 남겼다.

그는 등댓불이 뱃사람들에게 환히 보이도록 하려고 온갖 방법을 동원하며 분투했다. 등대지기는 태평하고 여유 있는 것처럼 보이지만 사실 책임이 막중한 자리다. 등댓불이 꺼지면 그도 쫓겨난다. 하지만 대체로 한 번 실수는 눈감아준다.

나는 가난한 고학생이 거기에 살고 있지 않은 것이 안타까웠다. 그가 그 모든 등댓불을 공짜로 쓰더라도, 뱃사람들에게 필요한 불빛을 앗아가지는 않을 테니 말이다. 등대지기는 "아래쪽이 시끄러울 때, 저는 가끔씩 여기로 올라와서 신문을 읽죠"라고 말했다. 열다섯 개의 아르강 램프 아래에서 신문을 읽는 모습을 상상해보라! 그것도 정부가 준 기름으로 말이다! 어쩌면 헌법을 읽기에도 충분히 밝은 불빛이리라! 나는 그가 그 불빛 아래에서 틀림없이 성경책을 읽었을 거라고 생각했다. 나의 대학 친구 중 등대에서 사용하는 램프를 쓰던 친구가 한 명 있었는데, 그것은 학교에서 제공하는 램프보다 더 밝았을 것이다.

등대에서 내려와 60미터가량 걸었을 때, 등대와 해안 사이로 길게 뻗은 좁은 땅에 등대 불빛이 환히 비치지 않는다는 것을 발견했다. 그곳까지 초점을 맞추기에는 빛이 너무 약했기 때문이다. 그저 희미하고 어둡게 빛나는 수많은 별들만 보였다. 하지만 내륙 쪽으로 200미터쯤 걸어가니, 램프 하나만 들고 있을 뿐인데도 글자를 읽을 수 있었다. 반사경들은 저마다 다른 '부챗살 모양'의 불빛을 발했다. 그중 하나는 풍차 위를 비추고, 또하나는 움푹 꺼진 할로 지형을 비추었다. 그 사이의 공간들은 그림자가 생겨 어두컴컴했다. 해수면보다 4.5미터 높은 곳에 있을 경우 약 37킬로미터 떨어진 해상에서도 이 불빛을 볼 수 있다고 한다. 우리는 그곳에서 약 15킬로미터 떨어진 케이프코드 끄트머리에 있는 레이스갑의 회전하는 등댓불을 볼 수 있었다. 또한 프로빈스타운 항구의 진입로인 롱갑에서 반짝이는 등댓불과 케이프코드만 건너편 저멀리 플리머스 항구에 있는 등대들 가운데 한 곳에서 거의 꺼질 듯 가물거리며 깜박이는 불빛도 볼 수 있었다. 등대지기는 밤에 전등이 꺼질까 노심초사하는 고등어잡이 어선의 호롱불이나 심지어 오두막집의 등불을 낯익은 해안가의 등댓불로 알고 길을 잘못 드는 뱃사람들이 가끔 있는데, 그들은 자신이 실수했다는 것을 알고는 고기잡이에 열중하던 어부나 잠을 못 이루고 뒤척이던 선량한 오두막 주인에게 다짜고짜 악담을 퍼붓곤 한다고 했다.

등대지기는 한때 사람들이 점토층지대인 이곳을 등대를 세울 천

혜의 장소라고 했지만, 사실 등대는 해안선이 구부러지기 시작하는, 남쪽으로 800미터 더 떨어진 곳에 세워졌어야 한다고 했다. 그래야 사람들이 너셋 등대와 하이랜드 등대를 동시에 보면서 그것들이 서로 어떻게 다른지 알 수 있기 때문이다. 사람들은 이제야 거기에 등대를 세우는 문제에 대해 이야기한다. 공교롭게도 케이프코드 끄트머리와 아주 가까운 현재의 등대는 이제 사용하지 않는다. 그뒤로 다른 등대들이 계속 그곳에 세워졌기 때문이다.

벽에 걸린 등대 게시판에는 많은 항행 규정들이 기재되어 있었는데, 그 임무로 주둔한 경비대가 있다면 아마도 그 규정 중 많은 것이 유용했을 것이다. 그중에는 등대지기가 반드시 해야 할 일이 하나 있는데, 낮 동안 자신이 지키는 등대 앞을 지나가는 선박의 수를 장부에 기록하고 보관하는 것이다. 그러나 주로 수평선 안에서 등대 앞바다를 지나 사방으로 움직이는 배는 한눈에 보더라도 100척에 이른다. 따라서 자신이 지키는 등대 앞을 지나가는 선박을 식별하려면 그는 아르고스•보다 더 많은 눈을 가지고 있어야 하며 훨씬 더 먼 곳까지 볼 수 있어야 할 것이다. 어쩌면 그 일은 해안선을 따라 위아래로 자유롭게 비행하고 바다 위를 빙빙 돌며 날아다니는 갈매기들에게 가장 잘 맞는지도 모른다.

이듬해•• 6월 8일의 맑고 아름다운 아침, 후임 등대지기는 해뜨기 30분 전쯤 잠에서 깼다. 동이 틀 때 등댓불을 끄는 것은 그가

• 그리스 신화에 나오는 눈이 100개 달린 거인으로, 절대로 잠을 자지 않는 파수꾼의 대명사.
•• 저자가 두번째로 케이프코드를 방문한 1850년을 말한다.

날마다 하는 일이었기에, 그는 조금 남는 시간을 이용해 밤새 해변에 무슨 일이 일어나지는 않았는지 둘러보려고 해안가 쪽으로 걸어내려갔다. 모래톱 끄트머리에 이르러 그는 고개를 들어 하늘을 올려다보았다. 그런데 놀랍게도 해가 하늘 위로 떠오르고 있었다. 벌써 해가 수평선 위에 부분적으로 모습을 드러냈던 것이다. 그는 자기 시계가 맞지 않는다고 생각해 서둘러 등대로 돌아갔다. 시계로는 아직 너무 이른 시각이었지만, 그는 일단 등실로 올라가 램프들을 껐다. 소등을 끝낸 뒤 다시 아래로 내려와 창밖을 내다본 그는 아까보다 훨씬 더 놀랐다. 해가 아까 본 바로 그 자리에 그대로 있었기 때문이다. 수평선 위로 3분의 2쯤 떠오른 모습이었다. 그는 햇살이 방을 가로질러 비치는 벽면의 위치를 나에게 알려주었다. 그러고 나서 그는 불을 피웠다. 그런데 불을 피운 뒤에도 여전히 해가 아까와 같은 위치에 걸려 있었다. 그는 더이상 자신의 눈을 믿을 수 없어 아내를 불러 그 광경을 보라고 했다. 그녀 또한 그 모습을 보았다. 당시에 바다 위에는 배가 여러 척 있었다. 그 배들에 탄 선원들도 분명히 그 광경을 보았을 거라고 그는 말했다. 그들에게도 똑같이 햇살이 비쳤기 때문이다. 해는 약 15분 동안 그 높이에 그대로 머물러 있었다. 그런 다음 평상시처럼 떠올랐다. 그것 말고 그날 하루 동안 특별히 이상한 일은 일어나지 않았다. 그는 그 해안을 무척 잘 알고 있었지만 전에 그런 현상을 목격하거나 그것에 대해 들어본 적이 단 한 번도 없었다. 나는 해가 뜰 때 그가 보지 못한 구름이 수평선에 걸려 있었겠거니 생각하며 그의 시계는 틀리지 않았을 거라고 했다. 그럴 가능성을 부인한다면, 슈피리어호 같은 큰 호숫가에서 일어나는 일처럼, 수면 아래에 있는 태양이 마치 떠올라 있는 것처럼 보이는 신기루 현상일 수도 있었다. 예컨대 존 프랭클린 경●은 그의 저서 『이야기』●●에서, 그가 북극해 해안가에 있던 어느 날 아침 지평대기굴절●●●이 매우 심하게 발생하는 바람에 "실제로 해가 뜨기 전에 수평선 위로 해의 상단 부분이 두 차례나 비쳤다"라고 했다.

아직 해가 뜨지 않아 어둠 속에 있거나 해가 뜬 뒤에도 한 시간이 지나도록 해를 보지 못하는 수많은 사람이 있음에도 그에게는 어렴풋이 떠오르는 해가 보인 것을 고려할 때, 태양은 확실히 아우로라●●●●의 아들이 틀림없다. 하지만 우리처럼 산전수전 다 겪은 경험 많은 사람들은 마지막까지 램프의 심지를 조절하며 불을 댕기기 마련이다. 어렴풋하게 떠오르는 것처럼 보이는 태양의 신기루 현상을 믿지 않기 때문이다.

등대지기는 램프 불꽃의 중심이 반사경의 중심과 정반대 위치에 있어야 하므로, 아침에 주의해서 램프의 심지를 짧게 낮추지 않는다면 아주 추운 날 건물 남쪽 측면에 있는 반사경들이 볼록렌즈 역할을 해서 거기 떨어진 햇살이 심지에 불을 붙일 거라고 했다. 그러면 한낮에 등대 위를 올려다봤을 때, 램프들이 모두 환하게 밝혀

● Sir John Franklin, 19세기 초 영국의 항해가이자 북극탐험가. 육로로 아메리카 해안을 탐사했다.
●● 1892년에 발간된 『북극 지역에서의 30년: 존 프랭클린 경의 탐험과 모험 이야기』*Thirty Years in the Arctic Regions: A Narrative of Explorations and Adventures of Sir John Franklin*를 말한다.
●●● horizontal refraction, 대기층 밖 광원에서 오는 빛이 굴절하여 실제 위치와 겉보기 위치가 달라지는 현상. 천문굴절 또는 대기차라고도 한다.
●●●● 로마 신화에 나오는 새벽의 여신. 아프로디테의 저주를 받아 죽을 수밖에 없는 인간과 사랑에 빠진다. 오로라의 어원이며 그리스 신화에서는 에오스라고 부른다.

져 있는 모습을 보게 될 것이다! 램프가 빛을 발할 조건이 갖춰지면 태양이 심지에 불을 댕길 것이다. 하지만 후임 등대지기는 그렇게 불이 붙은 적은 없고 연기만 났을 뿐이라고 했다.

나는 이곳이 경이로운 장소라는 것을 알았다. 이듬해 여름 그곳에 또 갔는데, 낮게 깔린 안개와 함께 해풍이 불어오고 머리 위의 하늘은 맑았다. 거기서 100미터쯤 떨어진 모래톱 끄트머리가 마치 먼 지평선에 펼쳐진 고산지대의 초원처럼 모습을 드러냈다. 나는 그 모습에 완전히 속았다. 그제야 왜 뱃사람들이 육지가 보임에도, 특히 밤중에 육지가 저멀리 떨어져 있는 것으로 오인해 좌초하는지 이해할 수 있었다. 그뒤 한번은 어두운 밤에 그곳으로부터 300~500킬로미터 떨어진 곳에서 커다란 굴잡이 배를 탔는데, 육지와 바다 양쪽에 옅은 안개가 드리워져 있었다. 선장이 미처 알아채기 전에 육지에 너무 가까이 다가가는 바람에 배가 땅에 얹힐 뻔했다. 팔꿈치 아래로 출렁이는 파도 소리를 들었을 때 나는 비로소 좌초 위험을 알아차렸다. 거의 뭍으로 뛰어내려도 될 정도였다. 좌초하는 것을 막기 위해 급박하게 배를 돌려야 했다. 우리가 보고 있던 먼 불빛은 우리의 짐작처럼 8~10킬로미터 떨어진 등댓불이 아니라, 30미터도 안 되는 거리에 있는 한 어부의 집 침실의 갈라진 문틈에서 흘러나온 빛이었다.

등대지기는 바닷가 외딴곳에 있는 그의 작은 집에서 우리를 환대했다. 그는 인내심이 매우 강하고 총명한 사람이었다. 질문을 던지면 그것이 무엇이든 종소리처럼 매우 또렷하게 응답했다. 1~2미터 떨어진 곳에서 빛나는 등대 램프들이 내 침실 안까지 대낮처럼 환하게 밝혔다. 하이랜드 등대가 그 모든 밤을 어떻게 품어내는지 정확히 알 수 있었다. 이제 나는 조난할 위험이 없었다. 지난해 방문 때와 달리, 그곳은 여름밤처럼 고요했다. 비몽사몽 상태로 누운 채 창문 너머 머리 위에서 빛나는 불빛들을 바라보며 저멀리 대서양의 해류 위에서 얼마나 많은 잠 못 이루는 사람들—밤새도록 자신의 이야기를 장황하게 늘어놓고 있을 다양한 국적의 뱃사람들—이 뜬눈으로 내 침상 쪽을 바라보고 있을지 상상했다.

1 이 등대는 나중에 재건되었는데, 지금은 프레넬 등燈인 집광조명 장치가 설치되어 있다.

프로빈스타운
(Provincetown)

트루로
(Truro)

웰플릿
(Wellfleet)

대서양에서 해가 떠오르는 모습을 보기 위해 잠자리에서 일어났을 때, 하이랜드 등대의 램프들은 은빛으로 바뀌었지만 여전히 불을 밝히고 있었다. 태양은 여전히 우리의 동쪽에서 떠오르기 때문에 해가 대서양의 바닷물 속에서 나오는 것처럼 보일지 모르지만, 사실은 그 너머 육지의 메마른 하구 바닥에서 솟아오르는 것이 틀림없다고 나는 확신했다.

해가 또다시 들판을 살포시 만졌다,
잔잔하게 흐르는 깊은 바다에서
하늘로 솟구치며.

우리는 고등어를 잡기 위해 외국 어부들이 먼바다에서 타고 온 무수히 많은 배들의 돛을 보았다. 한 무리는 북쪽에서 케이프코드를 돌아 막 쏟아져들어왔고, 또다른 무리는 채텀을 향해 아래로 내려가고 있었다. 등대지기의 아들은 아직 케이프코드만을 떠나지 않은 배에 뒤늦게 합류하기 위해 집을 나섰다.

등대를 떠나기 전 우리는 신발에 수지를 정성껏 발라야 했다. 소금물과 모래가 뒤섞인 해변을 걷다보면 신발이 빨갛게 변색되고 뻣뻣해질 우려가 있었기 때문이다. 물론 이곳 해변은 그렇지 않지만, 갯벌이 질척하게 펼쳐진 해안조차 매우 깨끗하고 매끈해서 그런 불편을 감수하고도 남을 만했다. 보트까지 걸어서 왔다갔다하는 동안 바닷물과 갯벌의 진흙이 튀고 조개들이 물을 찍찍 뿜어대기도 하지만, 시골길을 걸을 때처럼 나들이용 검은 바지에 얼룩이 지거나 먼지가 묻는 일은 일어나지 않는다.

며칠 뒤 우리는 프로빈스타운 은행이 털리는 사건이 발생했을 때 프로빈스타운에서 긴급 파견 된 수사관들이 이 등대에서 우리에 관해 자세히 조사했다는 소식을 들었다. 실제로 그들은 케이프코드 해변을 따라 아래쪽으로 죽 우리를 뒤쫓았다. 그런 다음 우리가 범행을 저지른 뒤 훔친 물건을 가지고 달아날 방법을 찾기 위해 일부러 케이프코드 뒤편을 도보로 따라가는 이 색다른 경로를 선택했다고 결론지었다. 케이프코드는 매우 좁고 길고 사방이 훤히 드러난 지형이라, 밤중에 배가 난파해서 상륙한 경우가 아니라면 외지인이 주민들 모르게 방문하는 일은 드물었다. 그래서 그 은행 강도 사건이 발생했을 때, 그 지역을 막 지나간 우리 두 사람에게 모든 혐의를 둔 것으로 보인다. 그렇게 일찌감치 케이프코드를 떠나지 않았다면, 우리는 틀림없이 체포되었을 것이다. 범행을 저지른 진범은 우스터 카운티 출신의 두 청년으로, 타래송곳을 들고 여행했으며 범행 뒤처리를 매우 깔끔하게 했다고 한다. 정작 우리가 파고들어간 유일한 뱅크*는 케이프코드의 거대한 모래 뱅크(모래톱)였다. 그리고 그곳에서 우리가 훔친 것은 낡은 프랑스 왕관의 깨진 조각, 조개껍데기와 조약돌 약간, 그리고 이 이야기의 소재 정도였다.

다시 하루(10월 13일)** 동안 그 해변으로 가서 파도 소리가 울려 퍼지는 해안을 따라 걸으며 풍경을 가슴속에 담기로 했다. 영국과 미국 사람들에게 연못처럼 보이는 대양이 보이지 않을 때까지 대서양과 교감하고 싶었다. 우리는 여전히 그 연못의 건너편***을 볼 수 있을 거라고 기대했다. 대서양의 수면은 전날보다 훨씬 더 반짝거리고 생기가 넘쳤다. 우리는 '헤아릴 수 없을 만큼 많은 바다 물결들이 잔잔하게 미소 짓는 모습'을 바라보았다. 하지만 해변을 따라 바람이 줄기차게 몰아치고 파도가 물거품을 일으키며 부서질 때면, 바다는 커다랗게 너털웃음을 짓기도 했다. 우리가 바라보는 쪽, 즉 정동 방향으로 이 바다 건너편의 가장 가까운 해변은 주도가 산티아고인 스페인의 갈리시아 지방 해안이었다. 하지만 옛 시인들은 그곳이 아틀란티스****나 헤스페리데스의 동산*****이라고 노래했다. 오늘날 그런 낙원은 훨씬 더 서쪽******에 있는 것으로 밝혀졌다. 처음에 우리는 대서양 건너 포르투갈의 엔트르도루이미

● 뱅크bank에 '은행'과 '언덕'이라는 두 가지 뜻이 있는 데서 착안해 유머러스하게 표현한 것.
●● 첫번째로 방문한 1849년 10월을 말한다.
●●● 미국과 영국에서는 대서양, 특히 북대서양을 청어가 많이 잡히는 연못이라는 이유로 '청어 연못the herring pond'이라고 부른다. 따라서 '연못의 건너편the other side of the pond'이라고 하면 대서양 건너편 지역, 즉 미국에서는 영국, 영국에서는 미국을 가리킨다.
●●●● 대서양 한가운데에 있었다고 하는 전설의 대륙.
●●●●● 그리스 신화에서 '저녁의 아가씨들'이라는 뜻을 가진 여신들인 헤스페리데스가 지키는 헤라의 황금사과나무가 있는 곳으로, 세상의 서쪽(유럽 대륙에서 볼 때)에 있다고 한다.
●●●●●● 아메리카 대륙을 말함.

ㅠentre Douro e Min(h)o 해변을 따라 나란히 걸었는데, 곧이어 갈리
시아 해변과 폰테베드라 항구●가 앞에 펼쳐졌다. 하지만 그리로 더
나아가지는 못했다. 우리 쪽 해안으로 밀려드는 파도가 너무 높고
사나웠다. 약간 동북쪽으로 또렷이 모습을 드러낸 피니스테레곶●●
은 허튼 위세를 부리듯 우리 쪽으로 불쑥 튀어나와 있었다. 우리는
그곳을 향해 "어이, 여긴 케이프코드야, 랜즈비기닝곶●●●이라고" 하
며 꾸짖었다. 북쪽으로 조금 안으로 들어간 곳─그곳에서 흔히 볼
수 있는 신기루 때문에 우리의 상상 속에 어렴풋이 모습을 드러낸
그 땅─은 바로 비스케이만●●●●이었다. 우리는 이렇게 노래했다.

우리 거기 누워 있으리, 내일 해가 밝아올 때까지,
저 비스케이만에!

거기서 약간 동남쪽으로 내려가면 콜럼버스가 신대륙을 찾아
닻을 올린 팔로스 항구가 있고, 조금 더 아래쪽으로 내려가면 헤
라클레스의 기둥●●●●●이 있다. 아침햇살이 쏟아져내려 눈앞이 뚜
렷하게 보이지 않았기 때문에 거기에 무슨 말이 씌어 있냐고 목청

● 스페인 북서부에 위치한 항구. 서쪽으로는 대서양, 남쪽으로는 포르투갈과 접경하고
있다.
●● 스페인 북서부에 있는 곳.
●●● Cape Land's Beginning. 잉글랜드 서쪽 끝에 있는 곳을 '랜즈엔드곶Cape Land's
End'이라고 부르는데, 그것에 빗대어 대서양 건너편에서 땅이 시작되는 곳이라고 이름 붙
인 것이다.
●●●● 스페인과 프랑스 사이 서유럽 해안에 삼각형 모양으로 넓게 펼쳐진 만.
●●●●● Pillars of Hercules, 이베리아반도 남단과 아프리카 대륙 서북단 사이, 대서양
과 지중해의 경계를 이루는 지브롤터해협 어귀 낭떠러지 바위를 일컫는다.

껏 소리 높여 물었을 때 주민들은 "네 플루스 울트라Ne plus ultra(그 너머에는 아무것도 없다)"라고 외쳤지만, 바람은 우리에게 진실만을 전했다. "플루스 울트라plus ultra(그 너머 더 먼 세계로)"라고 말이다.● 그리고 그 바람이 전하는 진실은 케이프코드만 '너머ultra' 서쪽으로 퍼져나갔다. 우리는 그들에게 하루의 끝eô peras, 저녁의 나라를 뜻하는 헤스페리아●●가 실제로 존재하는 극서부 지방●●●에 대해 이야기해주었다. 이 일몰 지역에서 해가 태평양으로 떨어지며 빛을 잃는다. 그래서 우리는 그들에게 거기에 있는 헤라클레스의 기둥을 뽑아 우리 부모들이 모두 간 곳, 오늘날 유일하게 '네 플루스 울트라'인 캘리포니아 해안에 그것을 다시 세우라고 충고했다. 그러자 그들은 크게 낙담하고 풀이 죽은 채 그 낭떠러지 절벽에 서 있는 것 같았다.

우리는 그 잔해들이 어떻게 여기까지 밀려왔는지 전혀 알 수 없었다. 어린아이 장난감으로 보이는 부서진 작은 배 하나를 주웠는데, 그것은 폰테베드라 항구에서 잃어버린 것일지도 모른다.

트루로와 프로빈스타운 사이, 케이프코드의 손목 부근에 해당하는 지역에 가까워질수록 곶의 폭은 점점 좁아졌다. 해변은 확실

● 스페인 국기에는 두 개의 기둥이 그려져 있는데 그것이 바로 헤라클레스의 기둥이다. 중세 이후 지브롤터해협이 세상의 끝이므로 그곳을 넘어설 수 없다는 의미로 'Ne plus ultra'라는 용어가 쓰였지만 신대륙 발견 후 스페인 왕 카를 5세가 그 문구를 국기에 'plus ultra'로 바꿔 쓰며 자신감을 과시함으로써 이후 스페인의 해외 식민지를 상징하는 말로 사용되었다.

●● 그리스 신화에 나오는 저녁별의 신 헤스페로스Hesperus에서 유래한 명칭. 고대 그리스, 로마의 시인들이 노래했던 서쪽 나라(이탈리아와 스페인)를 말한다. 미국 캘리포니아 남서부에도 동일한 지명이 존재한다.

●●● Far West, 미국 서태평양 연안 일대.

히 서쪽으로 더 경사가 졌다. 이스트하버크리크의 맨 위쪽에서 대
서양은 케이프코드만의 조수로 쌓인 약 30여 미터의 모래톱을 사
이에 두고 둘로 나뉜다. 클레이파운즈에서 그 모래톱은 레이스갑
끄트머리까지 마지막 16킬로미터가량이 점점 완만해지는 경사면
을 이루었다. 바다에서 바라볼 때 보이는 풍경 때문에 '섬'이라고도
불리는 모래톱의 고지대들은 여전히 대서양 수면보다 20~25미터
높다. 따라서 거기서는 케이프코드만의 한결같은 경관과 함께 대서
양 바다의 정취를 흠뻑 느낄 수 있었다. 눈앞에 펼쳐진 전망을 가
릴 정도로 높은 나무나 언덕이 전혀 없기 때문이다. 모래가 점점
더 육지로 밀려올라오기 시작하면서 마침내 폭이 가장 좁은 곳에
이르러서는 해변에서 인근 바닷속까지 온통 모래밭으로 바뀌었다.
트루로에서 프로빈스타운에 이르는 5~6킬로미터가량의 해안가에
는 사람들이 살지 않았다. 그만큼 걸어가는 동안 집 서너 채를 보
았을 뿐이다.

모래사장을 적시는 파도의 마지막 물결을 급하게 들이마시는 해
변의 가장자리를 따라 걷기도 하고 경사진 모래톱 언덕 위를 터벅
터벅 걷기도 하면서 산책을 이어가고 있을 때, 한 무리의 고등어잡
이 배들이 15~25킬로미터 떨어진 케이프코드 북쪽을 돌아 하나
둘 줄지어 셀 수 없을 정도로 쏟아져들어오더니 마침내 바다 한가
운데에 하나의 도시를 만들었다. 순식간에 너무나 빽빽하게 들어
차서 많은 배들이 서로 충돌하는 것처럼 보였다. 조금 전에는 모
든 배가 이쪽으로 나아가는가 싶더니, 이번에는 모두 저쪽으로 방

향을 틀었다. 우리는 뉴잉글랜드● 사람들이 1616년 존 스미스 선장Captain John Smith이 어업과 관련해서 제안한 내용●●을 얼마나 충실히 따랐는지를 보았다. 그가 의미심장하게 말했던 것처럼, 그들은 "이 비루한 고기잡이 일"을 정말 열심히 했다. 그의 주장에 따르면, 그들은 영국 어부들이 본보기로 삼는 네덜란드 어부들과 맞먹을 정도로 일을 잘했다. 그의 말처럼 "이렇듯 고기잡이 능력 면에서 네덜란드 방식을 잘 받아들이고 그것을 속속들이 확실하게 습득했음"에도 불구하고, "그들이 쌍돛대 화물선인 버스선과 바닥이 평평하고 선미가 좁은 상선, 전함으로 쓰이는 핑크선, 작은 어선인 토드선 같은 배를 2,000~3,000척 보유한 네덜란드 어부들과 어깨를 나란히 할 가능성은 없다. 그렇게 해서 배출된 항해사, 선원, 병사, 상인들이 하던 일을 그만두고 자신에게 맞는 다른 일을 찾아 나서는 경우는 결코 없을 것이다." 그때 우리가 본 수많은 배들을 설명하려면 훨씬 더 많은 명칭들이 필요할 거라는 생각이 들었다. '비할 데 없는 어미 말'에게서 태어난 우리의 '유명한 종마들'이 플리머스의 바위를 밟고 상륙하기 몇 년 전, 그때까지만 해도 "뉴펀들랜드에서는 우스꽝스럽고 비쩍 마른 자잘한 대구를 가득 실은 배가 해마다 거의 800척 가까이 운항한다"라고 그는 기록했다. 물론 필요한 모든 물자가 해마다 유럽에서 수송되어온 것은 부인할 수 없는 사실이지만 말이다. 그런 상황에서 여기에 식민지를 개척하고 현지에서

● 메인, 뉴햄프셔, 버몬트, 매사추세츠, 로드아일랜드, 코네티컷 6개 주를 포함한 미국 북동부 지역.
●● 존 스미스의 저서 『뉴잉글랜드 해설서A Description of New England』에 나온 내용을 뜻한다.

해안 기슭을 따라 어선을 끌고 가는 모습

필요한 작물들을 키우지 않을 까닭이 없지 않은가? 그는 "내가 여
태껏 가본 사람이 살지 않는 전 세계 모든 곳 중에서 새로운 식민
지를 개척할 수 있다면, 다른 어느 곳보다 여기를 택할 것이다. 그
리고 비록 아직 자활을 이루지 못했다 하더라도 잠시라도 그럭저
럭 잘 지낸 적이 있다면, 우리가 굶어죽을까봐 걱정하지 말고 그냥
내버려둬도 된다"라고 말했다. 그러면 알아서 "문 앞에서 낚시를 하
며, 원할 때 언제든 아내와 가족들과 함께 마음껏 불을 지피고 밤

마다 해변에서 기분 좋게 평온히 잠들 수 있다." 그는 "그들의 옛날을 기리는 뉴잉글랜드의 새로운 마을들"을 벌써부터 예견한다. 해상에서 육지의 "가장자리만 보고 내륙 깊숙한 곳"에 무엇이 있을지 누가 알 수 있겠는가마는.

이 모든 것, 아니, 그 이상을 이루어낸 지금 네덜란드는 어디에 있는가? 진실로 네덜란드 사람들은 그러한 꿈을 이미 이루었다. 스미스의 제안과 버크*의 찬사 사이의 간극은 크지 않았다.

고등어잡이 스쿠너 범선들이 여전히 꼬리를 물고 케이프코드 맨 윗부분을 돌아 '바닷길을 온통 하얗게 칠하며' 모습을 드러냈다. 우리는 한순간도 놓치지 않고 아주 흥미진진하게 그 광경을 지켜보았다. 그것은 마치 멋진 운동경기를 보는 것 같았다. 이 지역에서 비오는 날 낚시하러 가는 사람은 빈둥거리며 노는 몇몇 소년이나 소일거리를 찾는 건달들뿐이다. 그러나 내 눈에는 케이프코드만의 신체 건강한 모든 남자들과 그들을 기꺼이 도울 소년들이 저마다 요트를 타고 유람여행을 떠난 것처럼 보였다. 그들은 다시 뭍으로 돌아와 곳에서 차우더**를 끓여먹을 것이다. 지명사전을 보면 이 마을들에서 얼마나 많은 장정과 소년 들이 고래와 대구, 고등어를 잡는 일에 종사하는지, 그리고 얼마나 많은 사람이 뉴펀들랜드의 모래톱이나 래브라도 해안, 벨아일해협***, 샬뢰르만****까지 배를 타고 나

● 에드먼드 버크Edmund Burke, 18세기 영국의 정치사상가로, 영국의 미국 식민지 지배 방식을 비판하고 미국의 독립혁명을 옹호했다.
●● 생선이나 조개류에 채소를 넣어 끓인 걸쭉한 수프.
●●● 캐나다 뉴펀들랜드섬과 래브라도반도를 가르는 해협으로, 세인트로렌스만의 북쪽 출구다.
●●●● 캐나다 퀘벡과 뉴브런스윅 사이에 있는 세인트로렌스만의 일부.

가는지 나온다. 그것은 마치 내가 콩코드강에서 여름 동안 민물농어, 강꼬치고기, 도미, 메기, 피라미를 잡는 소년들의 수를 세는 것과 같았는데, 그 통계를 가지고 있는 사람이 아무도 없었다. 나는 그 작업이 도덕적이고 지적인 사람(또는 소년)들에게 도움을 주고 육체노동을 하는 사람들에게는 확실히 위험을 덜어준다고 생각한다.

내 죽마고우 가운데 인쇄소에서 견습공으로 일하던 다소 괴짜인 한 친구가 어느 날 오후 인쇄소 주인에게 낚시하러 가도 되는지 묻고 허락을 받았다. 이후 그는 석 달 동안 인쇄소를 비웠다. 그는 돌아와서 그랜드뱅크*에 다녀왔다고 했다. 그러고는 마치 한나절 정도 자리를 비운 것처럼 아무렇지도 않게 활자 조판 작업을 재개했다.

나는 하루종일, 아니, 아아! 거의 평생에 걸쳐 고기잡이를 하는 사람이 그렇게 많다는 사실을 알고 크게 놀랐다고 고백하지 않을 수 없다. 우리는 사람들이 저녁식사를 얼마나 중요시하지 않는지, 그리고 무기력하고 천박한 미각을 어떻게 개미처럼 눈코 뜰 새 없이 일하는 근면성 탓으로 돌릴 수 있는지에 대해 정말 진지하게 생각해볼 필요가 있다. 나는 가마우지처럼 저녁 먹잇감을 위해 끊임없이 물고기를 잡느니 저녁을 먹지 않는 편이 더 낫다고 생각했다. 물론 해변의 가마우지가 우리를 보면 우리가 여기서 하고 있는 일이 마찬가지로 경박하게 보일지 모르지만 말이다.

한번은 고등어잡이 배를 타고 약 5킬로미터를 항해했다. 일요일

---

* 캐나다 뉴펀들랜드 남동부에 있는 세계 3대 어장 가운데 하나.

저녁이었다. 날씨가 매우 따뜻했지만, 낮에 천둥을 동반한 소나기가 자주 쏟아졌다. 그날 나는 코하셋에서 덕스베리까지 해변을 따라 걸었다. 클라크섬까지 배를 타고 갈 예정이었지만, 밀물이 들어올 때 바다로 나갈 배는 없다고 했다. 배가 갯벌 진창에 빠질 것이 뻔하기 때문이다. 선술집 주인 원저가 그날 저녁 일곱 명의 뱃사람과 함께 고등어잡이를 나갈 거라는 얘기를 들었다. 어쩌면 그가 나를 그 섬까지 데려다줄 수 있을지도 몰랐다. 출항이 지연될 거라 예상했기 때문에, 일행들은 물결이 잔잔해지기를 기다릴 요량으로 한가롭게 어슬렁거리며 하나둘 해변으로 내려왔다. 고무장화를 신거나 손에 신발을 들고 물살을 헤치며 자기가 탈 보트까지 걸어갔다. 그들은 장작을 한 아름씩 안고 갔으며, 햇감자가 담긴 양동이도 하나씩 들고 있었다. 그들은 한 번 더 장작을 한 아름씩 들고 오기로 했다. 그 정도면 충분할 거라고 생각했다. 이미 물을 한 통씩 배에 실어놓았다. 스쿠너 범선에는 물이 조금 더 있었다. 그들은 물이 찰랑이는 갯벌 위에서 보트를 60미터쯤 밀고 나가 바다에 띄웠다. 그런 다음 모선이 있는 곳까지 800미터가량 노를 저어갔다. 거기서 우리는 고등어잡이 스쿠너 범선에 올라탔다. 선박명은 잊어버렸지만 43톤짜리 크고 튼튼한 배였다. 낚싯바늘에 채 마르지 않은 미끼들이 걸려 있었고 배 안에는 잡은 고등어를 가는 기구가 있었다. 고등어를 담는 수조와 그것을 배 밖으로 던지는 긴 손잡이가 달린 바가지도 있었다. 항만에서 우리는 자그마한 고등어, 진짜 스콤버 버널리스●들이 이미 떼를 지어 수면에 잔물결을 일으키는 것을 보았다. 선원들은 느긋하게 닻을 끌어올리고 두 개의 돛을 펼쳤다. 미풍이 적당하게 불었다. 천둥을 동반한 소나기가 몇 차례 내린 뒤, 해가 환하게 뜨고 햇살이 뱃전을 비추었다. 문득 이보다 더 좋은 조건으로 여행을 시작할 수는 없을 거라는 생각이 들었다. 선원들은 작은 낚싯배 네 척을 함께 끌고 다녔는데, 대개 고등어를 잡을 때 그 배를 타곤 했다. 아니면 한 사람당 두 개의 낚싯대가 준비된 배의 뒤편 우현에서 고기를 낚았다. 한두 차례 배의 방향을 바꾼 뒤, 윈저는 수조에 남아 있던 빗물과 뒤섞인 악취나는 고등어 분비액을 퍼서 바다에 버렸다. 그러고 나서 우리는 조타수 주변에 모여 이야기를 나누었다. 내 기억으로는 근처에 있는 쇠붙이 때문에 배의 나침반 방향이 몇 도 달라졌던 것 같다. 일행 중 한 명은 캘리포니아에서 막 돌아온 사람으로, 건강과 취미생활을 위해 승객으로 배를 타고 있었다. 선원들은 이튿날 아침 낚시를 시작으로 일주일 동안 고기잡이를 계속할 예정이었다. 그렇게 잡은 고기를 보스턴까지 신선하게 실어나를 계획이었다. 그들은 그 옛날 신대륙을 찾은 청교도들이 상륙한 클라크섬에 나를 내려주었다. 그들은 항해하는 동안 마실 약간의 우유를 얻고 싶어했다. 하지만 나는 그들이 처한 전반적인 상황을 살폈다. 이제부터 남은 일은 바다로 나가 고등어를 잡는 것이었다. 더구나 그들이 가져온 소량의 보급품들을 고려할 때, 내가 그들과 함께 남지 않은 것은 잘한 일이었다.

이제 나는 어장에 떼를 지어 나타나는 고등어 무리를 분간할 줄

• Scomber Vernalis, 대서양 고등어의 일종.

안다. 비록 첫눈에 알아보지는 못하지만 말이다. 고등어잡이에 대한 내 경험은 이게 다였다.

그날은 전날보다 훨씬 더 춥고 바람이 많이 불었다. 그래서 모래톱 뒤편으로 몸을 자주 피해야 했다. 비바람은 전혀 그칠 기색을 보이지 않았다. 해변에서는 폭풍우가 몰아치든 바람 없이 평온하든, 여름이든 겨울이든, 밤이든 낮이든 늘 무언가가 끊임없이 움직이고 무슨 일이 일어난다. 이곳에 사는 사람들조차 시야에 들어오는 거대한 경관이 쉬지 않고 변화하는 듯한 느낌을 받는다. 맑은 날에는 가장 게으른 사람도 눈꺼풀을 치켜올리기만 하면 케이프코드 건너편 멀리 플리머스까지, 또는 대서양 너머 시선이 닿는 멀리까지 한눈에 볼 수 있다. 너무 게을러서 눈조차 뜨기 싫어도, 끊임없이 밀려드는 파도의 으르렁대는 소리를 듣는 것은 피할 수 없을 것이다. 쉴 새 없이 요동치는 바다가 어느 순간 갑자기 여러분의 발밑에 고래나 난파선을 토해낼 수도 있다. 세상에서 가장 빠른 속기사인 기자들도 바다가 전하는 새로운 소식들을 모두 전할 수는 없을 것이다. 그 어떤 피조물도 그렇게 많은 생명체들이 있는 곳에서는 천천히 움직일 수 없을 것이다. 난파선에서 흘러나온 물건들을 찾는 사람들이 해변을 오가고 있었다. 배들과 바다도요새, 날카로운 쇳소리를 내며 머리 위를 나는 갈매기들. 해변 말고는 가만히 멈춰 있는 것이 아무것도 없었다. 해변의 작은 새들이 물결이 밀려들어온 지점 가까운 곳을 종종걸음으로 지나갔다. 그들은 악천후 속에서도 먹이를 삼키는 아주 짧은 순간을 제외하고는 걸음을 멈추는 법이 없었다. 나는 그들이 어떻게 바다에 익숙해졌는지, 어떻게 감히 파도가 일렁이는 물가로 가까이 다가갈 생각을 했는지 궁금했다. 육지가 낳은 이 작은 서식 동물들! 여우 한 마리는 빼고. 그 높은 모래언덕 위에서 대서양을 바라보며 여우는 무엇을 할 수 있었을까? 여우에게 그 바다는 도대체 어떤 존재일까? 우리는 수레를 끌면서 개와 함께 난파선에서 흘러나온 물건을 찾아 해변을 돌아다니는 사람을 만났다. 그의 개가 우리 여행자들을 보고 경계의 눈빛으로 짖어대는 소리가 세찬 파도의 포효 소리에 덮여 매우 힘없고 작게 들렸다. 대서양이 포효하는 한가운데에서 앙증맞은 발을 조심스레 떨며 대양 가장자리의 해변을 종종거리며 오가는 새 한 마리를 향해 헛되이 짖어대는 잡종 개를 보라! 아니, 어쩌면 그 개는 고래를 향해 짖어대는 것인지도 몰랐다! 그 소리는 농가의 안마당에나 어울릴 것이다. 그 해변에는 어떤 개도 어울리지 않아 보였다. 개는 무방비로 노출된 상태로 대양의 광대함 앞에서 온몸을 떨고 있는 것 같았다. 주인의 체면을 생각하지 않았다면 그 자리에 있지도 않았을 거라고 나는 생각했다. 더구나 고양이가 그쪽으로 걸어가 대서양 앞바다에 젖은 발을 터는 모습은 더더욱 상상할 수 없었다. 하지만 주민들은 가끔씩 그런 일이 일어난다고 말했다. 어느 여름날 나는 바다 물결이 밀려왔다 빠져나가는 해변의 가장자리를 따라 삐약삐약 소리를 내며 무리 지어 달려가는, 두 다리에 아직도 솜털이 남아 있으며 방금 알을 깨고 나온 병아리들 같은 연약한 피리물떼새 새끼들을 보았다. 뉴욕만에 있는 스태튼섬 남부의 외딴 해변에서는 물결에 밀려올라온 썩어가는 물고기를 찾아 주변을 배회하는 반쯤 들개 무리가 된 개들과 마주치곤 했다.

또 한번은 습지의 높이 자란 수초 속에서 오랫동안 위협적으로 으르렁거리는 소리를 들었는데, 잠시 후 대여섯 마리의 커다란 개들이 작은 개 한 마리를 쫓아 떼를 지어 해변으로 튀어나왔다. 작은 개는 도움을 요청하듯 곧바로 나에게 달려왔다. 나는 위협을 느꼈지만 돌을 들어 큰 개들에게 던져 쫓아버렸다. 하지만 다음 날 그 작은 개는 날카롭게 짖으며 나에게 위협을 가했다. 그때 문득 이런 시구가 떠올랐다.

불어라 불어, 그대 겨울바람이여,
그의 배은망덕에 비하면
너는 그리 무정하지 않구나.
너는 눈에 보이지 않기에,
비록 숨소리가 거칠다 해도
이빨 또한 그리 날카롭지 않으니.

얼어붙어라 얼어붙어, 그대 혹독하게 추운 하늘이여,
그대 은혜를 잊은 인간처럼
살을 엘 만큼 매섭지는 않구나.
비록 그대 물길을 돌려도,
그대 찌르는 아픔은
배신한 친구처럼 날카롭지 않으니.●

살아 있는 생명체가 전혀 보이지 않는 그곳 해변에서 말이나 황소의 사체에 다가갈 때면, 때때로 느닷없이 개 한 마리가 그 사체로부터 뛰쳐나와 내장을 한입 물고 슬그머니 뒷걸음치곤 했다.

해변은 일종의 중립지대다. 이 세상을 조용히 관조하기 가장 좋은 지점이다. 그곳은 또한 아주 평범한 장소이기도 하다. 육지를 향해 쉴 새 없이 넘실대는 물결은 너무 멀리까지 흘러가고 인간이 길들일 수 없기에 친숙해질 수 없다. 뜨거운 햇볕이 내리쬐고 거센 파도가 물거품을 일으키는, 끝없이 이어진 해변을 따라 느릿느릿 걷다보면 우리 또한 찐득찐득한 갯벌의 산물이 되곤 한다.

그곳은 줄지어 순서를 기다리는 야생의 공간이다. 거기서는 어떤 아첨도 통하지 않는다. 투구게를 비롯한 각종 게와 맛조개 무리, 그리고 바다가 토해낸 온갖 주검들로 뒤덮인 드넓은 시체안치소이다. 굶주린 개들이 무리를 지어 그곳을 배회하기도 한다. 까마귀들은 밀물이 남기고 간 얼마 안 되는 먹이를 찾아 날마다 그곳에 온다. 사람과 짐승의 사체들이 모래톱 위에 함께 덩그렇게 놓인 채, 뜨거운 태양 아래에서 끊임없이 밀려왔다 밀려가는 물결에 씻기며 점점 썩어가고 색이 바래고 있다. 물결이 칠 때마다 그 사체들은 이리저리 뒤집히고 그 밑으로 신선한 모래가 밀려들어간다. 바로 여기 인간에 대한 생각으로 낭비할 시간이 전혀 없는, 인간의 때가 전혀 묻지 않은, 있는 그대로의 순수한 자연이 있다. 물보라가 이는 가운데 갈매기들이 무심히 그 위를 선회하고 부딪치는 파도에 조금씩

• 셰익스피어 희곡 『좋으실 대로』 2막 7장에 나오는 노래.

깎여나가는 낭떠러지 해안가, 벌거벗은 자연 그대로의 모습이다.

그날 오전에 우리는 멀리서 나뭇가지 하나가 아직도 붙어 있는 색바랜 통나무처럼 보이는 것을 발견했다. 나중에 그것은 고래의 등뼈 가운데 하나로 확인되었다. 바다에서 잡힌 고래는 기름만 제거된 채 버려져 물결을 따라 이리저리 떠다니다가 몇 달 전 이곳 해변으로 밀려올라왔다. 우연히도 이것은 이 해안이 1007년 토르할이 토르핀과 함께 빈란드*로 식민지 원정을 떠날 때 성급하게 지나쳐버린 푸르두스트란다스**였다는 코펜하겐 골동품상들의 주장을 입증하는 가장 결정적인 증거가 되었다. 그들은 케이프코드를 떠나 스트라움피오르(버저즈만!) 인근 지역을 탐사했다. 하지만 거기서 포도주를 구하지 못한 것에 실망한 토르할은 빈란드를 찾아 다시 북쪽으로 항해하기로 결정했다. 비록 이와 관련해서 골동품상들로부터 아이슬란드어로 된 원본을 얻지는 못했지만, 그들에게 얻은 번역본을 인용하고 싶다. 왜냐하면 그들의 번역본은 내가 아는 한 케이프코드에 대한 내용이 나오는 유일한 라틴어 책이기 때문이다.

Cum parati erant, sublato

velo, cecinit Thorhallus:

Eò redeamus, ubi conterranei

---

* 지금의 뉴펀들랜드섬을 말한다.
** Furdustrandas, 고대 스칸디나비아어로 '신비한 해변'이라는 뜻으로, 그린란드와 뉴펀들랜드 사이에 있는 지금의 래브라도 해안 지역을 지칭한다.

sunt nostri! faciamus alitem,

expansi arenosi peritum,

lata navis explorare curricula:

dum procellam incitantes gladii

moræ impatientes, qui terram

collaudant, Furdustrandas

inhabitant et coquunt balænas.

이것을 풀어 말하면 이렇다. "그들이 떠날 준비를 마치고 돛을
높이 올렸을 때 토르할이 노래했다. 우리의 동족들이 있는 그곳으
로 돌아가자. 드넓은 뱃길을 조심스레 살펴가며 모래의 창공[1]을 자
유자재로 날아갈 새[2]를 만들자. 전사들은 검[3]의 돌풍에 휘말릴 수
밖에 없으리. 그들은 대지를 찬미하고 신비한 해변Wonder-Strands에
살면서 고래를 잡아 요리하리." 그는 그렇게 케이프코드를 지나 북
쪽으로 항해했다. 골동품상들의 말에 따르면, 그가 탄 배는 "아일랜
드로 가서 난파했다."•

옛날에는 더 많은 고래들이 이곳 해변으로 밀려올라왔다고 하지
만, 나는 그때가 지금보다 더 야생의 상태였다고 생각하지 않는다.
우리는 고대라는 개념을 바다와 관련해 생각하지 않고, 천 년 전에
바다가 어떤 모습이었을지 궁금해하지도 않는다. 육지와 마찬가지

• 토르할은 빈란드를 찾기 위해 더 북쪽으로 항해하길 바랐으나, 토르핀이 남서쪽으로
항해하기로 결정했기 때문에 그를 따르는 여덟 명과 길을 달리했다가 결국 서쪽에서 부는
폭풍우를 맞아 북대서양 건너편 아일랜드로 밀려가 그곳 사람들에게 붙잡혀 노예가 되었
다고 한다.

로 바다는 언제나 똑같이 야생이었고 불가해한 존재였기 때문이다. 인디언들은 해수면에 어떤 흔적도 남기지 않았다. 바다는 문명인에 게든 야만인에게든 동일하다. 물론 해안의 모습은 지금까지 끊임없이 바뀌었다. 바다는 지구를 빙 돌아 뻗어나가는 황무지다. 바다는 우리가 살고 있는 도시의 부둣가와 해안 주택가의 정원들을 휩쓸고 가는, 벵골 밀림보다 더 거칠고 기이한 생명체들로 가득한 곳이다. 뱀, 곰, 하이에나, 호랑이 같은 야수들은 문명이 발전하면서 빠르게 사라지지만, 아무리 인구가 많고 문명화된 도시라고 해도 부둣가에서 멀리 떨어진 곳에 있는 상어를 겁먹게 할 수는 없다. 이와 관련해서 싱가포르의 호랑이 감소 문제는 더할 나위 없이 좋은 사례를 제공한다. 나는 보스턴과 관련된 문서에서 그곳 항만에 바다표범이 있다는 내용을 본 적이 없다. 바다표범이라고 하면 늘 에스키모 같은 외딴 지역 사람들이 떠올랐다. 그러나 어쩌면 여러분은 해안을 따라 난 거실 창문을 통해 평탄한 모래톱에서 바다표범들이 장난치는 모습을 볼 수 있을지도 모른다. 그들은 나에게 인어만큼이나 낯설어 보였다. 숲속을 걸어본 적도 없는 여인네들이 배를 타고 바다로 나간다. 바다로! 왜? 노아가 겪은 것을 경험해보기 위해, 즉 노아의 대홍수를 실감하기 위해서다. 모든 배가 노아의 방주인 것이다.

해변을 걸으면서 우리는 해안가에 울타리가 없다는 것을 알았다. 황소들이 허우적대며 바닷물 속으로 들어가는 것을 막기 위해 쳐놓은 난간 꼭대기에는 박달나무 손잡이도 없었다. 그 해안의 소유주가 인간이라는 사실을 떠올리게 만드는 것은 거기에 아무것도 없었다. 그러나 트루로의 어느 주민이 말하기를, 트루로 동부의 땅 주인들은 그쪽 해변의 모래와 개펄들을 다른 사람들이 채취해 가는 것을 막기 위해 그 땅의 소유권이 자신들에게 있다고 주장한 다고 했다. 심지어 그도 때때로 그들에게 적으로 간주된다고 했다. 하지만 케이프코드만 쪽 사람들은 그렇지 않다고 했다. 케이프코드 만 쪽 대피소 구역들에서 간조선을 향해 달려나간 임시 울타리들 과 바다로 흘러나간 울타리 말뚝들이 만의 중간에 솟아오른 지형 을 따라 물결에 출렁거리고 슬리퍼들이 여기저기 떠다니는 모습도 눈에 들어왔다.

배에서 내려 걷기 시작한 지 벌써 여러 시간이 흘렀는데도, 고등 어잡이 선단은 아까와 거의 같은 방향인 북쪽 수평선, 이제는 돛대 만 보일 정도로 더 멀어진 지점에 여전히 머물러 있었다. 선단의 배 들은 돛을 펼친 상태였지만 미동도 하지 않았다. 그렇다고 닻을 내 리고 정박한 것도 아니었다. 마치 안전구역으로 피양한 선박들처럼 여러 방향에서 서로 가깝게 붙어 있었다. 그 까닭을 잘 모르는 우 리는 처음에 그 배들이 동쪽으로 거세게 부는 역풍에 맞서 힘겹게 버티고 서 있는 것으로 착각했다. 하지만 나중에 알게 된 바에 따 르면, 배들은 그때까지도 어장에서 주돛을 감거나 닻을 내리지 않 은 채 고등어를 잡고 있었다. "적당한 미풍(훗날 사람들이 고등어 산들바 람이라고 부른)은" 누구 말대로 고등어를 잡을 때 "가장 좋은 조건으 로 여겨졌다." 언뜻 세어보더라도 수평선 한쪽의 작은 원호 안에 들 어가는 고등어잡이 배는 200척쯤 되어 보였다. 얼추 그만큼의 또 다른 배들이 남쪽으로 사라졌다. 촛불 하나에 모여드는 나방의 수가 제한되어 있는 것처럼, 케이프코드에서 조업할 수 있는 선박의 수는 그 정도가 최대치인 것 같았다. 밤중에 레이스갑과 롱갑에서 반짝이는 불빛은 그 배들에게는 밝게 빛나는 촛불인 셈이었다. 그리고 이렇게 멀리서 볼 때, 그 배들은 아직 불빛이 있는 곳으로 날아들지 않았지만 머지않아 날아갈 나방들처럼 희끄무레하게 보였다. 전에 우리는 나방들의 날개와 몸통이 어떻게 불에 그슬렸는지 본 적이 있었다.

신체 건강한 장정들이 모두 바다를 일구러 나가 있는 어촌 마을은 흔히 볼 수 있는 시골의 들판처럼 보인다. 트루로 북부 지역에서는 여성과 소녀 들이 문 앞에 앉아 남편이나 오빠, 남동생들이 25~30킬로미터 떨어진 해상에서 수백 척의 어선들과 함께 고등어를 잡는 모습을 보고 있을 수도 있다. 농촌에서 농부의 아내들이 먼 언덕배기 들판에서 일하는 농부들의 모습을 바라보듯 말이다. 그러나 배에 탄 어부들의 귀에는 저녁식사를 알리는 뿔피리 소리가 들리지 않는다.

우리는 케이프코드에서 손목 부분에 해당하는 폭이 가장 좁은 지역을 지나면서 800미터 거리도 되지 않는 케이프코드만 쪽으로 가로질러갔다. 그곳은 여전히 트루로 지역이었다. 해안을 따라 20킬로미터쯤 길게 이어진 지형이었기 때문이다. 그렇게 행로를 바꾼 것은 거기서 아주 가까운 곳에 있는, 아라라트산*이라고 불리는 프로빈스타운의 관목 많은 모래언덕에서 한낮을 보내기 위해서였다.

---

* Mount Ararat, 성경에서 대홍수 이후 노아의 방주가 닻을 내린 곳이라고 알려진 터키 북동부에 있는 5,185미터 높이의 사화산을 본뜬 지명으로 보인다.

높이가 해발 30미터 정도에 불과한 곳이었다. 거기로 가는 길에 우리는 다양하고 아름다운 형태와 색깔을 띤 모래사장을 감상할 기회를 가졌다. 흥미진진한 신기루도 목격했는데, 지질학자 히치콕도 케이프코드의 모래사장에서 보았다고 한 바로 그것이었다. 우리는 사막의 야트막한 골짜기를 건너고 있었다. 부드럽고 티끌 하나 없는 모래사장이 사방으로 시야에 들어오고 멀리까지 펼쳐지며 위로 약간 경사를 이룬 지형이었다. 그 골짜기의 가장 밑바닥에는 맑은 물이 고인 얕은 웅덩이들이 띠처럼 길게 이어져 있었다. 물 한 모금 마시고 잠시 쉬기 위해 골짜기를 대각선으로 가로질러 웅덩이 쪽으로 다가갔다. 웅덩이들은 평평하고 넓게 서로 이어져 있었지만, 확실히 수평선 쪽으로 약간 기운 것처럼 보였다. 그 웅덩이에는 해수의 유통을 암시하는 최소한의 잔물결도 보이지 않았다. 그 웅덩이들 가운데 한 곳의 쉴 만한 자리에 다다랐을 때쯤 1~2미터가량 위로 올라간 듯한 느낌이 들었다. 그 웅덩이들은 비탈진 위치에 남겨진 거울처럼 신비한 마법에 의해 계곡 옆에 놓인 것처럼 보였다. 그 모습은 프로빈스타운 사막에 어울리는 아주 멋진 신기루였지만, 산스크리트어로 '가젤의 갈증'이라고 일컬을 정도는 아니었다. 적은 양이긴 하지만 마실 물이 어느 정도 있었기 때문이다. 그래서 우리도 그럭저럭 갈증을 해소할 수 있었다.

코펜하겐의 라픈 교수●는 내가 목격한 신기루가 앞서 말한 1007년 토르핀의 빈란드 원정과 관련된 고대 아이슬란드 이야기에

● 카를 크리스티안 라픈Carl Christian Rafn, 19세기 덴마크의 역사학자이자 고대 북유럽 문학 번역가·골동품 수집가. 북유럽의 초기 북아메리카 식민지화를 옹호했다.

나오는 '푸르두스트란다스', 즉 신비한 해변이라는 뜻의 명칭과 관련이 있다고 생각한다. 그런데 프로빈스타운에 사는 한 노인은 내가 신기루를 보았다고 말하자 자신은 여태껏 그런 것을 본 적도 들은 적도 없다고 했다. 정작 이 모래사장은 모든 사막에서 흔히 볼 수 있는 신기루보다 그 길이로 인해 사람들의 주목을 더 받는다. 고대 스칸디나비아 사람들이 그런 이름을 붙인 이유는 "그 모래사장 옆 해안을 항해하는 데 오랜 시간이 걸렸기 때문"인데, 지금 이 해변에도 적합하고 잘 어울린다. 그린란드에서 버저즈만까지 해안을 따라 계속 항해한다면 꽤 많은 모래 해변을 보게 될 것이다. 아무튼 토르-핀Thor-finn이 여기서 신기루를 보았든 아니든, 그의 일족 가운데 한 명인 소로Thor-eau는 그것을 보았다. 그리고 어쩌면 행운의 레이프●가 이전 항해에서 바다 한가운데 난파한 또다른 토르가家 사람들을 구조한 덕분에 소로가 태어나서 그 신기루를 보게 되었는지도 모른다.

나는 케이프코드에서 신기루를 한 번만 본 것이 아니다. 그곳은 모래톱 옆 해변의 절반은 거의 평평한 반면, 반대편은 수면 아래로 비스듬히 경사져 있다. 해질 무렵 웰플릿에서 모래톱 끄트머리를 걷고 있는데, 해변의 안쪽 절반이 해안 전체에 걸쳐 3~3.5미터 높이의 능선을 이루며 바다를 향해 위쪽으로 비스듬히 경사진 것처럼 보였다. 다시 말해 내가 서 있는 곳의 반대편이 더 높아 보였다.

● Leif the Lucky, 본명은 레이프 에이릭손Leifr Eiríksson. 바이킹 시대 아이슬란드의 탐험가로, 캐나다 뉴펀들랜드섬을 찾아내 북아메리카를 최초로 발견했다. 바다에서 조난한 동족을 구조한 일 때문에 '행운의 레이프'라는 별명이 붙었다.

모래톱을 내려올 때까지 실제는 그 반대라는 것을 알지 못했다. 바닷물이 들어왔다 빠지면서 남은 흐릿한 물결 자국과 중간쯤에 눈에 띄는 내리막을 확인하고서야 비로소 내가 착각했음을 깨달았다. 오래 산 주민에게는 낯선 것을 오히려 외지인이 더 쉽게 알아낼 수도 있다. 왜냐하면 그에게는 모든 것이 신기하고 눈에 설기 때문이다. 웰플릿의 늙은 굴 양식업자는 갈매기 사냥에 대해 말하면서 모래톱 아래쪽으로 총을 겨누더라도 갈매기의 아래쪽을 조준해야 한다고 했다.•

동네 사람 한 명은 8월 어느 날 노션섬에서 마서스 빈야드 인근을 따라 항해하는 몇몇 선박들을 망원경으로 보고 있었는데, 그 배들이 수면에 비칠 정도로 바다가 매우 잔잔해 보였다고 했다. 하지만 그 배들이 돛을 모두 펼쳤다는 것은 바람에 잔물결이 일고 있었음을 뜻한다. 그래서 그와 함께 있던 사람들은 그것이 신기루, 즉 아지랑이로 인해 생긴 반사현상이라고 생각했다.

우리는 위에서 말한 모래언덕에서 프로빈스타운과 지금은 배들이 다 빠져나가 텅텅 빈 항구, 그리고 망망대해를 내려다보았다. 날이 춥고 바람도 많이 불었지만 해가 지기 전에 프로빈스타운에 들어가고 싶지 않았기 때문에, 우리는 그 사막지대를 다시 가로질러 대서양 쪽으로 돌아갔다. 그리고 해변을 따라 걸어서 바다가 주는 감동을 여전히 갈망하고 있는 듯한 레이스갑에 다시 가까워졌다. 그렇게 걷는 길은 독자 여러분이 상상할지도 모를 평온하고 고

• 지형이 바다 쪽을 향해 위로 올라가 있는 것처럼 착각하기 때문에.

요한 분위기가 아니었다. 세차게 윙윙대는 바람, 으르렁거리는 거센 파도 소리, 터벅터벅 걷는 발자국 소리가 서로 시끄럽게 뒤섞이며 끊임없이 이어졌다. 이제 해안은 동쪽과 서쪽으로 거의 동시에 달려나갔다.

해가 지기 전, 우리는 케이프코드만으로 돌아가는 고등어잡이 선단을 보면서 프로빈스타운 북쪽 해안을 뒤로하고 사막지대를 다시 건너 도시의 동쪽 끝으로 갔다. 개풀과 덤불들로 꼭대기까지 뒤덮인, 사막 가장자리에 있는 첫번째의 높은 모래언덕에서, 우리는 관목이 우거진 나지막한 산과 습지들로 이루어진 전원지대가 북쪽에서 프로빈스타운을 감싸면서 해변의 모래사장이 시내 쪽으로 점점 침투해오는 것을 어느 정도 막고 있는 모습을 굽어보았다. 전체적으로 황량하고 사막지대가 인접해 있음에도, 그렇게 아름다운 가을의 빛깔을 어디서도 본 적이 없었다. 우리가 상상할 수 있는 가장 다채로운 형태와 화려한 색상의 양탄자를 펼친 것 같은 모습이었다. 다마스크나 벨벳 같은 최고급 원단과 티리언 같은 귀한 염료를 쓰고 최고의 베틀로 짠 양탄자도 그 경치와 견줄 수는 없을 것이다. 믿기 어려울 정도로 화사한 선홍색의 허클베리와 적갈색으로 물든 베이베리 관목들이 밝고 활기찬 초록색의 리기다소나무, 윤기 없는 녹색의 베이베리, 노루발풀, 자두, 황록색을 띤 관목참나무, 그리고 다양한 황금빛과 노란색, 엷은 황갈색이 자연스레 배합된 자작나무와 단풍나무, 사시나무들과 함께 아름답게 어우러져 있었다. 저마다 스스로의 자태를 뽐내는 가운데 언덕 비탈에 언뜻언뜻 보이는 노르스름한 모래는 양탄자의 찢긴 틈새로 보이는 흰

마룻바닥 같았다. 나 같은 시골 출신도 지금까지 보아온 수많은 가을 숲 가운데 케이프코드의 이 경치만큼 신비하고 빼어난 모습은 본 적이 없을 정도로 아름다웠다. 어쩌면 그 엷은 색조들은 이 지역을 둘러싸고 있는 모래사장과 대비를 이루면서 더욱 밝게 빛나는지도 몰랐다. 그 광경은 케이프코드를 이루는 한 요소였다. 우리는 대서양 쪽을 따라 길게 뻗은 황량한 광장을 며칠 동안 걸어왔다. 그리고 모랫바닥인 그 광장의 현관 부분을 지나 이제 바야흐로 내실로 향하고 있었다. 울긋불긋 물든 정면의 언덕배기들 너머 프로빈스타운 항만으로 들어가는 길목과 롱갑 둘레에 수백 개의 흰 돛들이 몰려들어 있었는데, 마치 벽난로 위 선반에 놓여 있는 장난감 배들 같았다.

이런 독특한 가을 정취는 다양한 엷은 색조들의 조화 못지않게 나지막하고 조밀한 관목숲의 풍경에도 있었다. 그것은 아주 짙게 깔린 안개나 양털 같았다. 어느 날 갑자기 거인이 나타나 그것의 가장자리, 이를테면 모래밭 위에 깔려 있던 화려한 술이 달린 양탄자 끝단을 끌어올려 굳이 털지 않아도 되는 것을 털어내리려는 모양새처럼 보였다. 하지만 그럴 경우 그동안 그 밑에 적지 않은 흙이 쌓였을 테니 흙먼지가 날릴 것은 당연한 일이다. 이런 가을 풍경을 보고 누군들 붉게 물든 화려한 색조의 양탄자와 융단을 떠올리지 않겠는가? 나중에 그런 다채로운 색감의 양탄자를 본다면, 나는 무늬를 세세히 살펴가며 거기서 허클베리가 뒤덮고 있는 언덕들, 노루발풀과 블루베리가 뒤섞여 빽빽하게 이어진 습지들 그리고 관목참나무지대, 베이베리 덤불, 단풍나무와 자작나무, 소나무들이 있는 곳을 찾으려 할 것이다. 그 어떤 화려한 염료들을 쓴들 이보다 더 아름답겠는가? 그것들은 내가 뉴잉글랜드 연안, 즉 미국 북동부 해안을 생각할 때 떠올릴 수 있는 것보다 더 따뜻한 색감을 띠었다.

조난한 사람들이 야간에 비명횡사해도 아무도 모를, 제대로 된 길 하나 없고 노루발풀이 가득한 습지를 지나고 관목참나무들로 우거진 언덕 몇 군데를 오른 뒤, 우리는 프로빈스타운 시내를 향해 길게 쭉 뻗은 가로를 따라 나무판자를 네 개씩 이어서 깐 보도의 동쪽 끝으로 내려왔다. 케이프코드의 마지막 소도시인 이곳은 남동쪽을 바라보며 굽은 해변을 따라 도로가 하나로 이어져 있다. 그 바로 뒤에 관목 덤불로 덮이고 습지와 연못들이 여기저기 흩어진 모래언덕들이 초승달 모양으로 솟아 있었다. 모래언덕은 가운데 너비가 800미터 정도인 것에서 1.5킬로미터가 넘는 것도 있었다. 그것들 너머에는 다른 곳보다 너른 면적을 차지하는 사막지대가 있는데 동쪽과 서쪽, 북쪽으로 바다까지 뻗어나간다. 시내는 항만과 모래언덕 사이 50~250미터 아래의 좁은 공간에 촘촘하게 형성되어 있다. 당시 그 소도시에 사는 주민 수는 2,600명쯤 되었다. 마침내 어부의 오두막을 압도하는 현대적 외양을 한 가옥들이 시내 거리의 안쪽, 데크길 쪽에 드문드문 서 있고, 해안 쪽으로는 생선 가게와 창고들이 제염소의 그림 같은 풍차들과 어우러져 있었다. 너비가 약 5.5미터인 해변 사이의 좁은 길은 마차 두 대가 마주보고 지나갈 수 있는 유일한 길이었다. 그곳은 우리가 계속 걸어온 해변이나 사막지대의 그 어느 곳보다 '분주해' 보였다. 그곳은 만조 때도 물이 들어오지 않는 해안에서 멀찍이 떨어진 위치였고, 모래사장은 가끔씩 오가는 여행자들의 발자국들로 늘 어지러웠다. 우리는 그동안 걸어온 데크길이 지방정부의 세입 초과분으로 깔렸다는 것을 알았다. 세입 초과분의 처분을 두고 주민들 사이에 논란이 많았지만, 결국 그것을 자신들의 발밑에 두기로 하는 현명한 결정을 내렸다. 하지만 들리는 바로는 일부 주민들은 자기 몫의 돈을 돌려받지 못한 데 화가 나서 그 보도가 건설된 이후에도 오랫동안 모래사장으로 걸어다니기를 고집했다고 한다. 이것은 내가 아는 한 지방정부가 지나치게 많이 거둬들인 세금을 그 지역을 위해 유익하게 쓴 유일한 사례다. 초과해서 거둔 세금으로 바다에서 더 많은 모래가 유입되는 폐해를 막았기 때문이다. 나중에 이 데크길이 삭아서 못 쓰게 되면 포장도로를 건설할 계획이었다. 실제로 그 일은 우리가 거기에 갔을 때 이미 진행중이었고, 그들은 언제 모래가 휘날려서 고생한 적이 있었느냐는 표정이었다.

우리는 계속 걸으면서 주민들이 바다에서 잡아온 생선을 소금에 절이거나 바닷가에서 갈퀴질로 갓 긁어모은 듯 매우 거칠고 노르스름한 해초들을 문 앞의 해변에서 말리는 모습을 관찰했다. 집 앞마당은 원래 그런 용도로 써온 것처럼 보였다. 마당은 울타리를 두른 안쪽에 있었는데, 개풀들이 자라는 것으로 보아 밀물이 들어오면 물에 잠기는 것 같았다. 거기서는 조가비와 조약돌을 주울 수 있었다. 가옥들 사이에는 나무들이 몇 그루씩 있었는데, 특히 은사시나무와 버드나무, 길레아드발삼나무가 눈에 띄었다. 한 남자가 시외에서 옮겨온 어린 참나무 한 그루를 나에게 보여주었는데, 그는 그것이 사과나무인 줄 알고 있었다. 하지만 굼벵이도 구르는 재주가 있듯이, 사람마다 무엇이든 잘하는 것이 있기 마련이다. 그는 나무에 대해서는 아는 게 없었지만, 날씨 변화에 대해서는 잘 알았다. 그래서 우리에게 한 가지 정보를 알려주었다. 그가 관찰한 바에 따르면, 밀물 때 하늘에 뇌운이 몰려오면 비가 내리지 않는다고 했다. 이곳은 내가 가본 가장 전형적인 바닷가 마을이었다. 오지도 없고 단단하지는 않지만 마른 땅으로 둘러싸인 좋은 항구, 사람이 사는 해변 마을이었다. 지금도 이곳 주민들은 배에서 내려 뭍에 오를 때면 데크길을 걷는다. 일부 작은 땅들은 습지를 간척해서 조성한 곳이었다. 면적이 대개 150제곱미터 정도였다. 그중 사방에 가로장으로 울타리를 친 땅이 하나 있었다. 대형 와인통의 재료인 단단한 널판을 땅바닥에 박아 울타리 말뚝으로 썼다. 그런 땅들은 프로빈스타운에서 이미 경작지로 쓰이거나 경작이 가능한 땅이었다. 들리는 바로는, 그런 땅이 모두 12만~16만 제곱미터쯤 된다고 했다. 하지만 우리가 본 것은 그것의 4분의 1 정도밖에 안 되었다. 게다가 많은 곳에 모래가 흩뿌려져 있었다. 마치 사막이 그건 자기 땅이라고 주장하는 것처럼 보였다. 그들은 지금 그곳 습지의 일부를 대규모 덩굴월귤 목초지로 바꾸는 중이다.

프로빈스타운은 오지는 전혀 아니지만 항해사들에게는 까다로운 곳이다. 밤중에 항해를 하다 그곳에서 충돌 사고를 겪지 않은 항해사는 운이 좋은 사람이다. 프로빈스타운은 교역의 중심 항로 가운데 한 곳이다. 그래서 전 세계 사람들이 일 년 내내 그곳을 들락날락한다.

덩굴월귤 초원지대

고등어잡이 선단의 배들은 죄다 우리보다 먼저 항구에 도착해 있었다. 그때가 토요일 밤이었는데, 아침에 채텀 쪽으로 물러났던 배들은 아직 도착하지 않고 있었다. 케이프코드만의 낙조를 보러 언덕에 오르니, 해안 인근 여기저기에 닻을 내리고 정박한 스쿠너 범선 수가 족히 200척은 되어 보였다. 케이프코드를 돌아 항구로 오는 배들이 아직도 더 있었다. 배들은 해안에 정박해 돛을 내렸고, 바람에 흔들리며 부두까지 타고 갈 작은 보트들을 내렸다. 그 배들은 주로 웰플릿, 트루로, 케이프앤 소속이었다. 이곳은 아까 수평선 멀리 돛대만 보이던 배들이 모이는 장소였다. 가까이에 돛을 내리고 머물러 있는 그 배들은 뜻밖에도 검은 배, '멜라이나이 니에스 melaiuai nêes*'였다. 한 어부는 옛날엔 고등어잡이 선단에 1,500척의 배가 있었고, 자신이 직접 세어본 바로는 프로빈스타운 항구에 동시에 정박한 배의 수가 350척에 이르렀다고 말했다. 항만의 수심이 낮기 때문에 그 배들은 해안에서 꽤 떨어진 곳에 닻을 내릴 수밖에 없었는데, 그러한 선단의 모습은 거대 도시의 부두에 정박한 배들보다 더 거대하다는 느낌을 주었다. 우리가 대서양 쪽 해변을 따라 북서쪽으로 걷는 동안, 그 배들은 우리를 기쁘게 하려는 듯 하루종일 속도를 맞춰가며 나란히 이동했는데, 지금은 우리가 도착하자마자 가까이에서 모습을 보여주며 우리를 맞이하려는 듯 한밤중에 프로빈스타운 항구에 떼 지어 있었다. 다양한 속도로 상륙할 준비를 하며 레이스갑과 롱갑 주위에 머물러 있는 배들은 빨리 둥지로 돌아가 쉬고 싶어하는 새들을 연상시켰다.

이 배들은 진정한 뉴잉글랜드의 선박이었다. 그 내용이 『모제스 프린스의 일지Journal of Moses Prince』에 언급되어 있는데, 연대기 작가 모제스 프린스가 1721년 글로스터를 방문했을 때, 앤드루 로빈슨Andrew Robinson이라는 사람이 이미 8년 전에 글로스터에서 스쿠너라고 불리는 범선을 최초로 건조했다는 기록이 나온다. 그리고 동세기 말 코튼 터프츠Cotten Tufts라는 사람이 같은 곳을 방문했을 때 •• 알게 된 그 배의 명칭과 관련된 일화도 자세히 전한다. 터프츠에 따르면, 로빈슨이 독특한 모양의 돛대와 삭구 장비들을 갖춘 배를 완성한 뒤 바다에 배를 띄울 때 구경꾼 한 명이 "오, 배가 미끄러지듯 날렵하게 나가네요!O, how she scoons!"라고 소리쳤다. 그

• 그리스어로 '검은 배'라는 뜻으로, 호메로스의 『일리아스』 그리스어 원전 2권에 나오는 트로이전쟁 때 그리스 연합군이 타고 간 검은색을 칠한 전함을 일컫는다.
•• 일지에는 1790년에 방문한 것으로 나온다.

말을 들은 로빈슨은 "스쿠너*가 그 배를 있게 했지요!"라고 응수했다. 터프츠는 "그때부터 그런 돛대와 삭구 장비를 갖춘 배들을 스쿠너라고 부르기 시작했다. 그전에는 유럽이나 미국에서 그런 배를 알지 못했다"라고 말한다(『매사추세츠 역사학회』 전집 제1집 9권과 제4집 1권 참조). 그러나 나는 지금도 거의 믿을 수가 없다. 왜냐하면 내 눈에는 스쿠너선이 언제나 전형적인 배처럼 보였기 때문이다.

뉴햄프셔주 맨체스터의 C. E. 포터에 따르면, 스쿠너라는 단어는 뉴잉글랜드 지역에서 왔는데, '돌진하다', '빨리 가다'라는 뜻인 아메리카 원주민의 '스쿤schoon'이나 '스쿠트scoot'라는 말이 그 어원이다.** 스쿠딕갑***의 스쿠딕도 물이 세차게 흐르는 곳이라는 뜻으로 '스쿠트'와 '아우케auke****'에서 온 말이다. 「보스턴 저널Boston Journal」에 따르면, 글로스터 출신의 어떤 사람이 1859년 3월 3일에 보스턴의 어느 계보학회에서 이 문제와 관련된 연구논문을 발표했다고 하니 유의하기 바란다.

집밖으로 나온 거의 모든 사람들은 앞에서 말한 그 데크길을 걸어야 한다. 도중에 다시 들어가지 않고 계속 밖에 있으면 그날 밖으로 나온 프로빈스타운 주민들을 거의 다 만날 수 있다. 이날 저녁 그 데크길은 고등어잡이 어부들로 붐볐다. 우리는 호텔로 돌아올 때 수도 없이 그 어부들과 길을 비켜가며 걸어왔다. 호텔 주인은

---

* 포트와인용 큰 유리잔을 뜻한다.
** 챈들러 이스트먼 포터Chandler Eastman Potter가 쓴 『맨체스터의 역사The History of Manchester, Formerly Derryfield, in New Hampshire』에 나오는 내용.
*** 미국 북동부 메인주 아카디아 국립공원 안에 있는 갑.
**** 캐나다 남동부에 살던 인디언 미크맥micmac족의 말로 '땅' '장소'를 뜻한다.

재단사였는데, 문 한편에 그의 양복점이 있었고 반대편은 호텔이었다. 다시 말해 그는 고기도 썰고 양복지도 잘랐다.

　다음 날 아침에는 날씨가 전날보다 훨씬 더 춥고 바람도 세찼지만, 우리는 다시 그 사막지대로 갔다. 하루종일 밖에서 시간을 보냈는데, 거센 바람이 멈추지 않고 불었기 때문에 간간이 햇살이 비치는 곳이 있으면 지체없이 그리로 달려갔다. 우리는 시내 남서쪽 끝 생크페인터● 습지─처음에는 이 습지의 이름 때문에 보통 육지 사람들이 상상하듯 무슨 예술작품과 관련이 있나 싶어 두 눈을 부릅뜨고 자세히 살폈다─서쪽의 관목이 많은 구릉지대를 요리조리 빠져나온 뒤, 모래사장을 가로질러 레이스갑에서 5킬로미터 떨어진 해안까지 걸어가 사막지대를 통과해 동쪽으로 어슬렁거리며 전날 저녁에 떠났던 바닷가로 다시 갔다. 거기서 구불구불 이어진 해안선을 따라 8~10킬로미터를 이동했다. 저 멀리 드문드문 개풀들이 자란 벌판이 아득히 보이는 것을 빼고는 풀 한 포기 찾아볼 수 없는 지대의 한복판에서부터 거대한 원반 모양의 모래밭 위를 15~16킬로미터는 걸은 것 같았다. 그곳의 지형은 위로 솟아올라 있었으며 모래사장이 양쪽에서 오르막 고개를 만들며 능선으로 이어졌다. 걷는 내내 1월처럼 살을 에는 듯한 차가운 맞바람이 불어 몸이 저절로 움츠러들었다. 그로부터 거의 두 달 동안 그렇게 추운 날씨는 한 번도 겪어보지 못했다. 이 사막지대는 케이프코드의 맨 끝에서 시작해 프로빈스타운을 지나 트루로까지 뻗어

● 생크페인터Shank-Painter는 닻채를 묶는 밧줄을 뜻한다.

나간다. 춥기는 했지만, 우리는 그곳을 횡단하면서 아라비아의 모래사막에서 유목민들에게 노예로 잡혔던 라일리 선장의 이야기[*]를 여러 번 떠올렸다. 군데군데 개풀이 군집해 있는 작은 땅들이 마치 지평선 위의 밀밭처럼 보였다. 신기루 때문에 능선처럼 솟아오른 벌판지대가 실제보다 높아 보였을 수도 있다. 나중에 『칼름의 북아메리카 여행Kalm's Travels in North America』[**]이라는 책에서 세인트로렌스강 하류 지역 주민들이 이 개풀(학명: 칼라마그로스티스 아레나리아Calamagrostis Arenaria)과 갯마늘(학명: 엘리무스 아레나리우스Elymus Arenarius)[***]을 '세글 드 메르seigle de mer[****]'라고 부른다는 사실을 알고 기뻤다. 칼름은 덧붙여 말하기를, "나는 이 식물이 뉴펀들랜드와 북아메리카의 다른 해안에 엄청나게 많을 거라고 확신했다. 그것들로 뒤덮인 곳을 멀리서 보면 마치 밀밭처럼 보인다. 이 모습을 보면 이 북부 지역을 빼어난 와인의 땅(스웨덴어로 빈란드 뎃 고다Vinland det goda)이라고 했던(1749년에 이렇게 썼다), 즉 그들이 거대한 야생의 밀밭을 발견했다고 하는 구절이 무슨 뜻인지 이해할 수 있을 것이다"라고 했다.

개풀은 "키가 60~120센티미터 정도에 코발트색"을 띠고 있으며

---

[*] 1815년 미국인 선장 제임스 라일리James Riley는 아프리카 북부 서西사하라 해안에서 난파해 동료 선원들과 함께 유목민들에게 끌려가 노예생활을 했는데, 이때 겪은 일을 1817년에 책으로 발간했다. 여기서 소로는 아라비아의 사막이라고 했는데, 아프리카의 사하라사막을 오기誤記한 것이 아닐까 생각된다.

[**] 18세기 스웨덴의 탐험가·식물학자·박물학자인 페르 칼름Pehr Kalm이 1748년 미국의 펜실베이니아, 뉴욕, 뉴저지를 여행하며 사람, 음식, 질병 치료, 야생 등에 대해 기록한 여행서.

[***] 질기고 강한 줄기가 뿌리처럼 땅속으로 넓게 퍼져나가는 성질 때문에 해안의 모래가 쓸려나가는 것을 막기 위해 많이 심는다.

[****] 프랑스어로 '바다 호밀'이라는 뜻.

전 세계에 널리 분포한다고 알려져 있다. 헤브리디스제도에서는 그것으로 짐 싣는 안장과 가방, 모자용 매트를 만든다. 매사추세츠주의 도체스터에서는 개풀로 종이를 만들었다. 연한 개풀은 소의 여물로도 쓰인다. 개풀에는 호밀처럼 길이 15~30센티미터의 이삭들이 달려 있다. 그리고 그것은 뿌리와 씨앗으로 번식한다. 일부 식물학자들은 모래를 좋아한다는 뜻으로 개풀의 학명을 프사마 아레나리아Psamma Arenaria라고 붙였다. 프사마는 그리스어로 '모래', 아레나리아는 라틴어로 '모래로 뒤덮인'이라는 뜻이다. 바람이 세차게 불면 개풀은 단단하고 질긴 뿌리로 강풍을 견뎌내면서 마치 컴퍼스로 그린 것처럼 동그란 원을 모래사장에 무수히 그려낸다.

그것은 머릿속으로 그릴 수 있는 가장 을씨년스러운 풍경이었다. 그때 모래사장에서 우리가 본 유일한 동물은 거미였다. 거미는 눈이 쌓인 곳이든, 빙하가 녹은 물가든, 모래사장이든 거의 모든 곳에서 볼 수 있다. 원한에 사무친, 길쭉하고 인색해 보이며 다리가 많이 달린 다족류.● 우리는 부드럽게 흘러내리는 모래 속에서 돌우물의 모서리만큼이나 테두리가 단단한 거미 구멍을 발견하고는 깜짝 놀랐다.

6월의 이 모래사장에는 거북이 밤중에 물 밖으로 나와 바다와 습지 사이를 오가며 남긴 크고 작은 발자국들이 찍혀 있었다. 이 사막지대의 가장자리에 '농장'을 하나 갖고 있고 프로빈스타운에서 일어난 일들에 대해 잘 아는 필부의 말로는, 지난봄 어떤 사람이

● 엄밀히 말해서 거미는 벌레나 곤충이 아닌 절지동물이며 다족류가 아니라 거미류에 속한다.

거기서 악어거북을 스물다섯 마리 잡았다고 했다. 그는 그 거북을 잡을 때 고등어 낚싯바늘에 두꺼비를 끼워서 연못에 던져놓고 낚싯줄을 해안에 있는 그루터기나 말뚝에 묶어둔다고 했다. 거북은 낚싯바늘에 걸리면 낚싯줄을 따라 기어서 그루터기까지 올라가기 마련인데, 그러다가 낚싯줄을 묶어놓은 사람에게 발견되었다. 그는 또 밍크와 사향쥐, 여우, 너구리, 들쥐도 거기서 잡히지만, 다람쥐는 한 마리도 잡힌 적이 없다고 했다. 술통처럼 커다란 바다거북이 그 해변과 이스트하버의 습지에서 발견되고 있다는 소문도 들렸다. 하지만 그것들이 본디 거기 살던 토종인지, 아니면 지나가는 배에서 흘러나왔는지는 확인되지 않았다. 어쩌면 그것들은 갯가에 사는 자라•나 담수 자라••인지도 모른다. 따라서 그 자라들은 미국의 가장 북쪽에서 발견되는 것들일 수도 있다. 트루로에서 나는 마른 모래벌판 위를 풀쩍 뛰어넘는, 모래 빛깔에 걸맞은 옅은 색의 커다란 두꺼비들을 가는 곳마다 자주 발견하고는 깜짝 놀랐다. 완전히 모래로 뒤덮인 이곳 해변에서는 길을 가다 뱀을 만나는 것도 흔한 일이다. 또 이 지역처럼 모기가 많아 고생한 곳도 처음이었다. 이맘때면 개풀들로 둘러싸인 모래밭 가장자리 밑으로 살짝 꺼진 곳에서는 딸기가 풍성하게 자랐다. 그리고 지역 주민들이 조시 페어 Josh-pear(이 말을 듣고 '즙이 많은juicy 배'라고 생각하는 사람도 있지 않을까?)라고 부르는 채진목(학명: 아멜랑키에르Amelanchier) 열매도 언덕에 매우

• 미국 동부와 남부 해안, 버뮤다 등지에 사는 다이아몬드백 자라를 말한다.
•• 북아메리카 중부와 남부에 서식하며 스무드 소프트쉘 터틀Smooth softshell turtle이라고도 부른다.

많이 났다. 도중에 만난 어떤 사람이 친절하게도 딸기가 가장 많이 나는 곳으로 안내해주었다. 내가 외지인인 것을 몰랐다면 그는 나에게 그곳을 보여주지 않았을 것이고, 이듬해에도 내가 또 자기를 만날 수 있을지는 알 수 없다고 했다. 그가 그렇게까지 말하는데, 그의 체면을 생각해서라도 이곳에 처음 왔다고 말해야 할 것 같았다.● 우리가 한 연못에 도착했을 때, 그는 원주민으로서 주인 노릇을 하겠다며 신바드가 그랬던 것처럼 나를 업어서 건네주었다. 은혜를 입었으면 갚아야 하는 법. 만일 그가 우리 동네에 오면 나 또한 그를 위해 많은 것을 해줄 생각이다.

어떤 곳에서는 거칠 것 없이 시원하게 펼쳐진 사막지대를 가리며 앞으로 뻗어나간 나무 꼭대기의 수많은 죽은 가지들을 보았다. 나중에 알았지만, 30~40년 전만 해도 그곳에는 울창한 숲이 자리해 있었다. 해가 갈수록 나무들이 말라죽으면서 주민들은 장작을 얻기 위해 나무 꼭대기를 잘라갔다.

그날 우리는 시내 밖에서 아무도 보지 못했다. 앞서 대서양 쪽을 걸을 때 겪은 것처럼 한겨울 같은 매우 추운 날씨였다. 그런 추운 날 웬만하면 밖에 나올 엄두를 내지 못하는 것은 당연하다. 그리고 무언가가 이 사막지대를 가로질러갔음을 나타내는 어떤 흔적도 발견하지 못했다. 하지만 이런 혹독한 추위에도 조난한 배들을 찾아 밤낮으로 대서양 쪽 해변에 나와 있는 사람들이 있다는 이야기를 들었다. 그러다가 배에 실린 화물을 부두로 나르는 일과 같은

● 사실은 1849년에 처음 이곳에 왔고, 이때(1850년)는 두번째로 온 것이다.

일자리를 얻기도 하고, 조난한 사람들을 구조하기도 했다. 그러나 대체로 이런 모래사장에 현지 주민들이 찾아오는 경우는 거의 없다. 30년간 프로빈스타운에 살았다는 한 사람은 자기는 그런 날씨에 북쪽으로 간 적이 없다고 했다. 눈보라가 휘몰아치는 날에는 원주민들도 프로빈스타운 뒤편에서 길을 잃어 죽을 뻔하는 일이 많기 때문이다.

그 바람은 흔히 우리가 사막과 연관 지어 떠올리는 열풍이나 모래 폭풍이 아니라, 뉴잉글랜드 지역의 북동풍이었다. 모래언덕 아래에서 그런 바람을 피할 곳을 찾는 것은 부질없는 일이었다. 그 바람은 모래언덕 주변으로 모든 것을 날리며 둥글게 회오리치기 때문에, 우리가 어디에 숨어 있든 반드시 찾아낸다. 이따금 우리는 모래밭에 있는 작은 웅덩이 옆에서 물을 마시고 누웠다. 아마도 큰 연못이나 늪이었다가 물이 대부분 마르면서 작은 웅덩이가 된 것으로, 깨끗한 담수가 가득차 있었다. 공중에는 흙먼지가 눈처럼 휘날렸고, 매섭게 몰아치는 모래바람이 얼굴을 따갑게 때렸다. 날씨가 더 건조해지고 매서운 바람이 계속 몰아칠 경우 무슨 일이 벌어질지는 안 봐도 알 수 있을 것 같았다. 모래들이 파헤쳐져 공중으로 날리며 모래톱이 이동하는 상황이 오면, 아홉 가닥이 아니라 수없이 많은 가닥이 달린 채찍으로 매질을 당하는 것처럼 모래알 하나하나가 온몸을 아프게 찌른다. 웰플릿의 목사였던 휘트먼 씨Mr. Whitman는 내륙에 사는 친구들에게 보내는 편지에 모래가 바람에 휘날려 교회 창문을 때리며 생채기를 내는 바람에 일주일에 한 번씩 창유리를 갈아주어야 밖을 내다볼 수 있다고 쓰곤 했다.

관목숲 언저리에 있는 모래사장은 숲을 완전히 뒤덮을 듯이 압도하는 모습인데, 숲이 자리잡은 지표면보다 1~2미터 높이 불쑥 솟아오른 기슭에서 끝난다. 그 경계선 위에 있는 숲의 바깥쪽 나무들은 부분적으로 파묻힌 듯한 형상이었다. 잉글랜드에서 '듄스 Dunes' 또는 '다운스Downs'라고 부르는 이리저리 옮겨다니는 모래언덕이 이곳의 모래언덕들과 비슷한데, 그것들은 바다에서 해안으로 밀려올라오거나 애당초 육지에서 바람에 날려온 모래들이 쌓여서 형성되었다가 나중에 내륙 깊숙이 이동한다. 여기서 움직이는 모래언덕은 파도와 바람에 밀려올라간 모래로, 바다에서 시내 쪽으로 서서히 흘러 이동한다. 사람들은 북동풍이 가장 강하다고 말하지만, 모래언덕의 이동은 대체로 북서풍이 불 때 일어난다. 왜냐하면 북서풍이 불 때 가장 건조하기 때문이다. 과거 비스케이만 연안에 있던 많은 마을이 이런 식으로 파괴되었다. 일부 능선에서 우리가 본 개풀들은 수년 전 정부가 프로빈스타운 항만과 케이프코드의 끄트머리를 보호하기 위해 일부러 심은 것이다. 나는 그 식목 작업에 고용되었던 몇몇 사람과 이야기를 나누었다. 앞서 언급한 『반스터블 카운티 동부 해안 설명서』에 이와 관련된 이야기가 나오는데, 그것은 다음과 같다. "봄에서 여름까지 개풀은 약 75센티미터 높이로 자란다. 개풀이 자라난 능선이 황량한 해변에 둘러싸여 있을 경우, 가을과 겨울에 몰아치는 폭풍은 그 능선의 사방으로 모래를 쌓아올린다. 그러면 개풀은 거의 머리 꼭대기까지 모래를 뒤집어쓰게 된다. 봄이 오면 개풀의 새싹이 나기 시작하고, 겨울이 되면 다시 모래로 뒤덮인다. 따라서 해안가 언덕이나 능선은 그것을 지탱

나무 위로 모래를 뒤덮으며 옮겨다니는 모래언덕

하는 지반이 단단히 버티는 한 모래가 계속 쌓이고, 또 그 바깥쪽을 둘러싼 모래들이 개풀로 뒤덮여 휘몰아치는 바람에도 더이상 날리지 않을 때까지 계속 높아지기 마련이다." 이런 식으로 형성된 모래언덕은 높이가 약 30미터까지 치솟을 때도 있는데, 바람에 날려 쌓인 눈이나 아랍인의 천막처럼 온갖 다양한 모습을 보여주며 끊임없이 이동한다. 개풀은 매우 단단하게 뿌리를 내린다. 내가 그 풀을 힘껏 잡아당겨 뽑으니 대개 지면에서 25~30센티미터 아래, 즉 지난해에 지표면이었던 곳에서 끊어졌다. 거기서 새로운 줄기들이 여러 갈래로 자라나면서 단단하고 둥근 싹이 일직선으로 돋아났는데, 그 길이를 보면 지난 한 해 동안 얼마나 많은 모래가 쌓였는지를 대강 가늠할 수 있었다. 가끔은 개풀을 잡아당길 때 모래

속에 더 깊이 묻혀 있던 죽은 뿌리 토막이 심하게 썩어 말라비틀어진 싹들이 여전히 붙은 채 함께 뽑혀나오기도 했다. 모래언덕이 얼마나 오랫동안 어느 정도 쌓였는지가 이런 식으로 정확히 기록되곤 한다.

16세기 영국의 약초학자 존 제라드John Gerard는 1250쪽•에서 이렇게 말했다. "스토••의 연대기에는 1555년에 특정한 콩 종류 또는 완두콩이라고 일컫던 것에 대한 언급이 나온다. 당시 극심한 굶주림에 시달리던 영국의 빈민들에게 그것은 엄청나게 고마운 식물이었다. 따라서 그는 그것에 경의를 표한다. (그가 말하기를) 8월에 서퍽••• 바닷가의 단단한 암석과 조약돌로 뒤덮인 장소, 오퍼드Orford와 앨드버러Aldborough 마을 사이, 지역민들이 선반 모양의 암붕岩棚이라고 부르는 지대에서는 풀 한 포기, 흙 한 줌도 찾아볼 수 없었다. 그런데 일부러 땅을 갈거나 씨를 뿌리지 않았음에도 이 척박한 곳에 갑자기 완두콩이 싹트기 시작해 지천에 널리게 되었다. 가난한 사람들이 그것들을 (어림잡아) 11킬로그램 넘게 수확했음에도, 무르익거나 꽃이 핀 완두콩들이 거둬들인 만큼 남아 있었다. 노리치의 주교와 윌러비 경이 말에 올라타 여러 사람을 이끌고 그곳에 갔을 때는 이 완두콩의 뿌리와 그 아래 약 2.7미터에 걸쳐 자리한 단단한 바윗돌밖에 발견하지 못했다. 그 뿌리는 크고 길며 매

• 제라드가 1597년에 펴낸 『약초식물의 일반 역사Herball or Generall Historie of Plantes』.
•• 존 스토John Stowe, 16세기 영국의 역사학자이자 골동품 연구가. 영국 역사와 관련한 일련의 연대기들을 저술, 발간했다.
••• 잉글랜드 남동부에 있는 소도시로 동쪽으로 북해와 면해 있다.

우 달콤했다." 또한 그는 게스너●가 카이우스 박사●●로부터 들은 이야기를 우리에게 전한다. 그는 거기에 수천 명에게 충분히 공급하고도 남을 정도로 완두콩이 많이 자라고 있었다고 했다. 그리고 "그것들이 수년 전부터 그곳에서 자라고 있었다는 데는 의심의 여지가 없다. 하지만 그들이 기근에 시달려 그것을 눈여겨보기 전까지, 특히 이런 자연환경에서 먹을 것을 찾는 데 매우 둔감한 대다수 현지 주민들이 식량 문제에 신속히 대처하기 전까지는 아무도 그것을 주시하지 않았다. 존경해 마지않는 친구 아전트 박사●●●가 내게 말하기를, 수년 전 자기가 여기에 왔을 때 하인에게 해변에서 자라고 있는 것을 손으로 뽑게 했더니 딸려나온 뿌리의 길이가 자기 키만했다고 하면서, 남은 뿌리가 더 있었지만 끝까지 캐낼 수가 없었다고 했다"라고 말한다. 제라드가 직접 본 것이 아니기 때문에, 사실 그것이 정확히 어떤 종류인지는 모른다.

드와이트의 『뉴잉글랜드 여행기』●●●●를 보면, 해마다 4월이면 정부에서 다른 지역에 대해서는 공공도로를 보수하라는 명령을 내리는 반면, 트루로 주민들에게는 개풀을 심으라는 강력한 행정명령을 내린다는 말이 나온다. 그러면 그들은 개풀을 뭉텅이로 파내서 여러 개의 작은 다발로 나누고 약 1미터 간격으로 서로 엇갈리

● 콘래드 게스너Conrad Gesner, 16세기의 독일계 스위스인 박물학자이자 서지학자.
●● 존 카이우스John Caius, 16세기 영국의 내과의사로 다한증을 처음으로 밝혀냈다. 원서에는 'Cajus'라고 적혀 있으나 소로가 잘못 쓴 것으로 보인다.
●●● 존 아전트John Argent, 16세기 영국의 왕립의사회 회장.
●●●● 원제는 『뉴잉글랜드와 뉴욕 여행기Travels in New England and New York』로, 예일대 총장을 지낸 티모시 드와이트Timothy Dwight가 10여 년간 뉴잉글랜드와 뉴욕 일대 2만 9,000킬로미터를 말 또는 마차를 타거나 걸어서 여행하며 미국에서 중요하다고 생각하는 것들을 기록한 책이다. 1821~1822년에 발간되었다.

게 열을 맞춰 심음으로써 바람이 지나가는 길을 막도록 재배치했다. 다시 심은 개풀은 빠르게 널리 퍼졌고, 무르익으면 씨의 무게 때문에 고개를 숙이면서 좌우로 씨가 떨어지고 거기서 다시 개풀이자라났다. 예컨대 현지 주민들은 지난 세기에 바다가 휩쓸고 지나간 트루로와 프로빈스타운 사이의 케이프코드 지역을 이런 식으로다시 복원해냈다. 오늘날 그 근처에는 잔디를 깔아 만든 공공도로가 하나 있다. 모래사장에 바짝 붙어 있는 잔디에는 거꾸로 뒤집힌뿌리들이 가득했다. 그 길의 중앙은 두 배로 넓어져서 양쪽으로 약2미터 거리 모래사장 위로 덤불을 고르게 분산시켰다. 그리고 앞서설명한 것처럼 모래톱에 일정하게 줄을 맞춰 개풀을 심은 뒤 움푹꺼진 곳 가까이에 덤불로 울타리를 쳤다.

약 30년 전 정부는 모래사장이 점점 케이프코드 항만을 침범해들어오는 것에 위협을 느끼기 시작했으며, 그 문제를 해결하는 것이 무엇보다 중요하다고 여겼다. 당시 매사추세츠주 정부는 그 지역을 조사하기 위해 위원들을 선임했다. 1825년 6월 그들이 제출한 보고서에 따르면, "나무와 덤불 들이 잘려나가고 항만 반대편케이프코드 바닷가 쪽 개풀들이 파괴되면서" 원래의 지표면이 파헤쳐지고—지난 14년 동안—항만을 향해 부는 바람이 "폭 800미터, 길이 약 7.2킬로미터"에 이르는 지표면을 날려버렸다. "수년 전만해도 나무와 덤불로 덮여 있었고 케이프코드에서 가장 높은 지대의 일부였던 공간"이 "물결 모양의 기복을 이룬 모래들로 가득한 광활한 불모지"로 바뀐 것이다. 지난 열두 달 동안 바다모래가 "항구쪽으로 약 7킬로미터에 걸쳐 평균 250미터 가까이 밀려왔다!" 모래사장이 확장되는 것을 막는 조치를 취하지 않는다면, 몇 년 안에 항만과 시내가 모두 파괴될 것은 불을 보듯 뻔했다. 따라서 조사위원들은 7킬로미터에 걸친 만곡 지역에 50미터 폭으로 개풀을 식재할 것을 권고했다. 또한 소나 말이나 양을 야외에서 방목하는 것을 막고, 주민들이 덤불의 나무나 풀을 베는 것도 금지했다.

이런 조치들을 시행하기 위해 약 3만 달러가 책정되었지만, 공적 자금의 투입이 늘 그렇듯이 그 돈의 상당 부분이 엉뚱한 데 쓰였다고 불만을 토로하는 사람들이 많다고 한다. 정부가 항만을 보호하기 위해 시가지 뒤편에 개풀을 식재하는 동안 주민들은 택지를 마련하기 위해 손수레로 항만에 모래를 실어나르고 있다고 말하는 사람들도 있다. 특허국은 최근에 네덜란드로부터 이 개풀의 종자를 수입해 전국 해안지역에 뿌렸다. 하지만 이곳은 이미 네덜란드만큼이나 개풀이 많이 자라고 있는지도 모른다.

따라서 케이프코드는 이를테면 개풀의 수많은 작은 닻줄들을 풀어서 하늘에 매달아놓은 모양새라고 할 수 있을 것이다. 만일 그 닻줄이 끊어진다면 케이프코드는 완전히 파괴될 것이고 머지않아 심연으로 가라앉을 것이다. 옛날에는 대개 암소들의 방목이 허용되었다. 그 암소들은 케이프코드를 잡아매놓은 닻줄 가닥들을 게걸스럽게 먹어치웠고, 결국 케이프코드는 거의 표류할 상황이 되었다. 풀로 엮은 밧줄로 묶어 정박해놓은 작은 배가 황소가 그 밧줄을 먹는 바람에 떠내려가듯이 말이다. 그러나 이제는 소를 방목하는 것이 허용되지 않는다.

과세대상 부동산이 상당히 많은 트루로의 일부 지역이 최근 프로빈스타운으로 편입되었다. 어느 트루로 주민의 말에 따르면, 지역민들이 그 옆의 땅도 프로빈스타운에 떼어주라고 의회에 청원하는 문제를 논의하고 있다고 했다. 프로빈스타운이 트루로의 살코기만 챙겨가지 말고 비계도 가져가라는 의미로, 프로빈스타운에 편입된 지역을 통과하는 도로에 대한 관리도 당연히 프로빈스타운이 떠맡아야 한다는 주장이었다. 그 문제는 말 그대로 케이프코드 지역 전체 차원에서 보아야 하는데, 늘 그렇듯 그런 일은 아직도 일어나지 않았다. 프로빈스타운이 그 선물을 강력하게 거부하고 있기 때문이다.

북동풍이 매우 강하게 몰아쳤다. 여느 때와 마찬가지로 매우 차가운 바람이었다. 우리는 대서양 변에서 아침 내내 귀에 쟁쟁하게 울리던, 해안을 향해 거세게 밀려오는 파도를 보러 가기로 했다. 사막지대를 통과해 동쪽으로 계속 걸어가 마침내 프로빈스타운의 북동쪽 해안을 다시 만났다. 귀청을 찢을 듯 날카로운 소리를 내며 살을 에는 차가운 강풍 앞에 온몸이 그대로 드러났다. 그곳에는 강력하게 밀려오던 파도가 부서지는 드넓은 모래톱들이 있었다. 해안에서 800미터가량 떨어진 곳에는 거세게 몰아치는 바람과 함께 자기가 한 말도 들리지 않을 정도로 매우 크고 날카로운 소리를 내고 하얀 물거품을 일으키며 육지로 돌진해오는 거대한 파도가 있었다. 이쪽 해안지대에 대해 사람들은 이렇게 말한다. "뱃사람들에게 가장 폭력적이고 치명적인 북동풍은 대개 눈을 동반할 때가 많은데, 이 바람은 육지에 직접 일격을 가하고, 강력한 해류가 해안을 따라 밀려들게 한다. 또한 폭풍이 부는 동안에는 북쪽으로 조업을

대서양 쪽 해변으로 밀려오는 흰 파도

하러 떠나는 배들이 아무리 안간힘을 써도 케이프코드만으로 밀려
나갈 수 있다. 그 경우 배들이 레이스갑을 무사히 빠져나가지 못한
다면 바람 때문에 해안으로 밀려갈 수밖에 없으며, 결국에는 난파
하고 만다. 따라서 좌초한 선박의 파편들이 그곳을 온통 뒤덮기 마
련이다." 그러나 하이랜드 등대가 세워진 뒤로 이 해안지대는 덜 위
험해졌다. 반면 이전에 뱃사람들에게 거의 알려지지 않은 곳이었
던, 그 등대의 남쪽에서는 조난 사고가 더 많아졌다고 한다.

　이곳은 그동안 우리가 보아온 바닷가 중 폭풍이 가장 심하게 몰
아치는 바다였다. 함께 간 친구도 나와 같은 생각이었다. 물소리도
나이아가라폭포보다 훨씬 더 거세고 격렬했다. 그 규모도 훨씬 더
컸지만 말이다. 돌풍이 몰아치는 추운 날이었지만 바다는 맑고 깨

끗했다. 바다에 떠 있는 배 한 척이 눈에 들어왔다. 항구를 찾아 간절하게 애쓰는 모습이었다. 우리가 해안에 도착했을 때는 만조였다. 어떤 곳은 꽤 멀리까지 매우 높은 파도가 치고 있어 그곳과 뱅크 사이를 통과하기가 어려웠다. 거기보다 더 남쪽으로 내려간 지점은 뱅크의 높이가 더 높아서 통과하기가 더욱 위험해 보였다. 케이프 코드의 원주민 한 명이 나에게 말하기를, 몇 년 전 자신이 함께 놀아주었던 세 명의 소년이 난파선을 찾아 웰플릿의 이 해변에 왔는데, 파도가 바다로 물러났을 때 그 난파선이 있는 데까지 뛰어내려 갔다고 했다. 그런데 다시 파도가 밀려오자 모래톱을 향해 달렸지만, 파도가 더 빨리 그들을 따라잡는 바람에 모래톱이 아래로 푹 꺼지면서 그들을 산 채로 묻어버렸다고 했다.

그것은 '살라사 이키에사 thalassa êchêessa', 즉 으르렁대며 울부짖는 파도 그 자체였다.

amphi de t akrai
Êiones booôsin, erenomenês alos exô.

(하늘에서 내리는 비로 채워진 강어귀에
거슬러 부딪쳐 부서지는 거센 파도의 노호하는 소리.)●

그리고 모래톱 꼭대기 주변에 울려퍼지는,
바다가 토해내는 파도 소리.

● 호메로스의 『일리아스』 그리스어 원전 17권 264~265행에 나오는 구절. 트로이 왕자 헥토르가 이끄는 트로이 병사들의 함성 소리를 묘사하고 있다.

서서 이 광경을 지켜보면서 이곳에서 고기를 잡는 일과 연못에서 낚시하는 것은 전혀 다른 일이라는 생각이 점점 굳어갔다. 모든 면을 고려할 때 그랬다. 여기서 화창한 날씨와 잔잔한 바다를 기다리는 사람은 고등어의 등짝이 햇빛에 반짝이는 모습을 전혀 보지 못할 수도 있으며, 매사추세츠 주의회의 나무로 만든 상징물 말고는 대구를 더 가까이서 보지도 못하리라 생각했다.

이럭저럭 해변에 오래 머물다보니 바람 때문에 거의 얼어죽을 것 같았다. 우리는 구호소에서 잠시 바람을 피하기를 마다하지 않았다. 매서운 해풍에 시달린 얼굴을 다시 프로빈스타운과 케이프코드만 쪽으로 돌렸다. 벌써 두 번도 넘게 케이프코드를 돌아본 셈이었다.

1 하늘과 같은 모랫바닥 위로 아치를 그리고 있는 바다를 뜻한다.
2 배를 뜻한다.
3 전투를 뜻한다.

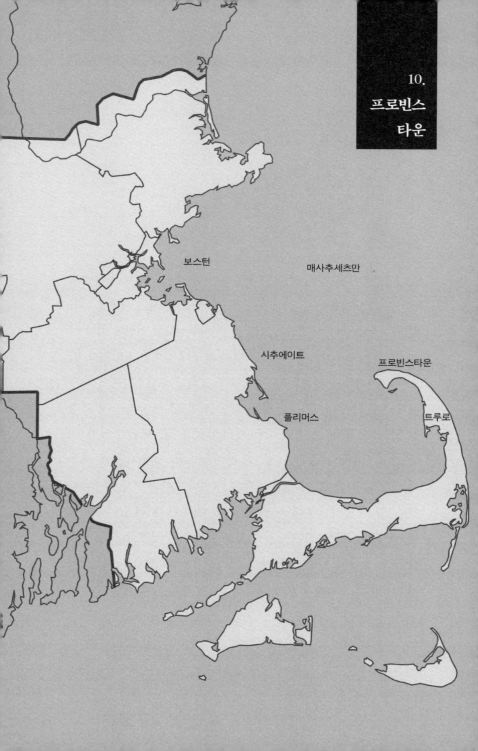

10.
프로빈스
타운

보스턴

매사추세츠만

시추에이트

프로빈스타운

플리머스

트루로

다음 날 아침 일찍, 숙소 근처에 있는 한 생선 가게로 걸어갔다. 서너 명의 남자들이 소금에 절인 대구를 수레에 싣고 햇볕에 널어 말리는 작업을 하고 있었다. 그들 말로는 최근에 한 어선이 여러 어장에서 4만 4,000마리의 대구를 잡아 항구에 들어왔다고 했다. 티모시 드와이트가 전하는 바는 이렇다. 그가 프로빈스타운에 도착하기 직전 "스쿠너 범선 한 척이 그레이트뱅크* 어장에서 약 15만 킬로그램에 해당하는 5만 6,000마리의 물고기를 단번에 잡아 배에 싣고 입항했다. 물결이 잔잔한 날이었는데도 물고기 무게 때문에 귀항 길에 주갑판이 수면 아래로 8.2미터나 빠진 채로 항해해야 했다." 그 생선 가게의 대구는 배의 갑판 아래 1~2미터 깊이의 어창에 쟁여넣고 소금에 절여두었던 것을 장정 서너 명이 소가죽 장화를 신고 올라서서 끝이 뾰족한 쇠꼬챙이로 찍어 밖으로 내동댕이치면 주워서 수레에 담아온 것들이었다. 담배를 씹고 있던 젊은 어

---

* 지금의 그랜드뱅크Grand Banks를 말하는 것으로 보인다.

부 한 명이 그 대구에 반복해서 침을 뱉었다. 어허, 이봐요, 속으로 나이가 좀 든 사람이 그 꼴을 보면 한마디 할 거라고 생각했다. 하지만 잠시 후 나이든 어부도 똑같이 하는 것을 보았다. 문득 스미르나의 무화과가 떠올랐다.● 나는 "이 생선들을 얼마 동안 말리나요?"라고 물었다.

돌아온 대답은 "날씨만 좋으면 이틀이면 충분히 마릅니다요, 선생"이었다.

아침식사를 하기 위해 다시 거리를 가로질러 숙소로 돌아왔다. 주인장은 내가 먹고 싶은 것이 "다진 생선 요리인지 콩 요리인지" 물었다. 나는 콩 요리를 택했다. 물론 콩 요리는 내가 좋아하는 음식이 결코 아니었다. 그 이듬해 여름●● 거기에 다시 갔을 때, 나는 그 두 가지가 여기서 유일하게 선택할 수 있는 음식임을 알았다. 그 숙소의 주인장은 두 마디로 이루어진 위의 문장을 다양하게 바꿔가며 물었다. 지난번 요리에서는 생선의 비중이 매우 높았다. 내륙을 여행할 때 만나는 요리에서 감자의 비중이 높은 것처럼 말이다. 그런데 나는 케이프코드에서 어떤 종류의 생선도 신선하게 맛본 적이 없었다. 선어鮮魚는 농촌과 마찬가지로 이 항구 지역에서도 요리 재료로 많이 쓰이지 않았다. 여기서는 갓 잡은 물고기들을 소금에 절여 말린다. 그런 생선을 맛보는 여행자들은 그 생선들처럼 보존 처리 되는 셈이다. 프로빈스타운에는 도축한 가축의 신선한 고

● 스미르나는 터키 서부에 있는 항구 이즈미르의 옛 이름으로 무화과 산지로 유명한데, 수분이 많아 부패가 쉽기 때문에 말려서 보관해야 한다.
●● 두번째 방문한 1850년 6월.

프로빈스타운 항구

기가 없다. 선술집이나 여인숙에서 조금씩 사용되는 고기는 보스턴에서 증기선에 실어온 것이다.

이곳의 선술집들은 대부분 생선을 말리는 덕장으로 둘러싸여 있었다. 대개 덕장이 아주 가까이 붙어 있어서 현관문까지 가려면 폭이 60~90센티미터밖에 안 되는 좁은 길을 지나야 했다. 창밖을 내다보면 다양한 화초들이 핀 아름다운 정원이 보이는 것이 아니라, 배가 갈린 대구들이 거꾸로 뒤집힌 채 수백 제곱미터에 걸쳐 햇볕에 마르고 있는 모습이 눈에 들어왔다. 무엇이든 말리기 좋은 한여름 화창한 날의 꽃밭과는 전혀 다른 모습의 기이한 정원이 아닐 수 없었다. 언제 설치했는지 모를 정도로 오래된 것부터 최근에 세운 것으로 보이는 것까지 온갖 형태의 덕들이 있었다. 어떤 것들은 심하게 녹슬고 이끼도 많이 끼어서 이곳에서 처음 고기잡이를 한 사람들이 세운 것이 아닐까 싶었다. 또 많은 물고기를 연달아 널어 말리는 바람에 그 무게를 이기지 못하고 부러져버린 것도 있었다. 이맘때 주민들이 주로 하는 일은 아침에 잡은 물고기를 수레에 실어날라 덕장에 널어두었다가 밤이 되면 다시 거둬들이는 일 같았다. 나는 일거리가 없어 아침 댓바람부터 밖에 나와 빈둥거리던 사람이 어쩌다 날씨가 좋아 생선을 최대한 많이 말리고 싶어 하는 이웃집에 품을 파는 경우를 많이 보았다. 이제 소금에 절인 대구가 어디서 잡히는지 알았다. 대구는 배를 드러낸 채 사방에 누워 있었다. 대구의 빗장뼈는 군함에 탄 수병들의 상의 옷깃처럼 툭 불거진 채로 모든 것을 불러들여 가슴에 품고 쉬게 하려는 것처럼 보였다. 몇몇을 빼고는 모두가 그 초대를 받아들인 모습이었다. 문득 소금에 절인 커다란 대구 한 마리로 어린 소년 한 명을 감싼다면 어떤 모습일까 상상해보았다. 전에 본 적이 있는, 병사들이 점호할 때 외투를 걸치고 서 있는 모습과 비슷할 것이다. 부두에 소금에 절인 대구가 쌓여 있었다. 마치 껍질을 벗기지 않은 채 노끈으로 질끈 동여맨 단풍나무나 노란 자작나무 장작더미처럼 보였다. 처음에는 정말 장작더미인 줄 알았다. 장작은 우리의 생명의 불이 꺼지지 않도록 활활 타오르는 땔감이니, 그 대구는 그랜드뱅크 어장에서 자라는 동해 바다의 장작이라고 할 수도 있었다. 일부는 거대한 꽃병 모양으로 쌓여 있었다. 꼬리 부분을 바깥쪽으로 해서 작은 원을 그리며 차곡차곡 쌓여 있었는데, 위쪽으로 갈수록 원이 커지다가 1미터 내외의 높이에 이르면 갑자기 원이 부쩍 작아지면서 원뿔 모양의 지붕을 만들었다. 뉴브런스윅 해안에서는 여기에 자작나무

껍질을 덮고 그 위에 돌을 올려놓는다. 덕분에 비가 내려도 물에 젖지 않고 대구에 간이 배며, 나중에 포장을 해서 수출한다.

이곳에서는 때때로 가을에 암소들에게 대구 머리를 먹인다는 이야기가 있다! 인간의 머리처럼 정교하고 경이로운 구조의 존귀한 대구 머리에는 아주 작은 뇌만 있을 뿐인데, 결국 그렇게 종말을 고한다! 암소에게 아작아작 씹혀서 말이다! 그 생각을 하니 내 해골이 깨지는 것 같은 통증이 느껴졌다. 천상의 신비한 섬에 사는 인간보다 우월한 암소가 인간의 머리를 잘라내어 우적우적 씹어먹는다면 어떻게 될까? 인간의 사고와 본능의 거처라 할 수 있는 고상하고 우아한 당신의 뇌가 반추동물의 입속으로 사라졌다가 되새김질로 부풀려지는 모습을 상상해보라! 그러나 현지의 한 주민은 이곳에선 암소에게 대구 머리를 먹이지 않는다고 단언했다. 다만 암소들이 가끔씩 스스로 먹기는 했을 거라고 했다. 하지만 내가 그곳에 평생을 산다고 해도 암소가 대구 머리를 먹는 모습은 결코 보지 못할 수도 있다. 염분이 부족한 암소가 덕장에 널려 있는 대구의 살을 혀로 핥아먹는 일은 종종 일어났다. 그 주민의 말은 대구와 관련된 소문의 근거로서 충분히 신뢰할 만하다는 생각이 들었다.

아엘리아누스*와 플리니우스**의 글에 나오는 것처럼, 이 나라 저 나라에서 소나 말, 양에게 물고기를 먹인다는 말은 수천 년 동안 로마인과 그리스인 사이에 끊임없이 떠돌았는데, 사실 여행자

---

* 클라우디우스 아엘리아누스Claudius Aelianus, 그리스어에 능통했던 3세기 로마의 역사학자. 『동물의 본성에 관하여』를 저술했다.
** 가이우스 플리니우스 세쿤두스Gaius Plinius Secundus, 1세기의 그리스계 로마인 역사가이자 박물학자. 『박물지』를 저술했다.

들이 꾸며낸 이야기일 가능성이 컸다. 그러나 기원전 326년 인더스강에서 유프라테스강까지 항해했던 알렉산더대왕 때의 장군 네아르쿠스의 항해일지에 따르면, 그가 원정을 끝내고 로마로 돌아가는 길에 만났던 일부 해안지역 주민들을 생선을 먹는 사람들이라는 뜻에서 익시오퍼자이*라고 불렸는데, 그들은 생선을 날로 먹을 뿐 아니라, 말린 것을 고래 등뼈로 절구에 찧어 반죽해서 소에게 여물로 주었다고 한다. 그 해안에는 소가 먹을 풀이 전혀 없었기 때문이다. 근대에 이르러 그 지역을 여행한 많은 사람들, 예컨대 바르보사**, 니부어*** 같은 사람들도 똑같은 기록을 남겼다. 이렇듯 소가 생선을 먹는다는 많은 역사적 근거들을 고려하더라도, 프로빈스타운의 암소와 관련된 소문에 대해서는 아직도 의심이 가시지 않는다. 소 말고 다른 가축과 관련해서 말하자면, 1779년 쿡 선장Captain Cook이 항해 도중 살해되고 그 뒤를 이어 무사히 항해를 끝마친 킹 선장****의 일지에 캄차카반도의 개에 대해 이런 이야기가 나온다. "겨울철 그들의 먹이는 연어 대가리와 내장, 뼈가 전부다. 이곳 사람들은 개 먹이로 주기 위해 그것들을 따로 챙겨서 말린다. 하지만 조금씩밖에 먹이지 못한다."(『쿡의 항해일지Cook's Journal』 7권 315쪽)

---

* Icthyophagi, 고대 지리학자들이 인종과 상관없이 전 세계 해안지역 사람들을 통칭했던 용어로, 여기서는 오늘날 파키스탄의 일부 해안지역 주민을 지칭한다.
** 두아르테 바르보사Duarte Barbosa, 16세기 포르투갈의 탐험가. 『두아르테 바르보사의 책Livro de Duarte Barbosa』(1516)이라는 여행기를 펴냈으며 마젤란과도 친분이 깊었다.
*** 카르스텐 니부어Carsten Niebuhr, 독일의 탐험가. 1761년 덴마크 원정대의 일원으로 중동과 인도 탐사에 참여했다가 유일한 생존자로 귀환했다.
**** 쿡 선장이 마지막 항해에서 하와이 원주민에게 살해될 때 부선장이었던 영국 해군 장교 제임스 킹James King을 가리킨다.

물고기와 관련해 플리니우스가 언급한 바에 따르면, "알렉산더 대왕 원정대 선단의 지휘관들은 아라비스강●의 강둑에 사는 게드로시아 지역●● 사람들이 예로부터 물고기 턱뼈로 집의 문을 만들고 생선뼈로 지붕의 서까래를 얹는다고 했다." 스트라보●●●도 해안 지역에 사는 사람들을 지칭하는 익시오퍼자이에 대해 똑같은 말을 했다. "아르두앵●●●●은 자기 시대에도 바스크 지역●●●●●에 고래 갈비뼈로 정원의 울타리를 세우는 풍습이 있었다고 전한다. 가끔은 길이가 6미터가 넘는 울타리를 세울 때도 있었다고 한다. 또 퀴비에●●●●●●는 오늘날 노르웨이에서는 고래의 턱뼈가 건축물의 기둥이나 지주로 쓰인다고 말한다." (헨리 조지 본Henry George Bohn이 편집한 플리니우스의 『박물지』 2권 361쪽) 헤로도토스는 트라키아●●●●●●●의 프라시아스 호수에 사는 주민들이 "짐을 나르는 말 같은 짐승들에게 물고기를 사료로 준다"라고 전한다.

확실히 프로빈스타운은 번창하는 소도시로 불리기에 충분했다. 일부 주민들은 나에게 자기네가 대체로 잘사는 것처럼 보이지 않느냐고 물었다. 나는 그런 것 같다고 대꾸하고는, 이곳의 빈민구호소

● 오늘날의 파키스탄 남서부 발루치스탄주 라스벨라에 있는 후브강.
●● 현재의 파키스탄 발루치스탄 지역.
●●● Strabo, 그리스의 지리학자이자 철학자. 역사가. 로마공화국이 로마제국으로 이행하던 시기에 소아시아(지금의 터키)에서 태어났다. 열일곱 권짜리의 방대한 역사책 『지리지 Geographia』를 남겼다.
●●●● 장 아르두앵Jean Hardouin, 17~18세기 프랑스의 고전학자. 플리니우스의 저작을 편집, 출간했다.
●●●●● 스페인 북부와 프랑스 남서부 지방.
●●●●●● 조르주 퀴비에Georges Cuvier, 18~19세기 프랑스의 박물학자이자 동물학자. 척추동물, 고생물학 연구의 원조로 알려져 있다.
●●●●●●● 발칸반도 동부 일대로 그리스령과 터키령으로 나뉜다.

에는 얼마나 많은 사람이 있냐고 되물었다. 그들은 "음, 병약하거나 좀 모자란 사람 한두 명밖에 없어요"라고 대답했다. 시내의 주택과 상점들은 외양이 초라하고 형편없어 보였지만, 실내로 들어가면 편안하고 심지어 풍요로운 모습이었다. 어쩌면 안식일 아침에 교회에서 예배를 드리고 나온, 우아하게 차려입은 한 여인이 모래언덕 사이를 힘겹게 헤치며 걸어가는 모습을 볼 수 있을지도 모른다. 그 지역에는 그녀가 들어갈 만한 집이 하나도 없어 보이지만, 막상 그녀의 집에 들어가보면 실내장식이 그녀가 입은 옷과 너무도 잘 어울린다는 것을 알 수 있을 것이다. 하지만 그때까지만 해도 나는 그곳 주민들의 집 안 풍경에 대해 전혀 알지 못했다. 거리에서 만나는 사람들과 간단한 인사를 나누기는 했지만 얼마 가지 않아 그들의 지적 수준과 거칠고 투박한 모습에 실망했다. 다시 만나고 싶지 않은 기인들이라 할 만했다. 그렇기는 했지만, 이듬해 여름 한 주민의 특별한 초대에 응해 그의 집을 방문해보기로 했다. 그날은 안식일 저녁이었는데, 나를 초대한 집주인이 내가 집을 잘 찾아오도록 밖으로 나와 출입구 앞에 앉아 있었다. 그런데 그가 늘 손님들을 환대한다고 들었음에도, 현관 입구에 거대한 거미줄이 둥그렇게 쳐져 있었다. 그 풍경이 하도 불길해 보여서 꺼림칙한 마음에 옆으로 돌아서 뒷문으로 들어갔다.

어느 월요일 아침에는 육지와 바다 모두 아주 포근하고 날씨가 바람 한 점 없이 잔잔했다. 케이프코드만을 가로지르기 좋은 조건이었다. 하지만 어부들은 그런 날씨가 대구를 말리는 데는 전날의 춥고 바람이 거센 날씨만큼이나 좋지 않다고 걱정했다. 전날과 극명하게 대조를 이루는 날씨였다. 늦은 아침까지도 마을 뒤 모래사장의 샘들이 지난밤에 언 살얼음으로 덮여 있었지만, 이날은 인디언 서머•가 시작되는 첫날이었다. 그렇게 바람이 살랑거리고 햇살이 비치는 날 내가 가장 하고 싶어하는 일은 옷을 훌훌 벗어던진 채로 있는 것이다. 하지만 그동안 세찬 비바람을 맞으며 걷느라 얼고 눅눅해진 내 몸을 완전히 말리려면 건조한 날씨가 이틀 이상은 이어져야 했다. 우리는 샌크페인터 습지 인근의 언덕들 사이를 천천히 거닐며 잠시 메모를 끄적거린 뒤 시내가 내려다보이는, 그 일대에서 가장 높은 모래언덕 위에 자리를 잡았다. 몇몇 소년들이 두 개의 작은 모래 둔덕 사이에 널빤지를 길게 걸쳐놓고 그 위에서 연을 띄우려고 애쓰고 있었지만 잘되지 않았다. 그때부터 오후로 넘어가기 전까지 나머지 시간을 거기에 머물면서 고즈넉한 항구의 풍경을 바라보고, 그날 웰플릿을 출발한 첫번째 증기선이 해상에 등장하는 광경을 지켜보았다. 롱갑에서 뱃고동 소리••가 들릴 때쯤이면 어쩌면 우리는 승선 준비를 하고 있을지도 몰랐다.

그곳 소년들에게 유용한 정보를 많이 얻었다. 프로빈스타운의 소년들은 모두 타고난 뱃사람이기 때문에 당연히 뱃사람의 눈매를 가지고 있다. 지난해 여름••• 어느 일요일 아침 프로빈스타운 항구에서 11~13킬로미터 떨어진 하이랜드 등대에 있을 때, 나는 보스턴에서 출발하는 유명한 유람선 올라타호가 프로빈스타운 항구에

• 가을에 한동안 비가 오지 않고 포근한 날씨가 이어지는 기간.
•• 웰플릿을 떠나 프로빈스타운 항구로 오는 증기선에서 올리는.
••• 두번째 여행 때인 1850년 6월.

도착했는지 궁금했다. 그 배를 타고 집으로 돌아갈 수 있는지 알고 싶었기 때문이다. 그때 식탁에 함께 앉아 있던 열 살쯤 된 프로빈스타운 출신 소년이 그 유람선이 도착했다고 말했다. 그 사실을 어떻게 알았는지 묻자, 그 소년은 "방금 그 배가 들어오는 것을 봤어요"라고 말했다. 그렇게 먼 거리에 있는 배를 알아본 것에 대해 내가 깜짝 놀란 표정을 짓자, 소년은 중간 돛이 두 개인 스쿠너 범선이 이 주변 해상에 그리 자주 나타나지는 않지만, 그래도 자기는 그 배를 알아볼 수 있다고 말했다. 팔프리는 반스터블에서 한 연설에서 "오리도 반스터블 출신 소년보다 더 뛰어난 본능적 감각으로 물속에 뛰어들지 못합니다. (케이프코드 출신 소년으로 바꿔 말해도 무방할 것이다.) 그 소년은 아기 때 줄을 잡고 걸음마를 배우던 손으로 이제 돛대의 밧줄을 잡습니다. 그것은 마침내 소년이 엄마 무릎을 벗어나 돛대 꼭대기로 기어올라가 노는 나이가 되었음을 뜻합니다. 그는 본능적으로 나침반의 방위를 차례로 맞춰봅니다. 연을 날릴 때쯤이면 소년은 때에 따라 돛을 접거나 감거나 묶을 줄 알며, 키를 잡고 배를 운전할 줄 압니다"라고 말했다.

그날은 사람들이 바다와 육지가 모두 굽어보이는 언덕 위에 자리잡고 조용히 사색에 잠기고 싶어할 만한 날이었다. 고등어잡이 선단의 스쿠너 범선들은 아침에 둥지에서 날아올라 먼 들판으로 흩어지는 새들처럼 차례로 빠르게 항구를 출발해 케이프코드를 둥글게 둘러싸고 있었다. 거북등과 같은 낮은 지붕의 염전 해주海宙●

● 염판의 소금물이 증발하는 과정 중 비가 내릴 경우에 대비해 함수(농축된 소금물)를 저장해놓는 공간.

들이 시내 바로 뒤편 언덕들 구석구석에 붙어 있었다. 그리고 바람이 불지 않아 멈춰 선 풍차들이 해안을 따라 줄지어 서 있었다. 인간의 삶에 없어서는 안 될 소금이 자연의 어떤 투박하고 단순한 화학작용을 통해 얻어지는지를 아는 것은 충분한 가치가 있었다. 숙련된 염부 한 사람과 그를 거들어 온갖 허드렛일을 하는 도제 한 명이 뜨거운 태양 아래에서 거대한 염전 하나를 일구고 있었다. 그 일은 햇볕이 가장 강렬하게 내리쬘 때 해야 하기 때문에 열대 지방의 노동과 같다. 소금을 채취하는 일은 어느 면에서 보면 금이나 다이아몬드를 선광하는 작업과 어느 정도 닮은 점이 있지만, 사실 그것보다 더 흥미진진하다. 자연은 인간의 삶에 필수적인 것들을 생산할 때 언제라도 인간을 도와줄 준비가 되어 있다. 전에 보스턴 앞바다의 헐에서 본 잿물 만드는 과정이 그랬다. 거기서 사람들은 다시마의 일종인 켈프 줄기를 불에 태워서 그 재를 물에 끓였다. 정말이지 화학은 풋내기 아일랜드인[•] 연구자 몇 명이 실험실에 모여서 별로 중요하지 않은 것들을 시시콜콜 따지기나 하는 쓸데없는 연구가 아니다. 이곳은 모래언덕으로부터 햇빛이 반사되고 민물이 항구 쪽으로 조금도 흘러들지 않는 지형적 특성 덕분에 동일 면적당 소금 생산량이 그 어느 지역보다 많다고 한다. 사람들은 대기를 맑게 하고 빨리 소금꽃을 피워 양질의 소금을 생산하기 위해서는 비가 조금 내리는 것이 좋다고 생각한다. 한여름 더위 때 비가 많이 내리면 습도가 높아져 페인트칠이 마르지 않는 것처

[•] 근대 화학의 아버지로 불리는 로버트 보일Robert Boyle이 아일랜드 출신인 것에 빗대어 아일랜드인을 실험실의 화학자로 은유한 듯하다.

럼 수분이 증발하지 않기 때문이다. 그러나 이제 그들도 케이프코드의 모든 지역과 마찬가지로 염전들을 정리해 헐값에 팔아넘기고 있었다.

그 높은 곳에서는 가옥의 지붕들이 바람에 날아간 것처럼 현지 주민들의 움직임을 거의 완벽하게 내려다볼 수 있었다. 그들은 소금에 절인 대구를 집 주변을 둘러싼 덕장의 고리버들 선반 위에 얹느라 바삐 움직였다. 그때 비로소 우리는 그들의 집 뒷마당도 앞마당과 마찬가지로 대구를 말리기 위해 개조되었음을 알았다. 한 집의 작업이 끝나면, 그 자리에서 다음 집 작업이 시작되었다. 집집마다 마당에 작은 건물이 있었는데, 사람들은 소금에 절인 대구를 보배처럼 소중히 수레에 싣고 그 안으로 들어가 덕장의 선반 위에 가지런히 얹었다. 우리는 대구를 널어 말리는 데도 요령뿐 아니라 정교한 기술이 필요하며 분업이 효율적이라는 것을 알았다. 한 남자는 이웃집 암소가 목을 쭉 빼서 울타리 너머에 닿지 못하게 하려고 대구를 암소의 코에서 10여 센티미터 떨어진 곳에 널고 있었다. 그 일은 옷을 말리는 것과 마찬가지로 가사노동의 일종처럼 보였다. 실제로 일부 지역에서는 여성들이 그 일을 하기도 한다.

나는 케이프코드의 여러 곳에서 옷을 말리기 위해 설치한 덕들을 눈여겨보았다. 그들은 마당에 잔가지들을 펼쳐놓고 모래가 날아오는 것을 막기 위해 둘레에 울타리를 친 다음, 그 위에 옷가지를 펼쳐놓았다. 이것이 바로 젖은 옷을 말리는 케이프코드의 마당 풍경이다.

이곳에서 모래는 커다란 적이다. 일부 모래언덕의 꼭대기는 울타리로 둘러싸여 있고, 아무도 울타리 너머 해안으로 들어가면 안 된다는 팻말이 세워져 있었다. 사람들이 모래톱을 밟아서 건드리면 모래가 흩날리거나 흘러내릴 위험이 있기 때문이었다. 주민들이 생선을 말리기 위한 덕이나 콩 넝쿨 버팀대, 완두콩 지지대 같은 것을 만들기 위해 마을 뒤편에서 나무를 베려면 관청의 허가를 받아야만 했다. 하지만 동네 안에서 나무를 옮겨 심는 것은 허가를 받지 않아도 되었다. 모래는 눈처럼 떠다니기 때문에, 집 둘레에 담장을 쳐놓아도 아래층이 모래에 파묻히기도 한다. 그래서 예전에는 말뚝 위에 집을 지었다. 모래가 그 밑으로 지나가도록 말이다. 아직도 이곳에서는 말뚝 위에 지은 옛날 집들을 간혹 볼 수 있었다. 하지만 지금은 그것들을 판자로 막아놓았고 신세대 이웃들이 주변을 둘러싸고 있다. 우리가 앉은 언덕 바로 아래에는 작은 학교 건물이 하나 있었는데, 책상 높이까지 모래가 쌓여 있었다. 물론 건물 안에 선생님과 학생들은 없었다. 아마도 그들은 경솔하게도 창문을 열어둔 채 건물을 빠져나왔거나 깨진 판유리를 수리하는 것을 잊었는지도 모른다. 그러나 한 곳에 '고운 모래 팝니다'라는 광고 문구가 쓰여 있었다. 내 눈을 믿을 수 없었다. 아마도 그 거리의 일부는 모래 체로 걸러져 있었는지도 모른다. 이것은 우리가 케이프코드의 대서양 쪽 지역 전체에 경제적 가치를 부여할 때 틀림없이 적용했을 그 규칙에 따라, 인간이 세상에서 가장 쓸모없는 것을 자신에게 끌어들여 가치를 부여한다는 사실을 보여주는 좋은 사례다. 하지만 나는 그들이 '기름진 토양'이 있다고 광고하거나 '잔모래 없음' 또는 아, 그렇다! '이곳은 신발에 모래가 들어가지 않음'이라고 광고

할 수 있었다면 사람들의 마음을 훨씬 더 사로잡았을 거라고 생각했다. 시내를 내려다보고 있을 때 시야에 한 남자가 들어왔는데, 설피 같은 신발을 신고 비틀대며 앞으로 나아가는 것으로 보아 아마도 데크길의 끄트머리 너머에 살지 싶었다. 하지만 내가 착각했는지도 모른다. 프로빈스타운을 배경으로 그린 어떤 그림에는 주민들의 신체 중 발목 아래가 그려져 있지 않다. 그 부분이 모래에 파묻혀 있었을 거라고 추정하기에 충분하다. 그럼에도 프로빈스타운의 원주민들은 자신들은 모래밭에 발이 빠지지 않고 신발에 모래가 들어가지 않게 걷는 법을 알기 때문에 슬리퍼를 신고도 아무 문제 없이 길 한가운데를 걸어다닐 수 있다고 장담했다. 한 남자는 밤중에 자기 신발에 모래 알갱이가 몇 개 들어 있는 것을 발견한다면 깜짝 놀랄 거라고 했다. 더 나아가 이곳의 젊은 여성들은 발걸음을 옮길 때마다 신발에서 모래를 털어내는 비상한 재주가 있는데, 외지인들이 그것을 배우려면 오랜 시간이 걸릴 거라고 잘라 말했다. 역마차 바퀴의 테는 너비가 13센티미터쯤 된다. 그런데 케이프코드에서 짐마차 바퀴의 테는 대개 그것보다 2.5~5센티미터 더 넓다. 모래 때문에 다른 곳에 비해 바퀴가 그만큼 더 밑으로 빠지기 때문이다. 실제로 바퀴가 지표면 아래로 빠지지 않게 하려고 바퀴에 폭이 약 15센티미터인 테를 단 작은 짐마차를 보기도 했다. 바퀴 테의 폭이 넓을수록 마차를 끄는 말들은 힘이 덜 들기 마련이다. 그러나 우리는 프로빈스타운에 머문 이틀 밤낮에 걸쳐 말 한 마리가 끄는 마차밖에 보지 못했다. 그 마차들은 관을 하나씩 실어나르고 있었는데, 평소에는 그런 일을 하지 않았다. 이듬해 여름에는 이

륜마차만 보았는데, 증기선을 타러 항구까지 약 150미터를 그 마차를 타고 갔다. 그러나 우리는 1791년 이곳에 말 두 마리와 멍에를 씌운 황소 두 쌍이 있었다는 내용을 읽은 적이 있다. 바버의 사료집•을 보면 이런 내용이 나온다. "이곳에서는 마차가 지역사회의 젊은 세대에게는 신기한 것으로 보일 정도로 눈에 잘 안 띈다. 육지 여행보다 항해에 관해 훨씬 더 잘 아는 한 친구는 거리에서 짐마차를 몰고 가는 사람을 보고, 그가 방향타의 도움 없이도 마차를 똑바로 몰고 간다며 놀라움을 금치 못했다." 소달구지의 덜커덕거리는 소리도 들리지 않았다. 하지만 소달구지가 있었다 해도, 덜커덕거리는 소리는 들리지 않았을 것이다. 저녁에 사람이 탄 말들이 숙소 앞을 지나갈 때도 미술가가 종이에 모래를 뿌리고 문지를•• 때 나는 것 같은 바스락 소리와 함께 모래먼지만 날릴 뿐, 말굽 소리는 전혀 들리지 않았다. 이제 그곳에 말과 마차가 더 많이 있다는 것은 의심할 여지가 없다. 케이프코드에서 썰매는 전혀 본 적이 없지만, 있다고 해도 매우 희귀한 물건일 것이다. 눈이 와도 금방 모래 속으로 스며들거나 해류에 쓸려가버리기 때문이다.

그럼에도 불구하고, 케이프코드 주민들은 대개 그들의 '토양'에 대해 불평하기보다는 오히려 그 덕분에 생선을 잘 말릴 수 있다고 말할 것이다.

그렇게 온통 모래땅임에도 불구하고, 그 거리에는 거의 같은 크

• 미국의 판화가이자 역사가인 존 워너 바버John Warner Barber가 1839년에 발간한 『매사추세츠 사료집*Historical Collections of Massachusetts*』.
•• 잉크로 쓴 글이 종이에 번졌거나 잘못 쓴 글을 지우기 위해.

프로빈스타운 — 부둣가 마을의 전경 일부

기의 커다란 예배당이 세 채, 학교 건물이 네 채나 있었다. 그중 일
부는 건물 부지를 평탄하고 견고하게 보존하기 위해 건물 주변에
판자 울타리를 빽빽하게 쳤다. 그 건물들과 무척 가까운 거리에 있
는 많은 주택들도 비슷한 울타리를 둘러쳤는데, 그 모습은 울타리
가 없을 때보다 도시 전체의 활력을 떨어뜨리고 배타적인 느낌을
주었다. 최근 10년 동안 모래의 유입량이 전혀 증가하지 않았고, 암
소들을 자유롭게 방목하는 것도 더이상 허용되지 않으며, 모래의
이동을 막는 온갖 조치들이 취해지고 있다고 했다.

　1727년 프로빈스타운에는 지역의 발전을 촉진하기 위해 "특별한
혜택이 부여"되었다. 그 지역은 두어 번에 걸쳐 그냥 버려질 뻔했다.
처음에는 그 부지를 점유하고 이용하는 권리만 주어졌지만, 지금은
거리의 많은 부지들이 고가에 팔린다. 그 땅들은 지금도 권리포기

증서만으로 지방정부에 양도되는데, 지방 행정단위의 공유지는 국유재산이다. 그러나 요즘 들어 그 거리에 있는 부지들이 비싼 값에 거래되고 있다고 해도, 그 근처에는 그런 부지들 말고 무단으로 점유하거나 이용함으로써 취득할 수 있는 토지나 모래사장이 아직도 많이 있다.

케이프코드에서 돌을 발견하는 것은 극히 드문 일이다. 길을 걷다가 한두 군데에서 도로포장과 모래톱 옹벽 공사에 쓰인 자잘한 돌들을 보았다. 여기서는 그런 돌을 구하기가 매우 힘들어서, 소문으로는 배의 무게중심을 잡을 때 쓰는 바닥짐용 돌을 해변에서 퍼가지 못하게 하자 선원들이 밤중에 해변에 상륙해서 몰래 훔쳐가곤 했다고 한다. 나는 올리언스 아래 지역에서 돌담을 쌓았다는 이야기를 들어본 적이 없다. 하지만 이스텀에서는 한 남자가 신축 주택의 바닥을 그가 '바위'라고 부르는 돌로 괴고 있는 것을 보았다. 그는 이웃 사람이 수년 동안 애쓴 끝에 그 바위들을 모았는데, 결국 그것을 자신에게 넘겼다고 했다. 그것은 기록될 가치가 있는─캘리포니아산 '바위'를 빼닮은─선물이라고 생각했다. 옆에서 그를 돕던 또다른 남자는 자연을 세심하게 관찰할 줄 아는 사람 같아 보였는데, 그 인근에 있는 한 바위의 크기가 "둘레는 보폭으로 마흔두 걸음(약 32미터)이고 높이는 약 4.5미터"라고 말하면서 그 바위가 어디에 있는지 나에게 슬쩍 알려주었다. 내가 외지인이고 그 바위를 들고 갈 수 없으리라는 것을 알기 때문에 그런 이야기를 했을 것이다. 그러나 나는 케이프코드의 팔뚝 부분에 해당하는 곳의 몇 안 되는 커다란 바위가 각각 어디에 있는지 모르는 주민은 거의 없을 거라고 생각한다. 심지어 광물학 지식이 약간 있는 한 남자를 만났는데, 나는 그가 어디서 그런 지식을 주워들었는지 알 길이 없었다. 언제고 그가 본토, 예컨대 코하셋이나 마블헤드 같은 곳을 방문하게 된다면, 자기 지식을 자랑할 수 없을 정도로 지질학에 정통한 흥미로운 괴짜들을 많이 만날 것이다.

하이랜드 등대에 있는 돌샘은 힝햄•에서 가져온 돌로 쌓았지만, 케이프코드에 있는 샘과 지하 저장고들은 대개 벽돌로 쌓았다. 벽돌 또한 외지에서 들여오기는 마찬가지였지만 말이다. 지하 저장고도 샘처럼 둥근 모양으로 만들어지는데, 모래가 벽체를 압박하는 것을 막기 위해서다. 지하 저장고는 지름이 3~4미터에 불과하다. 그보다 훨씬 더 큰 면적이라도 벽돌 한 줄이면 충분하기 때문에 건축 비용이 적게 든다고 한다. 물론 모래땅에서 사는 사람은 뿌리작물들을 저장하기 위해 커다란 지하 저장고가 필요하지 않다. 프로빈스타운에서는 예전에 주택 지하로 모래가 밀려들어와 지하실의 흔적을 깡그리 지워버린 이후로 지하실에 보관할 채소를 기르지 않았다. 웰플릿에서 감자 1,500리터를 수확한 한 농부는 자기집 한 귀퉁이 밑에 있는 지하실을 나에게 보여주었다. 수조처럼 생긴, 지름 약 3미터짜리의 지하 저장고였다. 헛간 밑에도 같은 크기의 지하 저장고가 하나 더 있었다.

케이프코드의 해변에서는 어디든 1~2미터만 파면 민물이 나온다. 그러나 입을 축여보니 하나같이 물맛이 별로였다. 그곳 주민들

• 매사추세츠주 플리머스에 있는 카운티.

은 물맛이 좋다고 했지만, 그들은 그 민물을 바닷물과 비교하는 것 같았다. 『트루로 해설서』에 따르면, "해변 근처에 판 샘은 썰물 때, 아니, 더 정확히 말해서 밀물이 시작될 때쯤이면 물이 마른다. 하지만 바닷물이 해변까지 다 차면 샘이 다시 채워진다"라고 한다. 모래사장의 가장 낮은 곳에 고인 바닷물은 민물로 바뀌게 마련이다. 건기에 여행객들이 프로빈스타운 해변의 정원에 초록의 물결이 일렁이는 모습을 보고 놀라면, 그곳 주민들은 조수간만의 변화가 바닷가 식물들에게 수분을 공급하기 때문이라고 설명해준다. 대양 한복판 저지대의, 아마도 썰물 때만 자신의 맨몸을 드러내는 그런 모래톱들이 갈증에 시달리는 뱃사람들의 민물 저장소라는 사실은 흥미롭지 않을 수 없다. 그곳은 마치 거대한 스펀지처럼 하늘에서 떨어지는 빗물과 땅에 맺힌 이슬을 저장하는 것처럼 보이는데, 액체가 고체에 접근하면 고체가 액체 분자를 흡수하는 모세관현상 덕분에 거기 고인 민물이 주변의 소금물과 섞이지 않는다.

케이프코드만의 대부분 그리고 드넓게 펼쳐진 대양과 함께 높은 언덕 위에서 내려다본 프로빈스타운 항구는 그 명성을 유지할 만하다. 남쪽으로 확 트인 항구는 주변에 암초가 전혀 없고 얼음이 언 적이 한 번도 없다. 거기서 얼음을 보았다는 사람이 있다면, 그 것은 가끔 반스터블이나 플리머스에서 조류를 타고 흘러들어온 유빙流氷이다. 드와이트의 『뉴잉글랜드 여행기』를 보면, "북아메리카 대륙 해안에 자주 발생하는 폭풍은 동쪽에서 불어온다. 바람이 불어오는 쪽 해변을 따라 320킬로미터 내에는 프로빈스타운 항구 말고 다른 항구가 전혀 없다"라고 나온다. 이 항구와 인근 해역을 매우 상세하고 철저하게 조사한 J. D. 그레이엄은 "항구의 수용력, 항만 수심, 정박지로서 뛰어난 주변 환경, 온갖 종류의 바람을 막아주는 완벽한 피신처로서의 조건이 서로 맞물려 프로빈스타운을 우리나라 해안에서 가장 소중한 항구로 만든다"라고 명시한다. 그곳은 일반적으로 케이프코드를 대표하는 매사추세츠 어민들의 항구인 셈이다. 메이플라워호를 타고 온 청교도들이 플리머스에 정착하기 적어도 몇 년 전에 항해사들에게 널리 알려져 있던 바로 그곳이다. 1614년도에 발간된 존 스미스 선장의 뉴잉글랜드 지도에는 프로빈스타운이 밀퍼드 헤이븐Milford Haven이라고 표시되어 있고, 매사추세츠만은 스튜어즈만Stuard's Bay으로 표시되어 있다. 찰스 왕세자는 케이프코드의 이름을 케이프제임스Cape James로 바꾸었다. 그러나 아무리 왕세자라 해도 기존의 이름을 더 나쁜 쪽으로 바꿀 수 있는 권력을 늘 가지는 것은 아니다. 코튼 매더•는 케이프코드가 "내 생각으로는 대구떼가 헤엄치는 모습을 저 높은 언덕 위에서 볼 수 있는 한 결코 버리지 못할 이름"이라고 했다.

초기의 많은 항해자들이 이 갈고리처럼 생긴 곳에 뜻하지 않게 걸려들었다가 어느 틈에 만에 둘러싸여 있음을 깨달았다. 이후에 등장하는 지도들에 케이프코드는 프랑스어, 네덜란드어, 영어 이름으로 간간이 등장하는데, 그곳을 뉴프랑스, 뉴홀랜드, 뉴잉글랜드 가운데 어느 곳의 일부로 보느냐에 따라 표기 방식이 달라졌다. 어

• Cotton Mather, 17~18세기 미국 회중파 교회 목사이자 역사가. 초기 뉴잉글랜드 역사 연구에 귀중한 자료가 되는 450편 이상의 방대한 저서와 소논문을 남겼다.

떤 지도는 프로빈스타운 항만을 '파웍만•', 반스터블만을 '스태튼만
Staten Bay', 케이프코드 북쪽 바다를 '마러 델 누르트••' 또는 '북해
North Sea'라고 표기하고 있다. 또다른 지도에는 케이프코드의 끄트
머리가 '스타텐 후크•••' 또는 '스테이츠 후크States Hook'라고 표기
되어 있다. 또 영••••이 제작한 또다른 지도에는 이곳이 노르트 제
이•••••, 스타텐 후크, 비트 후크••••••라고 나오는데, 매사추세츠
케임브리지에 있는 사본에는 제작 일자가 기재되어 있지 않다. 거
기서는 케이프코드 전체를 '니우 홀란트•••••••'(허드슨 이후••••••
••)라고 칭한다. 또다른 지도는 레이스갑과 우드엔드•••••••••• 사
이의 해변을 '베버히어르••••••••••'라고 써놓았다. 오늘날 나에게
친숙한 뉴잉글랜드 해변이 알기 쉽게 표기된 가장 오래된 지도가
나오는 샹플랭의 훌륭한 뉴프랑스 지도Map of New France에는 케이
프코드가 케이프블랑C. Blan(흰 곳, 케이프화이트Cape White, 카프 블랑
Cap Blanc)이라고 표기되어 있는데, 그것은 그곳의 모래 색깔 때문

• '파웍fuic'은 영어로 잔가지를 엮어 만든 왕새우 잡는 바구니라는 뜻의 'bownet'을 의
미하는 것으로 보이나 확실치 않다.
•• Mare del Noort, 네덜란드어로 '북해'라는 뜻.
••• Staten Hoeck, 북아메리카 대륙에서 갈고리 모양을 한 지형이라는 뜻으로 보인다.
•••• 제임스 해밀턴 영James Hamilton Young, 19세기 전반기에 활동한 스코틀랜드계 미
국인 지도제작자·판화가.
••••• Noord Zee, Mare del Noort와 마찬가지로 네덜란드어로 '북해'를 의미한다.
•••••• Wit Hoeck, 네덜란드어로 '백색의 갈고리처럼 생긴 바다 형태'라는 뜻으로, 케
이프코드에 펼쳐진 백사장 때문에 이렇게 부른 것으로 보인다.
••••••• Niew Hollant, 네덜란드어로 뉴홀랜드New Holland.
•••••••• 17세기 초 캐나다와 미국 북부 지방을 탐험한 것으로 유명한 영국의 해양탐
험가이자 항해사인 헨리 허드슨Henry Hudson이 1609년 허드슨강을 발견한 이후를 뜻한다.
••••••••• Wood End, 레이스갑에서 남쪽으로 정반대편 끝 모서리에 있는 곳.
•••••••••• Bevechier, 1614년 네덜란드의 탐험가이자 상인 아디라엔 블록Adiraen
Block이 케이프코드 주변을 항해 탐사한 뒤 축축하지만 그다지 높지 않은 땅이라는 의미
로 지은 이름. 그러나 실제로 이 지역은 알갱이가 굵고 마른 모래땅이다.

이며, 따라서 매사추세츠만을 바이 블랑슈*로 표기하고 있다. 드몽**과 샹플랭은 1605년에 처음으로 그곳을 방문했고, 그 이듬해에 푸트랭쿠르와 샹플랭이 다시 방문해 심층 탐사를 진행했다. 샹플랭의 『항해』에는 1606년의 탐사에 대한 자세한 설명과 그 지역의 두 개 항만에 대한 개별 해도 및 수심 측량 내용이 함께 나온다. 그중 하나가 오늘날 프랑스인들이 카프 바튀리에Cap Baturier라고 부르는 배드 바***, 즉 불길한 모래톱이라는 뜻의 말레바레Malle Barre(지금의 너셋 항만?)이고, 다른 하나는 지금의 채텀 항구가 틀림없는 포트포춘****이다. 이 두 지명은 모두 오길비가 제작한 아메리카 지도인 '노비 벨지' 지도에서 따온 것이다. 그는 또한 야생생활을 하는 원주민들의 풍속과 관습을 상세히 기술했으며, 프랑스인들을 위협하고 그중 대여섯 명을 살해한 원주민들의 모습을 삽화로 보여주었다. 나중에 프랑스인들은 원주민들을 일부 죽이고, 죽은 동료들의 원수를 갚기 위해 또다른 일부를 포트로열*****로 끌고 가 맷돌에 갈아 죽였다.

1604년과 1608년 사이에 오늘날의 뉴잉글랜드 해안이라는 곳을 탐험한 프랑스인들의 이야기를 충분하게 또는 정확하게 영어로 설명한 기록이 없다는 것은 정말 놀랄 만한 일이다. 당시에 프랑스

- Baye Blanche, 화이트만White Bay이라는 뜻.
- ●● 피에르 뒤귀아 시외르 드몽Pierre Dugua Sieur De Monts, 프랑스의 상인이자 탐험가. 캐나다에 최초의 프랑스 정착촌을 세웠다.
- ●●● Bad Bar, 그곳을 지나던 많은 배가 조난해서 붙은 이름.
- ●●●● Port Fortune, 말레바레와 반대로 '행운의 항구'라는 의미.
- ●●●●● 1605년 샹플랭이 캐나다 지역 펀디만 유역에 세운 프랑스의 최초 북아메리카 식민지로, 오늘날 노바스코샤주의 아나폴리스 로열에 해당한다.

인들이 북아메리카 대륙의 세인트오거스틴● 북부에 최초의 유럽인 영구 정착촌을 세운 것이 공식적으로 인정되었음에도 말이다.●● 뉴잉글랜드의 입장이 아니라 북아메리카 대륙의 입장에서 기록했다면●●● 그렇지 않았을 것이다. 이러한 역사적 사실에 대한 영어 기록의 누락은 샹플랭의 『항해』의 초판본●●●●이 이 목적으로 집필되지 않았다는 사실에서 부분적으로 이해될 수 있을 것이다. 내 생각에 그 이야기는 뉴잉글랜드의 청교도 이전 역사라고 부를 만한 것 중에서 단연코 가장 특별하고 흥미진진한 시기를 다루고 있으며, 4절판 책으로 무려 160쪽에 이른다. 플리머스 바위●●●●●도 역사가와 연설가들에게 잘 알려지지 않은 것은 마찬가지인 것 같다. 밴크로프트●●●●●●는 드몽 탐험대의 권위를 인정할 근거로 샹플랭에 대해서는 한마디도 언급하지 않는다. 샹플랭이 뉴잉글랜드 해안을 방문했다는 사실조차 밝히지 않는다. 샹플랭은 드몽에게 그 탐험대의 지도자라는 칭호를 주었고, 또다른 의미에서 그 탐험에 참

● 미국 플로리다주 동북부의 항구도시.
●● 북아메리카 대륙 최초의 유럽인 영구 정착촌은 1565년 스페인 장군 페드로 메넨데스 데 아빌레스Pedro Menéndez de Avilés가 건설한 세인트오거스틴이고, 프랑스인이 북아메리카 대륙에 최초로 세운 정착촌은 캐나다의 퀘벡이다(1608년). 소로가 사실관계를 살짝 착각한 것으로 보인다.
●●● 원문은 "if the lions had been the painters"인데, 여기서 사자는 대영제국의 상징으로 뉴잉글랜드를 의미하고, painter는 아메리카 사자인 panther의 변형으로 북아메리카 대륙을 상징한다.
●●●● 1613년에 발간되었다.
●●●●● 1620년 청교도들이 메이플라워호를 타고 북아메리카 대륙에 왔을 때 처음 상륙했다는 바위.
●●●●●● 조지 밴크로프트George Bancroft, 19세기 미국 매사추세츠 출신의 사학자이자 정치가. 『미국사History of the United States of America』를 펴냈으며 미국 역사학의 아버지로 불린다.

여한 역사가인 동시에 그것을 선도한 사람이었다. 홈스°와 힐드레스°°, 배리°°°를 비롯해 샹플랭을 언급하는 우리의 모든 역사가들은 샹플랭의 1632년 판본 『항해』에 대해 이야기하면서, 뉴잉글랜드 해안 일대의 항만 등이 그려진 해도 전부와 그것들에 대해 기술한 내용 가운데 절반쯤을 생략한다. 나중에 샹플랭이 그동안 자기가 한 일을 더러 까먹을 정도로 내륙 지역을 엄청나게 많이 탐험했다는 사실을 상기하면 이해할 수도 있으리라. 힐드레스는 드몽의 탐험에 대해 이야기하면서, "그는 프링°°°°이 2년 전에 발견한 페놉스코트강을 (1605년에) 탐사했다"라고만 언급할 뿐, 1604년에 샹플랭이 드몽과 함께 그 지역을 광범위하게 탐사했다는 사실에 대해서는 한마디도 하지 않는다(홈스는 1608년에 대한 이야기를 하면서 퍼처스°°°°°를 언급한다°°°°°°). 또 힐드레스는 샹플랭이 "말라바레Malabarre라고 부른 케이프코드까지" 해안을 따라 프링의 궤적을 따라갔다고 말한다[할리버튼°°°°°°°도 1829년에 힐드레스보다 먼저 똑같은 말을 했다. 그는 케이프코드를 카프 블랑이라고 불렀고, 말레바레(배드 바)는 곳

● 올리버 웬델 홈스Oliver Wendell Holmes, 19세기 매사추세츠 출신의 의사이자 시인.
●● 리처드 힐드레스Richard Hildreth, 19세기 매사추세츠 출신의 언론인·저술가·역사가.
●●● 존 스테슨 배리John Stetson Barry, 19세기 매사추세츠 출신의 저술가로 『매사추세츠의 역사』를 썼다.
●●●● 마틴 프링Martin Pring, 잉글랜드 브리스톨 출신의 탐험가. 1603년 스물세 살의 나이로 북아메리카 탐험대를 이끌고 지금의 메인, 뉴햄프셔, 매사추세츠의 케이프코드를 탐사했다.
●●●●● 새뮤얼 퍼처스Samuel Purchas, 17세기 초에 활동한 영국의 저술가이자 여행기 편집자.
●●●●●● 샹플랭이 아닌.
●●●●●●● 토머스 챈들러 할리버튼Thomas Chandler Haliburton, 19세기 캐나다 노바스코샤의 정치인·판사·저술가. 1829년에 『노바스코샤의 역사와 통계 자료An Historical and Statistical Account of Nova Scotia』를 발간했다.

의 동쪽에 있는 항구에 붙여진 이름이었다]. 프링은 거기에 있는 강에 대해 아무 말도 하지 않았다. 벨냅*은 1605년에 웨이마우스**가 그 강을 발견했다고 말한다. 고지스 경***은 1658년에 뉴잉글랜드에 관해 기술한 내용에서 프링이 1606년에 "모든 강과 항만들에 대한 완벽한 조사를 끝냈다"라고 말한다(1847년에 발간된 『메인주 역사학회 사료집Maine Historical Society Collections』, 2권 19쪽**** 참조). 이것이 내가 샹플랭과 관련된 영문 기록 중에서 찾을 수 있는 거의 대부분의 내용이다. 밴크로프트는 샹플랭이 메인주의 서쪽 강들을 더 많이 발견했다고 정리했지만 페놉스코트강에 대해서는 정확히 말하지 않는다. 하지만 샹플랭이 그 강의 구석구석을 세밀하게 탐사하고 찾아낸 것은 틀림없다(벨냅, 147쪽 참조). 프링이 잉글랜드를 떠나 있던 기간은 여섯 달밖에 되지 않았다. 그리고 케이프코드에서는 사사프라스나무*****가 자라지 않았기 때문에 그는 배를 타고 그곳을 그냥 지나쳤다. 반면 아마도 프링에 대한 이야기를 듣지 못했을 프랑스인 샹플랭은 케이프코드 일대 항만의 수심을 측정하고 조사하면서 정착할 장소를 찾아 몇 년 동안 그 해안을 끈기 있게 탐사했다.

• 에이브러햄 벨냅Abraham Belknap, 최초의 뉴잉글랜드 정착민 가운데 한 명으로 매사추세츠의 해안도시 세일럼에 정착했다.
•• 조지 웨이마우스George Weymouth, 1605년 지금의 메인주 일대를 탐험했다.
••• 페르디난도 고지스Ferdinando Gorges, 잉글랜드 플리머스 항구의 총독이자 해군 사령관. 신세계에 발을 들여놓지 않고도 1622년 메인주 건설에서 주된 역할을 담당해 '북아메리카 영국 식민화의 아버지'라는 호칭을 얻었다.
•••• 정확하게 말하면 2장 19쪽이다.
••••• 북아메리카가 원산인 녹나무의 일종으로 16~17세기에 중국과 유럽, 미국에서 이 목재로 선박을 건조하고 가구를 짰기 때문에 북아메리카 식민지화의 중요한 요인으로 작용했다.

1614년과 1615년 사이의 탐사 결과를 토대로 1616년에 제작된 존 스미스 선장의 지도는 가장 오래된 뉴잉글랜드 지도로 인정받고 있다. 그것은 존 스미스가 이 지역을 처음으로 뉴잉글랜드라고 부른 뒤에 제작된 최초의 지도였다. 그러나 샹플랭의 1613년 판본 『항해』에는 당시 기독교 국가들 사이에 뉴프랑스라고 알려졌을 때 제작된 이 지역의 지도가 실려 있다(레스카르보●는 그보다 앞서 1612년에 샹플랭의 책이 나오기 훨씬 이전에 알려진 항해 설명 내용을 인용했다). 프랑스어로 된 그 지도의 공식 명칭은 '국왕의 해군 직할 선장 생통주●●의 샹플랭 씨가 제작한 뉴프랑스 지세도―1612년 제작Carte Géographique de la Nouvelle Franse faictte par le Sieur de Champlain Saint Tongois Cappitaine ordinaire pour le roi en la Marine―faict l'en 1612'이다. 샹플랭이 1604년과 1607년 사이에 탐사한 결과를 토대로 1612년에 제작된 것으로, 래브라도에서 케이프코드를 거쳐 서쪽으로 5대호에 이르는 지역의 지리와 지형, 민족지, 동식물 정보가 가득했다. 심지어 샹플랭은 그 무렵 해안의 여러 곳을 탐사하면서 나침반의 편차를 활용할 줄도 알았다. 여러 항만의 개별 해도와 그곳의 수심 측량 결과를 방대하게 하나로 모은 샹플랭의 1613년 판본에 실린 이 지도에는 1632년 판본에는 나오지 않는 키니비키Qui ni be quy(케네벡)●●●, 슈아쿠아 강Chouacoit R.(새코강)●●●●, 르 보 포르●●●●●, 포르 생루이Port St.

● 마르크 레스카르보Marc Lescarbot, 프랑스의 저술가·시인·변호사. 1609년에 발간한 『뉴프랑스 역사Historie de la Nouvelle-France』로 유명하다.
●● 옛날 프랑스의 주도 가운데 하나였던 곳.
●●● 메인주 서부에서 남쪽으로 흘러 대서양으로 빠져나가는 강.
●●●● 메인주와 뉴햄프셔주를 가로지르며 흐르는 강.
●●●●● 지금의 매사추세츠 글로스터 항구.

Louis(케이프앤 인근)* 등의 항만들이 포함되어 있다. 따라서 1613년 판본의 지도는 이후 거의 반세기 동안 만들어진 뉴잉글랜드와 그 인근 북부 해안의 지도보다 더 완벽한 지도라고 감히 말할 수 있다. 훗날(1777년) 프랑스인 데 바르**가 또다른 북아메리카 지도를 완성했고, 곧이어 우리의 해안조사국***이 그 지도를 다시 그렸다. 이 해안을 그린 지도들 대부분은 이후 오랫동안 샹플랭에게 입은 은혜를 무심코 슬며시 드러냈다. 샹플랭은 프랑스 국왕에게 인정받는 유능한 항해사이자 과학자, 지리학자였다. 그는 대서양을 스무 번쯤 횡단했지만 그것을 아무렇지도 않게 생각했다. 오늘날에도 감히 타고 나가려는 사람이 별로 없을 작은 배를 타고 그 대양을 횡단하는 일이 자주 있었다. 한번은 타두삭****에서 생말로*****까지 18일 동안 항해한 적도 있었다. 그는 1604년 5월부터 1607년 9월까지 약 3년 반 동안 그곳 인근, 즉 노바스코샤주의 아나폴리스와 케이프코드 사이에 머물며 토양과 주민을 관찰하고 주변 해안 지도를 제작했다. 그러면서 자신이 항만을 조사한 방법에 대해서도 상세히 기술했다. 본인의 설명에 따르면, 그가 제작한 지도의 일부는 1604년(?)에 인쇄되었다. 1606년 퐁그라베******를 비롯해

---

* 케이프코드 북쪽 보스턴 위에 있는 곳.
** 조제프 프레데릭 왈레 데 바르Joseph Frederick Wallet Des Barres, 18세기의 지도제작자. 당대 가장 중요한 북아메리카 지도와 해도 총서인 네 권짜리 『대서양 해양지도Atlantic Neptune』를 발간했다.
*** Coast Survey, 오늘날의 미국국가측지국U. S. National Geodetic Survey을 말한다. 1836~1878년에는 미국해안조사국United States Coast Survey이라고 불렀다.
**** 캐나다 퀘벡주의 도시. 세인트로렌스강과 새그나강이 합류하는 지점에 있다.
***** 프랑스 서북부 생말로만에 있는 도시.
****** 프랑수아 그라베 뒤퐁François Gravé Du Pont, 초기 뉴프랑스 지역에서 활동한 모피상이자 탐험가로 샹플랭의 삼촌이다.

다른 동료들이 프랑스로 돌아갔을 때도 샹플랭은 푸트랭쿠르와 함께 포트로열에 남았다. 그는 "내가 시작한 그 해안들의 해도를 신의 도움을 받아 완성하기 위해서"라고 말한다. 그리고 다시 존 스미스가 아메리카 대륙의 이 지역을 방문하기 전에 인쇄된 책•에서 그는 "내가 본 것을 앞서 말한 해도에 잊지 않고 그려넣었다면, 그리고 기록되거나 발견된 적이 없었던 것을 대중에게 특별히 알려주는 것을 잊지 않았다면, 이전에 어떤 사람이 그것에 대해 먼저 썼더라도 내가 할 일은 최대한 다 한 것 같다. 그러나 그것은 최근 10년 동안 우리가 발견한 것에 비하면 매우 사소한 일이었다"라고 소회를 밝힌다.

하지만 솔직히 말해서, 메이플라워호를 타고 이곳에 온 청교도의 후예들은 그들의 선조들이 신세계에서 결코 잊을 수 없는 첫겨울을 보낼 때 약 500킬로미터(프린스••는 약 800킬로미터였다고 보는 것 같지만) 떨어진 포트로열(노바스코샤주 아나폴리스) 인근에 프랑스 식민지가 있었다는 사실은 대부분 알지 못한다. 많은 우여곡절이 있었지만, 프랑스인들은 15년 동안 그곳에 머물렀다. 그들은 1606년에 일찌감치 그곳에 제분소를 세웠다. 또한 윌리엄슨•••의 말에 따르면, 1606년 개울가에서 벽돌과 테레빈유를 제조했다. 프로테스탄트였던 드몽은 개신교 목사와 함께 왔는데, 종교 문제로 가톨릭 신

• 1613년 판본 『항해』를 말함.
•• 토머스 프린스Thomas Prince, 이스텀 정착촌의 지도자. 플리머스 식민지의 총독을 여러 차례 역임했다.
••• 윌리엄 더키 윌리엄슨William Durkee Williamson, 메인주 2대 주지사이자 초기 미국 역사가.

부와 난투극까지 벌였다. 아카디• 식민지를 건설한 이 프랑스인들은 청교도들 못지않게 어려운 세월을 견뎠다. 그들 가운데 거의 절반─79명 가운데 35명(윌리엄슨은 70명 중 36명이라고 말한다) ─ 이 청교도들이 도착하기 무려 16년 전인 1604년과 1605년 사이 겨울에 생크루아•• 유역에서 죽었다. 하지만 내가 알기로 여태껏 그 프랑스인들의 진취성에 대해 공식 석상에서 칭송한 미국인은 한 명도 없었다(그나마 윌리엄슨의 『메인주의 역사The History of the State of Maine』가 이 문제를 꽤 많이 다루고 있다). 반면 그들의 후예와 자손 들이 영국인들 때문에 겪은 많은 시련은 미국의 역사가와 시인들에게 가슴 아픈 기억을 제공했다(밴크로프트의 『미국사』와 롱펠로의 장편 서사시 『에반젤린』••• 참조). 생크루아 요새의 유적이 지난 세기 말에 발견되고 실제 위치를 확인함으로써 미국과 캐나다의 국경을 정하는 데 크게 기여했다.

그 프랑스인들의 무덤 묘석들은 아마도 엘리자베스제도•••• 북부에 있는, 뉴잉글랜드에서 가장 오래된 영국인 기념비나 뉴잉글랜드 지역 어느 곳에 있는 유적들보다 더 오래되었을 것이다. 고스널드가 지은 창고•••••의 흔적이 아직 남아 있을지라도, 그가

• 오늘날 캐나다 동북부 지역으로, 노바스코샤·뉴브런스윅·프린스에드워드아일랜드주, 미국 뉴잉글랜드 북부 메인주와 중서부 시카고, 클리블랜드, 디트로이트가 포함된다. 영어로는 아카디아라고 부른다.
•• St. Croix, 미국 메인주와 캐나다 뉴브런스윅주의 경계를 이루는 강으로 영어로는 세인트크루아강이다. 미국 미네소타주와 위스콘신주의 경계를 이루며 흐르는 동명의 강이 있다.
••• 아카디아 지역의 소녀 에반젤린이 추방당한 연인 가브리엘을 찾아 나서는 슬픈 사랑 이야기.
•••• 고스널드가 1602년 북아메리카 탐사 때 발견한 곳으로 지명도 그가 명명했다.
••••• 1602년 고스널드는 엘리자베스제도의 커티헝크섬에 엘리자베스섬 요새와 창고

왕성한 활동을 벌인 자취는 현재 전해지는 것이 없기 때문이다. 1834년 밴크로프트는 숙고 끝에 이렇게 말한다. "그 요새의 잔해를 발견하기 위해서는 신앙의 눈이 필요하다." 1837년에 거기서 요새의 잔해 같은 유적은 전혀 발견되지 않았다. 찰스 T. 잭슨 박사•가 나에게 말하기를, 자신이 1827년 지질 조사 과정에서 노바스코샤 아나폴리스(포트로열) 맞은편 고트섬에서 화성암으로 된 묘석을 하나 발견했다고 했다. 거기에는 프리메이슨 문장과 함께 1606년이라는 연도가 새겨져 있었다. 청교도들이 플리머스에 상륙하기 14년 전이다. 당시에 그 섬은 노바스코샤의 할리버튼 판사•• 소유였다.

이후 뉴잉글랜드로 불리는 곳에 예수회 신부들이 있었는데, 1613년 그들은 1611년에 포트로열에 합병된, 당시 생소뵈르•••라고 불리던 마운트데저트••••에서 원주민들을 개종시켰다. 그러나 이 지역의 예수회는 얼마 지나지 않아, 그러니까 청교도들이 신앙의 자유를 찾아 여기로 오기 수년 전 영국인들에 의해 그 흐름이 끊겼다. 샹플랭에 따르면 그렇다. 샤를부아•••••도 똑같은 말을 한다. 그들은 1611년 프랑스를 떠나온 뒤, 포트로열에서 서쪽으로 해안을 따라 이동해 1612년에 케네벡강까지 갔다. 그러고 나서 다시

를 건설했다.
• Dr. Charles Thomas Jackson, 매사추세츠 출신의 의사이자 화학, 광물, 지리학에 정통한 과학자로 소로와 동시대 인물.
•• 앞서 언급한 토머스 챈들러 할리버튼.
••• St. Sauveur, '성聖 구세주'라는 뜻.
•••• 메인주 해안에서 가장 큰 섬.
••••• 피에르 프랑수아크사비에 드 샤를부아Pierre François-Xavier de Charlevoix, 1719~1729년에 세인트로렌스강 일대와 5대호 유역을 거쳐 멕시코만까지 북아메리카 동북부 일대를 여행한 프랑스의 탐험가이자 예수회 신부·교사·저술가.

마운트데저트섬으로 옮겨갔다.

실제로 영국인의 뉴잉글랜드 역사는 뉴프랑스가 사라지고 나서야 비로소 시작된다. 캐벗*이 북아메리카 대륙을 발견한 최초의 인물이기는 하지만, 샹플랭이 『항해』 1632년 판본에서 영국인이 잠시나마 퀘벡과 포트로열을 차지한 것에 대해 불평한 것은 정당한 일이 아닐 수 없다. "유럽 전체가 공통적으로 동의하는 점은 뉴프랑스가 적어도 위도 35도와 36도까지 이르는 지역**임을 인정하는 것이다. 스페인, 이탈리아, 네덜란드, 플랑드르 지역 국가, 독일, 잉글랜드에서 인쇄된 세계지도들에 표시된 것처럼, 마침내 그들은 저마다 뉴프랑스의 해안들을 차지했다. 그러고는 뉴프랑스의 아카디 지역, 에츠맹Etchemins 지역(메인주와 뉴브런스윅주), 알무시쿠아Almouchicois(매사추세츠주), 그레이트리버 세인트로렌스Great River St. Lawrence를 자신들의 취향대로 뉴잉글랜드나 뉴스코틀랜드 따위의 지명들로 바꿨다. 그러나 전 세계 모든 기독교 국가들에 이미 알려져 있는 것***을 기억에서 지우는 것은 쉬운 일이 아니다."

캐벗이 사람이 살 수 없는 래브라도 해안에 상륙했다는 사실만으로 영국인들이 그곳을 뉴잉글랜드, 아니, 일반적으로 미합중국 땅이라고 명명하지 않은 것은 당연했다. 그들은 그곳이 파타고니아와 같은 불모지에 불과하다고 생각했을 것이다. 캐벗의 일생을 세

● 존 캐벗John Cabot, 1497년 잉글랜드 국왕 헨리 7세의 의뢰로 북아메리카 대륙의 해안을 항해한 이탈리아 항해사이자 탐험가. 이탈리아 이름으로는 조반니 카보토Giovanni Caboto이다.
●● 지금의 노스캐롤라이나 주 중북부 지역.
●●● 뉴프랑스라는 지명.

심하게 기술한 전기 작가(비들●)도 알려진 대로 그가 실제로 미국 동부 해안을 따라 남하하며 항해했는지에 대해서는 명확하게 언급하지 않는다. 그리고 캐벗이 거기서 무엇을 목격했는지에 대해 이야기해주는 사람도 없다. 밀러●●는 『뉴욕 사료집New York Historical Society Collections』 1권 23쪽에서 캐벗이 어디에 상륙했는지 나오지 않는다고 말한다. 이 내용은 뉴잉글랜드 해안 한곳에 보름 동안 체류하면서 내륙 지역을 여러 차례 탐사한 베라차노●●●의 이야기와 대조를 이룬다. 우연히도 1524년 베라차노가 프랑수아 1세에게 보낸 편지에는 '미합중국 해안에 대한 현존하는 가장 오래된 사료'가 담겨 있다. 심지어 그때부터 미합중국 북부는 이탈리아어로 라 테라 프란체세La Terra Francese, 즉 프랑스 땅이라고 불리기 시작했다. 그곳의 일부는 뉴잉글랜드로 불리기 전에 뉴홀랜드라고 불렸다. 영국인들이 우연히 만난 그 대륙을 탐사하고 정착한 것은 프랑스인과 네덜란드인 들에 비하면 매우 늦었다. 프랑스는 북아메리카 대륙을 식민지로 만들기 위한 시도를 실제로 감행했고(1562~1564년 캐롤라이나와 플로리다) 최초의 영구 정착촌(1605년 포트로열)을 건설했다는 두 가지 점에서 모두 영국을 앞섰다. 따라서 당연히 잉글랜드는 헨리 7세 때부터 그 지역의 소유권이 스페인과 포르투갈, 그리고 프랑스에 있다고 공식적으로 인정해왔다.

● 리처드 비들Richard Biddle, 필라델피아 출신의 저술가·정치인. 1831년 『세바스찬 캐벗 회고록A Memoir of Sebastian Cabot』을 발간했다.
●● 새뮤얼 밀러Samuel Miller, 장로회 신학자로 프린스턴신학교 교수를 역임했다.
●●● 조반니 다 베라차노Giovanni da Verrazzano, 피렌체 사람으로 프랑스 국왕 프랑수아 1세에게 고용되어 북아메리카 대륙을 탐험했다.

프랑스 탐사대들은 이 해안지역에 대한 최초의 귀중한 지도들을 전 세계에 제공했다. 옹플뢰르 출신의 드니*는 1506년에 세인트로렌스만 지도를 제작했다. 곧이어 1535년에 카르티에**가 세인트로렌스만을 탐험했고, 그 위쪽으로 몬트리올까지 강줄기를 따라가면서 매우 정확한 지도들이 프랑스인들에 의해 쏟아져나오기 시작했다. 이후 한 세대가 넘는 동안 제작된 해도들을 보면 플로리다 북쪽 거의 대부분의 지역이 나온다. 비록 (프랑스의 후원 아래 제작된) 베라차노의 어설픈 항로도가 그의 항해(1524년) 이후 50년이 넘도록 해클루트***에 의해 우리 해안을 가장 정확하게 표시한 지도로 여겨지긴 했지만 말이다. 프랑스인들이 그 해안지역에 남긴 발자취는 뚜렷하다. 그들은 그곳에 가서 해안의 길이와 폭을 재고 수심을 측량했다. 그리고 귀국할 때마다 자신들의 항해와 탐사에 따른 성과물을 가지고 왔다. 그들이 작성한 해도는 캐벗이 그랬던 것처럼 잃어버릴 위험이 전혀 없었다.

그 당시 가장 뛰어난 항해사들은 이탈리아인이나 포르투갈인이었다. 프랑스와 스페인 사람들은 이탈리아와 포르투갈 사람들보다 항해 지식과 기술에서 뒤처졌지만 영국인들보다는 상상력과 모험심이 더 컸고, 1751년까지도 신대륙을 탐사하는 탐험가로서의 자질이 훨씬 더 뛰어났다.

● 　장 드니*Jean Denys*, 노르망디 옹플뢰르 출신의 선장.
●● 　자크 카르티에*Jacques Cartier*, 16세기 프랑스의 해양탐험가로, 뉴펀들랜드에 상륙했다.
●●● 　리처드 해클루트*Richard Hakluyt*, 영국의 지리학자. 옥스퍼드대학에서 연구하며 세계 각국의 항해기록을 독파하여 1582년 『아메리카 발견과 관련된 여러 항해*Divers Voyages Touching the Discoverie of America*』를 발간함으로써 영국의 북아메리카 대륙 식민지 개척에 촉진제 역할을 했다.

프랑스인들이 일찌감치 5대호와 미시시피강 북부 지역에, 스페인 사람들이 같은 강의 남부 지역에 진출한 것은 바로 이 모험심 덕분이었다. 우리의 국경선이 서부에 있던 그들의 정착지들에 닿은 것은 이미 오래전이었다. 프랑스어로 부아야죄르voyageur라고 하는 캐나다 국경 근처의 뱃사공이나 쿠뢰르 드 부아coureur de bois라고 부르는 무허가 모피상들은 지금도 여전히 그 지역에서 우리의 길을 안내한다. 영어로 초원을 뜻하는 프레리Prairie가 프랑스말인 것처럼, 영어로 봉우리가 뾰족뾰족한 산맥을 뜻하는 시에라Sierra는 스페인 말이다. 플로리다주의 오거스틴과 뉴멕시코의 산타페(1582년)는 모두 스페인 사람들이 세운 도시인데, 미국에서 가장 오래된 도시로 여겨진다. 초창기 미국인들 중 영국계 미국인Anglo-American이라고 하면 애팔래치아산맥과 대서양 사이에 있는 '너비가 320킬로미터도 안 되는 공간'에 사는 사람들로 한정되었다(1763년 런던에서 발행된 존 바트램 씨●의 여행과 밀접한 관련이 있는 오하이오 정착 홍보 전단지 참조). 내륙 발견에 관한 한 영국인의 모험심은 잠시 동안 뭍에 상륙한 뱃사람의 마음처럼 내륙 탐사에 별로 관심이 없었다. 그들이 진취적 태도를 보인 부분은 상거래 분야였다. 캐벗은 평소 영국인처럼 행동했는데, 그에게 아메리카 대륙의 발견과 관련해서 말할 기회가 주어졌다면, 한 영국인이 전하는 말처럼, 인도로 가는 빠른 길을 찾는 대신 북쪽으로 거슬러오르고 있음을 알고 크게 실망했다고 말했을 것이다. 그렇다 하더라도, 우리는 그를 북

● John Bartram, 18세기 미국의 식물학자·원예학자·탐험가. 칼 린네가 "세상에서 가장 위대한 자연식물학자"라고 칭한 인물.

아메리카 대륙을 발견한 위대한 발견자 가운데 한 명으로 높이 기릴 것이다.

새뮤얼 펜할로●는 그의 저서 『펜할로의 인디언 전쟁*Penhallow's Indian Wars*』(1726년 보스턴에서 출간됨) 51쪽에서 '포트로열과 노바스코샤'에 대해 이야기하면서, 캐벗과 관련해 이렇게 언급한다. "헨리 7세의 통치 아래 있는 대영제국의 왕실을 위해 그곳을 최초로 점령한 사람은 세바스찬 코베트 경Sir Sebastian Cobbet ●●이었다. 하지만 그는 1621년까지 그 권한을 행사하지 않았다." 윌리엄 알렉산더 경Sir William Alexander이 1621년에 그 땅을 공유지로 양도받은 뒤 몇 년 동안 그곳을 소유했다. 그뒤 데이비드 커크 경Sir David Kirk이 그 소유권을 넘겨받았지만, 얼마 지나지 않아 "생각이 있는 사람이라면 놀라지 않을 수 없게도, 프랑스에 소유권이 넘어갔다."

북아메리카 내륙 지역에 관해 가장 정확한 정보를 가지고 있었을 테고 더 나아가 적어도 와추셋산(40마일 떨어진 내륙에서도 보이는)을 발견한 것으로 명성을 얻은 매사추세츠 식민지 초대 주지사 윈스럽●●●은 심지어 1633년에 이르러서도 '거대한 호수●●●●'와 '그 주변에 흩어져 있는 엄청난 습지들' 따위를 이야기하고, 그 근처에서 코네티컷강과 '포토맥'강이 발원되었다고 말했다. 또 그는 '화이

● Samuel Penhallow, 잉글랜드 콘월 출신의 역사가이자 식민지 정착민으로 지금의 메인주 일대에서 벌어진 인디언과의 전쟁 때 민병대 지휘관이었다.
●● 존 캐벗을 말함.
●●● 존 윈스럽John Winthrop, 영국의 청교도 변호사. 1630년에 매사추세츠만 식민지 건설의 주역으로 12년 동안 주지사를 역임했다.
●●●● Great Lake, 북아메리카 원주민이 대서양을 일컫던 이름.

트힐•'까지 탐험한 아일랜드계 영국인 다비 필드••에 대해 자세히 기술한다. 그는 다비가 화이트힐 꼭대기•••에서 동쪽으로는 "캐나다만이라고 생각했던" 곳을, 서쪽으로는 "캐나다강이 흘러나오는 거대한 호수라고 생각했던" 곳을 보았고, '백운모'라는 광석을 많이 발견했는데, 그것을 "쪼갠 조각들이 길이 12미터, 너비 2~2.5미터 면적에 꽉 찰 만큼 많았다"라고 말한다. 뉴잉글랜드의 주민들이 겨우 160킬로미터 떨어진 내륙지역—그들에게 그곳은 미지의 땅terra incognita이었다—에 대해 이렇게 꾸며낸 이야기를 쓰고 있는 동안, 이전 세기의 카르티에1, 로베르발••••같은 프랑스인들이 이미 북아메리카 내륙을 발견한 것은 말할 것도 없고 캐나다의 최초 총독 샹플랭 자신도 북아메리카 동부 해안 일대를 항해한 것은 물론이고 당시에 숲속에 있는 그들의 요새에서 일찌감치 이로쿼이족•••••과 전쟁에 돌입한 상태였으며, 청교도들이 뉴잉글랜드에 대한 이야기를 듣기도 전에 벌써 5대호 지역을 관통했고 그곳에서 겨울도 났다. 샹플랭의 1613년 판본 『항해』를 보면, 청교도들이 플리머스에 정착하기 11년 전인 1609년 7월에 샹플랭이 샹플랭호••••••남단 인근에서 이로쿼이족에 맞서 싸우는 캐나다 인디언들을 지원하는 전투

• 북아메리카 동부 애팔래치아산맥의 한 줄기로 뉴햄프셔주와 메인주에 걸쳐 있는 화이트산맥을 뜻한다. 화이트힐스 또는 와인 힐스로도 불린다. 캐나다 노바스코샤에도 동명의 구릉지가 있다.
•• Darby Field, 1638년 매사추세츠로 이민 와서 뉴햄프셔 더햄에 정착한 뒤 인디언 통역사로 일했고 화이트힐에서 가장 높은 워싱턴산에 최초로 오른 유럽인.
••• 워싱턴산.
•••• 장 프랑수아 로베르발Jean François Roberval, 16세기 프랑스의 귀족이자 탐험가로 뉴프랑스의 초대 군사책임자였다.
••••• 북아메리카 동부 광대한 삼림지대에 거주했던 북아메리카 인디언.
•••••• 미국 뉴욕주 북동부와 버몬트주 사이에 있는 호수.

장면을 그린 삽화가 나온다. 밴크로프트는 샹플랭이 뉴욕 북서쪽 근처에서 이로쿼이족을 중심으로 한 5부족 연합에 맞선 원정에서 알곤킨족에 합류했다고 말한다. 프랑스인들로부터 떠도는 소문을 들은 영국인들이 "라코니아●라는 상상의 지방에 있다고 하는 것을 발견하기 위해 헛되이 여러 해를 허비한 지" 오랜 뒤인 "1630년경"에 찾은 "거대한 호수"가 바로 이 샹플랭호다(페르디난도 고지스 경, 『메인주 역사학회 사료집』 2권 68쪽 참조). 토머스 모튼도 이 '거대한 호수'에 대해 한 장章을 할애한다. 1632년 판본 샹플랭의 지도를 보면 나이아가라폭포가 나온다. 그리고 메르 두스●●(지금의 휴런호 ●●●) 북서쪽의 큰 호수에 섬 하나가 표시되어 있는데, 프랑스어로 "구리광산이 있는 섬Isle où il y a une mine de cuivre"이라는 설명이 붙어 있다. 이것은 우리의 주지사 윈스럽이 말한 '백운모'에 대한 답으로 충분할 것이다. 역사적으로 북아메리카 동북부 일대에서 일어난 이 모든 모험 및 발견들과 관련해 오늘날 우리에게는 꾸며낸 이야기나 여행담 하나 없는, 프랑스인들이 제공한 온전히 과학적인 사실과 날짜 그리고 해도와 수심 정보가 자세히 담긴 믿을 만한 설명들이 남아 있다.

어쩌면 17세기 이전 오래전에 이미 많은 유럽인이 케이프코드에 다녀갔는지도 모른다. 캐벗 자신이 직접 케이프코드를 보았을 수도 있다. 하지만 베라차노는 1524년에 자신의 말처럼 북위 41도 40분

● 오늘날 미국 뉴햄프셔주 중부에 있는 도시로 호수가 많은 지역이라 '호수의 도시'로 알려져 있다.
●● Mer Douce, 프랑스어로 '평온한 바다'라는 뜻.
●●● 캐나다 온타리오주와 미국 미시건주의 경계에 위치한 호수.

의 우리 해안가(지금의 뉴포트 항구 인근 어디쯤으로 추정)에서 보름 동안 머물면서 내륙 쪽으로 20~24킬로미터를 자주 걸어들어갔다. 곧이 어 그는 해안가에서 눈을 떼지 않고 북동쪽으로 약 600킬로미터를 항해했다. 해클루트의 『아메리카 발견과 관련된 여러 항해』에는 해 클루트가 그 정확도를 칭송해 마지않는 베라차노의 항로도에 따라 그려진 해도가 하나 나온다. 하지만 나는 거기서 케이프코드를 찾 을 수 없다. 위도는 정확하게 표시되어 있지만 지금의 블록섬●으로 추정되는 '클라우디아Claudia'보다 경도 10도 서쪽에 표시된 '케이프 어리나스C. Arenas'가 지금의 케이프코드를 가리키는 것이 아니라 면 말이다.

『세계 인명사전』●●을 보면 이렇게 나온다. "지구와 우주를 연구 하는 스페인 학자 디에고 리베이로Diego Ribeiro가 1529년에 손으로 그린 오래된 해도는 고메스(신성로마제국 황제 카를 5세의 명령으로 파견된 포르투갈인)●●●의 항해에 대한 기억을 담고 있다. 뉴욕과 코네티컷, 로드아일랜드주 밑에 프랑스어로 '1525년에 본인이 발견한 에티엔 고메스의 땅Terre d'Etienne Gomez, qu'il découvrit en 1525'이라고 표기되 어 있다."●●●● 이 해도는 회고록과 함께 지난 세기에 바이마르에서 발간되었다.

● 로드아일랜드주 남부 해안에 있는 섬.
●● 프랑스의 저술가·역사가·출판인쇄업자인 루이 가브리엘 미쇼Louis Gabriel Michaud가 1811년부터 세계의 역사적 인물들의 전기를 요약해 알파벳순으로 모아놓은 전집. 원제는 『고대와 근대 세계 인명사전Biographie Universelle, Ancienne et Moderne』.
●●● 포르투갈 이름으로는 이스테방 고메스Estêvão Gomes이고, 스페인 이름으로는 에스 테반 고메스Esteban Gómez인 포르투갈의 지도제작자이자 탐험가. 마젤란의 세계일주 선단 에 합류했다가 마젤란해협에서 탈출했다.
●●●● 위의 인명사전 18권 44~45쪽 참조.

1642년 로베르발이 캐나다를 탐사할 때 도선사였던 장 알퐁스 Jean Alphonse는 당대의 가장 유능한 항해사 중 한 명으로, 세인트로렌스강 유역을 완벽하게 꿰뚫고 있어서 강줄기를 따라 올라가는 경로를 매우 상세하고 정확하게 제공했다. 그는 『항로도』*(해클루트의 『아메리카 발견과 관련된 여러 항해』에 이것이 나온다)에서 프랑스어로 이렇게 말한다. "나는 노랭베그(페놉스코트강?)와 플로리다 사이 북위 42도의 먼 위쪽에 있는 한 작은 만에 있었다. 하지만 거기서 아래쪽까지 내려가며 샅샅이 탐색하지는 못했다. 그것이 이 땅에서 저 땅으로 지나가는지도 알지 못한다(J'ai été à une Baye jusques par les 42e degrés entre la Norimbegue et la Floride; mais je n'en ai pas cherché le fond, et ne sais pas si elle passe d'une terre à l'autre)." 여기서 저 땅이란 아시아 대륙을 말한다. 그가 말한 작은 만은 어쩌면 매사추세츠만을 가리키는지도 모른다. 그게 아니라면 좀더 남쪽으로 내려간 해안의 서쪽 사면을 말하는 것일 수도 있다. 그가 "노랭베그가 캐나다의 강줄기와 만나는 것은 틀림없는 사실"이라고 말할 때, 그것은 인디언들이 전통적으로 세인트로렌스강에서 세인트존강이나 페놉스코트강, 또는 심지어 허드슨강을 지나 대서양으로 나가는 경로를 따랐다는 것을 그렇게 설명하는 것일 수 있다.

우리는 이 '노럼베가'** 지역과 그곳의 거대 도시에 대해 많은

- 1600년에 발간된 『장 알퐁스의 항로도Le Routier de Jean Alphonse』.
- Norumbega, 1500년대부터 많은 초기 지도에 등장한 북아메리카 북동부의 전설적 정착지. 알곤킨족 말로 '급류 사이에 있는 고요한 장소'라는 뜻이다. 1542년 장 알퐁스가 뉴펀들랜드에서 남쪽 해안을 따라 이동하다가 여기서 큰 강을 발견했다.

사람으로부터 여러 소문을 듣는다. 라무지오●의 『항해와 여행기 Navigationi et Viaggi』 3권(1556~1565년)에 등장하는 한 위대한 프랑스인 선장●●의 서설序說에는 원주민들이 그곳의 이름을 그렇게 불렀고 베라차노가 그곳을 발견했다고 나온다. 또다른 1607년 판본에서는 원주민들이 그 강을 아군시아Aguncia라고 부른다. 그 책에 첨부된 해도에는 그곳이 섬으로 표시되어 있다. 그곳은 옛날 저술가들 사이에서 캐나다와 플로리다 사이에 있지만 정확하게 어디인지 알지 못하는 지역으로 빈번히 거론되었다. 해클루트의 『아메리카 발견과 관련된 여러 항해』에 나온 베라차노의 항로도에 따라 제작된 지도에서는 동쪽 끝 케이프브리튼●●●과 함께 하나의 거대한 섬으로 표시된다. 이런 지도와 떠도는 소문들 때문에 초기 정착민들이 다들 뉴잉글랜드가 섬이라고 생각하게 되었는지도 모른다. 오르텔리우스●●●●의 지도('테라트룸 오르비스 테라룸Theatrum Orbis Terrarum'●●●●●, 1570년, 앤트워프)에서 노럼베가 지역과 도시는 메인주 근처에 표시되어 있고, '그랜드강'은 페눕스코트강이나 세인트존강이 있는 자리에 그려져 있다.

1604년, 노랭베그 해안을 탐사하기 위해 시외르 드몽에 의해

● 조반니 바티스타 라무지오Giovanni Battista Ramusio, 이탈리아의 지리학자이자 여행기 작가.
●● 피에르 크리뇽Pierre Crignon, 16세기 초에 지구와 우주를 연구한 학자이자 탐험가·시인. 많은 탐사대에 합류해 항해에 참여하였으나 당대에는 시인으로 더 널리 알려져 있었다.
●●● 캐나다 동남부 노바스코샤주 동북부의 섬.
●●●● 아브라함 오르텔리우스Abraham Ortelius, 합스부르크 네덜란드 왕국(지금의 벨기에) 출신의 지도제작자이자 지리학자.
●●●●● 라틴어로 '세계의 무대'라는 뜻으로 최초의 근대 지도책으로 인정되었다.

파견된 샹플랭은 '오트섬*'에서 배를 타고 페높스코트강을 따라 88~92킬로미터를 거슬러올라갔다. 거기서 폭포를 만나는 바람에 배를 타고 더 나아가는 것을 멈출 수밖에 없었다. 그는 "많은 도선사와 역사가 들이 노랭베그라고 부르고 대다수의 사람들이 수많은 섬을 거느린 거대하고 광대한 강이라고 묘사한 곳이 바로 여기라고 생각한다. 사람에 따라 그 강의 입구가 북위 43도, 43.5도, 또는 44도에 위치한다고 말하는 등 다소 차이가 있지만 말이다"라고 했다. 그는 그 거대한 도시에 대해 말하는 사람들 '대다수'가 실제로 그 강을 보지는 못했고 풍문으로만 듣고 전할 뿐이라고 확신했다. 하지만 그는 누군가는 그 강의 어귀를 보았을 거라고 여겼다. 그들이 묘사한 것이 실제로 맞았기 때문이다.

1607년 샹플랭은 이렇게 기록한다. "푸트랭쿠르곶(노바스코샤 펀디만 상단 근처)에서 북쪽으로 12~16킬로미터 떨어진 곳에서 온통 이끼로 뒤덮인, 매우 오래되어 거의 썩어버린 십자가를 하나 발견했는데, 그것은 전에 그곳에 기독교인들이 다녀갔음을 보여주는 강력한 증거였다."

또한 다음에 나오는 레스카르보의 말은 16세기에 유럽인들이 이 인근 해안에 얼마나 자주 왔다 갔는지를 잘 보여준다. 1607년, 그는 포트로열에서 프랑스로 귀환하는 과정에 대해 이야기하면서 이렇게 말한다. "마침내 우리는 캉소(캔소해협the Gut of Canso)**에서 15킬로미터 남짓 떨어진 곳에 있는 (노바스코샤의) 한 항구에 도착했다. 그

- Isle Haute, 캐나다 노바스코샤 펀디만 위쪽에 있는 섬.
- 노바스코샤반도와 케이프브리튼 사이를 가르는 좁은 해협.

곳에서는 사발레 선장Captain Savalet이라고 불리는 생존드뤼스● 출신의 훌륭한 노신사가 고기를 잡고 있다가, 최대한 예우를 갖춰 우리를 맞이했다. 작지만 매우 훌륭한 이 항구에 이름이 없기에, 나는 내 해도에 그 항구 이름을 사발레라고 써넣었다(샹플랭의 지도에도 그렇게 씌어 있다). 그 노신사는 이번 항해가 자신이 배를 타고 그 지역에 오간 것으로 따질 때 마흔두번째라고 우리에게 알려주었다. 그런데 뉴펀들랜드의 프랑스인(테르뇌비어Terre neuvier)들은 일 년에 딱 한 번만 항해를 나간다고 했다. 그는 자신의 고기잡이를 대단히 만족스럽게 생각했다. 하루에 50크라운●●에 해당하는 대구를 잡는다고 했다. 이번 항해로 1만 프랑●●●을 벌 거라고도 했다. 그가 고용하고 있는 선원은 열여섯 명이었다. 그의 배는 80톤짜리로 건대구 10만 마리를 실을 수 있는 어선이었다.(『뉴프랑스의 역사』 1612년 판본) 그들은 잡은 고기들을 해변의 바위 위에서 말렸다.

'이졸라 델라 레나●●●●'(세이블섬●●●●●)는 '누오바 프란차●●●●●●'의 해도에 나온다. 위에서 언급한 라무지오의 책 3권(1556~1565년)의 '서설'에 등장하는 노럼베가도 그 해도에 함께 표시되어 있다. 샹플랭은 1604년에 그곳에 대해 이야기하면서 '포르투갈인들이 60년도 더 전', 즉 1613년보다 60년 전에 "거기로 싣고 온 황소와 암소

● St. John de Lus, 프랑스 남서쪽에 있는 항구도시 생장드뤼즈Saint Jean de Luz를 가리키는 듯하다.
●● 지금의 영국 돈으로 약 12.5파운드.
●●● 1800년대 중반 당시 1달러가 38프랑이었으므로 약 260달러에 해당한다.
●●●● Isola della Rena, 이탈리아어로 '모래섬'이라는 뜻.
●●●●● 노바스코샤에서 남동쪽으로 175킬로미터 떨어진 곳에 있는 섬.
●●●●●● Nuova Francia, 이탈리아어로 '뉴프랑스'라는 뜻.

들이 풀을 뜯어먹고 있는"세이블섬이 있다고 말한다. 또 그는 나
중에 나온 판본에서 그 소떼가 케이프브리튼섬에 정착하려고 애
를 쓰다 길을 잃은 스페인 선박에 실려 왔다고 말한다. 그는 또
1598년 드 라 로슈 후작•이 식민지 개척을 위해 이끌고 온 사람들
이 7년 동안 그 섬에 머물면서 그곳에서 '엄청나게 많은' 소떼를 발
견하고 그 고기를 먹으며 살았고, 나무나 돌 하나 없는 섬이었지
만 그곳으로 떠밀려온 선박들(아마도 길버트의 선박들로 추정된다)
의 잔해를 이용해 집을 지었다고 했다. 레스카르보는 그들이 "바롱
드 르리Baron de Leri와 생쥐스트••가 약 80년 전에 그곳에 두고 간
암소의 우유와 물고기를 먹고"살았다고 말한다. 샤를부아는 그들
이 소들을 다 잡아먹은 뒤에는 물고기를 잡아먹고 살았다고 말한
다. 할리버튼은 거기 남겨진 소떼 이야기는 풍문일 뿐이라고 말한
다. 밴크로프트는 샤를부아를 언급하면서, 드 르리와 생쥐스트가
1518년에 일찌감치 세이블섬을 식민지로 개척할 것을 제안했다고
주장한다. 하지만 이것들은 내가 인용할 수 있는 아주 적은 사례들
에 불과하다.

일반적으로 케이프코드는 1602년에 처음 발견되었다고들 말한
다. 우리는 역사적으로 확실하게 인정받는 최초의 영국인들이 어
떤 상황에서 어떤 정보와 기대를 안고 뉴잉글랜드 해안에 접근했
는지 면밀히 살펴보려고 한다. (고스널드와 신세계 탐험에 동행한 두 사람)

• Marquis De La Roche, 세이블섬 정착을 최초로 시도한 프랑스 귀족으로 뉴프랑스
총독을 역임한 트루알뤼스 드 메스쿠에Troilus de Mesquoez를 가리킨다.
•• Saint Just, 프랑수아 1세 때 이곳에 파견된 귀족으로 보이나 가공의 인물로 보는 역
사가들도 있다.

아처•와 브레러턴••의 설명에 따르면, 구력 1602년 3월 26일 바솔로뮤 고스널드 선장은 콩코드호라고 불리는 소형 범선을 타고 잉글랜드 펠머스에서 출항해 버지니아 북부로 향했다. 그들은 모두 합해 "서른두 명이었는데, 그 가운데 여덟 명이 선원과 항해사였고, 열두 명은 신대륙 발견 뒤 배를 타고 잉글랜드로 돌아갈 사람들이었고, 나머지는 주민으로 남을 사람들이었다." 오늘날 이것은 "영국인이 뉴잉글랜드 지역에 정착하려 한 최초의 시도"로 간주되고 있다. 카나리아제도를 경유하는 것보다 더 짧은 새로운 항로를 찾고 있던 그들은 "같은 해 4월 14일 아조레스제도•••에 속한 세인트메리섬••••을 발견했다." 그들의 배에는 항해사가 몇 안 되는데다, (그들 자신의 표현에 따르면) "경험 많은 뛰어난 항해사는 전혀 없고", 더구나 "미지의 해안에 진입하고" 있었기 때문에, "시야가 확 트인 온화한 날씨만 믿고 그 해변에 잠시 들를 정도로 만용을 부리지는" 못했다. 어쨌든 그들은 그렇게 그 섬을 최초로 발견했다. 4월 23일, 바다 색깔이 노랗게 보였다. 하지만 들통으로 바닷물을 조금 떠보니 "푸른 하늘을 닮은 바닷물의 색깔도 맛도 전혀 바뀌지 않았다." 5월 7일, 그들은 자기들도 이미 알고 있는 다양한 새들뿐 아니라 생전 처음 보는 "영어 이름이 없는" 많은 새들을 보았다. 5월 8일, "바다 색깔이 노란빛이 감도는 초록색으로 바뀌었고, 수심이

• 가브리엘 아처Gabriel Archer, 케이프코드를 탐험한 뒤 1607년 제임스타운에 정착한 초기 탐험가.
•• 존 브레러턴John Brereton, 당시 항해에서 기록자 역할을 담당했다.
••• 포르투갈 앞바다에 있는 군도群島로 카나리아제도보다 북서쪽에 위치한다.
•••• 보통 '산타마리아Santa Maria'라고 부른다.

약 125미터인 지점에" 해저 "바닥이 있었다." 5월 9일, 그들의 앞에는 "반짝거리는 많은 돌들"이 있었다. "그 돌들 밑에 어떤 광물질이 있다는 암시일 수도 있었다." 5월 10일, 그들은 세인트존섬의 서쪽 끝부분 근처라고 생각했던 모래톱 너머에 있었는데, 거기서 물고기떼를 보았다. 5월 12일, 그들은 "가는 길에 계속해서 언뜻언뜻 군소● 들을 마주쳤는데, 그것들은 마치 북동쪽으로 이동하는 것처럼 보였다." 5월 13일, 그들은 "거대한 잡초 벌판과 많은 나무들, 그리고 해변을 떠다니는 다양한 것들"을 관찰했다. "그 해안에서는 스페인 남쪽 끝 곶이 있는 안달루시아에서 나는 것과 같은 냄새가 났다." 5월 14일 금요일, 그들은 아침 일찍 멀리 북쪽으로 어렴풋이 보이는 땅을 발견했다. 북위 43도에 있는 메인주 해안의 일부가 분명했다. 윌리엄슨은 그곳이 숄스제도●● 중심부로부터 남쪽일 리는 없을 거라고 말한다(『메인주의 역사』). 벨냅은 그곳이 케이프앤의 남쪽 측면이라고 생각하는 경향이 있다. 같은 날 낮 12시쯤 그들은 해안 옆으로 순조롭게 배를 대고 정박했다. 그러자 "돛을 달고 노를 저어 항해하는 비스케이 샐럽●●●을 탄" 원주민 여덟 명이 "쇠갈고리●●●● 하나와 구리 주전자를 들고" 그들을 찾아왔다. 처음에 그들은 이들을 "곤궁에 빠진 기독교인들"로 착각했다. 그들 가운데 한 명은 "우리 선원들이 즐겨 입는 옷을 본뜬 조끼와 검은색 모직 반바지를 입고

● sea-hare, 귀 모양 때문에 '바다토끼'라고 부르는 바닷가 연체동물. 본문에는 'sea-oare'로 표기되어 있는데 오기가 아닐까 생각된다.
●● 미국 동부 해안에서 약 10킬로미터 떨어진 곳에 있는 작은 섬들로 이루어진 제도로 메인주와 뉴햄프셔주로 나뉜다.
●●● 비스케이만 포경선원들이 타는 작은 돛단배로 여러 명이 노를 저어 이동한다.
●●●● 두 선박을 연결할 갈고리 닻으로 보인다.

남성용 긴 양말과 신발을 신었고, 나머지는 (파란 천으로 된 반바지를 입은 한 명을 빼고는) 모두 발가벗고" 있었다. 그들은 "바스크인들, 즉 생존드뤼즈• 사람들"과 거래를 해온 것으로 보였다. 그 영국인••의 말에 따르면, "그들은 우리가 그들의 말을 이해하는 것보다 우리의 말을 훨씬 더 많이 이해하는 것 같았다." 그러나 그들은 곧 "이 원주민들과 함께 그들의 해안을 떠나 서쪽을 향해 출항했다."(이것은 신대륙 발견자들에게는 주목할 만한 큰 발견이었다.)

가브리엘 아처의 기록에 따르면, "5월 15일, 우리는 다시 전방에 보이는 땅을 발견했다. 그 땅과 본토 사이의 서쪽에서 큰 소리가 났기 때문에 그 땅을 섬이라고 생각했다. 그런데 그곳의 서쪽 끝에 도착한 뒤 우리는 그것이 거대한 곳이라는 것을 알았다. 우리는 그곳을 숄호프Shoal Hope라고 불렀다. 우리는 이 곳 근처 수심이 약 27미터 되는 지점에 닻을 내렸다. 그곳은 거대한 대구 어장을 이루고 있었는데, 그래서 나중에 그곳 이름을 케이프코드라고 바꿔 불렀다. 우리는 그곳에 청어와 고등어 같은 작은 물고기의 대가리들이 지천으로 널려 있는 모습을 보았다. 그곳은 지대가 낮은 모래톱이지만 위험하지는 않았다. 우리는 다시 북위 42도의 육지 옆에 안전하게 닻을 내렸는데, 수심이 약 29미터인 지점이었다. 이 곳은 폭이 1.5킬로미터 가까이 되고 북동쪽에서 약간 더 동쪽에 위치해 있다. 선장은 그 지점에서 배에서 내려 뭍에 올랐다. 거기서 아직

• St. John de Luz, 앞에서는 '생존드뤼즈St. John de Lus'로 표기했으나 마찬가지로 지금의 생장드뤼즈St. Jean de Luz를 말하는 것으로 보인다.
•• 이 항해의 기록을 담당한 아처나 브레러턴을 지칭한다.

여물지 않은 완두콩과 딸기, 산앵두 같은 열매들로 뒤덮인 지대를 발견했다. 약간 깊은 해안가 옆은 모래밭이었다. 우리는 거기서 사이프러스와 자작나무, 위치하젤, 너도밤나무 가지를 주워서 장작으로 썼다. 활과 화살로 무장한 젊은 인디언 한 명이 선장을 만나러 이곳에 왔다. 그는 양쪽 귀에 둥근 구리판을 달고 있었으며 우리가 필요한 것들을 도와줄 의향이 있음을 보여주었다.”

“5월 16일, 우리는 해안을 따라 남쪽으로 갔다. 그 지역은 온통 풀로 덮인 평원이었지만 섬들에는 나무들이 듬성듬성 자라고 있었다.”

한편 존 브레러턴의 설명에 따르면, 그들은 원주민들과 최초로 대화를 나눈 장소인 “이곳에 정박중이었지만, 정박하기 좋은 항만이 전혀 아니고 날씨도 어떻게 변할지 몰랐기 때문에, 당일 오후 3시쯤에 닻을 올렸다. 그뒤 남쪽으로 멀리까지 야간 항해를 하면서 동풍을 한 차례 만났는데, 다음 날 아침 배가 웅장한 모습의 곶으로 이어진 만 안에 진입해 있다는 것을 알았다. 그날 9시쯤 해변에서 약 4킬로미터 안에 정박하고 배에 딸린 상륙용 샬럽 보트 한 척을 바다에 띄웠다. 바솔로뮤 고스널드 선장을 비롯해 나와 또다른 세 명이 흰모래와 매우 가파른 벼랑이 있는 해변에 상륙했다. 그날 오후 내내 우리는 매우 더운 날씨 속에서 머스킷총을 목에 걸고 배에서 본 벼랑의 꼭대기까지 행진했는데, 마침내 거기서 이 곳이 본토의 일부이며 작은 섬 여럿이 그 주위를 빙 둘러싸고 있음을 알았다. 저녁 무렵 샬럽 보트를 타러 돌아가는 길에(그 시간 우리 반대편 해안에서는 배들이 하나둘 닻을 내리고 열을 짓고 있다) 중간 키이고 호감 가는 얼굴의 젊은 인디언 한 명을 우연히 만났다. 우리는 그와 친근감을 나눈 뒤, 해변에 그를 남겨두고 배로 귀환했다. 대여섯 시간 자리를 비운 사이에 선원들은 대구를 엄청나게 많이 잡았는데, 나중에 그중 상당수를 다시 바다로 던져버렸다. 단언컨대 3월, 4월, 5월에 이 해안에서는 고기가 더 잘 잡힌다. 그것도 뉴펀들랜드 해안만큼이나 엄청나게 많이 잡힌다. 우리는 날마다 그 해안을 오가면서 고등어, 청어, 대구 같은 물고기의 대가리들을 보았는데, 그 광경은 놀라웠다."

"여기서부터 우리는 이 곳을 나침반이 가리키는 거의 모든 방향을 따라 빙 둘러 항해했다. 해안가 절벽은 매우 가팔랐다. 어떤 해안도 위험하지 않은 곳이 없다는 점을 감안할 때, 이곳은 그나마 안전한 편이라고 생각한다. 이 해안은 땅이 다소 낮고 잘 자란 나무들이 가득하지만 평야지대인 곳도 있다."

그들이 케이프코드의 어느 쪽에 상륙했는지는 명확하지 않다. "여기서부터 우리는 이 곳을 나침반이 가리키는 거의 모든 방향을 따라 빙 둘러 항해했다"라는 브레러턴의 말처럼 케이프코드만 안쪽으로 상륙했다면, 그곳은 트루로나 웰플릿의 서쪽 해안이었음이 틀림없다. 곶을 따라 반스터블만까지 남쪽으로 항해하는 사람을 볼 수 있는, "흰모래와 매우 가파른 벼랑이 있는 해변"은 이 두 지역뿐이기 때문이다. 이곳의 모래톱은 동쪽 해안처럼 높지 않다. 6~8킬로미터 떨어진 곳에 있는 모래절벽은 노르스름한 사암으로 쌓은 요새의 장벽이 길게 늘어선 것처럼 보이는데, 특히 웰플릿에서는 바다의 침식에 맞서 스스로를 지키는 방벽으로 매우 평평하고 고른 형태를 하고 있다. 모래절벽들은 마치 페인트를 뿌린 것처럼 붉은 모래가 여기저기 줄무늬를 이루고 있다. 해안을 따라 남쪽으로 더 내려가면 지대는 더욱 평평해지고 모래가 있는 듯 없는 듯하다가 갑자기 모래사장이 펼쳐지곤 한다. 그리고 군데군데 습지들에서 감도는 초록 빛깔은 선원들의 눈에 희귀하고 값비싼 에메랄드처럼 보인다. 그러나 다음해* 프링의 항해일지**에는 이렇게 기술되어 있다. "우리는 이곳(새비지록Savage Rocks)을 떠나 고스널드 선장이 지난해에 그냥 지나쳐버린 그 거대한 만으로 향했다."[2]

고스널드 일행은 그렇게 케이프코드의 바깥쪽으로 돌아서 남동쪽 끄트머리 '포인트케어***'라고 불리는 곳으로 배를 몰아 그들이 마서스 빈야드(지금은 노맨스랜드****라고 불린다)라고 이름 붙인 섬에 도착했다. 그리고 그들이 잠시 머물렀던 또다른 섬은 일행 중 한 사람이 여왕에게 경의를 표하는 의미로 엘리자베스섬이라고 이름을 붙였는데, 지금은 인디언들이 붙인 이름인 커티헝크*****섬으로 알려져 있다. 그들은 거기에 작은 창고를 하나 지었고, 그것은 영국인이 뉴잉글랜드 땅에 지은 최초의 집이었다. 그곳의 지하 저장고를 최근까지도 볼 수 있었는데, 해변에서 주워온 돌들을 부분적으로 재료로 썼다. 밴크로프트에 따르면(그의 저서 『미국사』 1837년 판본), 폐허가 된 그 저장고의 흔적은 이제 더이상 찾아볼 수 없다. 거기

---

* 1603년.
** 원제목은 『마틴 프링의 항해The Voyage of Martin Pring』이다.
*** '각별히 조심해야 할 장소'라는 의미로 보인다.
**** 현재 노맨스랜드는 마서스 빈야드 섬보다 남쪽에 있는 작은 섬이다.
***** 왕파노아그어로 '거대한 바다 위에 누워 있는 것'이라는 뜻.

에 남아 있는 것에 만족을 느끼지 못한 그들은 6월 18일에 사사프라스나무와 다른 원자재들을 한 보따리 챙겨서 잉글랜드로 배를 몰았다.

그 이듬해에 마틴 프링은 사사프라스나무를 찾아 다시 그곳에 왔다. 그뒤로 사람들이 엄청나게 많이 찾아오면서 사사프라스나무의 명성은 사라지고 말았다.

이 이야기들은 우리가 아는 케이프코드에 대한 가장 오래된 설명이다. 그렇지 않다면 아마도 케이프코드는 일부 사람들이 생각하듯이 고대 아이슬란드의 필사본 기록들에 나오는 것처럼 1004년 붉은 에릭*의 아들 토르발**이 그린란드에서 남서쪽으로 며칠을 항해하다 배의 용골이 부서진 '키알아르네스Kial-ar-nes', 즉 킬케이프***와 같은 곳일 수도 있다. 또다른 기록에 따르면, 어떤 면에서는 그다지 신뢰하기 어렵기는 하지만 토르핀 칼세프네 Thorfinn Karlsefne(칼세프네는 '수완가 또는 대성할 인물'이라는 뜻으로, 그는 뉴잉글랜드에서 아들을 하나 낳았다고 전해진다. 그의 자손 중 한 명이 유명한 조각가 토르발센****이다)가 1007년에 아내 구드리다와 뛰어난 스칸디나비아 용사들인 스노레 토르브란손, 비아르네 그리몰프손, 그리고 토르할 감라손과 함께 "160명의 사람과 온갖 종류의 가축"(아마도

● 그린란드에 최초로 정착한 스칸디나비아반도의 탐험가이자 아이슬란드 지역의 영웅적 인물 에릭 토르발손Erik Thorvaldsson. '붉은 에릭'은 머리카락이 붉은색이어서 붙여진 별명이다.
●● 붉은 에릭에게는 아들이 셋 있었는데, 그중 둘째 아들인 토르발 에릭손을 말한다.
●●● Keel-Cape, '용골곶'이라는 뜻.
●●●● 베르텔 토르발센Bertel Thorvaldsen, 〈황금양피를 두른 이아손〉으로 유명한 18~19세기의 네덜란드 조각가.

그중에는 시궁쥐들도 끼어 있었을 것이다)을 실은 세 척의 배에 나눠 타고 항해하다가 그들의 "오른쪽에 있는" 육지를 발견하고는 "해안으로 노를 저어" 갔는데, 거기에는 "외레피ör-æfi(미답의 황무지)"와 "스트란디르 랑가르 오크 산다르Strand-ir láng-ar ok sand-ar(길고 좁은 해변과 모래언덕들)"가 펼쳐져 있었다. 그들은 "그 해안을 푸르두스트란디르Furdu-strand-ir(신비한 해변)라고 이름 붙였는데, 그 해안을 따라 항해하는 것이 너무 길게 느껴졌기 때문이었다."

앞서 말한 아이슬란드 고문서들에 나온 대로 "옛날처럼 아버지와 함께 다가올 겨울을 보내기로" 작정하고 먼저 그린란드로 이주한 아버지를 만날 큰 기대에 부풀어 986년에 아이슬란드에서 그린란드까지 항해한 비아르네 헤리울프손Biarne Heriulfson(헤리울프의 아들)이라는 사람에 대한 언급이 없었다면, 토르발은 폭풍 때문에 원래 목표했던 곳보다 남서쪽으로 더 멀리 떠내려간 뒤 날이 개었을 때 멀리서 희미하게 어른거리는 케이프코드의 저지대를 본 최초의 인물이었다고 말할 수 있을 것이다. 그러나 이곳은 그가 알고 있는 그린란드의 지형과 일치하지 않았기 때문에, 그는 항로를 바꿔 해안을 따라 북쪽으로 배를 몰아 마침내 그린란드에 도착해 아버지를 만났다. 어쨌든 그는 아메리카 대륙을 최초로 발견한 사람으로 인정해달라고 충분히 주장할 수도 있을 것이다.

이 스칸디나비아인들은 어린 아들들에게 대양을 물려주고 나침반이나 해도 없이 바다를 횡단하게 한 강인한 민족이었다. 흔히 말하듯이 그들은 '바람을 이용해 항해하는 기술을 습득한 최초의 사람들'이었다. 더 나아가 그들은 한곳에 정착하지 않았고, 새로운 땅을 발견하면 기존의 문기둥을 바다에 내던지고 새 터전에 자리를 잡는 풍습이 있었다. 그러나 비아르네, 토르발, 토르핀이 자신들이 항해한 곳의 위도와 경도를 명확하게 언급하지 않았기 때문에, 우리가 아무리 그들을 숙련되고 모험심 강한 항해사들로 존경한다 해도 당시에 그들이 어떤 곳들을 보았는지 정확하게 알 수 없는 것이 사실이다. 우리는 당시에 그들이 훨씬 더 북쪽으로 올라가 있었던 것이 틀림없다고 생각한다.

시공간이 허용된다면 나는 다른 여러 중요한 인물들이 주장하는 것들을 더 보여줄 수 있을 것이다. 1609년에 레스카르보는 "거의 모든 유럽인들을 먹여살리고 모든 원양어선들에 공급할 만큼 대구가 많이 나기 때문에" 아주 오랜 옛날부터 프랑스 뱃사람들이 뉴펀들랜드 어장을 빈번히 들락날락했다고 주장한다. 따라서 "그 인근 지역에서 쓰는 언어의 절반 정도가 프랑스 바스크 지방 말이다." 그는 바스크, 브르타뉴, 그리고 노르만 지역 사람들이 그랜드뱅크와 인근 섬들을 발견했다고 알려지고 6년밖에 지나지 않은 1510년에 태어난, 박식하지만 과장이 좀 심한 프랑스인 저술가 포스텔*이 우리는 본 적이 없는 저서 『지리서*Charte Géographique*』에 기술한 내용 일부를 인용한다. 거기에는 라틴어로 "이 땅은 매우 수익성이 좋은 어장 때문에 유사 이래로 갈리아인**들이 들락거렸고, 1600여 년 전부터는 더욱 수시로 들락거렸다. 그러나 이후

• 기욤 포스텔Guillaume Postel, 16세기 프랑스의 언어학자·천문학자·종교적 보편주의자. 여러 나라 말을 하고 고대 그리스어와 라틴어에 정통했다.
•• 지금의 북이탈리아, 프랑스, 벨기에 지역에 살던 고대 켈트인을 지칭한다.

에도 그곳에는 도시들이 생겨나지 않았고 황량한 주변 환경 때문에 사람들의 이목에서 벗어나고 말았다(Terra haec ob lucrosissimam piscationis utilitatem summa litterarum memoria a Gallis adiri solita, et ante mille sexcentos annos frequentari solita est; sed eo quod sit urbibus inculta et vasta, spreta est)"라고 쓰여 있다고 한다.

이런 일은 흔히 일어난다. 밥 스미스라는 사람이 광산을 발견했는데, 내가 그 사실을 세상 사람들에게 알렸다고 하자. 그러면 밥 스미스는 자신의 의견을 그 이야기에 끼워넣을 것이다.

그러나 포스텔과 그의 상상력을 비웃지는 말자. 어쩌면 그는 우리보다 더 잘 알고 있었을지도 모른다. 만일 그가 이야기를 지나치게 부풀린 것처럼 보인다면, 그것은 그가 대서양을 완전히 횡단하기에는 아직 어렸기 때문일지도 모른다. 만일 북아메리카가 발견되었다가 한동안 다시 사라졌다면, 우리 대다수가 생각하듯이 또다시 발견되는 일이 왜 생기지 않았겠는가? 특히 그보다 더 일찍 발견되었다는 기록이 없을 가능성이 크다면 말이다. 역사가 어떻게 만들어지는지 생각해보라. 그것은 대개 후세에 의해 합의된 이야기일 뿐이다. 일전에 벌어진 체르나야 전투*에 얼마나 많은 러시아인이 참전했는지 누가 우리에게 알려주겠는가? 그렇지만 역사가 스크리블레루스 씨**는 예외 없이 학생들이 뛰어난 기억력으로 암기할

• 1855년 8월 크림전쟁 동안 크림반도의 체르나야강에서 벌어진 러시아 대 프랑스·사르디니아·오스만 제국 연합군의 전투로 러시아가 패퇴했다.
•• Mr. Scriblerus. 18세기 초 조너선 스위프트와 알렉산더 포프 같은 사회풍자작가들이 런던을 기반으로 결성한 비공식 작가협회인 스크리블레루스 클럽Scriblerus Club에서 가상의 역사가의 이름을 따온 것으로 보인다.

수 있는 정확한 숫자를 제시할 것이다. 그렇다면 살라미스 해전°에 참전한 페르시아 군인의 수는 어떠할까? 내가 읽은 역사책을 쓴 역사가는 그 해전의 구체적인 내용이 알려지기도 전에 양쪽 군대가 어떻게 배치되었고 저마다 어떤 전술을 썼는지에 대해 언론 보도를 위해 기사에 최근 전투 상황을 설명하는 사람들만큼이나 많은 것을 알고 있었다. 만일 내가 지금까지 나온 세계사 책을 손에 들고 인류의 삶을 처음부터 다시 살게 된다면(물론 그렇게 하려고 하지도 않겠지만) 그 내용들이 정말 맞는지 확답할 수 없을 거라고 생각한다.

어쨌든 케이프코드는 포스텔이 언급한 때보다 더 이른 시기에 문명세계에는 완전히 베일에 가려진 곳이었다. 물론 그때도 태양은 날마다 동해 바다로부터 떠서 곶의 상공을 빙그르 돌아 그 너머 서쪽의 만으로 떨어졌다. 그때도 그곳은 곶과 만이었다. 아아, 아마 그때도 대구들이 떼 지어 몰려다녔고, 바다는 매사추세츠주 해안가를 따라 만을 이루고 있었을 것이다.

꽤 최근인 구력 1620년 11월 11일, 잘 알려진 바와 같이 청교도들이 메이플라워호를 타고 와 케이프코드 항만에 닻을 내렸다. 그들은 같은 해 9월 6일 잉글랜드의 플리머스를 떠나왔다. 『모트의 항해일지』에는 다음과 같이 나와 있다. "11월 9일, 마침내 우리는 신의 섭리로 거센 폭풍 속에서 온갖 난관을 이겨내고 케이프코드로 생각되는 땅을 찾아냈다. 그리고 그것은 나중에 사실로 판명되

• 기원전 480년 그리스 해군이 페르시아 해군을 격퇴한 해전.

었다. 11월 11일, 우리는 만에 닻을 내렸는데, 그곳은 좋은 항구이자 쾌적한 만으로, 입구를 제외하고는 둥글게 원을 그리는 모양새였다. 육지의 너비는 6.5킬로미터쯤으로 바다 바로 근처까지 참나무, 소나무, 노간주나무, 사사프라스처럼 냄새가 좋은 나무들이 빙 둘러 자라고 있었다. 또한 그곳은 수많은 범선들이 안전하게 정박할 수 있는 항만이었다. 거기서 우리는 나무와 물을 사용해서 용변을 볼 수 있었고 생기를 되찾았다. 우리의 샬럽 보트는 주거지를 찾기 위해 만의 곡선을 따라 육지 가까이 붙은 채 항해하기에 적합했다." 거기서 우리는 숙박비가 너무 비싼 필그림 하우스를 지나쳐(그런 비싼 호텔에 묵지 않은 게 잘한 일이라는 것을 나중에 알았다) 풀러스 호텔이라는 곳에 묵었다. 다진 생선요리와 콩, 그리고 반주를 한 잔 곁들여(취할 정도는 아니었다) 원기를 북돋웠고, 다리에 다시 생기가 돌자 대서양 방면의 해안선을 따라 나란히 걸었다. 청교도들은 또 이렇게 말한다. "수심이 얕은 탓에 해변에서 0.75영국해상마일(약 1.4킬로미터) 떨어진 지점까지밖에 다가갈 수 없었다. 하지만 그것은 편견 때문에 내린 크게 잘못된 판단이었다. 왜냐하면 해변에 상륙하려고 물에 들어간 사람들은 육지까지 300~600미터를 힘겹게 물살을 헤치며 걸어가야 했고, 그래서 많은 사람이 감기와 기침으로 곤욕을 치렀기 때문이다. 매섭게 추운 날씨도 여러 번 있었다." 훗날 그들은 이렇게 말한다. "그래서 우리 중 많은 사람이 허약해졌다." 그리고 그것은 플리머스에서 일부 청교도들의 죽음으로 이어졌다.

프로빈스타운 항만은 해변 가까운 곳의 수심이 매우 얕다. 그 옛날 청교도들이 상륙한 곳의 머리 주변은 특히 더 얕다. 다음해 여름● 내가 이곳을 떠날 때는 증기선이 부두에 정박할 수가 없었다. 그래서 수심이 얕은 해변을 150미터쯤 짐마차로 이동한 뒤 대형 보트에 올라탔고, 그러는 동안 한 무리의 어린 소년들이 물살을 힘겹게 헤치며 우리 뒤를 졸졸 따라왔다. 그뒤 우리는 밧줄을 잡아당기며 증기선까지 갔다. 이처럼 그 항만은 해변의 수심이 얕고 모래가 많아서, 연안 연락선 선원들은 썰물이 되어 배가 해변 위로 올라와 바닥을 드러내고 말라 있을 때 달려와 배에 페인트를 칠하곤 한다.

우리가 거기에 머물던 어느 일요일 아침, 나는 부두의 판자 더미 위에 앉아 하릴없이 빈둥거리며 담배를 피우고 있는 한 무리의 남자들과 어울렸다(nihil humanum a me, &c.●●). 그때 우리가 묵던 호텔 주인이 밖으로 나오더니, 해변에서 배에 페인트칠을 하고 있던 일부 선원들에게 더이상 일을 하지 말라고 했다. 알고 보니 그는 안식일을 지키도록 교인들을 독려하고 교회 질서를 유지하는 교구 관리직을 맡고 있었다. 이따금씩 우리 일행 사이로 새로운 사람들이 끼어들었는데, 그들은 모두 막 잠자리에서 일어난 사람들처럼 눈을 비비며 왔다. 한 노인이 나에게 일요일은 쉬는 날이기 때문에 늦게까지 침대에 누워 있는 것이 이곳의 관습이라고 말했다. 나는 그 사람들이 우리 모두를 위해 배에 페인트칠을 하도록 놓아두는 것이 더 나을 거라고 말했다. 시끄럽지 않아서 예배나 기도에

● 두번째 여행 때인 1850년 6월.
●● 고대 로마의 희극작가 푸블리우스 테렌티우스 아페르Publius Terentius Afer가 남긴 라틴어 문구의 일부로, 완전한 문장은 '나는 인간이다. 인간과 관련해서 나와 아무 상관도 없는 일은 없다'라는 뜻의 "Homo sum, ac nihil humanum a me alienum puto"이다.

방해가 되지 않을 것이기 때문이었다. 그러나 우리와 함께 있던 한 청년이 입에 물고 있던 파이프를 빼들면서, 그러면 그가 말하는 하느님의 율법을 정면으로 어기게 된다고 했다. 그들에게 그런 통제라도 없다면 그들은 해변으로 달려가 타르를 바르고 장치를 점검하고 페인트칠을 하느라 안식일을 전혀 지키지 않을 거라고 말이다. 비록 그가 종교의 이름으로 그렇게 말한 것은 아니지만, 충분히 일리가 있는 주장이었다. 이듬해 여름 매우 후덥지근했던 일요일 오후에 나는 다시 그곳의 한 언덕에 앉아 있었는데, 거기서 보니 예배당의 창문들이 다 열려 있었다. 그 창문들을 통해 흘러나오는 목사의 설교 소리가 깊은 사색에 잠긴 내 마음을 흩어놓았다. 설교자는 고요한 대기의 기운을 불경하게 어지럽히는 비속한 갑판장처럼 소리를 질렀다. 내 생각에 틀림없이 외투를 벗어던진 모습일 것 같았다. 나는 교회와 예배 질서를 수호하던 그 교구 관리자가 설교자를 말리면 좋겠다고 생각했다.

메이플라워호를 타고 온 청교도들은 이렇게 말한다. "그곳에는 우리가 여태껏 본 중에 가장 많은 새들이 있었다."

하지만 우리는 거기서 다양한 종류의 갈매기들 말고는 다른 어떤 새도 보지 못했다. 다만 프로빈스타운 항만 동쪽 수심이 얕은 바닷가 저지대에는 지금까지 본 갈매기떼 가운데 가장 큰 무리가 있었다. 그 갈매기들의 사진을 찍기 위해 해변을 따라 보트를 타고 살금살금 이동하다가 우리는 그곳에 내린 한 남자를 보았다. 거대한 무리의 갈매기들이 황급히 날갯짓을 하며 날아올라 흩어졌다. 만찬이 다 끝난 것이 분명했다. 비록 그 남자는 자기 일을 끝내지

한낮의 휴식

못했지만 말이다.

옛날에 청교도들(또는 그들의 소식을 전한 사람들)이 이곳 풍경을 묘사할 때 케이프코드에 나무가 많이 우거졌을 뿐 아니라 토양이 깊고 기름지다고 말하면서 모래라는 단어는 거의 언급하지 않았다는 사실은 매우 주목할 만하다. 오늘날 여행자들이 이 땅에서 받는 인상은 황량함과 고적감이다. 그런데 그들은 "네덜란드의 낮은 구릉지와 많이 닮았지만 훨씬 더 좋은 땅과 흙, 모래언덕, 다시 말해 단단한 지각과 쇠꼬챙이가 들어갈 만한 깊은 땅, 기름진 흑토"를 발견했다. 반면 우리는 정말로 그 어디서도 그런 단단한 지각을 볼 수 없었고 이렇다 할 만한 토양도 전혀 보지 못했다. 만일 습지들이 없었다면, 프로빈스타운에서는 화분 하나를 채울 정도의 충분한 흑토도 보지 못했을 것이다. 그들은 그곳에 "참나무, 소나무, 사사프라스, 노간주나무, 자작나무, 호랑가시나무, 포도나무, 물푸레나무 일부, 호두나무가 우거져 있는 것"을 발견했다. "그 나무들 대부분이 덤불로 둘러싸인 모습이 아니라 탁 트인 채로 자라고 있어서 그 안으로 걸어들어가거나 수레를 타고 들어가기가 쉽다"라고 했다. 하지만 우리는 프로빈스타운의 동쪽 끝에서 키가 약간 작은 나무숲과 그 주변 뜰에 심긴 정원수들을 제외하고는 나무라고 부를 만큼 키가 큰 것들을 거의 보지 못했다. 그 뒤편 모래언덕에 앞서 말한 종류의 나무들 일부가 매우 소규모로 자라고 있을 뿐이었다. 우뚝 솟아오른 나무는 한 그루도 없이 키 작은 나무들만 빽빽이 들어선 관목림이어서, 사람이 안으로 걸어들어가거나 수레를 몰고 들어가기에는 좋지 않았다. 그 지역 땅의 상당 부분은 바람에 잔물결이 이는 것처럼 파문을 그리는 황사들로 뒤덮인 완벽한 사막지대로, 약간의 개풀만 여기저기 드문드문 자라고 있었다. 그들은 이스트하버크리크의 맨 위쪽을 통과한 직후 큰 나뭇가지들과 관목 덤불들이 그들의 "두툼한 겨울옷을 갈기갈기 찢어놓았다"라고 말한다(호기심에 그 관목 덤불로 갔을 때, 우리가 입은 두툼한 옷에도 똑같은 일이 일어났다). 그들은 또 "관목과 우드게일, 그리고 길게 자란 풀들로 가

득한" 내륙 깊숙이 움푹 들어간 분지에 이르러 "신선한 민물이 솟아
오르는 샘들을 발견했다."

우리는 그곳 대부분의 지역에서 큰 가지나 덤불을 보지 못했다.
간혹 그런 것들을 보기는 했지만, 옷이 찢겨나가고 양털이 걸려 뜯
겨나갈 정도의 관목은 아니었다. 물론 그곳에는 양이 먹고 성장할
정도의 목초가 충분히 자라고 있었다. 우리가 본 풀들은 개풀과 불
모지풀, 그리고 지표면을 밤색으로 물들이기에 충분한 애기수영뿐
이었다. 당시에 그들이 우드게일이라고 말한 풀은 베이베리가 아닐
까 생각된다.

지금까지 소개한 그들의 모든 설명은 100년 전 케이프코드에서
이 지역이 나무들로 제법 우거져 있었음을 증언한다. 그러나 여러
측면에서 그동안 이 지역에 발생한 거대한 변화에도 불구하고, 나
는 메이플라워호를 타고 이곳에 온 청교도들이 이 지역을 초목이
우거진 곳으로 묘사한 것에는 이런 문제들에 대한 그들의 경험 부
족을 감안해야 한다고 생각한다. 나는 당시에는 이곳에 큰 나무들
이 자랐다거나 이곳의 지반이 깊었다고 생각하지 않는다. 그들의
설명은 일부 사실도 있을지 모르지만 일반적으로는 사실이 아니다.
그들은 케이프코드의 일부에 불과한 것들을 있는 그대로뿐 아니라
비유적으로도 바라보았다. 자기들이 밟은 땅의 아름다움과 매력을
과장하는 것은 자연스러운 일이다. 불안하고 위험한 여정 끝에 마
침내 밟은 땅인데 어떠한들 반갑지 않았겠는가. 그들에게는 그 땅
의 모든 것이 장밋빛으로 보였고, 노간주나무와 사사프라스의 향
기가 나는 것 같았다. 그들보다 6년 전 이 해안에 온 존 스미스 선

장의 설명은 일반적이고 다소 무미건조해서 그들의 설명과 매우 다르다. 그는 세상의 너무도 많은 곳을 여행하고 보았기 때문에, 무엇에 대해서도 과장해서 말하지 않았다. 심지어 그곳에 오래 머무르지 않은 늙은 여행자, 항해가, 군인처럼 말한다. 1616년에 발간된 『뉴잉글랜드 해설서A Description of New England』에서 그는 이후 플리머스라고 부르게 된 어코맥*에 대해 이렇게 말한다. "케이프코드는 그 자체로 특별하지는 않다. 관목 같은 소나무와 허츠(산앵두나무), 그리고 거기서 떨어져 쌓인 마른 가지들로 덮인 높은 모래언덕들로 이루어진 곳일 뿐이다. 하지만 사시사철 어떤 날씨에도 항만으로서 아주 훌륭한 구실을 한다. 이 곳은 한쪽에 거대한 대양을 접하고 있고 그 반대쪽에는 거대한 만이 있어 마치 낫과 같은 형태를 띠고 있다." 그보다 먼저 샹플랭도 케이프코드에 대해 이렇게 썼다. "우리는 그곳을 카프 블랑이라고 불렀는데, 모래로 뒤덮인 넓은 고원지대(사블 에 된sables et dunes)라서 그렇게 보였기 때문이다."

청교도들이 메이플라워호를 타고 플리머스에 도착할 때 그들의 소식을 전한 사람은 이렇게 말한다. "지표면의 깊이는 쇠꼬챙이가 들어갈 정도로 깊다." 그들이 생각하는 이상적인 지표면의 깊이가 그 정도였던 것으로 보인다. "또 어떤 곳은 매우 비옥한 검은 흙으로 뒤덮인 옥토이기도 하다." 그러나 『모트의 항해일지』의 공저자 중 한 명인 듯한 브래드퍼드에 따르면, 이듬해에 포춘호를 타고 대서양을 건너온 사람들**은 "케이프코드 항만에 진입해서 그곳이

---

* 오늘날 버지니아주 동부 해안에 어코맥 카운티가 있으나 그곳과는 다른 곳이다.
** 메이플라워호를 타고 1차로 도착한 청교도들의 가족 가운데 나중에 2차로 플리머

황량한 허허벌판임을 알고는" 다소 맥이 풀렸다고 한다. 곧 그들은 플리머스의 토양이 비옥하다고 생각했던 것이 자신들의 오판이었음을 깨달았다. 몇 년 뒤 마침내 그들이 처음에 고른 장소가 살기에 적합하지 않다는 것을 확인했을 때, 브래드퍼드의 말을 빌리면, "대다수의 사람들이 너셋이라고 하는 곳으로 이주하는 것에 합의했다." 그들은 지금의 이스텀인 너셋으로 모두 함께 이사를 가기로 했다. 하지만 결국 여우를 피하려다 호랑이를 만나는 꼴이 되었다. 플리머스 주민들 가운데 명망가 중 일부가 실제로 그곳으로 이주했다.

당시 청교도들이 근대의 개척자가 갖춰야 할 자질을 거의 지니지 못했다는 것은 명백하다. 그들은 아메리카 대륙의 미개척지에 살았던 사람들의 조상이 아니었다. 그들은 도끼를 들고 당장 숲으로 들어가지 않았다. 그들에게는 가족과 교회가 있었기에, 신세계를 탐험하고 식민지로 개척하기보다는 그곳이 비록 모래땅이라 할지라도 오손도손 함께 모여 살기를 더 갈망했다. 위에서 말한 사람들이 이스텀으로 이주했을 때, 다시 브래드퍼드의 표현을 빌리면, 플리머스에 남겨진 교회는 '자식에게 버림받은 늙은 어머니' 같았다. 그들은 (구력) 12월 9일 플리머스 항만에 있는 클라크섬에 상륙했다. 16일에 전원이 플리머스에 도착했고, 18일에 본토 주변을 거닐며 살펴보다가 19일에 그곳에 정착하기로 결정했지만, 프랜시스

스에 온 35명의 이주민을 지칭한다.

빌링턴*이 나무 위에 올라가서 발견하고는 거대한 바다**로 착각한 엄청나게 큰 연못인지 호수인지를 살펴보기 위해 3킬로미터 남짓 떨어진 곳까지 메이플라워호의 선원 한 명과 함께 걸어간 날은 이듬해 1월 8일이었다. 그때 빌링턴이 그 호수를 바다라고 착각해 자기 이름을 따서 빌링턴해라고 이름 붙인 것이 지금까지도 그렇게 불리고 있다고 한다. 그뒤 3월 7일 "지도자 카버***는 다른 다섯 명과 함께 물고기를 잡기에 아주 훌륭한 곳으로 보이는 그 거대한 연못에 갔다." 포인트 두 곳 모두 오후에 산책을 나갈 만한 범위 안에 있었지만, 인간의 손때가 거의 묻지 않은 자연 그대로의 야생지대였다. 실제로 처음에 그들은 주거 공간을 만드느라 정신을 빼앗기는 바람에 그곳의 기후가 사람이 살기에 매우 좋지 않다는 것을 미처 깨닫지 못했다. 하지만 캘리포니아나 오리건으로 이주한 일단의 무리도 플리머스에 남은 사람들 못지않게 힘든 노동과 적대적인 인디언들의 위협에 시달리며 처음 본토에 상륙한 사람들이 어느 날 오후 처음 그 주변을 탐험했을 때와 비슷한 일을 반복했다. 시외르 드 샹플랭은 빌링턴이 플리머스에서 나무 꼭대기에 오르기 전에 이미 그 지역의 원주민들과 만나 이야기를 나누었고 멀리 코네티컷까지 지형을 탐색하며 지도를 제작하기까지 했다고 말한다. 그렇지만 사람들은 1603년 펀디만 주변의 구리 광산을 찾아 인디언

● Francis Billington, 메이플라워호를 타고 온 청교도 가운데 한 사람의 막내아들로 당시 열네 살이었다.
●● 태평양인 줄 알았다고 전해진다.
●●● 존 카버John Carver, 메이플라워호를 타고 플리머스에 온 청교도들을 이끈 지도자로 플리머스의 1대 주지사를 역임했다.

의 안내를 받으며 작은 시내들을 따라 올라갔던 프랑스인들만 기억하며, 그들을 청교도들과 뚜렷하게 구분한다. 그럼에도 불구하고, 메이플라워호를 타고 온 청교도들은 우리가 상상하는 것보다 훨씬 더 진취적이고 웅대한 포부를 가슴에 품고 역사에 길이 남을 모험을 감행한 개척자들의 원형이었다.

이런 상념에 젖어 있을 때, 기적 소리를 울리며 프로빈스타운 항구로 들어오는 작은 증기선 노션호를 보고 그 배를 타러 가기 위해 언덕을 내려왔다. 그렇게 우리는 케이프코드와 그곳 주민들과 작별을 했다. 그곳 주민들이 사람들을 대하는 태도가 무척 마음에 들었다. 비록 그들에 관해 많은 것을 알진 못했지만 말이다. 특히 그들은 솔직하고 명랑했다. 노인들은 나이에 비해 매우 젊어 보였다. 그곳의 대기에 소금기가 많아서 보존이 잘되어 그런 건 아닐까 싶을 정도였다. 한 번 실수를 한 뒤로, 우리는 그곳의 나이든 사람들과 이야기를 나눌 때 그 사람이 우리의 조부모뻘 나이인지 우리와 동년배인지 도무지 알 수가 없었다. 그들은 미국의 다른 어느 지역 주민들보다 메이플라워호를 타고 온 청교도들의 직계 후손에 가깝다고 전해진다. 우리는 "때때로 반스터블에서 재판이 열리면 유죄 판결을 받는 사람이 하나도 없어서 감옥이 폐쇄된다"라는 말을 들었다. 우리가 거기 있을 때 감옥은 '셋방'으로 나와 있었다. 아주 최근까지도 올리언스 아래 지역에는 상주하는 변호사가 한 명도 없었다. 그런 마당에 대서양 변 해안을 따라 주기적으로 출몰하는 식인 상어들에 대해 누가 하소연을 하겠는가?

어부들이 겨울에 무엇을 하는지 내가 묻자, 트루로의 목사들 가운데 한 명이 그들은 여름에는 열심히 일하지만, 겨울에는 이 집 저 집 돌면서 빈둥거리고 허풍 섞인 이야기나 나눌 뿐 다른 일은 아무것도 하지 않는다고 했다. 하지만 그들이 누리는 휴가는 그리 길지 않다. 아쉽게도 겨울에 그곳에 있어본 적이 없기 때문에 그들이 장황하게 늘어놓는 다소 과장된 모험담을 들어볼 기회를 갖지는 못했다. 곳에 사는 거의 모든 남자들은 어떤 종류든 배의 선장이다. 적어도 그들은 자기가 맡은 일에 책임을 질 줄 안다. 물론 모든 사람이 그런 것은 아니다. 우두머리 역할을 하는 어떤 이들은 자연에 기꺼이 순응하려는 모든 노력을 거부하는 부정●의 힘을 가지고 있기 때문이다. 대부분의 사람들은 그저 시키는 대로 잘 순응한다. 이웃들이 선장이라고 부르는 사람과 이야기를 나누는 것은 그럴 만한 가치가 있다. 비록 그의 배는 이미 오래전 바다에 가라앉았을 수도 있고, 이제는 담배 넣는 구멍이 다 깨진 낡은 파이프나 입에 문 채 거나하게 취해서 앉아 있을지도 모른다. 그러나 그런 이들과 이야기를 나누다보면 결국에 가서는 한때 자신이 선장이었음을 드러낼 것이며, 적어도 그것을 증명할 좋은 경험담을 한두 가지는 들을 수 있기 때문이다.

우리가 본 것은 대체로 케이프코드의 대서양 쪽 해안이었다. 그러니 우리의 이야기가 그 범위 안에 있다는 것은 맞는 말이다. 물론 케이프코드만 쪽에 대해서도 더 많이 언급할 수 있었다. 하지만 우리는 대서양 쪽을 향해 눈을 더 크게 뜨고 바라보며 집중하려

● Alpha privative, '부정' '부인' '부재'의 의미를 지닌 접두어.

했다. 본토보다 못하거나 비슷한 케이프코드의 면모를 보는 데는 애초에 관심이 없었다. 본토와 다른 케이프코드만의 독특하거나 더 나은 모습들을 보고 싶었기 때문이다. 그곳의 소도시들을 찾아가는 사람들 눈에 그 도시들이 어떻게 보이는지는 잘 모르겠다. 우리가 케이프코드에 간 것은 그 소도시들의 배후를 이루는 바다를 보기 위해서였다. 그 소도시들은 우리가 타고 서 있는 뗏목에 불과하다. 우리가 주목해서 본 것은 그 뗏목 자체가 아니라, 그 뗏목에 붙어 있는 따개비들과 오랜 세월에 걸쳐 그 뗏목에 각인된 것들이었다.

부두를 떠나기 전 같은 호텔에 묵었던 한 승객과 아는 사이가 되었다. 프로빈스타운에 어떻게 왔는지 묻자, 그는 세인트존호를 난파시킨 것과 같은 폭풍을 만나 토요일 밤에 우드엔드* 해변에 떠밀려왔다고 했다. 그는 메인주에서 목수로 일하고 있었는데, 목재를 실은 스쿠너선에 편승해 보스턴으로 항해중이었다. 폭풍이 몰아닥치자 그가 탄 배는 프로빈스타운 항만으로 진입하려고 안간힘을 썼다. 그는 이렇게 말했다. "캄캄하고 안개가 자욱했어요. 배가 롱갑의 등대를 향해 갈 때, 갑자기 가까이에 육지가 나타났죠. 나침반은 이미 망가져서 이리저리 아무 방향이나 가리켰어요(뱃사람은 늘 나침반 탓을 하기 마련이다). 하지만 해안에 엷은 안개가 끼어 있어서 우리는 육지가 더 멀리 떨어져 있다고 생각했죠. 그랬는데 잠시 후 배가 모래톱에 부딪쳤어요. 선장이 '항로를 완전히 벗어났군'이라고

---

* 프로빈스타운의 롱갑 남서쪽에 있다.

하길래, 제가 선장에게 이렇게 말했죠. '또다시 배가 이렇게 충돌하지 않게 하세요. 똑바로 가게 하라고요.' 선장은 잠시 생각하더니, 배를 정면으로 몰고 나갔어요. 그러자 바닷물이 우리를 완전히 덮쳤죠. 저는 숨이 거의 멎을 뻔했어요. 풀려나간 밧줄을 꼭 잡고 있었죠. 하지만 다음번에 그런 일이 또 닥치면 그때는 고정된 밧줄을 잡아야 한다는 것을 알았어요." "허어, 그때 물에 빠져 죽은 사람이 있었나요?" 하고 물었더니, 그는 "아니요. 우리는 모두 한밤중에 우드엔드에 있는 한 집에 무사히 도착했어요. 온몸이 물에 젖은 상태라 거의 얼어죽을 뻔했죠"라고 했다. 이후 그는 우리가 묵은 호텔에서 체커 놀이를 하며 시간을 때웠다. 그는 같은 호텔에 묵은 키가 큰 어떤 손님을 체커 시합에서 이긴 것을 기뻐하고 있었다. 그가 "그 배는 오늘 경매에서 팔릴 겁니다"라고 한마디 덧붙였다(경매를 광고하는 사람이 흔들고 다니는 종소리를 아침에 들었다). "선장은 상당히 울적한 상태입니다. 하지만 난 그에게 힘내라고 했어요. 조만간 새로운 배를 구할 테니 걱정 말라고 했죠."

그때 그 선장이 부두에서 큰 소리로 그를 불렀다. 선장은 마멋 가죽으로 만든 모자를 쓰고 있었는데, 시골에서 갓 올라온 사람처럼 보였다. 방금 그에 대한 이야기를 조금 들어서인지 매우 초라해 보였다. 옷이라고는 길고 묵직한 선장 외투밖에 없는, 그것조차 빌린 것인지도 모를, 배 한 척 없는 선장의 모습! 뒤따르는 개 한 마리 없었다. 그에게 남은 것은 선장이라는 호칭뿐이었다. 나는 그 배의 승무원 가운데 한 명도 보았다. 그들은 모두 해변을 향해 달려오는 파도—"부서지는 파도"—에 온몸을 적신 것처럼 어깨를 축 늘어뜨린데다, 똑같은 양식의 모자를 눌러쓰고 약간 침울한 표정을 짓고 있었다. 우리는 배를 타고 우드엔드를 지나치면서 해변에 쌓여 있는 목재 더미를 보았다. 그 승무원들이 타고 온 배의 화물이었던 목재들이었다.

여름에 롱갑 근처에 가면, 해안에서 얼마 떨어지지 않은 곳에서 소형 보트들이 뉴욕 시장에 내다팔 바닷가재를 잡는 모습을 흔히 볼 수 있다. 아니, 어부들이 잡는다기보다는 바닷가재들이 스스로 잡힌다고 해야 옳을 것이다. 왜냐하면 바닷가재들이 그물 안에 놓아둔 미끼에 대한 미련을 버리지 못하고 스스로 들어가서 잡히기 때문이다. 그들은 바닷가재를 산 채로 한 마리당 2센트에 판다. 인간도 바닷가재 못지않게 집착이 강하기 때문에 스스로 올가미에 걸려들기 쉽다는 것을 알아야 한다. 고등어잡이 선단이 한밤중부터 잇따라 해상에 도착하고 있었다. 케이프코드를 떠나면서 우리는 돛을 올리고 항해중인 고등어잡이 배들 옆을 스쳐지나갔다. 그래서 그 어느 때보다 가까운 거리에서 그 배들을 볼 수 있었다. 붉은 셔츠 바람의 남자와 소년 여섯 명이 우리를 보려고 난간 너머로 몸을 구부리고 있었고, 선장은 얼마나 많이 잡았냐고 묻는 우리의 질문에 큰 소리로 고등어를 담은 통이 몇 개인지를 외쳤다. 모든 선원이 일손을 멈추고 우리가 탄 증기선을 지켜보며 큰 소리로 기쁘게 맞이하기도 하고 조소를 내뱉기도 했다. 어떤 배에는 커다란 뉴펀들랜드 개 한 마리가 두 발을 난간 위에 올리고 선원들만큼이나 우뚝 서 있었다. 그러나 선원들이 개와 다름없는 위치로 보이는 게 싫었던 선장은 개의 코를 한 대 갈겨서 난간 아래로 쫓아버렸다. 인

프로빈스타운의 고깃배

간의 정의라는 것이 다 그렇지 뭐! 나는 저 아래에서 그 개가 인간
으로부터 받은 부당한 처우에 대해 신에게 강력하게 하소연하는
소리를 들을 수 있을 거라고 생각했다. 분명 그 개는 선장보다 훨씬
더 솔직할 것이다.

　케이프코드만을 가로질러 몇 킬로미터를 갔는데도, 케이프코드
주변을 맴도는, 고등어잡이 어부들이 탄 흰 돛단배들을 여전히 볼
수 있었다. 그 배들은 모두 멀리 돛대만 보였는데, 곶의 맨 아래쪽
만 어렴풋이 보일 때도 그 배들의 흰 돛은 곶의 양쪽 측면, 해상도

시처럼 아래로 푹 내려앉은 곳을 빙 둘러싼 채 여전히 시야에 들어왔다. 마치 케이프코드 항만의 뛰어난 입지를 한껏 자랑하는 듯했다. 하지만 곶의 맨 끝단이 수면 아래로 완전히 가라앉으며 시야에서 사라져갈 때, 그곳은 바다에 누워 있는 납작한 은빛의 땅처럼 보였고, 그뒤로도 한동안 실안개로 뒤덮인 모래톱이 햇빛에 반사된 모습을 비추었다. 케이프코드라는 지명은 이름에 담긴 소박한 진실을 그대로 드러낸다. 하지만 그 이름이 사람들에게 남기는 인상을 말한다면, 소박하다기보다는 시적이라고 할 수 있을 것이다. 어떤 곳들은 매우 도발적인 이름을 가지고 있다. 예컨대 스코틀랜드 북서쪽 끝에 있는 케이프래스●가 그렇다. 그것은 낮게 드리운 하늘 아래 드넓은 바다 위로 짙은 먹구름 속에 누워 있는 그 곳에 얼마나 잘 어울리는 이름인가!

오늘 아침 해변에서는 포근한 훈풍이 불었는데, 바다로 나오자 살을 에는 듯 매섭게 차가운 삭풍으로 바뀌었다. 육지는 가장 뜨거운 7월의 날씨였고, 겨우 네 시간 항해했는데 가지고 온 가장 두꺼운 옷을 입어야 했다. 녹아내린 빙하가 둥둥 떠다니는 곳을 지나갈 예정이었기 때문이다. 이듬해(1850년) 6월 25일 내가 증기선을 타고 보스턴을 떠났을 때, 해변의 날씨는 매우 따뜻했다. 승객들은 모두 얇은 옷을 입었고 처음에는 양산을 쓰고 앉아 있었지만, 배가 케이프코드만으로 꽤 멀리 나가자 외투를 걸치는 것만으로는 추위를 견디기 어려워 조타실로 피신하고 기선의 연통을 찾아가 몸을

● Cape Wrath, '분노의 곶'이라는 뜻.

녹여야 했다. 그러나 배가 프로빈스타운 항만에 가까워지자, 폭이 1~1.5킬로미터밖에 안 되는 낮고 긴 모래사장이 수천 미터에 걸친 땅의 대기에 얼마나 큰 영향을 끼치는지 알고 깜짝 놀랐다. 그곳의 후덥지근한 대기를 뚫고 들어가면서 우리는 다시 얇은 겉옷만 걸쳤고, 더위에 지쳐 있는 그곳 주민들의 모습을 발견했다.

우리가 탄 배는 플리머스의 매노멧갑 한쪽 옆과 시추에이트 해안을 멀리 스쳐지나갔다. 그러는 동안 옅게 낀 실안개 때문에 한두 시간 정도 육지를 보지 못하다가 어느새 미노츠레지라고 불리는 암붕岩棚을 이루는 암초들 중 하나인 코하셋록스 근처에 다시 가까워졌다. 그리고 시추에이트 해안 끄트머리에 우뚝 서 있는 거대한 니사나무•를 보았다. 그 나무는 산형과 식물처럼 반원형의 지붕 모양을 하고 주변의 숲 위로 우뚝 솟아오르기 때문에, 수 킬로미터 떨어진 육상과 해상에서도 눈에 잘 띈다. 이곳의 등대는 당시에 새로 짓고 있던 미완성 철제 등대••였는데, 쇠기둥들을 높이 세우고 그 위에 붉은색 달걀 껍데기 모양의 등롱燈籠•••을 설치했다. 그것은 물결 위에 떠서 앞으로 푸른빛을 발하게 될 바다 괴물의 알처럼 보였다. 밀물과 썰물의 중간 시점에 그곳을 지나면서 거의 등롱 높이까지 물보라가 솟아오르는 모습을 보았다. 해안에서 800미터쯤 떨어진 그 등대에서 앞으로 한 남자가 붙박이로 살게 될 것이다. 이듬해 여름 그 옆을 지나갈 때 보니 등대가 완공되어 있었고,

---

• 북아메리카 동부가 원산인, 습지에서 자라는 낙엽수.
•• 지금의 미노츠레지 등대를 뜻한다. 소로가 처음 케이프코드를 방문하고 이곳을 통과해 보스턴으로 돌아가고 얼마 지나지 않은 1849년 말에 완성되었다.
••• 등댓불을 밝히는 등명기가 설치된 공간으로, 등대의 맨 꼭대기에 있는 방을 말한다.

남자 두 명이 살고 있었다. 그들이 다른 등대지기에게 전한 이야기에 따르면, 최근 불어닥친 강풍 때문에 등대가 심하게 흔들려 식탁 위에 있던 접시들이 바닥에 떨어져 산산조각이 났다고 한다. 산마루 같은 파도가 계속 밀려오는 한가운데에서 잠을 자고 일어나야 하는 상황을 상상해보라! 언젠가 잡아먹기 위해 하시라도 덤벼들 기세로 끊임없이 입맛을 다시며 밤낮으로 뚫어지게 쏘아보는 굶주린 늑대 무리 같은 파도가 들이치는 상황 말이다. 그런데 항해중인 그 누구도 그를 구하러 올 수 없다. 게다가 등댓불이 꺼지면 그것은 등대지기 본인의 생명불도 꺼졌다는 신호가 될 것이다. 부서지는 파도와 관련된 작품을 쓰기에 이보다 더 좋은 장소가 어디 있겠는가! 이 등대는 모든 사람의 주목을 받았다. 배의 승객들 가운데 적어도 30분 이상 그 등대를 지켜보지 않은 사람은 아무도 없었다. 그때 승객들이 먹고 남긴 음식물을 배 밖으로 버리기 위해 다소 과장된 몸짓으로 주방에서 접시를 들고 나오는 모습을 전에도 몇 차례 보여주었던 흑인 요리사가 하필 우리 모두가 나란히 서서 200미터 정도 거리에 있는 그 등대를 바라보고 있을 때 밖으로 나오더니, 접시에 담긴 음식물을 버리려고 팔을 뒤로 젖히다가 그 등대를 보고는 깜짝 놀라며 "저게 뭐야?"라고 소리쳤다. 그는 일 년 동안 그 배에서 일했고, 주말마다 그 등대 앞을 지나다녔다. 하지만 그 지점에서 음식물을 버리려고 갑판에 나올 기회가 없었기 때문에 그것을 본 적이 한 번도 없었다. 등대를 보는 것은 항해사의 일이었고, 요리사가 신경써야 할 것은 주방의 불이었다. 그 장면은 사람들이 세상을 여행하면서 볼 수 있는 것이 얼마나 적은지를 잘 보여주었다. 평생 해뜨는 시간에 맞춰 밖에 나가본 적이 한 번도 없는 사람들이 있다는 사실도 마찬가지다. 언덕 꼭대기에 등대가 있어도, 평생을 그 언덕 아래에서만 산다면 그 등대가 무슨 소용이겠는가? 그것은 자기 몸을 숨기고 사는 것과 마찬가지일 것이다. 잘 알려진 것처럼 이 등대는 1851년 4월에 불어닥친 폭풍으로 완전히 소실되었고, 그 안에 있던 두 사람도 폭풍에 휩쓸려갔다. 이튿날 아침 인근 해변에서도 그 흔적을 발견하지 못했다.

플리머스에 있는 소도시 헐 출신의 한 남성이 말하기를, 몇 년 전에 자기가 미노츠레지에서 갈참나무로 기둥* 세우는 일을 도와주었다고 했다. 그 기둥은 지름이 약 38센티미터였고 높이가 약 12미터였으며, 네 명의 장정이 1.2미터 수면 아래 있는 바위에 그 기둥을 고정했다. 그러나 그것은 일 년밖에 버티지 못했다. 그 인근에 돌을 사용해 둥근 빵 모양으로 쌓아올린 기둥은 8년을 버티고 서 있었다.

7월**에 멜로즈호를 타고 매사추세츠만을 가로질러갈 때, 우리는 가능한 한 시추에이트 해안에 가까이 붙어서 갔다. 바람이 부는 방향을 이용하기 위해서였다. 우리는 (이 해안의 앞바다로부터) 멀리 떨어진 만에서 오리 새끼 무리를 발견하고 그들을 쫓아냈다. 아마도 근처에 알을 깐 미국오리***들이었을 텐데, 배가 항해하는 데 자주 걸림돌이 되었다. 이 배를 처음으로 타고 여행중이던 한 도시

---

* 등롱으로 올라가는 계단이 있는 등탑을 말하는 것으로 보인다.
** 세번째 방문 때인 1855년 7월.
*** 미국 동북부와 캐나다 일대에 서식하는 어두운 빛깔의 오리.

남성이 만의 중간 지점에 다다랐을 때 조타수 뒤쪽으로 천천히 돌아서 걸어가더니, 바다 건너편을 바라보면서, 흔히 남의 말을 따라 하는 사람들이 하기 마련인, 매우 독창적이라고 생각할 테지만 결국 원작에 충실한 표현이라 할 수 있는 "이 나라는 정말 위대한 나라야"라는 혼잣말을 내뱉고는 그 자리에 앉았다. 그는 목재상이었다. 나중에 그가 지팡이로 큰 돛대의 지름을 재고 그 높이를 가늠하는 것을 보았다. 나는 매우 멋지고 날렵한 유람선 올라타호를 타고 프로빈스타운을 출발해 집으로 돌아왔는데, 같은 시간에 또다른 정기선 멜로즈호와 프롤릭호도 함께 그곳을 떠났다. 처음에는 거의 바람 한 점 불지 않았다. 뱃전 너머로 머리를 내밀고 거대한 모래 세상과 4.5미터 깊이의 잔잔한 바닷물 속에서 헤엄치는 물고기들을 관찰하는 사이, 우리가 탄 배는 다른 배들과 함께 롱갑 주변을 느리게 지나갔다. 그러나 곶 지점을 통과한 뒤 이물 앞쪽의 삼각돛을 조작하자, 선장이 예견한 대로 나란히 항해중이던 다른 정기선들이 우리 뒤로 처졌다. 곶 근처에서 북쪽으로 10~13킬로미터 떨어진 지점에 보스턴으로 가는 커다란 배 한 척을 예인하던 증기선이 있었다. 그 예인선이 내뿜는 연기가 수 킬로미터에 걸쳐 완벽한 수평선을 그리며 바다 위로 번져나갔다. 그래서 갑자기 항로의 방향이 바뀌면 몸으로 느끼기 전에 그 연기가 그려내는 선의 변화를 보고 풍향에 변화가 생겼다는 것을 알 수 있었다. 그 증기선은 예인되는 배와 꽤 멀리 떨어져 있는 것 같았다. 선장용 망원경으로 그 광경을 계속 지켜보던 일부 청년들은 두 배가 서로 연결되어 있다는 것을 의심하지는 않았지만 그렇게 장시간 동안 일정한 간격을 유지하며 운행한다는 사실에 놀라움을 표했다. 그러자 선장은 절대로 두 배가 그 이상 서로 근접하지는 않을 거라고 무미건조하게 말했다. 바람이 같은 방향으로 부는 동안, 우리 배는 그 증기선과 계속 보조를 맞추며 나아갔다. 하지만 마침내 바람이 완전히 잦아들자, 이물 앞쪽의 삼각돛은 더 이상 작동하지 않았다. 우리가 미노츠레지에 있는 등대선을 지나칠 때쯤, 배의 고물에서 약 15킬로미터 떨어진 지점에 멜로즈호와 프롤릭호가 보이기 시작했다.

온갖 성자들의 이름을 갖다붙였지만 밤송이나 성게처럼 생긴 군사 요새들로 가득한 섬들을 생각해보라. 그렇다 해도, 경찰은 그 섬들 가운데 어느 한 곳에서도 아일랜드인 권투 선수 두 명이 영리를 목적으로 권투경기를 벌이는 것을 허가하지 않을 것이다. 국가에서 그것을 금지하기 때문이다.● 거대 항구도시들은 모두 권투하는 자세를 취하고 있다. 따라서 그 항구의 품에 안겨 따뜻한 온기를 느끼기 전에 먼저 어느 쪽에서 날아올지 모를 돌주먹을 피해 신중하게 그 사이를 뚫고 배를 몰아야 한다.

버뮤다제도는 거기서 난파한 같은 이름의 스페인 선박에 의해 발견되었다고 전해지는데, 존 스미스 선장의 말에 따르면 "그때까지 6,000년 동안 그 섬들은 이름이 없었다"라고 한다. 영국인들은 버지니아로 가는 최초의 항해에서 뜻밖에도 그 섬들을 만나지 못했다. 영국인이 최초로 버뮤다제도에 간 것은 1593년이었는데, 거기서 배가 난파했다. 스미스는 "내가 알기로 여기보다 더 좋은 방벽과 더

● 19세기 말까지 미국에서 권투는 맨주먹으로 격투를 벌이는 불법 경기였고 경기에 참여한 선수들은 경찰에 체포되었지만, 민간에서는 매우 인기가 있었다.

넓은 참호가 있는 곳은 어디에도 없다"라고 말한다. 1612년에 60여 명의 영국인들이 그곳에 처음으로 이주해 식민지를 만들었고, 그곳의 초대 총독은 "8~9개에 이르는 요새들의 기반을 구축하고 다졌다." 누군가는 그 요새들이 다음번에 틀림없이 그 섬들에 난파할 첫 번째 배의 승객들을 맞이하기 위한 것이라고 했다. 하지만 그렇다면 그만큼의 '구호소'를 짓는 것이 더 현명한 일이었을 것이다. '폭풍우가 몰아치는 버무스섬●'이란 바로 그곳을 가리키는 말이다.

　우리 배의 거대한 돛들은 바람을 한껏 받아 팽팽해졌고, 낮고 좁은 선체는 공기와의 마찰을 최소한으로 줄여주었다. 물살을 거슬러 항만으로 올라오면서 온갖 것들이 우리 옆을 스쳐지나갔다. 낚시 여행을 마치고 돌아오는 청년들이 소형 어선을 타고 다가왔다. 우리 배는 일정한 간격을 유지하면서 가능한 한 정중한 말투로 "먼저 가쇼"라고 말해 길을 양보했다. 하지만 우리가 탄 배가 멈추다시피 할 때도 있었다. 선원들은 우리 배가 앞으로 나아갔는지 뒤로 물러섰는지 확인하기 위해 해안에 있는 두 개의 물체와의 거리를 가늠했다. 항구는 휴일 저녁 같았다. 동부 해안을 운항하는 기선이 언제 '데이비의 로커●●'에 갈지도 모르면서 마치 무도회에 가는 것처럼 신나는 음악을 튼 채 환호하는 승객들을 태우고 우리 옆을 지나갔다.

　우리가 그 지점을 지날 때, 한 소년이 몇몇 소녀들에게 닉스메이

●　셰익스피어의 『템페스트』에 나오는 가상의 섬. 마녀와 마귀 들이 살면서 지나가는 배를 유혹해 난파시킨다. 당시 셰익스피어가 버뮤다제도를 염두에 두고 상상해낸 섬이다.
●●　깊은 바다 밑바닥을 은유하는 말. '데이비 존스의 로커'라고도 한다. "데이비의 로커에 가다"라고 하면 물에 빠져 죽는 것을 뜻한다.

트*에 얽힌 전설을 이야기하는 것을 들었다. 그 이름은 그 섬에서 교수형을 당한 한 선원을 지칭했다. 그때 그 선원은 "내가 유죄면 이 섬은 그대로 남아 있을 것이고, 무죄면 파도에 휩쓸려 보이지 않게 될 것이오"**라고 말했다고 한다. 지금 그 섬은 파도에 휩싸여 전혀 보이지 않는 상태다!

이어서(?)*** 조지스섬에 있는 요새지에 왔다. 이런 섬들에 요새를 짓는다는 계획은 정말 어설프기 짝이 없는 생각이다. 그것들은 그야말로 우리의 강력한 진지가 아니라, 가장 약한 고리였다. 울프****는 어둠 속에서 배를 타고 북아메리카 대륙에서 가장 견고한 요새로 다가와 그곳을 점령했다.

우리가 탄 배가 마침내 보스턴 항만의 롱워프 ㄲ트머리 근처 잔교의 자기 자리를 찾아 정확하게 접안하는 모습에 나는 경탄했다. 거기에는 촛불이 켜져 있었는데, 내 눈으로는 우리 쪽으로 튀어나와 있는 부두를 분간할 수 없었다. 그곳은 배들로 빽빽이 들어차서 일정하게 펼쳐진 해안선처럼 보였다. 그 시간 롱워프로부터 약 400미터 떨어진 곳에서 그 안쪽의 상황이 어떤지 가늠할 사람은 아무도 없어 보였다. 그럼에도 우리는 마치 미로 속을 헤치며 나아

---

* Nix's Mate, 보스턴 항구 앞바다에 있는 작은 섬. 옛날에 해적 같은 범죄자들의 시신을 교수대에 매달아놓고 대중에게 경계의 표시를 한 곳으로 유명하다.
** 닉스라는 선장을 살해한 혐의로 교수형을 당하게 된 부하 선원이 교수형당하기 전에 결백을 호소하며 한 말이라고 전해진다.
*** 케이프코드에서 보스턴으로 돌아가는 길이라면 닉스메이트보다 조지스섬을 먼저 지나쳐야 하는데 그다음에 왔다고 한 것을 뒤에서 설명하기 위해 물음표를 넣은 것으로 보인다.
**** 제임스 울프James Wolfe, 영국군 사령관. 캐나다 퀘벡을 함락하고 프랑스군을 패퇴시킨 것으로 유명하다.

가는 것처럼 선박들 사이의 틈새를 비집고 들어갔다. 배는 주돛을 접은 채 뱃머리에 달린 작은 돛만으로 앞으로 나아갔다. 이제 우리가 배를 댈 곳까지 20미터가량 남았다. 하지만 여전히 돛대와 활대, 밧줄과 선체 들이 미로처럼 복잡하게 얽혀 있었기에 내 눈에는 앞으로 뚫고 들어갈 작은 틈도 보이지 않았다. 배는 작은 돛마저 접고 앞으로 계속 나아갔다. 선장은 배의 고물 쪽에 서서 한 손은 키의 손잡이를 잡고 다른 한 손에는 야간용 망원경을 들고 있었다. 그는 이물 삼각돛의 밧줄을 묶기 위해 뱃머리 앞으로 튀어나온 장대인 바우스프릿 위에 서 있는 자기 아들의 모습을 주의깊게 바라보았다. 승객들은 혹시라도 어디에 충돌하지 않을까 반쯤 마음을 졸였다. 선장이 "거기 우리 자리가 보이니?"라고 침착하게 물었다. 5초 안에 결정해야 했다. 그러지 않으면 바우스프릿이 망가지거나 사랑하는 아들을 잃을 수 있었다. "네, 맞아요. 여기가 우리 자리예요." 3분 뒤, 우리 배는 커다란 두 배 사이에 있는 선창가 좁은 빈자리에 정박했다.

이제 우리는 보스턴에 있었다. 롱워프의 끄트머리로 내려간 사람들은 누구나 퀸시 마켓을 통과해서 보스턴 시내로 들어갔다.

보스턴, 뉴욕, 필라델피아, 찰스턴, 뉴올리언스 같은 지명은 모두 바다로 돌출되어 있는 부두(상점과 상인들의 주택이 그 주위를 둘러싸고 있다)의 이름들이다. 하나같이 화물을 하역하고 실어보내기(다른 지역의 산물들을 배에서 내리고 우리 지역의 산물을 다른 지역으로 운송하기) 좋은 장소들이다. 그곳에는 대형 금속통과 무화과가 담긴 둥근 통들, 우산 자루를 만들기 위한 목재 더미, 거대한 화강암과 얼음 덩어리, 엄청나게 높이 쌓아놓은 화물, 그리고 그것들을 포장하고 묶어 운반하기 위한 포장지와 노끈, 상자와 거대한 술통과 짐수레들이 수없이 많이 펼쳐져 있다. 이것이 바로 보스턴이다. 그렇게 오가는 화물이 점점 많아질수록 보스턴은 더욱 번창한다. 이곳에 박물관과 과학 협회, 도서관이 많이 있는 것은 뜻밖이다. 그 건물들은 화물 운송에 들이는 수고를 줄이기 위해 부둣가 주변에 모여 있다. 선창가의 부랑배, 세관원, 술에 절어 폐인이 다 된 시인들이 한탕 챙길 곳이 없나 두리번거리며 그 주변을 서성인다. 좋든 나쁘든 그들을 대변하는 단체들이 있고 예배당과 병원 들도 있다는 사실 또한 뜻밖이다. 서민들이 다니는 상점가는 늘 그렇듯이 특별한 것이 없다. 보스턴에 가면 나는 자연스럽게 롱워프 끄트머리로 내려가 주변을 살피지 않고 곧장 시내를 관통한다(도중에 시장에 들르기는 하지만). 그 동네 뒷골목에 아는 사람이 하나도 없기 때문이다. 거기서는 셔츠 차림의 메인과 펜실베이니아 출신 시골 사람들을 엄청나게 많이 볼 수 있다. 그들은 해안선을 따라 모든 해변에서, 마치 농산물 품평회가 열릴 때처럼 가까이에 있는 외국인 관광객들을 마차에 태우고 내리며 주변을 이리저리 안내한다.

그해* 10월 보스턴에 도착했을 때, 내 신발에서 프로빈스타운의 모래가 한 움큼 나왔다. 콩코드에 도착했을 때도 신발 안에 여전히 모래가 남아 있었는데, 여러 날 동안 원고를 수정할 때 뿌려 쓸 정도로 양이 충분했다. 돌아와서 일주일이 지나도록, 마치 조가비 속

---

* 첫번째 여행 때인 1849년.

에 살고 있는 것처럼 바다의 포효 소리가 귀에 쟁쟁하게 들리는 것 같았다.

내가 사는 동네 사람들에게는 내가 묘사한 장소들이 멀리 있는 신기한 나라의 풍경처럼 보일지도 모른다. 실제로 보스턴에서 프로빈스타운까지의 거리는 잉글랜드에서 프랑스까지의 거리보다 두 배 더 멀다. 그러나 기차에 올라타면 여섯 시간 안에 네 개의 나무 판자를 이어 만든 데크길에 서서 고스널드가 발견했다고 전해지는 그 곳을 볼 수 있을 것이다. 그리고 곧 나의 묘사가 얼마나 빈약한지 알게 될 것이다. 내가 처음에 말하자마자 바로 그곳으로 떠난 사람은 어쩌면 그 모래밭에 생생하게 남아 있는 우리의 발자국들을 보았을지도 모른다. 너셋 등대에서 레이스갑까지 50킬로미터쯤 되는 거리를 내내 따라가면서 말이다. 비록 그때는 우리가 그것을 깨닫지 못했을지라도, 또 우리가 말로 설명한 것이 사람들의 마음에 어떤 감명도 주지 못했을지라도, 우리의 한 걸음 한 걸음이 케이프코드에 깊은 흔적을 남겼기 때문이다. 그렇다. 우리의 설명이라는 게 도대체 무엇인가? 그 설명에서는 바다의 포효 소리도 들리지 않고, 바닷새들도 보이지 않으며, 난파선에서 흘러나온 아마 섬유 다발도 발견할 수 없다.

우리는 종종 그 해변에 사는 사람들이 지금, 적어도 한여름의 청명한 날씨 속에서 어떻게 지내고 있을지 생각하며 즐거워한다. 구름 한 점 없는 맑은 하늘 아래 펼쳐져 있던 모래밭, 개풀과 베이베리로 뒤덮인 곳에서 이어지던 그들의 활기찬 삶, 그리고 그들의 동반자인 젖소들, 여기저기 엄청나게 널려 있던 유목이나 종종 눈에 보이던 거대한 비치플럼나무들, 파도 소리와 바닷새의 울음소리가 어우러져 만들어내던 자연의 음향이 생생하게 떠오르곤 한다.

우리는 대서양 바다를 보러 그곳에 갔다. 아마 그곳은 우리가 지금까지 가본 해안가 가운데 가장 멋진 장소일 것이다. 배를 타고 그곳에 가면, 그 해안에 다가가고 떠나오는 것이 어떤 느낌인지 직접 가슴에 와닿을 것이다. 도중에 바다 위를 빠르게 나는 바다제비, 즉 탈라소드로마 thalassodroma 를 보게 될지도 모른다. 약간 짙은 안개가 끼어 있다면 항해중 건너편 육지의 모습을 보지 못할 수도 있다. 북아메리카 대륙에 속한 대서양 연안의 여러 주 가운데 이곳처럼 작은 개울이나 만, 강이나 습지에 전혀 가로막히지 않고 그토록 길고 곧게 뻗어나간 해변을 나는 알지 못한다. 지도로 보면 명백히 알 수 있겠지만, 그 장소들은 아마도 지난날 도보여행자들이 작은 개울과 습지들을 가로지르며 발견해낸 것들일 것이다. 앞서 내가 묘사한 것처럼, 거기에는 길이 두 갈래로 갈라지는 곳이 없다. 육지와 바다를 동시에 보여주는 해변과 모래톱을 따라 걷다보면, 일부 지역에서는 양쪽으로 갈라진 바다를 감상할 수도 있다. 그뒤 내가 방문한 뉴욕주 롱아일랜드에 있는 그레이트사우스 해변은 작은 만하나 없이 길게 뻗어나간 해변의 길이로 따지면 케이프코드보다 더 길었다. 하지만 그곳은 그야말로 섬으로부터 수 킬로미터 떨어진 수면 위로 노출된 모래톱에 불과하며 바닷물이 밀려오면 이내 사라져버리기 때문에, 대륙의 끝자락을 이루는 일부라고 말할 수 없다. 가파른 모래톱이 적은 지형이라 광풍이 휘몰아치고 황량해 보이기는 하지만, 내가 보기에 케이프코드의 장엄한 모습을 절반밖에 보여주지 못한다. 케이프코드의 남쪽 지역은 그것과 또다른 풍경을 연출하기 때문이다. 뱃사람들 말에 따르면, 이곳과 비슷하게 대서양을 따라 길게 이어진 또다른 해변은 뉴저지주의 저지 해안에 있는 바니갯 해변 그리고 버지니아주와 노스캐롤라이나주 사이에 있는 커리턱 해변이다. 그러나 이 해변들은 앞서 말한 그레이트사우스 해변처럼 지대가 낮고 폭이 좁은 모래톱으로 해안에서 살짝 떨어진 곳에 있으며 작은 늪들이 사이사이에 자리해 본토와 분리되어 있다. 게다가 남쪽으로 더 내려가면 파도가 약해지면서 해안의 다양하고 웅장한 모습은 흔적도 없이 사라지고 만다. 태평양쪽 해안에서도 마찬가지로 걷기 좋은 곳을 찾을 수 있다. 거기에사는 한 작가는 최근 우리에게 이렇게 말했다. "케이프디서포인트먼트*(또는 컬럼비아강)에서 케이프플래터리**(후안데푸카해협에 있는)까지이어진 해안은 남북으로 거의 일직선이에요. 그래서 거의 전 구간을 아름다운 모래 해변을 따라 여행할 수 있어요." 도중에 작은 만두 곳, 강줄기 네다섯 개를 지나고, 바다로 돌출된 지형을 몇 군데만나는 것을 제외하면 말이다. 거기서 흔히 발견되는 조개류는 비록 같은 종은 아니지만 케이프코드에서 나는 조개류와 비슷해 보이는 것도 있다. 하지만 앞서 말했던 것처럼 그 해변은 마차를 타고 다닐 정도로 땅이 단단하지 않아서 반드시 걸어서 구석구석 살

• Cape Disappointment, '실망곶'이라는 말 그대로 1788년 영국인 모피상 존 미어스 John Meares가 컬럼비아강 하구를 만으로 착각하고 배를 대려다가 얕은 모래톱 때문에 진입하지 못하자 낙심해서 붙인 이름이다.

•• Cape Flattery, 1778년 제임스 쿡James Cook이 이곳을 보고 만인 줄 알고 좋아했다가 아니라는 사실을 확인하고 항만을 발견했다는 허황된 희망을 품었다고 해서 이런 이름이 붙었다고 한다.

펴봐야 한다. 마차가 한 번 지나간 길에 다음 마차가 지나가면 땅이 앞서 간 마차가 남긴 바퀴 자국보다 더 깊숙이 패어 바퀴가 빠져버리는 바람에 마차가 멈춰 설 수밖에 없기 때문이다. 그곳은 지금의 유명세 말고는 확실하게 말할 만한 것이 없다. 케이프코드에서 너셋 항만의 남쪽에 있는 해변을 사람들은 대개 채텀 해변이라고 부르고, 이스텀 인근의 해변은 너셋 해변이라고 부른다. 그리고 웰플릿과 트루로의 배후가 되는 대서양 쪽 해변은 때때로 케이프코드 해변으로 불리기도 한다. 하지만 나는 너셋 항만에서 레이스 갑까지 막힘없이 뻗어나간 해변지역을 케이프코드 해변이라고 부르는 것이 타당하다고 생각하고, 사람들에게도 그렇게 말한다.

케이프코드를 방문하는 사람들에게 가장 매력적인 장소 가운데 한 곳이 웰플릿의 북동부 지역에 있다. 그곳의 숙박시설들은 해변으로부터 약 1.5킬로미터 안에 있다. 따라서 내가 말하는 것은 웬만한 건강과 체력을 갖춘 사람을 전제로 하는 말이다. 그곳은 전원 풍경과 바닷가의 모습이 절묘하게 어우러지는 곳이다. 비록 평지에서는 바다가 보이지 않지만, 아주 희미하게 속삭이는 바다 소리가 들리는 언덕 위로 올라가기만 하면 대서양이 눈앞에 펼쳐진 벼랑 끝에 서 있음을 알게 된다. 청어가 많이 잡히는 연못이라는 뜻인 헤링 폰즈의 잔잔한 수면에서 파도가 끊임없이 부서지는 거대한 대서양 바다까지의 거리는 한걸음에 불과하다.● 어쩌면 트루로에 있는 하이랜드 등대가 이곳과 비견될 수 있을지 모른다. 그곳에서는

● 미국인과 영국인 들은 북대서양을 비공식적으로 미국과 영국을 가르는 폰드Pond, 즉 연못이라고 부른다. 그 정도로 서로 가깝고 친하다는 것을 뜻한다.

대서양과 케이프코드만 양쪽을 더욱 거침없이 볼 수 있기* 때문이다. 특히 여름에는 그곳의 모래톱 가장자리에서 늘 불어오는 미풍의 살랑거림을 온몸으로 느낄 수 있다. 그래서 그곳 주민들은 날씨가 덥다는 것이 도대체 무슨 말인지 알지 못한다. 그곳의 경치에 대해 말하자면, 한두 명의 가족과 함께 등대를 지키는 그곳의 등대지기는 날마다 식사를 하고 나면 밖으로 나가 모래톱 끄트머리까지 걸어가서, 늘 보는 바다인데도 자기가 평생 이곳에서 살아왔다는 것을 잊어버리기나 한 것처럼 넋을 놓고 먼바다를 바라본다. 요컨대 그곳의 경치는 언제 보아도 새롭다. 여러분 집 벽에 걸린 그 어떤 아름다운 그림이 그 풍경을 대체할 수 있겠는가? 그러나 여성들의 경우, 지금은 도르래 장치의 도움 없이는 그 아래 모래톱으로 내려갈 수 없다.

대다수의 사람들은 날씨가 따뜻할 때 해변을 찾는다. 하지만 그때는 안개가 자주 끼어 대기가 탁하기 마련이라 매혹적인 바다 풍경을 어느 정도 놓칠 수 있다는 것을 염두에 두어야 한다. 내 생각으로는 가을이 이곳의 바다 풍경을 가장 잘 즐길 수 있는 계절이 아닌가 싶다. 그 시기에는 대기가 매우 청명해져서 바다 멀리까지 또렷이 보이기 때문에 풍경을 감상하는 사람에게 매우 큰 만족과 기쁨을 준다. 맑고 상쾌한 공기, 가을 그리고 심지어 겨울에도 휘몰아치는 폭풍우는 바다가 인간에게 주고 싶은 깊은 인상을 우리 마음속에 새겨준다. 날씨가 견딜 수 없을 정도로 극심하게 춥지는 않

---

* 폭이 좁은 지형이라서.

은 10월이 좋다고 생각한다. 산천초목이 가을 빛깔로 물들면서 케이프코드만의 고유한 가을 색감을 뽐낼 때, 게다가 머무는 동안 폭풍우가 몰아친다면 바로 그때가 그곳을 찾기에 가장 좋은 때라고 자신 있게 말할 수 있다. 가을이 오면, 심지어 8월에도 그곳에서는 사색의 계절이 시작된다. 케이프코드의 어디를 걷든 무언가 얻을 수 있다. 살을 에는 추위와 황량함조차 밤의 안식처가 왜 필요한지를 느끼게 하고, 그런 조건이 오히려 한번 걸어보고 싶다는 모험심을 부추기기도 한다.

이 해안이 해변을 찾는 뉴잉글랜드 사람들에게 정말로 휴양지가 될 날이 앞으로 틀림없이 올 것이다. 아직까지 이곳은 부유한 사교계에 전혀 알려지지 않았다. 아마도 지금의 모습은 그들이 원하는 것이 아닐지도 모른다. 언젠가 이곳을 찾을 관광객이 원하는 것이 단지 볼링장이나 환상철도, 위스키 칵테일로 넘치는 바다라면—뉴포트 항구에 가는 사람들이 그렇듯이 바다 풍경을 즐기기보다는 술 마시고 노는 것에 더 관심이 있다면—, 단언컨대 그는 오랫동안 이곳을 실망스러운 장소로 기억할 것이다. 그러나 미래에 이 해안이 어떻게 변하든 결코 지금보다 더 매력적이지는 못할 것이다. 그렇게 먹고 마시며 즐길 만한 해변은, 감히 말하건대, 끊임없이 모래를 이동시키는 바다에 의해 하루아침에 만들어지기도 하고 사라지기도 한다. 린과 낸태스컷! 보스턴 근처에 있는 이곳들이 아늑하게 자리잡을 수 있도록 작은 만을 형성한 것은 바로 맨살을 드러낸 이 구부린 팔뚝, 케이프코드다. 바닷가의 샘과 폭포를 보고 싶은가? 당신이 지금까지 만난 샘과 폭포 중 최고가 될 샘과 폭포가 바로 여기에 있다. 폭풍이 몰아치는 가을이나 겨울, 그때가 바로 그곳을 방문해야 할 때다. 등대와 어부의 오두막은 그때 그곳을 찾는 사람이 묵어야 할 진정한 숙소다. 북아메리카 대륙을 등지고 홀로 그 자리에 우뚝 서 있는 사람을 상상해보라.

1 고스널드가 케이프코드를 발견하기 67년 전인 1535년에 카르티에가 몬트리올산에서 처음으로 본 뉴잉글랜드 지역이 버몬트라는 사실은 주목할 만하다(그는 뉴욕산맥도 보았다). 만일 보았다는 것이 발견했다는 의미라면, 뉴잉글랜드를 최초로 발견한 사람은 일반적으로 알려진 것처럼 고스널드가 아니라 카르티에다. 그것은 캐벗이 미국 해안에 대해 어떻게 알고 있었는지를 확인해주는 증거이기 때문이다.

2 일부 사람들은 '새비지록'이 명칭으로 볼 때 케이프앤의 록포트에서 1.5킬로미터쯤 떨어진 곳에 툭 튀어나온 바위인 샐비지스암the Salvages을 가리킬 거라고 추정하지만, 실제로는 메인주 요크 항구 동쪽 측면 해안 근처*에 있는 크고 높은 낭떠러지 바위인 너블암the Nubble을 가리키는 것으로 보인다. 경험과 식견이 풍부한 항해자들에 따르면, 고스널드가 처음 상륙한 땅은 같은 해안에 있는 케이프엘리자베스**로 추정된다(뱁슨*** 의 『매사추세츠 글로스터의 역사History of Gloucester, Massachusetts』 참조).

● 케이프네딕을 말한다.
●● 케이프네딕보다 북쪽에 있다.
●●● 매사추세츠 출신의 에버니저 뱁슨Ebenezer Babson.

케이프코드

초판 1쇄 인쇄 2021년 10월 5일
초판 1쇄 발행 2021년 10월 15일

지은이 데이비드 헨리 소로 | 옮긴이 김병순

편집 최정수 정소리 | 디자인 윤종윤 이정민 | 저작권 김지영 이영은 김하림
마케팅 정민호 김경환 | 홍보 김희숙 함유지 김현지 이소정 이미희 박지원
제작 강신은 김동욱 임현식 | 제작처 한영문화사

펴낸곳 (주)교유당 | 펴낸이 신정민
출판등록 2019년 5월 24일 제406-2019-000052호

주소 10881 경기도 파주시 회동길 210
전화 031) 955-8891(마케팅) | 031) 955-2692(편집) | 031) 955-8855(팩스)
전자우편 gyoyudang@munhak.com

인스타그램 @thinkgoods | 트위터 @thinkgoods | 페이스북 @thinkgoods

ISBN 979-11-91278-74-3 03940